# 원대 시인의 노래

윤수영 역

신아사

# 저자 서문

산곡(散曲)은 금원(金元)시대에 발생하여, 원명(元明)시대에 발전의 극에 달하였던 일종의 멜로디를 갖춘 시가문학이다. 산곡은 사(詞)를 이어 시가문학의 영역 속에 우뚝 서게 되었으며, 그 자체의 독자적 풍격으로 중국문학사에서 독자적 위치를 점유하게 된다. 어떤 학자는 산곡이 당시, 송사와 당당하게 어깨를 겨룰 수 있다고 말했다. 원(元)의 나종신(羅宗信)은 ≪중원음운서(中原音韻序)≫ 가운데서 이렇게 말했다. "세상에서 당시, 송사, 대원악부라고 나란히 부르고 있다. 이는 확실히 일리 있는 말이다. (世稱唐詩, 宋詞, 大元樂府, 信哉!)" 또 어떤 학자는 산곡이 한(漢)의 문장, 진(晉)의 서예, 당(唐)의 시, 송(宋)의 이학과 더불어 세상에 널리 전해지는 것이라 하기도 했다. 명(明)의 섭자기(葉子奇)는 ≪초목자(草木子)≫ 가운데서 이렇게 말했다. "세상에 널리 전해지고 있는 것은, 한은 문장으로, 진은 서예로, 당은 시로, 송은 이학으로 전해지고 있다. 원에서 세상에 널리 전해진다 할 수 있는 것은 북방의 악부일 뿐이다(傳世之盛, 漢以文, 晉以字, 唐以詩, 宋以理學, 元之可傳, 獨北樂府耳)." "대원악부"나 "북악부"는 모두 산곡을 가리킨다. 산곡이 그 당시 매우 중시되고 있었음을 알 수 있다. 그리고 "세상에서 부르고 있다"라는 말도 결코 나종신 한 사람만의 견해거나, 그 당시 산곡작가들의 자화자찬만은 결코 아니었다. 명청 양대의 곡론가들은 원산곡에 대해 모두 매우 뜨거운 관심을 가지고 있었다. 풍부한 곡론의 저술, 높은 평가, 치밀한 분석 등은 모두 시론, 사론과 어깨를 겨누기에 부족함이 없다. 가장 먼저 곡의 연구에 관심을 기울였던 왕국유 역시 ≪송원희곡고≫ 가운데서 이렇게 말했다. "무릇 한 시대에는 한 시대의 문학이 있는 법이다. 초(楚)의 이소(離騷), 한(漢)의 부(賦), 육조(六朝)의 변문(駢文), 당(唐)의 시(詩), 송(宋)의 사(詞), 원(元)의 곡(曲)은 모두 한 시대의 대표적인 문학이라 할 수 있으며, 후세에 능히 그 뒤를 이을 자가 없었다. (凡一代有一代之文學, 楚之騷, 漢之賦, 六朝之駢語, 唐之詩, 宋之詞, 元之曲, 皆所謂一代之文學, 而後世莫能繼焉者也)" 당시 및 후세의 평론가, 연구자들이 어떻게 평가하였든지 불문하고, 원 산곡은 그 광범위한 제재, 통속적인 언어, 활기찬 형식, 청신한 기풍을 통하여 중국문학사에 있어서 한 송이 아름답고 다채로운 꽃으로 피어나게 되었으며, 소중한 문화유산 가운데 뺄 수 없는 일부분이 되었다.

산곡은 당송사(唐宋詞)와 마찬가지로 당의 민가(民歌)와 속곡(俗曲)에 그 기원을 두고 있다. 송의 문인사(文人詞)가 시단에 출현하여 크게 발전하고 있을 무렵, 산곡은 민간에서 잠류하여 부단히 그 맥을 이어가며 발전을 모색하고 있었다. 12, 3세기에 이르러, 송의 문인사는 갈수록 경직화하기 시작했고, 점점 그 본래의 생기와 활기를 상실하게 되었다. 이에 산곡은 마침내 그 뒤를 이어 일어나게 되었으며, 원대 시단에서 매우 중요한 신체시가 되었다. 지금까지 전해지는 숫자로부터 본다면, 원대에 이름을 확인할 수 있는 산곡작가들은 200여명이나 되고, 현존 산곡작품은 4300여수나 된다. 산곡은 일종의 궁조(宮調)와 곡패(曲牌)에 예속된다. 궁조는 음조와 음계가 펼치는 관계를 의미한다. 원산곡에서 널리 사용된 궁조는 5궁(五宮)과 4조(四調), 곧 정궁(正宮), 중려궁(中呂宮), 남려궁(南呂宮), 선려궁(仙呂宮), 황종궁(黃鍾宮)과 대석조(大石調), 쌍조(雙調), 상조(商調), 월조(越調)이다. 각 궁조마다 약간의 곡패들이 있다. 이는 곡조의 명칭이다. 곡패는 사패(詞牌)와 마찬가지로 자수, 평측에서 일정한 격률을 지닌다. 구조면에 서 산곡은 소령(小令)과 투수(套數)로 구분된다. 소령은 독립된 곡패이다. 산곡 가운데는 또 대과곡(帶過曲)이 있다. 일정한 형식에 따라 두세 가지 곡패를 연결하여 하나의 소령으로 간주한 것이다. 투수는 같은 궁조에 속하는 몇몇 곡패들을 일정한 규칙에 따라 한 수로 엮어 만든 것이다. 분량이 작은 것은 3, 4조(調), 많은 것은 2, 30조를 엮어 만들 수 있다.

산곡의 발생은 시가 자체의 내재적 규칙에 따라 결정되었다. 문자 전통의 계승과 발전의 결과이며, 또한 그 당시 사회생활과 밀접한 관계를 지닌다. 사회가 부단히 발전하면, 음악과 언어도 그에 따라 변화한다. 그리고 음악과 언어는 산곡의 발전과 매우 중요한 관계가 있다. 12세기에서 13세기에 이르는 시기는, 바로 남송(南宋)과 금(金), 원(元)이 서로 대치하고 있었고 전쟁이 빈발했던 시기이다. 왕조의 교체는 객관적으로 볼 때 각 민족문화가 서로 교류하고 융합하도록 작용한다. 북송(北宋)

이래로 전개된 도시경제의 발전, 시민계층의 확산은 모두 산곡의 탄생을 위한 새로운 토양을 준비하고 있었다. 당송대곡의 가무음악, 송금시대의 곡예설창(曲藝說唱), 당송곡자사(唐宋曲子詞) 등의 음악, 당시 유행했거나 창작된 곡조, 송원시대 북방 소수민족의 음악 등을 포함한 그 당시의 음악들은 각 민족문화의 교류 및 융화를 충분히 현실화시켜주었다. 당시의 문학적 언어 역시 사회생활이 발전함에 따라 부단히 풍부해져갔다. 새로운 어휘들이 부단히 출현했고, 쌍음어(雙音語)와 다음어(多音語)도 증가했다. 북방 소수민족들의 방언과 속어 및 시민계층의 언어가 뒤섞이게 되었고, 문학적 언어는 통속화 경향을 나타내었다. 북경(北京)이 북방정치, 문화의 중심이 되어감에 따라, 북경지역에서 유행하던 언어는 양하(兩河 : 황하 남북의 땅, 곧 하남과 하북 지역), 산동 지역의 언어와 서로 융합하여 새로운 언어체계를 수립했다. 이는 산곡 창작에 있어서 새로운 언어재료를 제공하게 된다. 이와 같은 제반 요인들은 모두 산곡이라는 이 새로운 음악과 결합된 시가형식으로 하여금 이전의 시가형식과 다른 특징들을 지니게 했다. 산곡이 능히 음악과 결합하여 노래하고 공연할 수 있다는 점 이외에도, 첫째, 산곡은 구어와 방언, 속어를 대량 사용함으로서 통속적이고 쉽게 이해할 수 있으며 새롭고 활기로 넘친다고 하는 등의 특징을 지닌다. 고정된 곡주와 자유로운 구어 사이의 모순을 해결하기 위하여, 산곡은 친자(襯字)를 활용하여 시가의 표현력을 강화한다. 둘째, 운의 사용에 있어서 산곡은 과거의 시사에 비해 운율이 보다 자유로워 성조의 아름다움을 증진시킨다. 산곡에서는 평측을 서로 함께 사용할 수 있고, 입성을 평성, 상성, 거성의 3성 사이로 보낼 수 있다. 운을 겹쳐 사용할 수 있어, 시인들에게 창작할 때 보다 광활한 영역을 활용할 수 있게 해준다. 그리고 그 운의 사용이 조밀해져서 거의 매 곡구마다 하나의 운이 적용되며, 또한 그 운을 끝까지 사용하게 한다. 산곡의 이러한 특징은 산곡에게 읊조리고 노래하는데 더욱 말하기 쉽고 듣기 좋으며 성조를 아름답게 만들어준다. 셋째, 산곡은 여러 가지 예술적 표현방법들과 수사, 격식상의 기교들을 마음껏 발휘하게 했다. 시사는 함축적인 측면을 중시했고, 비유, 상징 등의 비흥적 방법을 주로 구사했다. 그러나 산곡에서는 신랄한 풍자나 비유를 사용하고 있고, 그 색채는 선명하고 내용은 맑고 아름답다. 부(賦)의 방법을 많이 적용했으며, 서술적 경지는 통쾌하고 아무것도 감추거나 남겨두지 아니하는 태도를 견지한다. 넷째, 산곡은 시사에서 주로 사용되던 2구가 짝을 이루며 하나의 연(聯)을 구성하는 형식을 탈피하고, 자유로운 여러 가지 대우(對偶)형식들을 만들어내었다. 3구 정족대(鼎足對), 격구대(隔句對), 연주대(聯珠對) 등이 그 예이다. 또한 독목교체(獨木橋體), 단주체(短柱體), 정진체(項眞體), 첩자체(疊字體) 등의 여러 가지 배체(俳體)들이 있다. 이 모든 특징들이 원산곡이라는 이 신체시로 하여금 시가사에서 그 독자적인 기치를 수립하게 한다. 원산곡은 시사에 비하여 원대 사회의 삶이 요구하는 바에 보다 잘 적응할 수 있게 했다. 통속화, 구어화라는 방향을 향하여 발전했으며, 고전운문의 형식을 풍부하게 했다.

원산곡이 한 시대를 풍미하며 발전할 수 있었던 것은, 음악이 아름다워 그 당시 사람들의 귀를 즐겁게 해주었기 때문만은 아니었다. 문학적인 측면에서 볼 때, 그 특유의 예술적 성격, 즉 "아속공상(雅俗共賞)"이라는 예술적 기풍이 있었기 때문이다. 남송 말기에 이르면, 원래 민간소곡으로부터 발전하게 된 사가 문인들의 필치에 의하여 날이 갈수록 기려(綺麗), 전아(典雅), 강화(僵化)의 길을 걷기 시작하여, 마침내 "고당화옥(高堂華屋)"의 문학으로 변신하게 된다. 원산곡은 북원(北元)지역의 속요이곡(俗謠俚曲)을 바탕으로 발전해왔고, 제궁조(諸宮調), 화본(話本) 등의 통속문학 전통을 계승했다. 수많은 구어들을 사용함으로서, 작품들로 하여금 청신, 활발하고 생생한 삶의 숨결들을 느끼게 했다. 각 민족문화들이 서로 교류하고 융합함에 따라, 투박하고 자연스러운 속요이곡 가운데 다시 북방 소수민족들의 방언이 가미되었다. 이는 비분강개하고 쓸쓸한 분위기를 더하게 했고, 또한 산곡에게 발랄하고 웅혼한 기풍을 진작시키게 하기도 했다. 여기에 문인들은 시문 중의 생명력이 강한 언어들을 산곡 속에 주입시켰으며, 이는 속요이곡을 바탕으로 성장한 산곡에게 문학적 색채를 더하게 했다. 우리는 이렇게 말할 수 있을 것이다. 만약 민간의 속요이곡이 지닌 질박하고 자연스러운 특색이 없었다면, 산곡은 과거의 시사와 별 차이가 없게 되었을 것이라고. 만약 문인들의 전아한 문학적 색채가 주입되지 않았다면, 산곡은 민간의 속요이곡과 별 차이가 없게 되었을 것이라고. 바로 이와 같은 민간의 구어와 문학적 생명력을 갖춘 시문이 유기적으로 긴밀하게 결합할 수 있었기 때문에, 산곡은 비로소 속요이곡이 지닌 질박하고 자연스러운 기조를 보존할 수 있었을 뿐만 아니라, 또한 곡사(曲詞)의 문학적 색채를 심화시킬 수 있었으며, 이리하여 "우아함과 비속함을 함께 감상하다(雅俗共賞)"라는 성과를 거둘 수 있었다. 이리하여 당시 시인묵객으로부터 시정의 서민에 이르기까지 예외 없이 모두 즐겨 듣고 기꺼이 낭송하는 시가형식으로 될 수 있었고, 우물이 있는 곳이면 반드시 유영(柳永)의 사(詞)가 있다는 지경처럼 널리 퍼져나갈 수 있었다. 주덕청(周德淸)의 ≪중원음운(中原音韻)≫ 가운데에는 다음과 같은 기록이 보인다. "조어는 반드시 준수해야 하며, 시어의 구사는 반드시 익숙해야 한다. 너무 지나치게 전아하면 그 본질로부터 멀어지게 되고, 그렇다고 하여 전아함을 잃게 되면 천박해지게 된다. 전아하면서도 너무 지나치게 전아해서도 아니 되고, 비속하면서도 너무 천박해져서도 아니 된다. (造語必俊, 用字必熟, 太文卽迂, 不文卽俗, 文而不文, 俗而不俗.)" 이는 아속공상이라는 이상을 추구하는 새로운 예술형식에 대한 가장 적절한 해석이라고 할 수 있다.

원산곡은 제재 범위에 있어서 무한하다 할 수 있을 정도로 광범위하며, 세상의 모든 측면에 걸쳐 다루어진다. 탄세(嘆世)를 주제로 한 작품들은 독자에게 세상의 어두운 일면을 펼쳐 보여준다. "관법이 남용되고 형법이 자심하여 백성들의 원망을 샀다. 사람 잡아먹는 초매초 같은 법을 그 언제 본 적이 있었던가? 도적이 관군 되고 관군이 도적되어 현우가 뒤섞여졌다. (官法濫刑法重黎民怨, 人吃人鈔買鈔何曾見, 官做賊賊做官混愚賢)"(무명씨, [正宮・醉太平]). 또 관료사회의 험난함을 묘사한 작품도 있다. "지금 와서 돌이켜보면, 능연각은 층층마다 귀문관이었고, 장안으로 향하는 길은 걸음마다 연운잔이었다. (凌烟閣一層一箇鬼門關, 長安道一步一箇連雲棧.)"(査德卿, [仙呂・寄生草]≪感世≫). 회고영사(懷古詠史)를 주제로 한 작품들은 대부분 옛 사람들이 겪었던 일들을 빌려 부귀무상, 거관득화(居官得禍), 인생여몽(人生如夢) 등의 사상을 나타내고자 했다. 예컨대 원산곡 작가들은 엄자릉(嚴子陵), 도연명(陶淵明)이 산수자연 속에서 은둔했던 것을 찬탄했다. 범려(范蠡), 장량(張良)이 공훈을 세우고 물러남으로서 재앙으로부터 멀리 달아날 수 있었음을 찬미했다. 굴원(屈原), 한신(韓信)이 겪은 불운을 안타까워했다. 강자아(姜子牙), 제갈량(諸葛亮), 조조(曹操) 등이 공업을 이루었으나 결국 허망에 빠져들었음을 개탄했다. 은둔과

자적을 노래한 작품들은 원산곡 가운데서 중요한 위치를 차지하고 있으며, 원산곡이 지닌 중요한 특징이기도 하다. 원산곡 작가들은 "맑은 강변, 푸른 산 곁에서, 두 마지기 좋은 밭을 가꾸고 한 채의 작은 집을 지어 살아간다. 한가로운 몸 멀리 홍진 밖으로 달아난다(綠水邊, 青山側, 二頃良田一區宅. 閑身逃出紅塵外.)." (마치원馬致遠의 <남려南呂 : 네 개의 옥돌[四塊玉], 퇴은자적[恬退]>)이라는 삶을 갈망했다. 이를 통하여 재앙으로부터 멀리 달아나서 주어진 목숨을 온전히 지키며 살아가고자 했고, 본성에 따라 자연스러운 삶을 자적하며 살아가고자 했다. 그리고 유흥(游興), 시령(時令), 기려(羈旅)를 주제로 한 작품들은 나아가 독자에게 산하의 아름다움을 그려내어 보여주고 있다. 어떤 것은 웅혼장려(雄渾壯麗)하고 어떤 것은 청신준랑(清新俊朗)하다. 모두 깊은 시적 경지(詩情畫意)를 간직하고 있다. 이 작품들이 모두 그 당시 세상을 살아간 사람들의 삶의 모습을 보여주는 광활한 그림이며, 원대사회를 연구하는데 매우 중요한 자료가 된다.

원대는 산곡이라는 이 새로운 시가형식이 가장 빛을 발하던 시기였으며, 뭇별처럼 찬란한 산곡작가들이 무리를 지어 나타났다. 그중에는 비단 명청시대의 산곡작가들에게 의하여 호방(豪放), 청일파(清逸派)의 종사(宗師)라고 불려지던 마치원(馬致遠), 풍자진(馮子振), 장양호(張養浩), 관운석(貫雲石), 설앙부(薛昂夫), 유정신(劉庭信) 등의 호방파(豪放派) 작가들이 있다. 뿐만 아니라, 또한 청려(清麗), 전아(典雅)함으로 후대 산곡작가들에게 존경의 대상이 되던 장가구(張可久), 교길(喬吉)과 관한경(關漢卿), 백박(白樸), 여지(盧摯), 서재사(徐再思), 주덕청(周德清) 등의 청려파(清麗派) 작가들도 있다. 그들의 수많은 아름다운 곡구들은 지금까지 여러 사람들에게 널리 애송되고 있다. ≪원곡삼백수(元曲三百首)≫의 원선자(原選者) 의도는 ≪당시삼백수(唐詩三百首)≫, ≪송사삼백수(宋詞三百首)≫의 뒤를 이어 편찬함으로서 정족지세(鼎足之勢)를 이루게 하는 것이다. 임눌(任訥) 선생이 편찬한 ≪원곡삼백수≫는 1930년에 상해(上海) 민지서국(民智書局)에서 처음으로 출판했으며, 그 후 여전(盧前) 선생이 교정하여 1945년에 상해 중화서국(中華書局)에서 출판했고, 1947년에 재판했다. 임눌, 여전 두 분 선생은 곡학 분야의 전문가이며, 안목이 비범하다. 산곡 작품을 선정할 때 제재, 풍격의 다양성을 고려했을 뿐만 아니라, 곡의 예술성도 중시했다. 이는 이 시대의 선본(選本)들이 사상적 측면을 가장 중시하고 있는 점과 크게 다른 점이다. 그 당시 임눌, 여전 두 분 선생이 접촉할 수 있었던 자료들이 제한되어 있었으므로, 선본은 비교적 조소(粗疏)했다. 이에 평주(評注)과정에서 수정한 부분이 있었으며, 그 대강을 다음과 같이 밝혀둔다.

一. 원선(原選) 산곡작가들에 대한 배열순서는 비교적 복잡하고 혼란스럽다. 이에 지금 생졸연대의 선후에 따라 새롭게 배열한다. 생졸연대가 불명확한 산곡작가의 경우, 동시대에 교유(交游)하던 산곡작가들의 순서에 따라 배열한다.

二. 원선본(原選本)은 산곡작가들을 모두 69명 배열했고, 작품수는 모두 310수였다. 그중 마구고(馬九皐)와 설앙부(薛昻夫)를 2인으로 오인했으나, 사실 이들은 같은 인물이다. 마치원의 수록작품은 32수로 되어 있으나, 사실은 31수이다. 장가구의 수록작품은 42수로 되어 있으나, 사실은 40수이다. 무명씨의 수록작품은 35수로 되어 있으나, 사실은 36수이다.

三. 무명씨의 작품들을 조사해본 결과, 그중에 진초암(陳草庵)의 작품이 1수, 장양호(張養浩)의 작품이 2수, 탕식(湯式)의 작품이 2수 있었다. 지금 각각 3인의 이름 아래에 배열한다. 그중에서 탕식은 새롭게 배열된 산곡작가이다. 이밖에 11명의 명대 산곡작가 작품들이 수록되어 있었으며, 지금 삭제한다.

四. 원선본 가운데 산곡작품을 잘못된 산곡작가에 배열한 경우가 있다. 관한경(關漢卿)의 1수가 백박(白樸)의 이름 아래에 배열되어 있었고, 장가구(張可久)의 1수가 왕덕신(王德信)의 이름 아래에 배열되어 있었다. 지금 정정하여 관한경, 장가구의 이름 아래에 배열한다.

≪원곡삼백수≫의 선곡범위가 이 시대 원곡선본과 매우 다르며, 또한 비교적 상세한 주석본도 많지 않았으므로, 참고할만한 자료가 부족했다. 이에 더하여 평주자의 학식이 소천(疏淺)하여, 평주 과정에서 모자라고 잘못된 부분이 많을 것이라 생각된다. 삼가 독자 제현의 가르침을 빈다.

# 역자 서문

1998년 2월 ≪원대산곡선(元代散曲選)≫의 초판이 처음으로 출간된 이후로 8년이라는 세월이 흘러갔다. 원산곡에 대한 필자의 사랑도 그 깊이를 더해갔고, 문학과 삶의 의미에 대한 이해도 부족하나마 세월의 흐름만큼 그 범주를 넓혀갔다. 필자에게 있어서 원산곡은 참으로 친밀하고 허물없는 일생의 벗이 되었다. 이는 필자에게 항시 삶의 의미에 대하여 속삭여준다. 지금 이 시점에서 돌이켜보면 중국의 고전문학을 가까이 했고, 원산곡이라는 시가장르를 가까이 했다는 사실만으로도 새삼 고맙고도 행복하며 송구하게 여겨진다. 시는 영민한 천재만이 가까이 다가설 수 있는 대상이 아닌가 하는 생각이 들 때도 자주 있었다. 그러나 그러면서도 수많은 삶의 지혜와 아련한 연민의 정서를 필자에게 전해주었던 원산곡이 필자에게는 너무나 대견하고 소중하다.

원산곡은 원대를 대표하는 독특한 시가장르이다. 원대는 그 시대를 살아간 한인(漢人)에게 있어서 고통으로 점철된 춥고 궁핍한 시대였다. 소수의 유목민족이 다수의 농업민족을 정복하고 수탈, 착취했다. 이와 같은 시대상황 속에서 한족의 지식인들은 시대의 비극을 절감했고, 그 비통함이 산곡을 태생시켰다. '국가의 불행이 시인에게 행복이다(國家不幸詩人幸)'라고 말한 시인이 있다. 어지러운 시대에 걸출한 시가 태어나게 된다는 의미일 것이다. 안사(安史)의 난이 없었다면 시성 두보(杜甫)가 과연 태어날 수 있었을까? 원대는 국가민족에게는 불행한 시대였지만, 수많은 원산곡 작가들에게는 문학예술이라는 측면에 있어서만은 행복한 시대였다고 할 수 있다.

원산곡은 문어체와 구어체가 잘 조화를 이루고 있으며, 누구나 쉽게 다가갈 수 있을 만큼 평이하고 이해하기 쉽다. 이 시가장르는 이해하기 쉬운 시어와 시구 가운데 인생의 따사로운 정감과 깊은 사상과 심오한 지혜를 담는다. 그 시대 지식인들이 보고 듣고 느낀 바가 생생하게 묘사되어 있다. 이는 원산곡만이 지닌 장점이다.

외국의 시가를 번역한다는 것은 무모하고 어리석은 일이다. 그러나 중국문학 가운데 국가나 민족의 장벽을 넘어 우리에게 감동을 주는 부분도 반드시 있을 터이다. 인류의 문학은 그 문학만이 지니는 공유지분이 있기 마련이다. 그래서 오늘의 우리에게도 굴원과 도연명, 이백과 두보는 마찬가지로 생생한 감동을 안겨줄 수 있는 것이다. 우리는 모국어를 통하여 그 감동을 우리 자신의 것으로 전환하게 된다.

필자는 ≪원대산곡선≫을 8년 만에 다시 수정, 보완하여 세상에 내보낸다. 여전히 무수한 오류들이 있을 터이다. 독자 제현의 질정을 바란다.

2006년 2월
강원대학교 중어중문학과 연구실에서

# 목 차

# 1. 원호문(元好問)(1190－1257)

자는 유지(裕之)이고, 호는 유산(遺山)이며, 태원(太原) 수용(秀容 : 지금의 산서성山西省 흔현忻縣) 사람이다. 금원(金元) 교체기의 저명한 문학자였으며, 30년간 문단의 지도적 역할을 담당했다. 금(金)나라 선종시(宣宗時) 진사에 급제했고, 일찍이 한림원(翰林院)으로 들어갔으며, 제고(制誥)의 관직을 역임했다. 금(金)나라가 멸망한 뒤에는 관직으로 나아가지 않고, 야사정(野史亭)을 시어 은거했다.

그가 살아가던 시대는 산곡이 아직 민간속조(民間俗調)와 사(詞)에서부터 곡(曲)으로 향하는 과도기였다. 그는 “속된 어휘를 사용하여 우아한 경지를 만들어 내었으며, 옛 문장을 변용하여 새로운 문장으로 만들어 내는 작업(用俗爲雅, 變古作新)”을 수행할 수 있었으며, 그의 곡풍(曲風)은 소식(蘇軾)·신기질(辛棄疾)에 가까웠으니, 강건하면서도 아름다웠다.

≪유산악부(遺山樂府)≫가 전해지고 있으며, ≪전원산곡(全元散曲)≫에 그의 소령(小令) 9수, 잔투수(殘套數) 1지(支)가 수록되어 있다.

## [雙調] 驟雨打新荷[1]

綠葉陰濃, 遍池塘水閣, 偏趁涼多[點出時令]. 海榴[石榴]初綻, 妖艶噴香羅[石榴花初開, 像香羅般艶麗]. 老燕攜雛弄語, 有高柳鳴蟬相和[低語高和, 相映成趣]. 驟雨過, 珍珠亂糝[亂濺], 打遍新荷. [幺][2] 人生有幾, 念良辰美景[3], 一夢初過. 窮通前定[命運的好壞前世注定], 何用苦張羅[何必爲爭名奪利而費盡心機針營呢]. 命友邀賓玩賞, 對芳樽淺酌低歌[對着美酒, 慢飮低唱]. 且酩酊[不妨醉去], 任他兩輪日月[4], 來往如梭.

푸른 잎들이 짙게 우거지고
지당의 정자 주위에 널리 펴져 있다.
시원한 틈을 즐긴다.
석류가 처음으로 꽃피우는데
아리따운 모습이 비단결처럼 곱다.
어미제비는 어린 제비를 데리고 지지배배 지저귀고
높은 버드나무에는 제비소리와 어울려 매미가 운다.
소나기가 오기 시작하자
연잎 위로 진주알들 요란하게 흩어지며
새로 자란 연잎들을 두드린다.

[요(幺)]

인생이 얼마런가?
아름다운 세월과 풍경의 의미를 생각한다.
꿈결 같은 내 인생의 제일막은 이제 막 지나갔다.
빈천과 부귀는 이미 전생에 정해졌을 터이다.
어찌 세상명리를 쫓아 몸부림칠 것인가?
친한 벗들을 모아 함께 즐겁게 지낸다.
술병을 마주한 채 술을 조금 마시고 나서 조용히 노래한다.
자, 술에 취해보리라.
흐르는 세월은
베틀의 북처럼 멋대로 오가게 내버려두자.

[1] 일명 「소악경(小樂經)」. 구식(句式)은 454, 4567, 344이며, 모두 10구(句) 5운(韻)이다. 도종의(陶宗儀)는 ≪남촌철경록(南村輟耕錄)≫에서 이렇게 기록하고 있다. "소악경은 바로 소석조라는 곡이다. 유산 원호문선생이 지은 것이다. 그리고 유명한 가희들이 많이 노래했다. 세상에서 '소나기가 새로 자란 연잎을 두드리다'라는 곡이 바로 그런 경우라고 생각했다(小樂經乃小石調曲, 元遺山先生好問所制, 而名姬多歌之, 俗以爲驟雨打新荷是也.)." 원선본에는 하편(下篇)밖에 없다. 지금 ≪전원산곡≫에 근거하여 상편(上篇)을 보완한다.

[2] 원곡 중에서 무릇 동일 곡패를 중복하여 사용할 경우 "요편(幺篇)" 혹은 "요(幺)"라고 쓴다.

[3] 양신미경(良辰美景) : 아름다운 계절과 경치. 남조(南朝) 송(宋)의 사령운(謝靈運)이 지은 시 <위나라 태자가 업에서 지은 8수의 시운에 따라 짓다(擬, 衛太子鄴中集詩, 八首, 序)> 가운데에, "건안 말년, 나는 그 당시 업의 궁중에서 지내고 있었다. 낮에는 유람하고 저녁에는 잔치를 베풀었으며, 기쁨과 즐거움의 극을 이루었다. 세상의 맑은 아침, 아름다운 풍경, 기분 좋은 마음, 즐거운 일, 이 네 가지는 모두 누리기 어렵다. 그런데 지금 친척 형제와 친구 두셋과 더불어 이 기쁨과 즐거움을 모두 다 누리고 있다(建安末, 余時在鄴宮, 朝游夕宴, 窮歡愉之極. 天下良辰美景賞心樂事四者難幷, 今昆弟友朋二三諸彦共盡之矣)"라는 기록이 보인다.

[4] 양륜일월(兩輪一月) : 옛사람은 해와 달의 모습이 수레바퀴 같았기 때문에 일륜(日輪) 또는 월륜(月輪)이라 불렀다. 송(宋)의 신기질(辛棄疾)이 지은 사(詞) <강신자(江神子), 시녀가 선생에게 사를 지어달라고 청하여 스스로 자신의 생일을 축하하다(侍者請先生賦詞自壽)> 가운데, "해와 달이 집 모퉁이를 돌아 베틀의 북처럼 재빨리 달아난다. 너무 빠르다. 어찌 막을 수 있으랴?(兩輪屋角走如梭, 太忙些, 怎禁他!)"라는 사구가 있다.

# 2. 양과(楊果)(1195－1269)

자는 정경(正卿)이고, 호는 서암(西庵)이며, 기주(祈州) 포양(蒲陽 : 지금의 하북성河北省 안국安國) 사람이다. 그는 금(金)나라 정대(正大) 초년에 진사하였으며, 청렴한 관리로 널리 알려져 있었다. 중통(中統), 지원(至元) 연간에 일찍이 북경선무사(北京宣撫使), 참지정사(參知政事), 회맹로총관(懷孟路總管)을 역임했다. 1269년에 타계했으며, 향년 75세였다.

≪원사(元史)≫에서는 그에 대하여, "문장이 우수하고, 특히 악부에 뛰어났다(工文章, 尤長于樂府)"라고 기록하고 있다. 그의 산곡 풍격은 "전아함에 치우친다. 사에서 곡으로 향하고 있다(偏于典雅, 由詞向曲)"는 과도기적 흔적을 지니고 있다. 명(明)의 주권(朱權)이 지은 ≪태화정음보(太和正音譜)≫에서는 그의 곡(曲)에 대하여 "마치 꽃과 버드나무가 그 향기와 아름다움을 드러내는 것 같다(如花柳芳姸)"라고 평했다. 이는 그의 문사(文辭)가 화려한 아름다움을 지니고 있음을 가리키는 것이다. 저서로 ≪서암집(西庵集)≫이 있다. ≪전원산곡≫에 그의 소령 11수, 투수 5지가 수록되어 있다.

## [越調] 小桃紅 二首

採蓮人和[唱和, 聲音相應]採蓮歌[1], 柳外蘭舟過[裝飾華美的採蓮船從柳外穿過]. 不管鴛鴦夢驚破[以反襯法點出主人公的冷寂孤獨]. 夜如何, 有人獨上江樓臥. 傷心莫唱, 南朝舊曲[2], 司馬淚痕多[3].

연 따는 여인들이 화음을 맞추어 채련가를 노래한다.
연 따는 배들이 버드나무 바깥으로 노 저어 간다.
나그네 원앙의 꿈 깨우는 일쯤은 전혀 아랑곳하지 않는다.
밤은 어떠한가?
누군가가 홀로 강가 누각에 올라 누워있다.
슬픈 노래를 부르지 말라.
남조의 옛 가락을 부르지 말라.
사마의 눈물 자욱 흥건히 젖어 있다.

[1] 채련가(採蓮歌) : 양무제(梁武帝) 소연(蕭衍)이 지은 악부 7곡이며, 그중의 1곡의 이름이 <채련곡(採蓮曲)>이다. 후대에 이르러 모방작이 매우 많아지게 되었다. 여기서는 연 따는 여인이 부르는 노래를 가리킨다고 보아야 할 듯하다.

[2] 남조구곡(南朝舊曲) : 남조(南朝) 진후주(陳後主)가 지은 <옥수후정화(玉樹後庭花)> 등의 곡이다. ≪수서(隋書), 악지(樂志)≫에는 이와 같은 곡조들은 "매우 기려하고, 지극히 방탕하다. 남녀가 창화하는데, 그 노래가 매우 슬프다(綺麗相高, 極于輕蕩, 男女唱和, 其音甚哀)"라고 기록되어 있다. 후세 사람들은 이를 "망국지음(亡國之音)"이라고 간주했다. 당(唐)의 시인 두목(杜牧)이 지은 <박진아(泊秦淮)>라는 시에 "술집여인은 망국의 슬픔을 모른다. 강 건너 저편에서 여전히 후정화를 부르고 있다(商女不知亡國恨, 隔江猶唱後庭花)"라는 시구가 있다.

[3] 사마누흔(司馬淚痕) : 당(唐)의 백거이(白居易)가 원화(元和) 연간에 강주사마(江州司馬)로 좌천되어 가서, <비파행(琵琶行)>을 지어 자신의 처지를 비유했다. 시의 마지막 부분에 "좌중에서 가장 많이 흐느낀 자 누구인가? 강주사마의 청삼이 눈물에 흥건히 젖어 있다(座中泣下誰最多, 江州司馬青衫濕)"라는 시구가 있다. 이곳에서는 백거이의 시구를 농축시켜, 연 따는 여인의 노래 소리가 작자의 고국생각을 불러일으키게 하였음을 말하고 있다.

採蓮湖上棹[本爲船槳, 這裏爲 "用槳劃"]船回, 風約湘裙翠[風吹拂翠色湘裙裹住下肢, 濕出綽約風姿]. 一曲琵琶數行淚[琵琶聲勾起離愁別恨]. 望君歸, 芙蓉[荷的別名]開盡無消息. 晚凉多少, 紅鴛白鷺, 何處不雙飛[以鴛鴦白鷺雙棲雙飛, 反襯人的形單影隻].

연 따던 호수에서 노를 저어 돌아온다.
바람이 여인들의 푸른 치맛자락을 휘감는다.
비파소리 한가락에 눈물은 몇 줄긴가?
그대 돌아오시기 간절히 기다리건만
부용이 다 피어도 돌아올 기약 없다.
저녁 무렵이 되자 조금 서늘해진다.
원앙과 백로 가운데
쌍쌍이 날지 않는 것이 어디 있는가?

## 3. 유병충(劉秉忠)(1216 - 1274)

자는 중회(仲晦)이고, 초명(初名)은 간(侃)이다. 관직으로 나아간 이후 유병충(劉秉忠)으로 개명하였으며, 형주(邢州 : 지금의 하북성河北省 형대邢臺) 사람이다.

원나라의 개국공신이다. 17세가 되던 해에 일찍이 형대(邢臺) 절도사부영사(節度使府令使)를 역임하였으나, 곧 관직을 버리고 승려가 되었으며 자총(子聰)이라는 이름을 얻었다. 그 후 운중(雲中)으로 갔다가, 쿠빌리에를 보좌했으며, 광록대부(光祿大夫)의 관직에 나아갔다. 관위는 태보(太保)였으며, 중서성(中書省)의 업무에 관여했다.

비록 고관대직의 직위에 있었으나 언제나 재계(齋戒)하며 지냈으며, 소식(疏食)하고 종일 담담하게 지냈다. 장춘산인(藏春山人)이라고 자호(自號)하였으며, 매일 시를 읊조리고 자적하며 살아갔다. 그의 작품은 경치와 감회를 묘사한 작품이 많았으며, 그중에서 「건하엽(乾荷葉)」 8수가 가장 유명하다. 민간소곡에서 문인곡으로 전이하는 과정 중의 흔적도 지니고 있었고, 또한 시사를 곡으로 변용하는 요소도 지니고 있었다.

저서로≪장춘산인집(藏春山人集)≫이 있으며, ≪전원산곡≫에 소령 12수가 수록되어 있다.

### [南呂] 乾荷葉, 三首[1]

乾荷葉, 色蒼蒼[暗青色], 老柄風搖蕩[凋萎的梗柄在風中搖蕩]. 減清香[香氣全消], 越添黃[由暗青而更枯黃], 都因昨夜一場霜[以倒叙筆法點出葉敗枝枯的原因]. 寂寞在秋江上[枯荷有知, 也會感到寂寞. 融入詩人感受].

메마른 연잎이
암녹색으로 시들어가고
시든 줄기는 바람에 흔들린다.
맑은 향기 사라지고
암녹색은 다시 갈색으로 변해가니
모두가 다 어제 내린 서리 때문이다.
가을 강가에 홀로 적막하게 흔들리고 있다.

[1] 건하엽(乾荷葉) : 일명 「취반추(翠盤秋)」. 원래는 그 당시 <메마른 연잎(乾荷葉)>이라는 이름으로 지어진 민간소곡이었으나, 누군가가 ≪악부군주(樂府群珠)≫에 수록할 때 곡조의 이름 아래에 "즉명만흥(卽名漫興)"이라고 소제목을 붙이고, 유병충(劉秉忠)의 자작곡으로 간주했다. 청(淸)의 육금(陸崟)이 지은 ≪문화루사화(問花樓詞話)≫ 가운데에, "옛사람은 성률에 뛰어나서 시를 짓고 나면 곧 노래를 짓곤 했다. 예컨대 이후주의 <도련자>는 다듬이질을 노래한 것이고, 유태보의 <건하엽>은 연잎을 노래한 것이다(古人曉暢聲律, 因題成詞. 如李後主 ≪搗練子≫ 卽咏搗練, 劉太保[乾荷葉]卽咏荷葉)"라고 기록되어 있다. 그리고 장일규(蔣一葵)의 ≪요산당외기(堯山堂外紀)≫에도, "이는 유병충이 스스로 지은 곡이다. 곡명 <건하엽>은 바로 연잎을 노래한 것이다. 아직도 당사의 분위기가 남아 있다(此秉忠自度曲. 曲名[乾荷葉]卽咏乾荷葉, 猶是唐詞之意.)"라고 기록되어 있다.

乾荷葉, 色無多[暗淡無色], 不耐風霜銼[禁不起風霜的侵凌]. 貼秋波[枯葉沉浮在水波中], 倒枝柯[老柄枯折傾倒], 宮娃[宮女]齊唱採蓮歌. 夢裏繁華過[生死如夢, 繁華的日子在這場夢中度過].

메마른 연잎들
색깔도 이미 다 바래어져버렸으니
찬 바람 찬 서리를 차마 견뎌낼 수 없었나보다.
시든 연잎들은 물결에 출렁이고
까칠한 줄기는 꺾이고 쓰러졌는데
궁녀들이 다 같이 채련가를 부르누나.
꿈결 같은 세월 속에 이 화사한 나날들이 물결처럼 사라져가네.

南高峰, 北高峰[1], 慘淡烟霞洞[2]. 宋高宗[3], 一場空[指恢復中原, 終成夢幻], 吳山依舊酒旗風[4]. 兩度江南夢[5].

호수 남쪽에도 높은 산이 있고
호수 북쪽에도 높은 산이 있어
처연히 불타는 연화동이네.
남송의 고종은
중원 회복의 꿈 끝내 이루지 못했는데
서호 서남쪽 오산의 술집 깃발만 예전처럼 펄럭이네.
두 왕조가 품었던 강남의 허랑한 꿈이었네.

[1] 남고봉(南高峰), 북고봉(北高峰) : 서호 주변에 있는 두개의 큰 산봉우리이다. 남고봉은 서호 서남쪽에 있고, 북고봉은 그 북쪽에 있는데, 이 둘은 합하여 "쌍봉(雙峰)"이라 부른다. 서호 10경 가운데 "쌍봉이 구름 위로 솟아오르는 광경(雙峰插雲)"이 있다. 송(宋)의 유괴(劉過)가 지은 사(詞) <심원춘(沁園春)> 가운데에, "쌍 봉 사이로 흘러내리는 냇물을 사랑한다. 마음껏 구비 돌며 흘러간다. 남쪽과 북쪽에 있는 두 산봉우리, 구름이 위아래로 가득 쌓여 있다(愛東西雙澗, 縱橫水繞. 兩峰南北, 高下雲堆)"라는 사구가 있는데, 바로 이 쌍봉을 노래한 것이다.

[2] 연하동(烟霞洞) : 남고봉(南高峰)의 연하령(烟霞嶺) 위에 위치하고 있다.

[3] 송고종(宋高宗) : 즉 조구(趙構)이며, 남송의 개국황제이다. 송휘종(宋徽宗)의 아들이고, 흠종(欽宗)의 아우이다. 북송 정강(靖康) 2년(1127), 금(金)의 군대가 휘(徽), 흠(欽) 두 황제를 북쪽으로 포로로 잡아가자, 그는 장강을 건너 남쪽으로 달아났다. 먼저 남경에서 제위에 올랐다가, 마침내 지금의 항주인 임안(臨安)에서 도읍을 정했다. 그는 간신 진회(秦會)를 등용하고 금(金)에 저항할 것을 주장하는 명장 악비(岳飛)를 살해했으며, 주전파 장군인 장준(張浚) 등을 멀리했다. 스스로 장성을 허물고 금에 화평을 구걸하고 신하 되기를 자청했다.

[4] 오산의구주기풍(吳山依舊酒旗風) : 오산은 서호의 서남쪽, 전당강(錢塘江)의 북쪽 언덕에 위치하고 있다. 일명 서산(胥山)이라 부른다. 술집 깃발을 흩날리는 바람(酒旗風)은 당(唐)의 두목(杜牧)이 지은 시 <강남의 봄(江南春)> 가운데 보이는, "온 천지에 꾀꼬리 울어대고, 푸른 잎들 사

이로 붉은 꽃이 피어난다. 강물이 흐르고 산이 푸르른 시골 마을에, 술집 깃발이 산들바람을 타고 펄럭이고 있다(千里鶯啼綠映紅, 水村山郭酒旗風)"는 시구를 변용한 것이다. 전체 곡구의 의미는 다음과 같다. 오늘날 오산에는 술집 깃발만이 손님을 맞이하여 바람이 부는 대로 흔들린다. 이는 먼 옛날 그 모습 그대로이다. 풍경은 여전하나 인간 세상사는 이미 변해버린 쓸쓸한 현실을 한탄한 것이다.

[5] 양도강남풍(兩度江南夢) : 오대(五代)의 오월(吳越)과 남송은 모두 항주에 도읍을 정하고, 한쪽 구석에서 고식적으로 겨우 지탱하고 있다가, 그것조차 끝내는 모두 일장춘몽으로 돌아가고 말았다. 양도(兩度)는 오월과 남송 두 왕조를 가리킨다.

# 4. 합지학(盍志學)(?-?)

생평과 사적은 미상이다. ≪녹귀부(錄鬼簿)≫에서는 그를 "전배명공(前輩名公)"으로 배열하고, "학사(學士)"라고 불렀다. 요즈음 어떤 사람은 그가 곧 합서촌(盍西村)이라고 한다. 우이(盱眙 : 현재 강소성江蘇省에 속함) 사람이다.

그의 곡풍은 청신(淸新)하고 자연스럽다. 명의 주권이 지은 ≪태화정음보≫에서는 그의 곡을 "맑은 바람처럼 상쾌하다(如淸風爽籟)"라고 평했다.

≪전원산곡≫에 그의 소령 18수, 투수 1지가 수록되어 있다.

## [越調] 小桃紅 : 西園秋暮[1]

玉簪金菊露凝秋[2], 釀出西園秀[構成西園的秀麗景色]. 烟柳新來爲誰瘦[暮秋時節, 柳樹也濕憔悴了], 暢[眞正]風流, 醉歸不記黃昏後. 小槽細酒[3], 錦堂晴晝, 拚却再扶頭[4].

옥잠화와 황국은 차디찬 가을이슬 속에 피어
서원의 수려한 정경을 빚어내네.
노을 속의 버드나무 누구 때문에 메말랐나?
진정한 풍류리니
취하여 돌아가서 황혼 뒤를 모른다네.
작은 술통에선 좋은 술이 방울방울 떨어지니
금당의 맑은 대낮에
다시 취해 쓰러져도 좋으리.

[1] 이는 작자가 노래한 "임천팔경(臨川八景)" 중의 제 2수이다. 늦가을 서원(西園)의 정경을 묘사하고 있다.

[2] 옥잠(玉簪) : 초본식물이며, 가을에 개화한다. 옥돌처럼 깨끗하고 흰 꽃을 피운다. 꽃이 피지 않았을 때에는 비녀의 머리 부분 같으며 향기가 있어 옥잠이라 명명한다.

[3] 조(槽) : 원선본에서는 "조(糟)"라고 오기하고 있다. 옛날 주기(酒器)의 일부분이며, 술이 여기서부터 서서히 흘러나왔다. 당(唐)의 시인 이하(李賀)가 지은 시 <장진주(將進酒)> 가운데에 "작은 술통에선 붉은 진주처럼 고운 술 떨어지네(小槽酒滴眞珠紅)"는 시구가 있다. 세주(細酒) : 좋은 술. 여기서 세(細)는 정교하고 아름답다는 의미이다.

[4] 변각(拚却) : 필사적으로 하다. 기꺼이 원하다. 부두(扶頭) : 술에 취해 쓰러지다. 송(宋)의 주변(朱弁)이 지은 시 <가을날의 샘물(秋泉), 타인의 시운에 따라 짓다(次韻)> 가운데에, "해 높이 떠올라도 술 취해 누워 있네. 아침술 깨지 않아 멍하게 있네(已拚扶頭日三丈, 朝酲未解任昏昏)"라는 시구가 있다. 이 시구는 다시 취하여 쓰러지기를 원한다는 의미이다.

## [越調] 小桃紅 : 江岸水燈[1]

萬家燈火鬧春橋, 十里光相照[點出熱烈氣氛, 背景闊大]. 舞鳳翔鸞勢絶妙[扎成鳳凰·鸞鳥形的花燈飛舞, 姿態生動]. 可憐宵[可憐的夜晚], 波間湧出蓬萊島[2]. 香烟亂飄, 笙歌喧鬧, 飛上玉樓[傳說中天上仙人的居所]腰[3].

집집마다 등불 들고 모여드는 춘교.
십리를 이어가는 등불들의 행렬.
춤추며 날아가는 봉황새 같은 등불.
참으로 아름답고 찬연한 밤일지니
물결 사이로 봉래산이 우뚝 솟아나네.
향연은 어지러이 피어오르고
피리소리 노래소리 요란하게 퍼지며
이윽고 천상의 옥루로 날아가네.

[1] 이는 작자가 지은 "임천의 8경(臨川八景)"가운데 제3수이다. 원소절(元宵節)의 성대한 모임을 묘사하고 있다.

[2] 파간용출봉래도(波間湧出蓬萊島) : 이 시구는 강 언덕의 등불이 휘황하고, 또 그림자가 수면에 거꾸로 비치고 있는 모습이 마치 봉래의 선도(仙島)가 나타난 것과 같다고 묘사하고 있다. 봉래도는 전설상의 바다 위에 있는 섬이다.

[3] "향연란표(香烟亂飄)"이하 3구 : 향의 연기와 피리소리, 노래 소리가 하늘로 똑바로 올라가, 천상의 선경에까지 전해진다는 의미이다.

### [越調] 小桃紅：客船夜期[1]

綠雲冉冉鎖淸灣[2], 香徹東西岸[淸香四溢, 兩岸傳遍]. 官課[應上繳官府的租稅]今年九分辨[絶大部分已完成]. 厮追攀[3], 渡頭買得新魚雁[在渡口買到了魚鮮野味]. 杯盤不乾, 歡欣無限, 忘了大家難[大家都難忘這個歡樂的夜晚].

> 푸른 산 물안개는 맑은 강줄기 휘감는데
> 향기는 동서의 강 언덕으로 퍼져가네.
> 금년 한해 세금도 이제 거의 준비되었다네.
> 모임에 초청하니
> 나루에서 생선과 기러기를 산다네.
> 술과 안주 풍성하고
> 환락도 무한하여
> 이 밤의 즐거움을 잊을 수 없네.

[1] 이는 시인이 지은 "임천의 8경(臨川八景)"중의 제5수이다. 배가 강변에 반중에 정박하는 정경을 묘사한다.

[2] 녹운(綠雲) : 벽록색의 마름과 연꽃이 구비 돌아 흐르는 강변에 가득 펼쳐져 있고, 그 위로 물안개가 피어오르고 있음을 묘사한다. 쇄(鎖) : 둘러싸다. 물안개가 자욱함을 묘사한다. 이 시구는 강변이 온통 녹색으로 물들어 있는 가운데 피어오르는 물안개 자욱하고 상쾌하며 구비 돌아 흐르는 강변을 묘사한다.

[3] 시(厮) : 서로. 시(廝)와 같다. 추반(追攀) : 모임에 초청하다. 당(唐)의 시인 두보(杜甫)가 지은, "예전에 낙양에서 살아가고 있었을 때, 친구들이 서로 모임에 초청해 주었다(昔在洛陽時, 親友相追攀)"라는 시구에서 유래한다.

## [越調] 小桃紅 : 雜詠

杏花開後不曾晴, 敗盡游人興. 紅雪飛來滿芳徑[1]. 問春鶯[頗似 "淚眼問花"], 春鶯無語風方定. 小蠻有情[2], 夜凉人靜, 唱徹醉翁亭[3].

살구꽃 핀 이후로 맑은 날이 없어
유람객의 기분을 다 구겨버렸네.
붉은 눈 같은 꽃잎들 길을 가득 덮고 있네.
꾀꼬리에게 물어보아도
꾀꼬리는 말이 없고 바람만 잔잔해졌네.
가희(歌姬)는 남의 심정 잘 이해하여
밤이슬 차고 인적 드문데
해맑은 목소리로 취옹정(醉翁亭)을 부르네.

[1] 홍설(紅雪) : 어지러이 흩날리며 떨어지는 붉은 꽃잎들. 여기서는 비가 와서 떨어지는 살구꽃을 가리킨다. 당(唐)의 백거이(白居易)가 지은 <여러 친구들과 더불어 술을 지니고 일찍 앵도의 꽃을 구경하다(同諸君携酒早看櫻桃花)>라는 시 가운데, "푸른 엿 같은 잎들이 술잔에 달라붙어 있고, 붉은 눈 같은 꽃잎들이 가지를 짓누르고 있다(綠餳粘盞杓, 紅雪壓枝柯)"라는 시구가 있다.

[2] 소만(小蠻) : 백거이의 시녀였으며, 가무에 뛰어났다. 여기서는 가희(歌姬)를 의미한다. 유정(有情) : 다른 사람의 심중을 잘 이해한다는 의미이다.

[3] 취옹정(醉翁亭) : 송나라의 시인 구양수(歐陽修)가 저주(滁州)로 좌천되어 갔을 때, 일찍이 낭야산(琅琊山)에서 연회를 벌렸다. 산상에는 승려 지선(智仙)이 지은 정자가 있었다. 구양수는 이를 취옹정이라 이름 짓고, 그 자신을 취옹이라 불렀으며, 아울러 <취옹정기(醉翁亭記)>를 지었다. 태상박사(太常博士) 심준(沈遵)은 그를 위하여 거문고 곡(琴曲) <취옹음(醉翁吟)>을 지어주었다.

## 5. 백박(白樸)(1226－1306 이후)

자는 태소(太素)이고, 호는 난곡(蘭谷)이다. 원명(原名)은 항(恒)이고, 자는 인보(仁甫)이다. 조적(祖籍)은 지금의 산서성(山西省) 하곡(河曲) 부근인 오주(隩州)이고, 후에 지금의 하북성(河北省) 정정(正定)인 진정(眞定)으로 이사했다.

그는 어려서 전란을 겪었고, 모친이 원나라 군내에게 포로로 잡혀갔는데, 이 사건은 그의 일생에 매우 심각한 영향을 끼쳤으며, 이로부터 그는 "항시 울울불락하였다." 그는 관직으로 나아가는 것을 사절하였으며, 중년 이후 집을 나서서여 남방을 유람하였으며, 떠도는 자의 삶, 혹은 산수에서 은둔하며 자적하는 삶을 살아갔다. 송(宋)이 망한 이후 지금의 남경(南京)인 금릉(金陵)에 정착했다.

백박은 "원곡사대가"중의 한 사람이며, 잡극창작에 있어서 공헌이 지대하였다. 그의 산곡은 은거생활을 찬양하고, 부귀공명을 멸시하는 것을 내용으로 하는 작품들이 많았다. 곡풍은 청려준일(淸麗俊逸)하였으며, 당시 사람들로부터 중시되었다. 명나라 주권의 ≪태화정음보≫에서는 그의 곡을 "오연한 기질 속에 심중의 불만이 가득 차 있다. 노래의 샘물은 무한히 펑펑 솟아올랐다. 마치 대붕이 북명에서 일어나고, 구소에서 날아오르는 것 같았다. 일거에 만리를 달리고자 하는 포부가 있었다. (風骨壘塊, 詞源滂沛, 若大鵬之起北溟, 奮翼凌乎九霄, 有一擧萬里之志)"라고 평했다.

저서로 ≪천뢰집(天籟集)≫이 있으며, ≪전원산곡≫에 그의 소령 37수, 투수 4지가 수록되어 있다.

## [雙調] 慶東原

忘憂草[1], 含笑花[以此起興, 喻忘却憂愁][2], 勸君聞早冠宜掛[3]. 那裏也[如今在哪裏呢]能言陸賈[4], 那里也良謀子牙[5], 那裏也豪氣張華[6]. 千古是非心[千百年來, 人們以生命爲代價爭的是非曲直], 一夕漁樵話[不過是漁父樵夫夜閑時的談資罷了].

근심을 잊게 하는 풀
미소를 짓게 하는 꽃
그대여, 서둘러 관모(官帽)를 걸어두라.
언변 좋던 육가는 어디에 있나?
지모 많던 여상은 어디에 있나?
호기롭던 장화는 어디에 있나?
천고의 시비심
일석의 어초화.

[1] 망우초(忘憂草) : 일명 단극(丹棘)이며, 곧 원추리(萱草)이다. 진(晉)의 최표(崔豹)가 지은 ≪고금주(古今注), 문답석의(問答釋義) 제8≫ 가운데에, "사람의 근심을 잊게 해주려면 단극을 준다. 일명 망우초라고 부른다. 그 근심을 잊게 해준다(欲忘人之憂則贈以丹棘, 一名忘憂草, 使其忘其憂也)"라는 기록이 보인다.

[2] 함소화(含笑花) : 목본식물. 해 뜰 때 피며, 처음 필 때 향기가 코를 찌른다. 꽃은 언제나 활짝 피지 않아 마치 미소를 머금는 것 같으므로 이와 같이 명명하였다.

[3] 관의괘(冠宜掛) : 봉명(逢萌)이 관을 벗어 동도(東都)의 성문에 걸어두었다는 고사에서 유래한다. ≪후한서(後漢書), 봉명전(逢萌傳)≫을 참조할 것. 여기서는 응당 관직을 버려야 할 것이라는 의미이다.

[4] 육가(陸賈) : 한고조(漢高祖) 때의 대신이며, 변재(辯才)가 뛰어났다. 일찍이 남월(南越)에 사신으로 가서 남월로 하여금 한(漢)에 칭신(稱臣)하게 만들었다.

[5] 자아(子牙) : 곧 여상(呂尙)이며, 본성(本姓)은 강(姜)이다. 그 봉토

(封土)를 따라 성(姓)을 취하였으며, 강태공(姜太公)이라 부르기도 한다. 모략이 있었으며, 주문왕(周文王)을 보좌하여 정사(政事)를 처리하였고, 주무왕(周武王)을 보좌하여 주(紂)를 정벌하고 주왕조(周王朝)를 수립했다.

[6] 장화(張華) : 진(晉)나라 때의 사람이다. 진무제(晉武帝) 때에 중서령(中書令)을 지냈으며, 일찍이 무제(武帝)에게 중의(衆議)를 배제하고 오멸지계(滅吳之計)를 결정하도록 강력하게 권고했다. 오(吳)를 멸한 후, 지절도독유주제군사(持節都督幽州諸軍事)를 역임했다. 문인으로서 무략을 겸비하였으며, 그래서 "호기장화(豪氣張華)"라고 불려졌다. 장화는 일찍이 <앵무부(鸚鵡賦)>를 지어 웅혼한 의지에 비유한 적이 있다.

## [雙調] 駐馬聽 : 舞

鳳髻盤空[鳳形的髮髻高高聳起, 寫髮式], 裊娜[輕柔細長]腰肢溫更柔[寫體態]. 輕移蓮步[1], 漢宮飛燕舊風流[2], 謾催鼉鼓品梁州[3]. 鷓鴣飛起春羅袖[寫服式和舞姿][4], 錦纏頭[送歌妓舞女的酬勞, 多是錦緞·紅綃之類絲織品], 劉郎錯認風前柳[5].

> 봉황머리 모양으로 꾸민 그녀
> 날씬한 허리는 따사롭고도 부드러워.
> 날렵하게 걷는 그녀
> 한(漢)나라 궁전의 조비연 같네.
> 양주곡 북소리 천천히 울려 느리게 춤추는 모습 보려고 하네.
> 자고새 두 마리 옷소매에서 하늘로 솟구치고
> 그녀의 이마에 비단들이 감겨지니
> 유랑은 그녀 허리 버들가지로 착각하네.

[1] 연보(蓮步) : ≪남사(南史), 제본기(齊本紀)≫에서 유래한다. 폐제(廢帝) 동혼후(東昏侯)의 "황금연꽃을 만들어 바닥에 두고, 반비에게 그 위를 걷게 한 뒤에, '이것이 바로 걸음마다 연꽃이 핀다는 것이다'라고 말했다(鑿金爲蓮花以帖地, 令潘妃行其上, 日 '此步步生蓮花也')"는 고사에서 유래한다. 여기서는 여인의 날렵하게 걷는 자태를 비유한다.

[2] 한궁비연(漢宮飛燕) : 조비연(趙飛燕)은 한성제(漢成帝)의 황후였다. 몸매가 날씬하고 가무에 뛰어났다. 전하는 바에 의하면 궁녀들이 받쳐 드는 수정쟁반 위에서 춤을 출 수 있었다고 한다. 후세 사람들은 흔히 그녀를 무희에 비유했다.

[3] 타(鼉) : 악어의 일종이며, 가죽은 북을 만드는데 있어서 매우 훌륭한 재료가 된다. 양주(梁州) : 일설에는 양주(凉州)라고 한다. 가곡의 명칭이며, 서량국(西涼國)으로부터 전해졌다고 한다. "만죄(謾催)" 시구 전체의 의미는 북을 너무 급하게 치지 않도록 함으로서, 악곡(樂曲)과 춤추는 모습을 자세히 감상할 수 있도록 해달라는 것이다.

[4] "자고(鷓鴣)"구(句) : 당(唐)나라 이후 유행하게 되었던 일종의 소매가 커다란 옷인데, 옷깃과 소매 끝에는 각각 한 쌍의 자고새가 수놓아져 있었다. 온정운(溫庭筠)의 사(詞) <보살만(菩薩蠻)> 가운데 "비단 저고리 양쪽 소매 끝에 새로 붙여 놓았네, 쌍쌍의 황금빛 자고새들을(新貼繡羅襦, 雙雙金鷓鴣)"이라는 사구가 있다.

[5] 유랑(劉郞) : 소식(蘇軾)의 사(詞) <자고천(鷓鴣天), 진공이 은밀히 시녀 이랑을 데리고 나가다(陳公密出侍兒李娘)> 가운데, "아름다운 눈매, 춤추는 날씬한 허리, 유랑은 몇 번이나 넋을 잃었던가?(嬌後眼, 舞時腰, 劉郞幾度欲魂消)"라는 사구가 있다. 여기서는 은연중에 비연(飛燕)을 황후로 삼은 한성제(漢成帝)에 비유하며, 위의 곡구와 상응한다. 이 곡구는 보는 사람들이 춤추는 여인을 바람에 흔들리는 버들가지로 오인한다고 하여, 아름답기 그지없는 춤추는 자태를 묘사한다.

## [仙呂] 寄生草 : 飮

長醉後方何碍[有什麽妨碍呢], 不醒時有甚思. 糟[酒渣]淹兩個功名字[把功名兩字腌在酒糟裏], 醅[未過濾的酒]淹千古興亡事, 麯[釀酒用以醱酵的酒麯]埋萬丈紅霓志[把凌雲壯志埋在酒裏][1]. 不達時[未獲得功名時]皆笑屈原非[2], 但[只是]知音盡說陶潛是[3].

오래 취할 수만 있다면 무슨 걱정 있을 거며
취해 깨지 않을 수만 있다면 무슨 근심 있을 건가?
술 속에 공명의 욕망 파묻으리라.
술 속에 천고 흥망사 파묻으리라.
술 속에 무지개 꿈 파묻으리라.
공명을 잃으면 모두 다 굴원을 비웃지만
지음(知音)은 모두 다 도연명을 옳다 하리.

[1] 홍예(虹霓) : ≪이아(爾雅), 석천(釋天)≫ : "대동은 무지개이다". 소(疏)에 이렇게 기록했다. "무지개는 겹으로 나타난다. 색깔이 선명한 것은 수컷이다. 수컷은 홍이라고 부른다. 색깔이 어두운 것은 암컷이다. 암컷은 예라고 부른다"(螮蝀, 虹也. 疏曰 : "虹雙出, 色鮮盛者爲雄, 雄曰虹 ; 闇者爲雌, 雌曰霓.)." 조식(曹植)은 <칠계(七啓)>시에서 일찍이 전문무기(田文無忌)를 상찬(賞讚)하여 "강개한 기상이면 무지개 빛 공훈을 이룰 수 있으리라(慷慨則其成虹霓)"라고 묘사한 바 있다. 그 후 이로서 웅대한 포부에 비유하게 되었다.

[2] 굴원(屈原) : 전국(戰國)시대 초(楚)의 대부(大夫)이며, 충군애국(忠君愛國)하는 인물이었다. 초왕이 참언을 믿고 그를 강남으로 내쫓자 그는 억울함을 참지 못하고 멱라강(汨羅江)에 투신하여 죽음을 선택했다. 여기서는 굴원과 어부 사이의 대화 가운데 일부분인 "모든 사람들은 취했을 때 나만 홀로 깨었기에, 그래서 궁중에서 쫓겨나게 되었다오(衆人皆醉我獨醒, 是以見放)"라는 시구에서 의미를 차용하여 "음(飮)"이라는 제목을 취했다.

[3] 도잠(陶潛) : 진(晉)나라 시인으로, 일찍이 팽택령(彭澤令)을 지냈으며, 그 후 관직을 버리고 은둔하여 시와 술로 자적하며 살아갔다. 본성이 술을 좋아하여, 어쩌다가 술이 생기게 되면 마시지 않는 날이 없었다. 그는 많은 음주시를 남겼다.

## [雙調] 沉醉東風：漁夫

黃蘆岸白蘋渡口，綠楊堤紅蓼灘頭[寫江邊風光，色彩亮麗，意境開闊]．雖無刎頸交[1]，却有忘機友[彼此無機心，忘却計較的朋友]．點[一觸卽起]秋江白鷺沙鷗[2]．傲殺[蔑視]人間萬戶侯[漢制：功臣封侯，大侯食邑萬戶．這裏泛指大官]，不識字烟波釣叟[3]．

누런 갈대 자라는 강 언덕과 하얀 개구리밥들 떠있는 나루터.
수양버들 줄지은 강둑과 붉은 여뀌 자라는 여울.
내 비록 문경지우는 없지만
그래도 망기지우는 있다.
가을 강 모래사장의 백로와 갈매기를 헤아린다.
세상의 만호후 부럽지 않으니
나는야 불학무식한 노을 속의 어옹이다.

[1] 문경교(刎頸交)：출전은 ≪사기(史記), 염파인상여열전(廉頗藺相如列傳)≫이다. 전국시대(戰國時代) 조(趙)나라의 대장 염파(廉頗)는 자신의 공훈을 믿고 자만하고 인상여(藺相如)와 불화하였지만, 그 후 염파는 인상여의 수치를 참고 단결을 도모하려는 정신에 감동을 받고 잘못을 뉘우치게 되었다. 두 사람은 "마침내 서로 더불어 즐거워하고, 서로를 위하여 목숨을 아끼지 않는 벗, 곧 문경지교가 되었다(卒相與歡，爲刎頸之交)." 여기서는 생사를 같이 하는 친구를 가리킨다.

[2] 백로사구(白鷺沙鷗)：출전은 ≪열자(列子), 황제(黃帝)≫편 가운데 보이는 다음과 같은 기록이다. "바닷가에 어떤 사람이 있었는데 새를 좋아하였다. 그는 매일 아침 바닷가로 가서, 물새들과 더불어 놀았다. 그의 곁으로 가까이 다가오는 물새들이 수백 마리를 넘었다. 그의 아버지가 말했다. '내 듣자하니 갈매기들이 모두 너와 같이 논다고 한다. 네가 가서 잡아와 나도 더불어 놀게 해다오.' 그 다음날 그가 바닷가로 갔을 때, 물새들은 하늘을 날 뿐 그에게 가까이 다가오지 않았다(海上之人有好鳥者，每旦之海上，從鷗鳥游．鷗鳥之至者百數而不止．其父曰：'吾聞鷗皆從汝游，汝取來吾玩之.' 明日之海上，鷗鳥舞而不下也.)." 이는 술수가 없는 사람만이 가

히 갈매기와 서로 친밀하게 지고 날아갈 수 있고, 바닷가의 사내는 무심의 경지에서 물새들을 따를 수 있었다(仙人有待乘黃鶴, 海客無心隨白鷗)"라는 시구가 보이며, 육구몽(陸九蒙)이 지은 시 <습미하가 비로소 병이 나아서 왕의 부름을 받았다(酬襲美夏, 首病愈, 見招).> 가운데에는, "가을 강 저편에서 함께 이야기하는 것 이외에, 들의 학이 어디서 망아에 이를건가?(除却伴談秋水外, 野鶴何處更忘機)"라는 시구가 보인다.

[3] 연파조수(烟波釣叟) : 석양의 노을 속 강 위에서 낚시를 드리우는 어옹이라는 의미이다. 당(唐)의 시인 장지화(張志和)는 호(號)가 현진자(玄眞子)였으며, 자칭 연파조수(烟波釣叟)라 하였다. 강호에서 은거하였으며, <어부사(漁父詞)> 5수가 유명하다. 원산곡 가운데 강호에서의 은거 및 어부를 묘사한 작품은 흔히 그의 고사를 언급하고 있다.

## [仙呂] 醉中天 : 佳人臉上黑痣

疑是楊妃在[1], 怎脫馬嵬災[顯人之美麗, 爲黑痣美中不足尋開脫][2]? 曾與明皇捧硯來[3], 美臉風流殺[極了]. 叵奈[無奈]揮毫李白, 覷着嬌態[見佳人貌美, 走了神], 洒松烟[黑]點破桃腮[洒翻墨汁, 墨濺點兒到臉上, 留下黑痣].

모습은 꼭 양귀비 같은데
어찌 마외파 재앙을 피할 수 있었을꼬?
일찍이 당명황 곁에서 벼루를 들고 있었지.
아름다운 얼굴은 그지없이 매혹적이었다네.
어쩔거나, 붓 움직이던 이백
그녀 자태에 홀려
먹물 한 방울을 빰 위에 떨어뜨렸구나!

[1] 양비(楊妃) : 곧 양귀비(楊貴妃)를 가리키는데, 그녀의 이름은 옥환(玉環)이며, 도호(道號)는 태진(太眞)이다. 당현종(唐玄宗)의 총애를 받아 귀비로 봉해졌다. 여기서는 가인의 아름다움이 마치 양귀비가 재현한 것 같다고 말하고 있다.

[2] 마외파(馬嵬坡) : 당나라 천보(天寶) 15년, 안록산(安祿山)의 반란군

이 장안으로 바짝 다가오며 공격하자 당현종은 창황 중에 촉(蜀)으로 도주했다. 마외역(馬嵬驛)에 이르자 병사들은 양국충(楊國忠)을 살해하고, 현종에게 양귀비를 교살하도록 강요했다.

[3] "증여(曾與)"구 : 이백(李白)은 천보(天寶) 초년에 장안으로 들어갔다. 한림(翰林)을 삼년 동안 공봉(共封)하였으며, 현종의 총애를 받았다. 전하는 바에 의하면 양귀비가 벼루를 받쳐 들었고, 고력사(高力士)가 신발을 벗겨주었다고 한다. 현종은 이백이 시를 지을 때에 양귀비에게 벼루를 받쳐 들라고 하였으므로, 여기서 "그녀는 당명황 곁에서 벼루를 들고 있었다"고 표현한다.

## 6. 왕운(王惲)(1227－1304)

자는 중모(仲謀)이고, 별호(別號)는 추간(秋澗)이며, 위주(衛州) 급(汲 : 지금의 하남성河南省 급현汲縣) 사람이다.

요수(姚燧)의 추천으로 평의관(評議官)이라는 관직에 올랐다. 그 후 여러 차례 승진하여, 국사편수(國史編修), 감찰어사(監察御使), 복건안찰사(福建按察使) 등의 관직을 역임했다. 또 한림학사(翰林學士)를 지낸 적도 있다. 원곡가들 가운데 그는 관직생활이 비교적 평탄한 편에 속한다. 대덕(大德) 5년(1301)에 글을 올려 관직에서 물러나기를 구하였다. 대덕 8년(1304)에 타계했으며, 향년 78세였다.

그는 당시 유명한 학자, 사곡가(詞曲家), 서예가였다. 산곡은 언어·구성 어느 면에서나 당시의 유행하던 흐름과 성격이 달랐으며, 산곡의 풍격은 웅혼, 우아, 건실, 장엄했다.

저서로 ≪추간선생대전문집(秋澗先生大全文集)≫ 100권(卷)이 있으며, 그 중 ≪추간악부(秋澗樂府)≫ 4권이 있다. ≪전원산곡≫에 그의 소령 41수가 수록되어 있다.

### [越調] 小桃紅

採菱人語隔秋烟[平添朦朧之美][1], 波靜如橫練[白絹]. 入手[到手]風光莫流轉[2]. 共留連, 畵船一笑春風面[畵船上採蓮女子滿面春風嫣然一笑, 足以使人心醉神迷]. 江山信[的確]美, 終非吾土[3], 何日是歸年[4].

마름 따는 여인들 가을 강 물안개 저편에서 소곤거리는데
잔잔한 물결은 흰 비단 같다.
눈앞의 이 아름다운 풍경을 헛되이 보내지 말라.
차마 떠나지 못해 모두 다 머뭇거린다.
그림 같은 배위에서 연 따는 여인들 화사하게 웃누나.
이 강산 참으로 아름답건만
그래도 결국은 내 고향 아닐지니
그 언제 고향으로 돌아갈 수 있을까?

[1] 추연(秋烟) : 수면 위로 떠오르는 연기 같은 가벼운 안개이다. 이백(李白)의 <채련곡(採蓮曲)> 가운데에 보이는 시구, "약야의 시냇가에 연 따는 여인들, 연꽃 저편에서 소곤거리네(若耶溪旁採蓮女, 笑隔荷花共人語)"를 변용했다. 이 곡구는 가을날 수면 위로 가는 비단 같은 안개 사이로 들려오는 연 따는 여인들의 웃으며 이야기하는 해맑은 목소리를 묘사하고 있다.

[2] "입수(入手)"구 : 두보(杜甫)의 시 <구비 돌며 흐르는 강(曲江)> 가운데 "소문난 이 가경을 헛되이 말라. 하던 일 멈추고 온전히 감상하라(傳語風光共流轉, 暫時相賞莫相違)" 등의 시구가 있다. 이 작품의 의미도 같다. 아름다운 경치를 헛되이 사라지게 버려두지 말고 힘써 감상하라고 권고한다.

[3] "강산(江山)" 이구 : 왕찬(王粲)이 지은 <등루부(登樓賦)> 가운데에 보이는 시구, "비록 아름다운 것은 확실하나 내 고향이 아니다. 어찌 족히 잠시나마 마음 편히 머무를 수 있을 것인가? (雖信美而非吾土兮, 曾何足而少留)"를 변용하여, 강렬한 고향을 그리워하는 심정을 토로했다.

[4] "하일(何日)"구 : 여기서는 두보(杜甫)의 <절구(絶句), 2수> 가운데의 "금년 봄도 벌써 다 지나가누나. 고향으로 돌아갈 날 그 언제일까? (今春看又過, 何日是歸年)"의 시의를 차용했다.

# 7. 호지휼(胡祗遹)(1127－1293)

자는 소개(紹開)이며, 호는 자산(紫山)이다. 자주(磁州) 무안(武安 : 지금의 하북성河北省 자현磁縣) 사람이다.

지원(至元) 초년에 응봉한림문자(應奉翰林文字), 태상박사(太常博士)를 역임했다. 권신(權臣) 아함마(阿含馬)의 뜻을 거역하다 지방으로 쫓겨났다. 만년에 한림학사(翰林學士)에 소배(召拜)되었으나 나아가지 않았다. 지원(至元) 30년(1293)에 타계했으며, 향년 67세였다. 현존작품으로부터 볼 때 그의 산곡 풍격은, "맑고 수려하며 전아하고 아름답다. 밝고 깨끗하며 자연스럽다(淸秀典麗, 明淨自然)." 명의 주권이 지은 ≪태화정음보≫에서는 그의 산곡을 "가을 연못에 떠 있는 외로운 달과 같다(如秋潭孤月)"라고 평했다.

저서로는 ≪자산내전십(紫山大全集)≫이 있으며, ≪전원산곡(全元散曲)≫에 그의 소령 11수가 수록되어 있다.

### [雙調] 沉醉東風

漁得魚[漁父捕到魚]心滿願足, 樵得樵[樵夫砍到柴]眼笑眉舒. 一個罷了釣竿, 一個收了斤斧[再寫漁樵的恬淡知足], 林泉下偶然相遇. 是兩個不識字漁樵士大夫, 他兩個笑加加[笑哈哈]的談今論古.

어부는 물고기를 잡아서 흡족하고
나무꾼은 나무를 해서 웃음 가득 번진다.
하나는 낚시질 그만두고
하나는 도끼를 거두니
숲속 샘물가에서 우연히 만나서다.
두 무식한 어초사대부이니,
둘이서 껄껄대며 고금역사 담론한다.

# 8. 엄충제(嚴忠濟)(?－1293)

일명 충한(忠翰)이다. 자는 자지(紫芝)이며, 산동성(山東省) 장청(長淸) 사람이다. 그는 원나라 태종(太宗) 12년(1240)에 동평로행군만호(東平路行軍萬戶)를 세습했다. 그 후 그에 대하여 누군가가 "권세와 위엄이 너무 지나치게 크다(權威太盛)"라고 비판했고, 중통(中統) 2년(1261)에 파직되었다. 지원(至元) 23년(1286)에 자덕대부(資德大夫) 중서좌승행강절성사(中書左丞行江浙省事)로 특별히 관직이 주어졌으나, 나이 많음을 구실삼아 나아가지 않았으며, 지원 30년(1293)에 타계했다.

≪전원산곡≫에 그의 소령 2수가 수록되어 있다.

## [越調] 天淨沙

寧可少活十年, 休得[也不可]一日無權["一日"對"十年", 極言"權"之重要]. 大丈夫時乖命蹇[時運不好]. 有朝一日天隨人願, 賽田文養客三千[1].

> 십년을 덜 살면 덜 살았지
> 권력 없이 하루도 살아갈 수 없구나.
> 대장부에게 시운이 안 따라준다.
> 그 어느 날 하늘이 내 소망 들어준다면
> 삼천 식객 맹상군과 겨누어보리라.

[1] 전문(田文) : 곧 맹상군이며, 전국시대(戰國時代) 제(齊)나라의 귀족이었다. ≪사기(史記), 맹상군열전(孟嘗君列傳)≫에 의하면, 그의 문하에 식객이 수천 명이나 있었다고 한다.

# 9. 백안(伯顏)(1237－1295)

몽고(蒙古) 팔린부(八隣部) 사람이며, 서역(西域)에서 태어나고 성장하였다.

지원(至元) 초년(1264)에 사신으로 조정에 들어가 업무를 보고하였다. 원세조(元世祖) 쿠빌라이가 그의 "장군과 재상의 재능을 겸하고 있으며, 맡은 바 임무에 충성을 다하는 모습"을 보고, 그를 대도(大都) 북경(北京)에 거주하게 했다. 그는 사천택(史天澤)과 함께 중서좌승상(中書左丞相)의 직위로 군대를 이끌고 송(宋)을 공격했다. 그때 그의 모습을 "지략이 뛰어나고 판단이 기민했다. 이십만 군사를 이끌고 송을 쳤는데, 마치 한 사람을 거느리는 것 같았다. 여러 장군들은 그를 신명처럼 우러러보았다(濘略善斷, 將二十萬衆伐宋, 若將一人, 諸將帥仰之若神明)"고 묘사했다. 쿠빌라이 사후에 그는 백관(百官)을 거느리고 성종(成宗)을 왕위에 추대했다. 그해(1295)에 타계했으며 향년 59세였다.

그의 산곡 풍격은 그의 인품과 같아서, 기세가 광활하고 밝았으며, 호탕하기가 초원 위를 불며 지나가는 매서운 바람의 기세를 보는 것 같았다. 그의 작품은 원산곡의 분세, 은둔(憤世, 隱遁) 일색 작품들 가운데서 홀로 독특한 풍격을 지니고 있다.

≪전원산곡≫에 그의 소령 1수가 수록되어 있다.

## [中呂] 喜春來

金魚玉帶羅襴扣[1]，皂盖朱幡列五侯[2]．山河判斷[掌管]在俺筆尖頭[一統的山河，掌管在我的筆尖，氣勢橫絶一世]．得意秋[人生得意之時．身兼將相，人臣得意莫過于此]，分破[分減，分擔]帝王憂[3]．

금어옥대(金魚玉帶)를 비단도포에 찬다.
조개주번(皂蓋朱幡)은 오후(五侯)의 신분이다.
이 몸은 오후(五侯)의 신분이다.
천하 운명이 내 붓끝에 달려 있다.
득의양양한 이 가을!
제왕의 근심을 덜어드리리.

[1] 금어(金魚) : 물고기 모양의 황금부절(黃金符節)이며, 관급(官級)과 품위(品位)를 표시한다. 옥대(玉帶) : 옥으로 장식한 허리띠이다. 나란(羅襴) : 비단도포(羅袍)이다. ≪원사(元史), 여복지(輿服志)≫ 가운데에, "공복은 비단으로 짓는다(公服, 制以羅)" "일품은 자주색이다(一品紫)"라는 기록이 보인다. 여기서는 자신이 자주색 도포(紫羅袍)를 입고, 허리에 옥대(玉帶)를 띠며 금어(金魚)를 차고 있다고 말함으로서 그 복장의 당당함을 자랑하고 있다.

[2] 조개(皂蓋) : 검은색의 수레 덮개이다. 주번(朱幡) : 붉은색의 기치(旗幟)이다. 열오후(列五侯) : 지위가 오후 이내에 위치하다. 원대(元代)에는 봉후(封侯)제도가 없었으며, 여기서는 권력이 크고 지위가 높다는 의미를 차용한 것일 뿐이다. 자신이 출행(出行)할 때 검은색의 거개가 있는 수레를 타고 붉은색의 기치를 든 병사들이 호위하게 하며, 지위가 열후처럼 존귀하다는 의미를 나타내고 있다. 높은 관직의 위엄 있는 의장(儀仗) 상태를 묘사했다.

[3] "분파(分破)"구(句) : 제왕의 근심걱정을 나누어주고 덜어주다. 시인은 자신이 고관대작 직위에 있음을 잊지 않음과 동시에 치국평천하의 이념도 잊지 않고 있다는 기상을 토로하고 있다.

# 10. 장홍범(張弘範)(1238－1280)

자는 중주(仲疇)이며, 하내(河內) 정흥(定興 : 지금의 하북성河北省 정흥현定興縣) 사람이다. 명장 장유(張柔)의 아홉 번째 아들이다. 원선본(原選本)에서는 "장구원수(張九元帥)"라고 기록되어 있으나, 지금 체제를 통일하려 하기에 그의 이름으로 바꾸어 기록한다.

≪녹귀부≫에서는 그를 "장구원수홍범(張九元帥弘範)"이라고 칭하고, "이전 시대의 유명 인물로서, 악장(樂章)이 후세에 전해지는 자(前輩名公, 樂章傳世者)"에 배열하였다. 몽고가 송을 공격할 때, 그는 전봉관(前鋒官)의 직위를 담당하였다. 지원(至元) 15년(1278), 그는 몽고한군도원수(蒙古漢軍都元帥)가 되어 군대를 통합 인솔, 남송(南宋) 여부(餘部)를 공격했다. 애산(崖山)에서 송을 멸한 뒤에 바위에 그 공훈을 새기고 돌아왔다. 북경으로 돌아온 후 남방에서 얻은 풍토병이 발작했다. 단정한 자세로 앉아 타계했다. 향년 42세였다. 그의 산곡은 천군(千軍)을 통솔하는 것과 같이, 솔직하고 시원시원하여 거침이 없었다. 흉금을 직설적으로 묘사했다. 산곡의 풍격은 탁월하고 매섭고 웅혼하다.

≪전원산곡≫에 그의 소령 4수가 수록되어 있다.

## [中呂] 喜春來

金妝寶劍藏龍口[1], 玉帶紅絨掛虎頭[2], 旌旗[戰旗. 一作 "綠楊"]影裏驟[奔馳, 迅跑]驊騮[3]. 得志秋[得志的時日], 名滿鳳凰樓[凱旋歸來, 滿城喧鬧, 名聲雀起].

황금 보검은 용무늬 검집 속에 들어있다.
붉은 융실 달린 옥대(玉帶)에 호두패(虎頭佩)가 걸려 있다.
깃발들 그림자 속에 화류(驊騮)가 치달린다.
득의양양한 이 가을!
명성이 궁성에 자자하다.

[1] 금장(金妝) : 금장(金裝)으로 된 판본도 있다. 황금으로 꾸민 장식이다. 용구(龍口) : 용의 무늬로 아로새겨진 검집이다. 검이 검집으로 들어갈 때는 마치 용의 입 속으로 감추어지는 것 같은 형상이다. 여기서는 보검의 화려하고 고귀함을 묘사하고 있다.

[2] 홍융(紅絨) : 붉은색의 융(絨)으로 만든 실이다. 호두 : 호두패(虎頭牌)를 가리키며, 황제가 나누어주었는데 이는 공무수행시의 편리를 도모하기 위함이다. 여기서는 허리에 옥대를 띠고, 그 위에 다시 붉은색의 융선으로 결게 한 호두패를 찬다는 의미이다.

[3] "정기(旌旗)"구(句) : 화류(驊騮)는 주목왕(周穆王) 팔준(八駿) 중의 하나이다. 여기서는 준마를 가리킨다. 두보가 지은 시 <간고 삼십오 사군에게 지어 바치다(奉簡高三十五使君)> 가운데, "화류라는 준마가 길을 활짝 열어 제치고, 수리매가 회오리바람이 부는 하늘로 솟구쳐 오른다(驊騮開道路, 鷹隼出風塵)"라는 시구가 있다. 여기서 묘사한 것은 수많은 깃발들이 펼쳐지고 수많은 군마들이 치달리는 장면이다.

# 11. 요수(姚燧)(1238－1313)

자는 단보(端甫)이고, 호는 목암(牧庵)이며, 낙양(洛陽) 사람이다.

그는 일생을 관직에 있었다. 관위(官位)는 강동염방사(江東廉訪使)·태자소부(太子少傅)·한림학사승지제고겸수국사(翰林學士承旨制誥兼修國史)에 이르렀다. 황경(皇慶) 2년(1313)에 타계하였으며, 향년 76세였다.

그는 원나라의 유명한 고문가(古文家)였으며, 그의 글은 "호기로우면서도 거칠지 아니하다. 크고 멋대로 하면서도 절제를 잃지 아니한다. 강직하면서도 사납지 아니하다. 태연하고 침착함이 뛰어나다. 서한(西漢)의 기풍이 있다(閎肆該洽, 豪而不宕, 剛而不厲, 舂容盛大, 有西漢風)"라고 하였으며, 노지(盧摯)와 "요노(姚盧)"라는 이름으로 병칭되었다. 그의 산곡 풍격은, "언어가 쉽고 담박하다. 문필의 흐름이 부드럽다. 간결담박하고 드높으며 광활하다(語言淺白, 筆調流暢, 簡淡高廣)"라는 것이다.

저서로 ≪목암집(牧庵集)≫이 있으며, ≪전원산곡≫에 그의 소령 29수가 수록되어 있다.

## [越調] 憑欄人：寄征衣

欲寄征[一作君]衣君不還, 不寄征[一作君]衣君又寒. 寄與不寄間, 妾身千萬難.

> 옷을 부치자니 그대 돌아오지 않을까 두렵고
> 옷을 안부치자니 그대 추울까 두렵다.
> 부칠까 말까 망설임 속에서
> 참으로 어째야 좋을지 모르겠네!

## [中呂] 陽春曲

筆頭風月時時過[光陰在筆墨生涯中消磨過去], 眼底兒曹漸漸多[眼前的兒女輩逐漸增多, 暗指自己漸老]. 有人問我事如何[借答問以抒感慨]. 人海闊, 無日不風波[人世如海, 時有風險].

문필(文筆)의 생애, 시시각각으로 흘러만 간다.
눈앞에 자식들의 수도 점점 늘어만 간다.
누군가 어떻게 사느냐고 물었다.
세상이라는 바다, 넓고도 넓은데
거센 풍파 몰아치지 않은 적이 없다고 했다.

# 12. 왕화경(王和卿)(? -?)

원선본(原選本)에서는 왕정(王鼎)이라 기록되어 있다. 왕정의 자는 화경(和卿)이며, 변량(汴梁) 통허현(通許縣)의 현령을 역임했다. 왕화경(王和卿)과 동일 인물은 아니지만, 지금 역시 왕화경(王和卿)이라 정정한다.

왕화경(王和卿)은 대도(大都) 북경(北京) 사람이었으며, ≪녹귀부≫에서는 "이전 시대의 유명 인물(前輩名公)"에 배열하고, 그를 "대학사(大學士)"라고 칭하였다.

그는 성격이 농담을 잘하여, 항시 관한경(關漢卿)을 골리곤 하였으며, 관한경이 비록 최선을 다하여 대답하였으나 끝내 견뎌내지 못하였다고 한다. 그의 산곡은 해학적이고 풍자적인 작품들이 많았으며, 상상력이 풍부하여 원곡가 가운데 독특한 풍모를 보여주고 있다.

≪전원산곡≫에 그의 소령 21수, 투수 1지, 잔투수(殘套數) 2지가 수록되어 있다.

## [仙呂] 醉中天：詠大胡蝶

彈破莊周夢, 兩翅駕東風, 三百座[泛指很多]名園一採一個空[動作迅捷]. 難道是風流孽種[貪戀女色的人], 唬殺尋芳的蜜蜂[嚇壞了採蜜的蜜蜂]. 輕輕扇[一作 "的飛"]動, 把賣花人扇過橋東.

장자 호접몽에서 살짝 빠져나와
두 날개 봄바람 타고 날아서

삼백의 정원들을 날렵하게 다닌다네.
여색을 탐하는 엽색가인가?
꿀 따는 벌들을 놀라게 하네.
사뿐히 날아올라
꽃 파는 사람 나래질하여 다리를 동쪽으로 건너게 하네.

[1] 도종의(陶宗儀)의 ≪남촌철경록(南村輟耕錄)≫에 의하면, 원나라 중통(中統) 초년, 대도(大都) 북경(北京)에 나비 한 마리가 출현했는데 그 기이할 정도로 컸다고 한다. 왕화경(王和卿)의 이 작품은 그 일을 묘사한 것이며, 그 당시 매우 큰 명성을 얻고 있었다.

[2] 탄(彈) : 쟁(掙)이라고도 하며, 힘을 크게 써서 떨쳐버린다는 의미이다. 장주몽(莊周夢) : 출전은 ≪장자(莊子), 제물론(齊物論)≫편이다. 장자는 일찍이 자신이 한 마리 나비로 변하는 꿈을 꾸었다. 여기서는 이 출전을 차용하여, 나비가 비단 크기가 클 뿐만 아니라 또한 내력도 분명하지 않아서 장자의 꿈 가운데에 나타나는 그 나비일 것이라고 생각하고 있다.

[3] 송(宋)의 사무일(謝無逸)이 지은 ≪호접(胡蝶)≫ 가운데 보이는 "강촌의 봄은 따뜻하고 저녁바람은 산들산들 불어온다. 서로 매화를 찾아다니는 사람들이 다리를 건너간다(江村春暖晚風細, 相逐梅花人過橋)"는 시구를 변용했다.

## [仙呂] 一半兒 : 題情

鴉翎般水鬢似刀裁[女子鬢髮如烏鴉羽毛那樣黑亮, 像刀裁的那樣齊整], 小顆顆[很小]芙蓉花額兒窄[頭上插上芙蓉花飾, 使額頭顯窄了]. 待不梳妝怕娘左猜[亂猜疑], 不免插金釵, 一半兒鬅鬆[頭髮散亂]一半兒歪.

까마귀처럼 새카만 머리카락 칼로 벤 듯 가지런하고
연꽃 모양의 머리핀은 이마를 살짝 가렸네.
잘 빗지 않으면 어머니가 이리저리 의심할 테니
어쩔 수 없이 금비녀를 질러
흐트러진 머리카락에 비스듬히 꽂혀 있네.

## [仙呂] 一半兒

別來寬褪縷金衣[別後身體消瘦, 摻用金色絲織成的衣服顯寬了], 粉悴烟憔減玉肌[面容也憔悴了], 淚點兒只除衫袖知[背人淚暗揩]. 盼佳期, 一半兒才乾一半兒濕[佳期未到, 淚兒難乾].

그대와 이별한 뒤 금빛 비단옷이 느슨해졌고
어여쁜 얼굴도 수척해졌으니
무수히 뿌린 눈물 오직 옷소매는 알리라.
그대 오시는 날만 목마르게 기다리노니
간신이 마른 눈물 또다시 쏟아지네.

# 13. 관한경(關漢卿)(약 1242-1320 이전)

호는 기재수(己齋叟)이고, 한경(漢卿)은 그의 자이며, 본명은 미상이다. 대도(북경) 사람이다.

그는 백박(白樸), 마치원(馬致遠), 정광조(鄭光祖)와 더불어 "원곡사대가"로 불리고 있다. 그는 "이원의 우두머리 노릇을 했고, 편수의 우두머리 노릇을 했으며, 잡극의 우두머리 노릇을 했다.(驅梨園領袖, 總編修帥首, 捻雜劇班頭)"라는 인물이었으며, 원곡가 가운데 잡극의 창작 작품수가 가장 많았고 성과 및 영향 역시 가장 컸던 인물이다. 왕국유(王國維)는 그에 대하여, "관한경은 다른 그 누구의 작품도 모방한 적이 없었으며, 스스로 위대한 언어를 빚어내었다. 그러면서도 그의 언어는 인간의 감정을 완전하게 묘사해낼 수 있었으며, 글자마다 문학의 본색을 드러내고 있다. 그러므로 가히 원나라 작가들 중에서 으뜸이라 할만하다(關漢卿一空倚傍, 自鑄偉詞, 而其言盡人情, 字字本色, 故當爲元人第一)"라고 평하였다.

그의 산곡은 남녀사이의 연정을 묘사하거나 개인의 신세를 개탄한 내용의 작품이 많다. 풍격은 준영(雋永)하고 맑고 아름다우며, 자연스럽고 생동적이다. 관운석(貫雲石)은 <양춘백설 서문(序陽春白雪)>에서 관한경에 대하여 "시어가 아름답다. 마치 소녀가 술 한 잔 마신 듯하다. 보는 사람으로 하여금 차마 바라보며 머뭇거리지 못하게 한다(造語妖嬌, 却如小女臨杯, 使人不忍對殢)"라고 말했다. 명(明)의 주권은 ≪태화정음보≫에서 그의 산곡을 "연회에서 도연히 술 취한 손님 같다(如瓊筵醉客)"고 평했다.

≪전원산곡≫에 그의 소령 57수, 투수 13지, 잔투수 2지가 수록되어 있다.

## [雙調] 沉醉東風

伴夜月銀箏鳳[鳳簫]閑[讓箏簫閑着, 是說無心彈箏吹簫], 暖東風綉被常慳[錦繡的被鋪却很少用它, 指無心酣睡]. 信沉了魚, 書絶了雁[情人一去無消息], 盼雕鞍[裝飾華美的馬鞍, 代指騎馬遠行在外的情人]萬水千山. 本利對相思若不還, 則告與那能索債[討還相思債]愁眉淚眼[1].

달빛 아래 거문고도 피리도 저만치 버려두고
봄바람 부는 밤에 금침 쓸 일 전혀 없네.
물고기도 서신을 전하지 않고
기러기도 서신을 전하지 않네.
물 건너 산 넘어 떠나간 그대를 기다린다.
그리움의 본전과 이자를 갚지 않으신다면
그대 역시 근심과 눈물로서 갚게 하리라.

[1] "본리(本利)"양구(兩句) : 그리움이란 마치 빚을 지워주는 것과 같아서, 약정한 날짜에 본전과 이자를 함께 계산하여 빚을 갚도록 할 것이며, 만약 빚은 갚지 않는다면 근심과 눈물로서 갚게 하는 수밖에 없다는 의미이다.

## [雙調] 碧玉簫

盼斷歸期[盼歸期而不見歸期, 所以說盼斷], 劃損短金篦[連用作劃道道計算歸期的篦子都磨斷了]. 一搦[一握]腰圍, 寬褪素羅衣[因腰圍瘦, 羅衣顯得鬆了]. 知他是甚病疾[因思盼而病了], 好教人沒理會[不明白]. 揀口兒食[沒胃口, 吃東西挑剔], 陡恁的[突然這樣的]無滋味. 醫, 越恁的難調理.

그대 오실 날을 간절히 기다리니
금 그어 오실 날 헤아리다 황금참빗 다 닳았다.
한줌의 허리 되니
흰 비단옷 헐렁하다.

무슨 병 때문인지 나는 잘 알건마는
남들은 아무도 알지 못한다.
밥알 세듯 먹으니
문득 살아갈 재미가 없다.
이 병을 고치려 해보았지만
갈수록 고치기 어려워질 뿐이다.

## [雙調] 大德歌

風飄飄, 雨瀟瀟, 便做[卽使是]陳摶也睡不着[1]. 懊惱傷懷抱, 撲簌簌淚點拋. 秋蟬兒噪罷寒蛩兒[秋天的蟋蟀]叫, 淅零零[雨聲]細雨打芭蕉.

바람이 휘익 불어가자
빗줄기가 주룩주룩 쏟아지니
이런 날엔 진단도 잠 못 이루리.
슬픔이 가슴을 마구 저미고
눈물이 후두둑 떨어진다네.
가을 매미 울고 나니 풀벌레 따라 울고
이슬비도 토닥토닥 파초잎을 두드리네.

[1] 진단(陳摶) : 자는 도남(圖南)이고, 호는 희이선생(希夷先生)이며, 오대말(五代末), 송초(宋初)의 인물이다. 화산(華山)에서 수도했는데, 흔히 한 번 침상에 들었다 하면 백일 동안 일어나지 않았다고 한다.

## [南呂] 四塊玉：閑寂, 二首

舊酒沒[1], 新醅潑[2]. 老瓦盆[粗陋的酒具]邊笑呵呵. 共山僧野叟[隱士]閑吟和. 他出一對鷄, 我出一個鵝, 閑快活.

묵은 술 다 떨어지자
새 술이 잘 익었다.
낡은 옹기술독 곁에서 껄껄대며 웃어댄다.

산속 스님 시골 노인 한데 어울려 읊조린다.
그는 닭 두 마리 꺼내어놓고
나는 거위 한 마리 내어놓으니
참으로 한가롭고 즐거웁구나.

[1] 몰(沒) : 본래는 몰(酘)이며, 다시 빚은 술이다. 여기서는 묵은 술을 다시 빚어낸다는 의미이다.

[2] 발(潑) : 본래는 발(醱)이며, 아직 거르지 않은 재차 빚은 술이다. 여기서는 새로운 술을 방금 빚어내었다는 의미이다.

南畝耕[1], 東山臥[2]. 世態人心經歷多[絶意仕進的原因], 閑將往事思量過. 賢的是他, 愚的是我, 爭甚麽[以反語寫不平和感慨]!

남전(南田)에서 밭 갈다가
동산에서 드러눕는다.
세상인심을 겪을 대로 겪었은즉
한가하면 지난날을 되새겨본다.
남들이 다 똑똑했고
나만 홀로 바보였으니
악착같이 다투어 이기려할게 무언가?

[1] 남묘경(南畝耕) : 남양(南陽) 땅에서 몸소 경작한다는 의미이다. 출전은 제갈량(諸葛亮)의 <출사표(出師表)>에 보이는, "신은 본래 평민으로서, 남양 땅에서 몸소 농사지으며 살아가고 있었습니다(臣本布衣, 躬耕于南陽)"라는 문구이다. 여기서는 제갈량으로 자신의 은거생활을 비유하고 있다.

[2] 동산(東山) : 지금의 절강성(浙江省) 상우(上虞)지방이며, 진(晉)의 사안(謝安)이 일찍이 여기서 은거했다. 이 시구는 사안으로 자신의 한가한 삶을 비유한다.

## [南呂] 四塊玉 : 別情

自送別, 心難捨, 一點相思幾時絶. 憑欄袖拂楊花雪[楊花如雪飄落, 有碍遠望, 所以用袖拂開它]. 溪又斜, 山又遮, 人去也[結語含蓄].

내 님을 보내고서도
마음은 떨쳐내기 너무나 어려우니
이 한줌 그리움은 그 언제 사라질까?
누각에 기대어 버들솜을 털어낸다.
강물은 굽이굽이 돌며 흐르고
산은 또 앞을 성큼 가리우는데
아아 님은 영영 가버렸구나.

## [仙呂] 一半兒[1] : 題情

雲鬢霧鬢勝堆鴉[2], 淺露金蓮[指女子纏過的小脚]簌[絲響]絳紗. 不比等閑[平常]墻外花[指淪落風塵的女子]. 罵[親愛無比]你個俏冤家[3], 一半兒難當[賭氣]一半兒耍[調笑].

땋아 올린 머리카락 까마귀보다 새카만데
살짝 엿보이는 작은 발 비단 위를 걸어간다.
그녀는 쉽사리 다가설 수 없는 여인.
그녀가 말한다, 얄미운 사내라고.
반쯤은 토라져서
반쯤은 장난기로.

[1] 이 작품은 원래 백박(白樸)의 이름 밑에 수록되어져 있었다. 그러나 여러 판본들이 모두 관한경(關漢卿)의 작품으로 되어 있다. 원선본의 근거가 무엇인지는 미상이다. 지금 ≪전원산곡≫에 근거하여 정정한다.

[2] 운환(雲鬟) : 머리카락이 풍성하고 흐트러져 있는 모습이다. 무빈(霧鬢) : 두 귀밑머리가 안개처럼 펼쳐져 있는 모습이다. 퇴아(堆鴉) : 쪽

진 검은 머리카락(鴉髻)이다. 쪽진 머리카락의 일종이다. 이백(李白)의 시 <장사마가 내게 먹을 주다. 이에 시를 짓다(酬張司馬贈墨)> 가운데 "그녀의 머리카락 두 갈래로 쪽 지어져 있다(黃頭女子雙鴉鬢)"는 시구가 보인다. 여기서는 여인의 머리카락이 풍성하고 검은 모습을 가리킨다.

[3] 원가(寃家) : 연인의 애칭이며, 반어법이다. 황정견(黃庭堅)의 시 <주야로 즐겁다(晝夜樂)> 가운데 "그 사내 마음잡지 못하고 있다. 어찌할거나? 아침에 구름 같이 떠돌더니 저녁에 비가 되어 내리는구나(其奈寃家無定據, 約雲朝又還雨暮)"라는 시구가 보인다.

# 14. 노지(盧摯)(1242－1314)

자는 처도(處道)이고, 다른 자는 재로(莘老)이며, 호는 소재(疏齋), 다른 호는 숭옹(崇翁)이다. 탁군(涿郡 : 지금의 하북성河北省 탁주涿州) 사람이었으나, 하남(河南)으로 이사하여 살았다.

그는 집현학사중대부(集賢學士中大夫), 호남령북도숙정염방사(湖南嶺北道肅政廉訪使), 한림학사승지(翰林學士承旨) 등을 역임했으며, 만년에 선성(宣城 : 지금의 안휘성安徽省에 속함)에서 기거했다.

원나라 초기의 저명한 문학자였고, 그의 시(詩)는 유인(劉因), 문(文)은 요수(姚燧)와 각각 병칭되고 있었다. 산곡은 더욱 명성을 떨쳤다. 평생을 관직에 얽매어 살아가다가, 만년에 한가롭게 살아갔다. 도처의 경치를 직접 구경하였고, 각양각색의 인물들과 사귀었다. 그가 지은 산곡작품들은 유연(游宴), 수증(酬贈), 기행(紀行), 사회(寫懷)의 내용들이 다수이다. 산곡의 풍격은 청신하고 우아하며 반듯하다. 관운석은 <양춘백설 서문(序陽春白雪)>에서 “소재의 사는 아름답다. 마치 선녀가 봄을 찾은 것처럼, 자연스럽고 오연하다(疏齋之詞嫵美, 如仙女尋春, 自然笑傲)”고 말했다. 그의 저서로는 ≪소재집(疏齋集)≫이 있다. ≪전원산곡≫ 가운데에 그의 소령 20수, 잔소령(殘小令) 1수가 있다.

### [黃鐘] 節節高 : 題洞庭鹿角廟壁[1]

雨晴雲散, 滿江明月. 風微浪息, 扁舟[小船]一葉. 半夜心[夜半所想], 三更夢, 萬里別. 悶依篷窗睡些[愁緒千端, 莫可暫釋, 願睡去以求得安寧].

비 개이고 구름 개이니
강은 온통 달빛뿐이다.
바람 자고 물결 고요한데
일엽편주 타고 있다.
반야심(半夜心)
삼경몽(三更夢)
만리별(萬里別).
울적한 마음으로 봉창에 기댄 채 잠 못 이룬다.

[1] 녹각묘(鹿角廟) : 응당 녹각진(鹿角鎭)에 위치하고 있는 묘(廟)일 듯하다. 녹각진은 지금 호남성(湖南省) 악양시(岳陽市) 남쪽 오십리 동정호(洞庭湖) 호반에 위치하고 있다. 한유(韓愈)의 글 <하남 장원외에게 드리는 제문(祭河南張員外文)> 가운데 “상수의 강에 배를 띄워 멀리 남악을 바라본다. 구름은 장벽처럼 해맑게 피어오르고, 깊은 산속의 숲은 수려하다. 칠일 뒤에 녹각에 이르렀다(委舟湘流, 往觀南岳. 雲壁潭潭, 窮林攸擢, 七日鹿角)”라는 문구가 보인다.

## [南呂] 金字經 : 宿邯鄲驛[1]

夢中邯鄲道[2], 又來走這遭[一語雙關]. 須不是山人索價高[幷非隱士擡高身價]. 時自嘲, 虛名無處逃[常常自嘲, 世俗虛名沒地方逃避]. 誰驚覺, 曉霜侵鬢毛.

꿈속의 한단 가는 길을
또 다시 찾아 왔다.
산사람이 값을 높여 부르지는 않았을 터.
이따끔 자조하니
헛된 명성 벗어날 곳 아무데도 없구나.
그 누가 깨달으리,
귀밑머리 침범하는 새벽서리를?

[1] 한단(邯鄲) : 지금의 하북성(河北省) 한단시(邯鄲市)이다. 역(驛) : 역

관(驛館).

[2] "몽중(夢中)"구(句) : 한단몽(邯鄲夢)의 전고를 사용하고 있다. 당의 심기제(沈旣濟)가 지은 전기소설(傳奇小說)인 <침중기(枕中記)> 가운데에 나오는 고사이다. 노생(盧生)이 한단으로 가는 길에 있는 객사에서 여옹(呂翁)을 만났는데, 여옹이 그에게 자기로 만든 베개 하나를 주고 베고 자라고 권했다. 꿈속에서 부귀영화를 맛보다가 깨어나 보니 객사의 주인이 찌고 있던 수수가 아직 채 익지 않고 있었으며, 그리하여 성공과 실패, 이해득실 등이 모두 다 한낱 백일몽이었을 뿐임을 깨닫게 되었다.

## [雙調] 殿前歡

酒杯濃[酒意也濃], 一葫蘆春色醉疏翁[1], 一葫蘆酒壓花梢重[酒香熏得花枝也醉了, 沉沉垂下頭來]. 隨我奚童[書童], 葫蘆乾興不窮. 誰人共, 一帶青山送[感到青山搖動如相送, 醉極]. 乘風列子[2], 列子乘風.

술잔의 술 진하고
호로병 가득한 춘색에 소옹이 취하자
술 가득한 호로병에 꽃가지도 취해선가 아래로 쳐지누나.
서동 하나가 나를 따라 온다.
호로병 술 다 마셔도 취흥은 멀었구나.
이 취흥 그 누가 함께 하는가?
손 흔들며 전송하는 청산들이다.
바람 타고 날아가는 열자여!
열자, 바람 타고 날아감이여!

[1] 춘색(春色) : 술 이름이며, 여기서는 좋은 술을 가리킨다. 출전은 소식(蘇軾)의 ≪동정춘색부서(洞庭春色賦序)≫ 가운데에 보이는, "안정군왕은 황감으로 술을 빚었으며, 동정춘색이라고 이름하였다(安定群王以黃柑釀酒, 名之曰洞庭春色.)"이라는 문구이다. 소옹(疏翁) : 소재(疏齋) 자신을 가리킨다.

[2] 열자(列子) : 곧 열어구(列御寇)이며, 전국시대(戰國時代) 정(鄭)나라

사람이다. ≪장자(莊子), 소요유(逍遙遊)≫편 가운데에, “대저 열자는 바람을 타고 날아갔다. 표연히 날아갔다(夫列子御風而行, 泠然善也)”라는 기록이 보인다. 이 시구는 술을 마시고나서 약간 표연해지는 것이 열자가 바람을 타고 날아가는 것 같다고 묘사한다.

## [雙調] 落梅風：別珠簾秀[1]

才歡悅[剛剛歡聚], 早間別[就要離別], 痛煞[十分悲痛]俺好難割捨. 畫船兒載將春去也[以春喩人]. 空留下半江明月.

겨우 기쁨에 사무치는가 했더니
하마 작별 고할 시간이네.
이 아픔 잘라내기 이리도 어렵구나!
아름다운 배, 봄을 싣고 떠나간다.
하릴없이 강물 속에 비치는 달을 두고.

[1] 주렴수(珠簾秀) : 원대 초기의 여류 잡극배우였으며, 예술에 조예가 깊었다. 당시 문사들과 왕래가 많았으며, 호지휼(胡祗遹), 풍자진(馮子振), 관한경(關漢卿), 왕운(王惲) 등이 모두 그녀에게 산곡을 지어주었다.

## [正宮] 黑漆弩

저녁 무렵 채석하는 강가의 자갈밭에 정박하여, 전불벌의 <흑칠노>를 불렀다. 이에 그 운을 따라 산곡을 지어 첨사 장장경과 거천에 사는 유무호에게 보내다(晩泊採石磯[1], 歌田不伐 ≪黑漆弩≫ [2], 因次其韻, 寄蔣長卿僉司, 劉蕪湖巨川. [3]).

湘南長憶嵩南住[4], 只怕失約了巢父[5]. 艤[停船靠岸]歸舟喚醒湖光, 聽我篷窗春雨. 故人傾倒襟期[抱負；志願], 我亦載愁東去. 記朝來黯別江濱[6], 又弭棹[停船]蛾眉[指新月]晩處.

상수 남쪽에 살며 숭산 남쪽 시절을 그리워하니
소부와의 약속을 못 지킬 것 같구나.
강가에 돌아가던 배 세우니 달빛이 잠든 호수 깨우는데
나는 봉창에 기대어 봄비소리 듣는다.
친구는 그의 심경을 다 털어놓았고
나 또한 수심 가득 싣고서 동쪽으로 가고 있었다.
아침 되자 강가에서 쓸쓸히 헤어지던 정경이 선히 떠올랐는데
배 정박하는 지금은 벌써 초승달 떠오르는 저녁이구나.

[1] 채석기(採石磯) : 안휘성(安徽省) 당도현(當塗縣) 우저산(牛渚山) 북쪽에 있다. 장강(長江) 가운데서 돌출한 부분이다.

[2] 전불벌(田不伐) : 곧 전위(田爲)이고, 송(宋)의 사인(詞人)이다. 음율에 정통했다. 송휘종(宋徽宗) 때 일찍이 대성부(大晟府) 악령(樂令)을 지냈다.

[3] 장장경(蔣長卿), 유거천(劉巨川) : 생평 미상이다.

[4] 작자는 일찍이 원정(元貞) 초년에 하남(河南)으로 특파되어 중악(中岳) 숭산(嵩山)에 올라가 제사를 지낸 후에, 숭산에 머물러 스스로 숭옹(嵩翁)이라 불렀다. 그 후 또 호남(湖南)으로 파견되어 남악(南岳) 형산(衡山)에서 제사를 지냈다. 곧 이어 호남령북도숙정염방사(湖南嶺北道肅政廉訪使)라는 관직을 지냈다. 이 시구는 이 시기의 경력을 가리키는 것일 듯하며, 옛 땅, 옛 친구에 대한 그리움을 토로하고 있다.

[5] 소부(巢父) : 전설상의 인물로서, 요(堯)임금 시절의 은사이다. 요임금이 그에게 천하를 물려주려 하자 받지 않았다. 나무 위에 집을 짓고 살았으므로 소부라고 불렀다. 여기서는 은사를 가리킨다. 이 시구는 소부와의 약속, 곧 은거하겠다는 염원을 실현하지 못했음을 가리킨다.

[6] 암별(黯別) : 고통스러운 이별이다. 암(黯) : 암담한. 기색이 고통스럽고 암울한 모습이다. 출전은 남조(南朝)의 강엄(江淹)이 지은 <별부(別賦)> 가운데 보이는 “암담하게 혼을 녹이는 것, 오직 이별 그것일 뿐이리!(黯然銷魂者, 惟別而已矣)”라는 시구이다.

## [雙調] 沉醉東風：秋景

掛絶壁松枯倒倚[寫秋山之蒼勁][1]，落殘霞孤鶩齊飛[寫秋山之明麗] [2]. 四圍不盡山，一望無窮水[畫面雄闊]，散西風滿天秋意[心境也隨之開朗]. 夜靜雲帆月影低，載我在瀟湘畫裏[3].

가파른 절벽에 소나무가 거꾸로 자라고
노을 깔리자 쓸쓸한 들오리 떼 푸드득 날아간다.
사방 산들은 끝없이 펼쳐지고
강물은 하염없이 흘러가는데
서풍은 온천지에 추의(秋意)를 뿌려준다.
고요한 밤 달빛 아래 돛단배 하나 흘러가고
나를 소상(瀟湘)의 그림 속에 밀어 넣는다.

[1] "괘절벽(掛絶壁)"구(句) : 가파른 절벽에 한 그루의 소나무가 절벽에 의시하여 거꾸로 걸려 있다. 이백의 시 <촉도난(蜀道難)> 가운데 있는 "고송이 절벽에 거꾸로 매달려 자라고 있다(枯松倒掛倚絶壁)"라는 시구를 변용하였다.

[2] "낙잔하(落殘霞)"구(句) : 왕빌(王勃)의 <등왕각서(滕王閣序)> 가운데 있는 "지는 석양은 외로운 들오리와 더불어 하늘에 떠돌고, 가을 강물은 드넓은 하늘과 같은 푸르른 빛깔이다(落霞與孤鶩齊飛, 秋水共長天一色)"라는 시구를 변용했다.

[3] 소상화(瀟湘畫) : 북송(北宋)의 화가인 송적(宋迪)이 그린 그림 가운데 다음과 같은 8폭의 산수화가 있다. 즉, 기러기 내려앉는 강변의 모래사장(平沙落雁), 나루터로 돌아오는 고기잡이 돛단배(遠浦歸帆), 노을 속의 산촌(山市晴嵐), 저녁 무렵 눈 내리는 강변(江天暮雪), 동정호의 가을 달빛(洞庭秋月), 소상강의 밤비(瀟湘夜雨), 절에서 들려오는 노을 속의 저녁 종소리(烟寺晩鐘), 어촌의 낙조(漁村夕照) 등이 그것이다. 세상 사람들은 이를 두고 "소상팔경(瀟湘八景)"이라 부른다. 소상 : 소수(瀟水)와 상수(湘水)는 호남성(湖南省) 영릉현(零陵縣) 북쪽에서 합류한다. 세상에서는 이를 소상이라 부른다.

## [雙調] 沉醉東風：閑居

恰[剛剛]離了綠水青山那搭[那邊]，早來到竹籬茅舍人家[信步閑游]．野花路畔開，村酒槽頭榨[一路所見][1]，直喫的欠欠答答[迷迷糊糊，踉踉蹌蹌]．醉了山童[僕人]不勸咱[頗知主人性情]，白髮上黃花[菊花]亂插[2]．

방금 녹수청산을 떠났는가 했더니
어느 샌가 죽리모사(竹籬茅舍)로 돌아왔구나.
들꽃은 길가에서 피어 있는데
시골 술을 두건으로 힘주어 짜서
얼근히 취할 때까지 마신다.
내 취하면 산동은 더 이상 말리지 않으니
백발에 국화송이 어지럽게 꽂혀 있다.

[1] 조두(槽頭) : 옛날 농가에서 술을 빚을 때, 쌀을 발효시킨 후 나무로 만든 술 빚는 통 속에 넣어 압착, 조두로부터 서서히 흘러나오게 하였다. 이 시구는 시골 술이 조두에서 압착되고 있음을 묘사한다.

[2] "백발(白髮)"구(句) : 머리에 국화를 꽂는 것은 우아한 일로 여겼다. 당나라 시인 두목(杜牧)의 <중양절인 9월 9일에, 제산에 오르다(九日, 齊山登高)> 가운데 "홍진 세상에서 입을 활짝 벌리고 껄껄 웃어대기 어렵다. 국화를 머리에 가득 꽂아두고 돌아가야 할 것이다(塵世難逢開口笑, 菊花須插滿頭歸)"라는 시구가 보인다. 여기서는 시인이 취한 후 보여주는 달관의 형상을 묘사한다. 이는 바로 소식(蘇軾)의 시구 "늙어서 머리에 꽃을 꽂아도 부끄러운 줄 모른다. 그러나 꽃은 응당 노인의 머리카락 위에서 부끄러워하리라(因老簪花不自羞, 花應羞上老年頭)"가 보여주는 이미지와 같다.

## [雙調] 沉醉東風：重九[九月九日，重陽節]

題紅葉清流御溝[1]，賞黃花人醉歌樓．天長雁影稀[極目長天，雁影顯得稀疏]，月落山容瘦[月落光線斜照，山影狹長顯清瘦]，冷清清暮秋時候．衰柳寒蟬一片愁[2]，誰肯教白衣送酒[3]．

맑은 시내 흐르는 궁전 도랑에서 단풍잎에 시 지어 흘려 보낸 궁녀가 있었지.
국화를 즐기던 자, 누각에 기대어 술에 취해 노래한다.
드넓은 창공에 기러기 그림자 드물어지고
서산으로 달 지자 산 그림자 수척해지면
춥고 맑은 늦가을이 된다.
시든 버드나무와 늦가을 매미도 쓸쓸한 모습인데
그 누가 흰옷 입은 심부름꾼 시켜 술 보내줄 것인가?

[1] 당(唐)의 인물 범터(范攄)가 지은 <운계우의(雲溪友議)>에 의하면, 당(唐)의 선종(宣宗) 때에 어떤 궁녀가 붉은 꽃잎에 시를 써서 도랑을 통해 궁 밖으로 흘려보냈다. 그 꽃잎을 경성에 시험 치러 올라온 노악(盧渥)이라는 선비가 주었다. 그 후 궁중에서 궁녀들을 내보낼 기회가 있었는데, 노악이 아내로 맞은 여인이 바로 붉은 꽃잎 위에 시를 지어 써서 흘려보낸 궁녀였다. 이 시구는 붉은 꽃잎으로부터 아름다운 일화를 연상하고, 새로운 계절이 다가왔음을 묘사한 것이다.

[2] 쇠류한선(衰柳寒蟬) : 가을의 버드나무와 매미에 쇠락(衰)과 추위(寒)라는 이미지를 전이시켜 묘사한다. 이는 시인의 주관적 색채를 선명하게 드러낸 것이다. 동해원(董解元)의 <서상기제궁조(西廂記諸宮調), 작은 정자에서 송별하다(小亭送別)> 가운데에 바로 "시든 버드나무 가지에서 가을매미 처량하게 우는 소리, 그 어찌 들을 수 있으랴?(那聞得衰柳寒蟬鳴凄切)"라는 시구가 보인다.

[3] 백의송주(白衣送酒) : 출전은 남조(南朝) 송(宋)의 단도란(檀道鸞)이 지은 ≪속진양추(續晉陽秋)≫이다. "도잠이 구월 구일 중양절에 마실 술이 없어서, 집 주위 울타리 곁의 국화송이를 한 아름 따서 손에 든 채로, 그 곁에서 오래 앉아 있었다. 그때 흰옷 입은 심부름꾼이 다가오는 것을 보았다. 강주자사 왕홍이 술을 보내온 것이다. 그래서 곧 술을 따라 마시다가, 취한 뒤에 돌아갔다(陶潛九月九日無酒, 于宅邊菊叢中摘盈把, 坐其側久, 望見白衣至, 乃王弘[江州刺史]送酒也, 即便就酌, 醉後而歸.)"백의는 관청에서 심부름하는 사람이다. 이 시구는 친구가 찾아와 함께 술 마실 수 있기를 바란다는 의미이다. 흰옷 입은 사람을 시켜 술을 보내게 함으로서 홀로 마시게 한다는 의미는 아니다.

# 15. 유민중(劉敏中)(1243－1318)

자는 단보(端甫)이며, 제남(濟南) 장구(章丘 : 지금의 산동성山東省 장구시章丘市) 사람이다.

그는 소년시절부터 이미 재능이 출중하여, 동향의 선배 두인걸(杜仁杰)의 칭찬을 받았다. 원세조(元世祖) 쿠빌라이 시대에 감찰어사(監察御使)를 담당, 우승상 상가(桑哥)를 탄핵하였으나 이루어지지 못하자 관직을 사직하고 고향으로 돌아갔다. 그 후 얼마 안 있어 다시 관직에 기용되었으며, 한림학사승지(翰林學士承旨)에 이르렀다. 연우(延祐) 5년(1318)에 타계하였으며, 향년 76세였다.

현존 산곡으로부터 볼 때, 그의 산곡 풍격은 매우 가라앉고 쓸쓸하다. ≪전원산곡≫에 그의 소령 2수가 수록되어 있다.

## [正宮] 黑漆弩 : 村居遣興, 二首

高巾闊領[隱士的簡樸衣着]深村住, 不識我喚作傖父[鄙野村夫]. 掩白沙翠竹柴門[1], 聽徹秋來夜雨. 閑將得失思量[反省自警], 往事水流東去. 便直教[卽便]畵却凌烟[2], 甚是功名了處.

두건 높이 쓰고 헐렁한 옷 입은 채로 깊은 산촌에서 살아가니
나를 모르는 자는 그저 시골노인이라 부른다.
백사장 가리는 푸른 대나무와 사립문 밖에서
가을이 오자 밤비 소리 더욱 더 요란하다.

한가해지면 인생의 득실을 생각해보는데
지난날의 일들이 강물처럼 부질없다.
설사 능연각 위에 내 얼굴 그려진다 한들
그게 무슨 부귀공명 다 이룬 증거로 될 것인가?

[1] "엄백사(掩白沙)"구(句) : 杜甫의 시 <남쪽의 이웃사람(南隣)> 가운데 보이는 "흰 모래사장과 푸른 대나무 숲이 있는 강촌은 어둑어둑해져 가고 있다. 사립문 위로 달빛이 떠오르는 이 시각에 손님을 전송한다(白沙翠竹江村暮, 相送柴門月色新)"는 시구를 변용했다.

[2] 화각능연(畵却淩烟) : 공훈과 명성을 이룬 것을 의미한다. 능연은 곧 능연각(淩烟閣)이다. 옛 제왕들이 공신들을 표창하기 위하여 건축한 높은 누각이며, 그 높은 누각 가운데에 공신들의 그림을 그려두었다.

吾廬恰近江鷗住[住房靠近江濱, 己身得以與無機心的江鷗爲隣], 更幾個好事農父[又有熱心腸的農夫爲伴]. 對靑山枕上詩成[佳景閑情], 一陣沙頭風雨. 酒旗[代指酒店]只隔橫塘[堤壩], 自過小橋沽[買]去. 盡[一任, 聽憑]疏狂[狂放無羈]不怕人嫌, 是我生平喜處.

내 집은 바로 물새 나는 강변 바로 곁에 있고
내게는 몇몇 마음 따뜻한 농부 친구들도 있다.
청산을 보고 베개 베고 누우면 절로 시가 이루어지고
백사장 위로 한바탕 비바람이 훑고 지나가기도 한다.
술집은 강 언덕 바로 저편에 있어서
다리 하나만 건너면 살 수가 있다.
거침없이 살아도 아무도 뭐라 하지 않으니
참으로 내 평생에 가장 좋아하는 곳이다.

# 16. 진초암(陳草庵)

생평과 사적은 미상이다. ≪녹귀부≫에서는 “이전 시대의 유명 인물(前輩名公)”에 배열하고, 그를 “중승(中丞)”이라 칭하였다. 손해제(孫楷第)의 ≪원곡가고략(元曲家考略)≫에서는 그가 곧 진영(陳英) (1245－1320)이고, 자는 언경(彥卿), 호는 초암(草庵)이며, 대도(大都) 북경(北京) 사람이라 했다. 장양호(張養浩)는 ≪귀전류고(歸田類稿)≫에서 진영이 일찍이 감찰어사(監察御使), 제도선무(諸道宣撫), 중승 등의 관직을 역임하였다고 기록했다. 그의 현존 산곡작품 가운데에는 세상을 분노하고 한탄하는 내용이 많다.

≪전원산곡≫에 그의 소령 26수가 수록되어 있다. 여기에 선택한 두 수의 산곡 가운데 제2수를 원선본에서는 무명씨의 작품으로 수록하고 있으나, 지금 ≪전원산곡≫에 근거하여 진초암의 작품으로 정정한다.

## [中呂] 山坡羊：嘆世, 二首

晨鷄初叫, 昏鴉爭噪[從早到晩疲于奔命], 那個不去紅塵鬧[到繁華熱鬧的名利場積極活動]. 路遙遙, 水迢迢, 功名盡在長安[漢·唐都城, 這裏借指京城]道[1]. 今日少年明日老[人生短暫]. 山, 依舊好；人, 憔悴了.

새벽닭이 울고부터
저녁 까마귀 울 때까지
그 누가 홍진세상에서 명리 구하려고 발버둥치지 않으랴?

차로 가도 멀고
배로 가도 멀기만 한
저기 저 장안에 부귀공명이 몰려 있다.
오늘은 소년이라도 내일이면 늙어가리.
산은 여전히 아름다운데
오직 사람만 시들어가네.

[1] 장안도(長安道) : 수도로 관직을 구하는 길이며, 이 시구는 공명을 갈구하는 사람들이 아득히 멀리 있는 서울에서 분주히 공명을 추구하고 있음을 묘사한다.

淵明圖醉[1], 陳摶貪睡, 此時[這個時代 ; 近代]人不解當時意. 志相違[志趣與古人不同], 事難隨, 由他醉者由他睡. 今朝世態[一本作傑]非昨日[今非昔比]. 賢, 也任你 ; 愚, 也任你.

도연명은 술에 취해 살아가려 했고
진단은 잠에 취해 살아가려 했으니
요즈음 사람들은 그 당시 사람들 심정을 이해할 수 없으리라.
뜻이 같지 않으면
일을 함께 하기 어려우니
취하든 잠자든 알아서 할 일.
오늘의 세태가 어제와 다르니
잘해도 네 탓
못해도 네 탓.

[1] 연명도취(淵明圖醉) : 소통(蕭統)은 <도연명전(陶淵明傳)>에서 도잠(陶潛)이 술 마시기를 즐겨하여 팽택령(彭澤令)을 지낼 때 공전(公田)에 모두 고량을 심어 술을 빚게 하였으며, "내가 항상 술에 취하기 족하다(吾常得醉于酒足矣)"라고 말했다고 기록하고 있다. 그리고 도연명이 직접 지은 <오류선생전(五柳先生傳)>에서도 역시 "본성이 술을 좋아했다(性嗜酒)"고 기록하고 있다.

## 17. 오돈주경(奧敦周卿)(? -?)

오둔주경(奧屯周卿)이라 기록하기도 한다. 여진족(女眞族)이며, 원나라 초기의 인물이다.

지원(至元) 6년(1269)에 회맹로총관부판관(懷孟路總管府判官)을 담당했으며, 후에 하북하남도제형안찰사첨사(河北河南道提刑按察使僉事)를 지내었다. 백박(白樸)·장지한(張之翰) 모두 그에게 시와 사를 지어준 시가 있었으므로, 응당 백박, 양과(楊果)와 동시대 인물일 것이다.

≪전원산곡≫에 그의 소령 2수, 투수 1지가 수록되어 있다.

西湖烟水茫茫[湖面一片蒼茫, 遠水浩渺如烟], 百頃風潭[風吹過廣闊的湖面], 十里荷香. 宜雨宜晴, 宜西施淡抹濃妝[1]. 尾尾相銜畫舫[畫船絡繹不絶], 盡歡聲無日不笙簧[整天飄蕩的歌樂聲]. 春暖花香, 歲稔時康[年豐時定]. 眞乃上有天堂, 下有蘇杭[以俗諺作結].

서호에 물안개 아련히 피어오르고
넓은 호수 위로 서늘한 바람 불어가면
연꽃 향기는 십리를 이어간다.
비 내려도 아름답고 해 떠도 아름답다.
서시는 화장이 연해도 진해도 아름다웠듯이.
그림처럼 아름다운 배들이 꼬리 물고 떠가고
노래 소리, 피리 소리가 그칠 날이 없다.
따뜻한 봄날 꽃향기가 그윽하고
풍년이 든 태평세월이다.

참으로 위에는 천당이요
아래는 소주, 항주이다.

[1] "의우의청(宜雨宜晴)" 양구(兩句) : 출전은 송(宋)의 문인 소식(蘇軾)에게 <호수 위에서 술 마시다. 처음에는 맑았다가 후에 비가 내리다(飮湖上, 初晴後雨)>라는 시이다. "호수의 수면이 맑아 개일 때도 아름답고, 산색이 물안개에 몽롱하여 비올 때도 신비롭다. 만약 서호를 서시에게 비한다면, 옅은 화장이나 짙은 화장 모두 어울릴 것이다(水光瀲灩晴方好, 山色空濛雨亦奇. 欲把西湖比西子, 淡妝濃抹總相宜)" 이 두 시구는 소식의 시의를 빌려 서호의 아름다움을 묘사하고 있다.

# 18. 마치원(馬致遠)(약 1250-1321 이후)

호는 동리(東籬)이며, 대도(大都) 북경(北京) 사람이다.

그는 청년시절에, 열심히 부귀공명를 추구했다. "且念鯫生自年幼, 寫詩曾獻上龍樓"는 그의 이 시기의 삶을 묘사한 것이다. 경성(京城)에서 거주한 지 20년 후, 강절행성(江浙行省)의 제거관(提擧官)이 되었으나 여전히 큰 뜻을 펼치기 어려웠다. 만년에 관료사회에서 벗어나 은거하며 살아갔다.

그는 관한경(關漢卿), 백박(白樸), 정광조(鄭光祖)와 더불어 "원곡사대가(元曲四大家)"로 불리고 있다. 극작은 <한궁추(漢宮秋)>가 가장 유명하다. 그의 산곡은 시의(詩意)가 광활하고 아름다우며 풍격이 맑고 표일하다. 산곡사의 정상을 차지한다. 영사(咏史), 탄세(嘆世), 모정(摹情), 사경(寫景), 서사(抒事) 등 거의 모든 소재를 묘사했다. 소령, 투수 등 제반 산곡 형태를 망라한다. 그러므로 정진탁(鄭振鐸)은 산곡이 마치원에 이르러, "소재가 비로소 넓어지게 되었다(題材始寬)" "의경이 비로소 고일하게 되었다(意境始高)"라고 말했다. 그의 산곡 풍격은 분방하고 표일하며, 노련하면서도 신랄하며, 맑고도 준수하다. "문채파(文彩派)" "호방파(豪放派)"의 대표이다. 가중명(賈仲明)은 그를 두고 "산곡에서의 장원(曲壯元)"이라 칭하였다. 명청(明淸) 시대의곡론가들 가운데 혹자는 그를 두보(杜甫)에 비교하기도 했고, 혹자는 그를 "산곡에서의 이태백(曲中靑蓮)"이라 상찬(賞讚)하기도 했으며, 또 혹자는 그를 사중(詞中)의 소식(蘇軾)에 비교하기도 하였다. 명의 주권이 지은 ≪태화정음보≫에서는 그의 산곡 풍격을 "아침 햇살 속에 날아오르며 울음 우는 봉황새 같다(如朝陽鳴鳳)"이라 평했고, 원나라 산곡작가들 가운데 으뜸(元人第一)이라는 지위에 배열했다.

≪동리악부(東籬樂府)≫가 전해지고 있다. 현존하는 소령은 115수, 투수는 22지, 잔투수는 4지이다.

## [雙調] 水仙子 : 和盧疏齋西湖[1]

春風驕馬五陵兒[2], 暖日西湖三月時[點出時令], 管弦觸水鶯花市[絲竹聲掠過水面, 飄散在街市的花叢裏]. 不知音不到此, 宜歌宜酒宜詩[西湖美景激發了游人詩酒吟唱之興]. 山過雨顰眉黛[雨後遠山如美人深翠的眉], 柳拖烟堆鬢絲[近處如烟柳絲, 像美人蓬鬆的頭髮], 可喜殺睡足的西施[春秋時越國美女].

> 봄바람 속에서 오릉의 귀족자제들은 준마 타고 달려간다.
> 때는 서호(西湖)의 따뜻한 춘삼월 아름다운 시절이다.
> 피리소리 가야금소리 호수 위를 스쳐서 거리의 꽃나무 사이로 사라져간다.
> 이곳 서호는 실로 노래 부르고 술 마시고 시 짓기 좋은 곳이리.
> 비 뿌리고 지나가니 먼 산은 미인의 눈썹 같고
> 버드나무 위로 노을 깔리니 미인의 머리카락 같아서
> 실컷 잠들고 난 서시(西施)의 아름다운 모습 같다.

[1] 이 산곡은 노지(盧摯. 소재疏齋는 노지의 호)와 창화(唱和)한 연곡(連曲) 중의 하나이다. 모두 4수이다. 서호를 제목으로 삼아 각각 춘하추동 사계로 나누어 노래하였다. 소식(蘇軾)의 시구 “서호를 서시에게 비하고자 한다면, 옅은 화장이든 짙은 화장이든 모두 다 잘 어울릴 것이다(欲把西湖比西子, 淡妝濃抹總相宜)”를 산곡 중에 삽입했다. 노소재, 유시중(劉時中)에게도 모두 이 산곡작품이 있으나, 마치원의 작품이 가장 맑고 표일하다.

[2] 오릉아(五陵兒) : 권문귀족의 자제들을 가리킨다. 오릉(五陵)은 장릉(長陵), 안릉(安陵), 양릉(陽陵), 무릉(茂陵), 평릉(平陵)이다. 한대(漢代)의 황제들은 능묘(陵墓)를 만들 때마다 사방의 부호귀족, 외척들로 하여금 능묘의 부근에 거주하게 하였다. 이백의 <소년행(少年行)> 가운데 “오

릉의 젊은이들은 금릉시(金陵市 : 지금의 남경시南京市) 동쪽에서 살고 있다. 은빛 안장을 한 백마를 타고 봄바람 속을 달려가고 있다(五陵年少金市東, 銀鞍白馬度春風)"라는 시구가 있다. 여기서는 부유한 가문의 자제들이 준마를 타고 서호로 와서 봄날 유람하는 정경을 묘사했다.

## [雙調] 撥不斷, 三首

**嘆寒儒, 謾**[徒然, 枉自]**讀書. 讀書須索**[須得]**題橋柱**[1], **題柱雖乘駟馬車, 乘車誰買長門賦**[2]. **且看了長安回去**[姑且逛逛長安就回去吧]!

가난한 선비여
쓸데없이 공부했구나!
공부하려면 사마상여 정도는 재능이 있어야지.
하지만 사마상여처럼 재능이 있다한들
이 거친 시대에 누가 장문부를 사주려할 것인가?
장안을 둘러보다 쓸쓸히 돌아간다.

[1] 제교주(題橋柱) : 출전은 <성도기(成都記)> 가운데에 보이는 다음과 같은 기록이다. "사마상여(司馬相如)가 처음 서쪽으로 갈 때, 승선교(升仙橋)를 지나가게 되었다. 그는 '높고 화려한 수레를 타지 않고는 이 다리를 건너지 않을 것'이라는 글을 지어 써서 기둥에 걸어두었다(司馬相如初西去, 過升仙橋, 題柱曰 : '不乘高車駟馬, 不過此橋.')" 여기서는 독서, 곧 학문을 닦는데 있어서는 커다란 포부가 있어야 한다는 의미이다.

[2] 장문부(長門賦) : 한무제(漢武帝)의 진황후(陳皇后)가 황제의 총애를 잃게 되었다. 황후는 사마상여의 글이 뛰어나다는 소문을 듣고, 황금 백근을 주고 사마상여에게 <장문부>를 지어주도록 부탁하였다. 그 글로서 황제의 마음을 되돌리게 하려 했다. 무제는 그 글을 보고 과연 다시 진황후를 사랑하게 되었다고 한다. 이 시구는 '설사 사마상여와 같은 문재가 있다 해도, 그 누가 알아줄 것인가?'라는 의미이다.

菊花開[點出時令], 正歸來[歸隱林泉]. 伴虎溪僧鶴林友龍山客[1], 似杜工部陶淵明李太白[2], 有洞庭柑東陽酒西湖蟹[3]. 哎, 楚三閭休怪[4].

국화꽃 피어나니
귀거래할 때로구나.
호계승(虎溪僧) 혜원(慧遠), 학림우(鶴林友)인 스님, 용산객(龍山客) 맹가(孟嘉) 같은 벗들과 함께 사노니
그들의 식견은 두보, 도연명, 이태백 수준이다.
술과 안주로 동정호 감귤, 동양의 술, 서호의 방게가 있다.
아아,
초나라 삼려대부여, 너무 허물하지 말라!

[1] 호계승(虎溪僧) : 혜원법사(慧遠法師)를 가리킨다. 호계(虎溪) : 강서성(江西省) 여산(廬山) 동림사(東林寺) 앞에 호계가 있다. 전하는 바에 의하면 진(晉)나라 때 이 절의 혜원법사가 손님을 전송할 때 이 시내까지만 전송하였을 뿐 건너가지 않았다고 한다. 만약 건너가게 되면 호랑이가 운다고 하였다. 한번은 혜원법사와 육정수(陸靜修), 도연명이 담소를 나누면서 걷다가, 저도 모르게 호계를 건너가게 되고 말았다. 그러자 호랑이가 크게 울음을 터뜨렸고, 세 사람은 큰 소리로 웃은 뒤에 작별하였다고 한다. 학림우(鶴林友) : 승려를 가리킨다. 학림은 절의 이름이며, 강소성(江蘇省) 진강(鎭江) 황학산(黃鶴山) 아래에 위치하고 있다. 용산객(龍山客) : 진(晉)의 맹가(孟嘉)를 가리킨다. 전하는 바에 의하면 환온(桓溫)이 음력 9월 9일(重九日)에 용산에서 연회를 베풀었다. 그때 손님 가운데 맹가의 모자가 바람에 날려 떨어졌는데, 맹가는 그래도 태연자약하였다고 한다. 이 시구는 지위가 높고 뛰어난 인물들을 동반자로 삼고 있음을 의미한다.

[2] 두공부(杜工部) : 당나라 시인 두보(杜甫)이며, 일찍이 공부원외랑(工部員外郎)이라는 관직을 지냈으므로 세칭 두공부(杜工部)라고 한다. 도연명 : 진(晉)의 시인. 이태백 : 태백(太白)은 이백의 자이다. 이 시구에 나오는 세 사람은 모두 시주로서 자적하며 즐겁게 살아가는 시인들이라는 의미이다.

[3] 동정감(洞庭柑) : 태호(太湖) 동정산에서 나는 감으로 매우 유명하

다. 동양주(東陽酒) : 일명 금화주(金華酒)이다. 절강성(浙江省) 금화(金華) 지역에서 나는 술로서 그 당시 크게 명성을 떨쳤다. 서호해(西湖蟹) : 서호에서 나는 방게이다. 이 시구는 아름다운 술과 안주를 묘사한다.

[4] 초삼려(楚三閭) : 전국시대(戰國時代) 초(楚)의 굴원(屈原)을 가리킨다. 일찍이 삼려대부(三閭大夫)라는 관직을 지냈다. 자적하며 살아가서 굴원의 우국우민과 다르므로, 굴원에게 너무 허물하지 말라는 의미이다.

酒杯深, 故人心, 相逢且莫推辭飮. 君若歌時我慢斟, 屈原淸死[堅持淸白節操而死]由他恁[由他如此吧]. 醉和醒爭甚[1].

술잔에 술 가득 따름은
진실한 우정의 표시이니
어렵게 만났은즉 술잔을 사양 말라.
그대 노래한다면 나 잠시 멈추고 경청하리니
굴원이 맑은 지조 지키려다 죽었다면 그건 그의 운명일 뿐이다.
취한들 어떠하며 술 깬들 어떠하리?

[1] 마지막 두 시구에 나오는 청(淸), 취(醉), 성(醒) 세 글자는 모두 ≪사기(史記), 굴원가생열전(屈原賈生列傳)≫에 있는 어부와 굴원 사이의 대화에서부터 따온 것이다. 굴원은 거기서 "온 세상 사람들이 다 혼탁하게 살아가는데 나만 홀로 맑게 살아간다. 온 세상 사람들이 다 취해 있는데 나만 홀로 깨어서 살아간다(擧世混濁而我獨淸, 衆人皆醉而我獨醒)"라고 말하고 있다.

## [雙調] 落梅風 : 遠浦帆歸[1]

夕陽下[點名黃昏的時候], 酒旆閑[酒旗垂掛着], 兩三航[兩三隻船]未曾着岸[帆正在歸來]. 落花水香[花落在水中]茅舍晩, 斷橋頭賣魚人散.

석양 아래
술집 깃발이 한가로이 나부낀다.
두세 척의 배들은 아직 돌아오지 않았다.

저녁 무렵 초가집 부근에 떨어진 꽃잎으로 강변은 향기로운데
단교(斷橋) 부근에서 생선 팔던 사람마저 이제는 돌아가고 없다.

[1] 포(浦) : 물가. 송(宋)의 심괄(沈括)이 지은 ≪몽계필담(夢溪筆談)≫에 의하면, 송(宋)의 화가 송적(宋迪)은 소상(瀟湘)의 풍경을 여덟 폭의 산수화로 그렸다고 한다. 그것은 드넓은 백사장에 내려앉는 기러기 떼들(平沙落雁), 멀리 포구로 돌아오는 돛단배들(遠浦帆歸), 산마을에서 바라보는 산의 푸르른 빛깔(山市晴嵐), 저녁 강가에서 바라보는 흩날리는 눈(江天暮雪), 가을날 동정호 호수 위로 떠오르는 달빛(洞庭秋月), 소수(瀟水)와 상수(湘水) 두 강물 위로 내리는 밤비(瀟湘夜雨), 물안개 자욱하게 피어오르는 가운데 들려오는 산사山寺의 저녁 종소리(烟寺晩鐘), 어촌에 비쳐드는 저녁노을(漁村夕照)이다. 마치원은 이 팔경을 산곡으로 노래하였으며, 이 작품은 그중의 제2수이다.

## [雙調] 落梅風 : 五首

心間事, 說與他[把心裏話全都掏給了他]. 動不動[總是]早言兩罷[兩人斷絶關係]. 罷字兒磣可可[實實在在]你道是耍[算了這句話你親口所說, 又說是開玩笑], 我心裏怕那不怕[那能不怕呢]?

마음속의 깊은 사랑
모두 털어놓았다.
그 후로 그대는 걸핏하면 그만 두어버리잔다.
그건 얼마나 참담한 말인가?
그러다가 마음 풀리면 농담이었단다.
내 마음 어찌 두렵지 않으리?

人初靜, 月正明. 紗窗外玉梅斜映[月夜中人, 月, 梅相伴]. 梅花笑人偏弄影[1], 月沉時一般孤另[梅與人同病相憐].

인적이 끊어지자
달빛은 휘영청 밝아진다.

사창(紗窗) 밖의 옥매(玉梅) 그림자 비스듬히 비친다.
매화는 내게 생긋 웃고는 제 그림자와 더불어 희롱한다.
그러나 달 지면, 매화야, 너도 나처럼 외로워지겠지.

[1] 농영(弄影) : 달빛 아래 꽃가지의 그림자가 흔들린다. 송(宋)의 사인(詞人) 장선(張先)은 "구름이 걷히고 달빛이 찾아오니 꽃가지가 그림자를 데리고 희롱하고 있다(雲破月來花弄影)"라는 사구(詞句)를 지었다.

實心兒待, 休做謊話兒猜[一片眞情, 怕被猜疑], 不信道爲伊曾害[因他害相思之病]. 害時節有誰曾見來, 瞞不過主腰胸帶[1].

진심으로 그대를 대하나니
혹시라도 거짓 아닐까 의심하지 말라.
믿지 못했기에 일찍이 그리움에 멍든 적 있었다.
그리움에 멍든다한들 아무도 알아차리지 못했으니
그저 느슨해진 가슴 띠만 속일 수 없었을 뿐.

[1] 주요흉대(主腰胸帶) : 일명 말흉(抹胸)이며, 옛날 부녀자들이 가슴을 묶을 때 쓰는 띠이다. 이 곡구는 그리움으로 인하여 수척해졌으며, 오직 가슴을 꼭 감싸는 흉대만이 그 사정을 잘 알고 있을 뿐이라는 의미이다. 유영(柳永)이 지은 사 <나비가 꽃을 사랑하다(蝶戀花)> 가운데에 "띠가 점점 느슨해져도 끝까지 후회하지 않는다. 그대로 인하여 날로 초췌해져 간다(衣帶漸寬終不悔, 爲伊消得人憔悴)"라는 사구가 보인다.

薔薇露[春天風光], 荷葉雨[夏日風光], 菊花霜冷香庭戶[秋天風光]. 梅梢月斜人影孤[冬天風光], 恨薄情[指情人]四時辜負[辜負了四季美好風光].

봄에는 장미에 이슬 맺히고
여름에는 연잎에 비 내리고
가을에는 서리 내려 국화향내 마당 가득하고
겨울에는 매화가지에 달빛 비쳐 고독한 내게 그림자 드리운다.
그대는 이 아름다운 사계의 정경 두고 도대체 어디 가 있단 말인가?

因他害, 染病疾, 相識每[朋友們]勸咱是好意. 相識若知咱就裏[內情], 和[連]相識也一般憔悴[朋友也會和我一樣憔悴].

그대로 인하여
나는 그리움이라는 병을 얻었노라.
친구들마다 내게 좋게 위로하려 했다.
그들도 내 마음 깊은 곳 이해한다면
그들 역시 나처럼 메마르게 되리.

## [越調] 小桃紅 : 春

畫堂春暖綉幃重[暖暖春日, 高堂畫屋, 綉帳中人尙未起], 寶篆香微動[1], 此外虛名要何用[閑寂生活如此, 無他求]. 醉鄕中[已醒憶醉夢], 東風喚醒梨花夢[2]. 主人愛客, 尋常迎送, 鸚鵡在金籠.

화당(畫堂)에 봄 햇살 따사로운데 아직 비단 휘장 드리워져 있고
향로에 향 연기가 부드럽게 움직이니
이밖에 달리 무슨 헛된 명성 필요하리?
눈은 떴으되 아직도 꿈속 정경 회상하고 있는데
동풍이 산들 불어 이화몽(梨花夢)을 깨운다.
주인이 손님 접대 즐겨하여
부담 없이 맞고 보내니
앵무새만 조롱에서 주인 대신 인사할 뿐.

[1] 보전(寶篆) : 일종의 훌륭한 향(香) 이름이며, 전문(篆文)의 도장이 찍혀져 있어서 전향(篆香) 혹은 향전(香篆)으로 부르기도 한다. 송(宋)의 홍추(洪芻)가 지은 ≪향보(香譜)≫ 가운데 "근래에 기이함을 좋아하는 사람이 향전(香篆)을 만들었는데, 그 향전은 12신(十二辰)을 태울 수 있으며, 이는 다시 100각(一百刻)으로 나눌 수 있다. 대체로 하루 온종일 태울 수 있도록 한 것이다(近世尙奇者作香篆, 其文准十二辰, 分一百刻, 凡燃一晝夜已)"라는 기록이 보인다. 향미동(香微動) : 향의 연기가 하늘하늘 공중으로 날아 올라간다는 의미이다.

[2] 이화몽(梨花夢) : 술에 취하여 꾸는 꿈이다. 당대(唐代)의 항주 사람들은 배꽃이 만개할 때 술을 빚었다. 이를 이화춘주(梨花春酒)라고 부른다.

## [南呂] 金字經, 二首

絮飛飄白雪[點明暮春時節][1], 鮓[腌魚]香荷葉風[田田荷葉, 習習和風, 聞到一陣陣魚香]. 且向江頭作釣翁[無奈之擧]. 窮, 男兒未濟中[功不成, 名不就]. 風波夢, 一場幻化中[一切歸于夢幻].

버들솜이 눈꽃처럼 흩날리고
연잎 사이로 생선 젓 내음이 퍼져간다.
강가로 나가서 어옹이나 되리라.
빈궁!
사내대장부, 아직 꿈을 펼치지 못하고 있다.
삶은 실로 풍파몽(風波夢) 같은 것,
그러다가 모든 것 허무로 돌아가리.

[1] 사도온(謝道蘊)의 영설(咏雪) 전고를 사용한다. ≪세설신어(世說新語), 언어(言語)≫에 다음과 같은 일화가 있다. 어느 날 큰 눈이 내렸다. 사안(謝安)이 조카들에게 물었다. "흰 눈이 펄펄 내리는 것이 무엇과 비슷한가?"질녀(姪女) 사도온(謝道蘊)이 대답했다. "버들솜이 바람결에 흩날리는 것 같습니다."사안이 크게 그 대답을 칭찬했다. 사도온은 버들솜을 흰 눈에 비유했으며, 이는 역대로 칭송을 받아왔다. 여기서는 거꾸로 사용하여 눈을 버들솜에 비유했다. 버들솜이 날아다니는 모습이 마치 펄펄 내리는 흰 눈 같다고 비유했다.

夜來西風裏, 九天雕鶚飛[1]. 困煞[困窘之極]中原一布衣[2]. 悲[心底發出的嘆息], 故人知未知[無知音可訴, 遙問故人]. 登樓意[3], 恨無上天梯[登上高官的階梯, 指無人薦拔].

밤사이 서풍 속에서
구천의 독수리 한 마리가 날고 있다.
중원의 한 선비는 죽도록 곤궁하다.
슬프다!
벗이여, 아는가 모르는가?
누각 위로 오르는 이 내 심정을.
천국 가는 계단은 끝내 없구나!

[1] 구천(九天) : 지극히 높은 하늘. 조악(雕鶚) : 외형이 독수리처럼 생긴 사납고 높이 나는 두 종류의 새. ≪장자(莊子), 소요유(逍遙遊)≫에 나오는 "대붕(大鵬)이 남명(南溟)으로 날아감에 있어서, 날개로 바닷물을 치면 물결이 삼천리나 튀어 오른다. 회오리바람을 타고 날아오르면 구만리 창공을 날아가게 된다(鵬之徙于南溟也, 水擊三千里, 搏扶搖而上者九萬里)"의 의미로서 사용하고 있다. 이 시구는 하늘 높이 날아다니는 독수리(雕鶚)의 비상을 묘사한다.

[2] 포의(布衣) : 관직을 얻지 못한 사람이다. 금(金)나라 이분(李汾)의 시 <시험에 낙제하다(下第)> 가운데에, "검 배우고 책 읽는 이 두 가지 일, 다 어긋나게 되었다. 고개 돌려 바라보니 34년 세월 아쉽구나. 봄바람이 관아의 대문 아래에서 만리를 불어 가는데, 나는 여전히 중원의 한 포의일 뿐이구나(學劍攻書事兩違, 回首三十四年非. 東風萬里衡門下, 依舊中原一布衣)"라는 시구가 보인다. 여기서는 시인 자신을 가리킨다.

## [雙調] 折桂令 : 嘆世

咸陽百二山河[1], 兩字功名, 幾陣干戈[爲爭功名, 引起過不少戰爭]. 項廢東吳[2], 劉興西蜀[以兩人概括歷代興亡][3], 夢說南柯[4]. 韓信功兀的般証果[5], 蒯通言那裏是風魔[6]. 成也蕭何, 敗也蕭何[7], 醉了由他.

함양성 주위는 험준한 산악과 깊은 강으로 둘러싸여 있는데
공명이란 두 글자 때문에
얼마나 많은 전쟁 일어났던가?
항우는 동오에서 일어나 패망했고

유방은 서촉에서 일어나 승리했지만
모두가 허망한 남가일몽 같은 것.
한신의 공훈은 어떤 보응 불러왔으며
괴통의 말이 어찌 헛된 것이었나?
이룬 것도 소하였고
망친 것도 소하였다.
에라, 술이나 마시자.

[1] 백이산하(百二山河) : 출전은 ≪사기(史記), 고조본기(高祖本紀)≫ 가운데에 보이는, "진(秦)은 형세가 뛰어난 나라이다. 험준한 산하를 끼고 있다. 그 나라는 천리 멀리 떨어져 있다. 창검을 든 백만의 군사들이 공격해온다 하더라도, 진(秦)은 이만 명으로 막아낼 수 있다(秦形勝之國, 帶河山之險, 其隔千里, 持戟百萬, 秦得百二焉)"라는 기록에 근거한다. 진(秦)의 지세가 험준하여 이만명이 제후의 군사 백만명을 막아낼 수 있음을 말한다.

[2] 항우(項羽)가 해하(垓下)에서 전투에 패배하고 오강(烏江)의 서쪽에서 스스로 자신의 목을 친 일을 가리킨다. 옛날 오강은 동오(東吳)에 속했다.

[3] 유방(劉邦)이 한왕(漢王)으로 책봉을 받고, 험준한 지세라는 서촉(西蜀)의 이점을 이용하여 마침내 한왕실(漢王室)의 기업(基業)을 이루었음을 가리킨다.

[4] 몽설남가(夢說南柯) : 출전은 당(唐)의 이공좌(李公佐)가 지은 <남가태수전(南柯太守傳)>이다. 순우분(淳于棼)은 꿈에 대괴안국(大槐安國)에 이르러 부마가 되었으며, 남가태수가 되어 부귀영화를 누렸다. 깨어나서 보니 이른바 대괴안국이라는 것이 괴(槐)나무 아래에 있는 큰 개미굴이었을 뿐임을 깨닫게 되었다. 흥망성쇠라는 것이 결국 남가일몽에 불과하다는 것을 묘사했다.

[5] 한신(韓信) : 한(漢)나라 회음(淮陰) 지방의 인물이다. 유방을 보좌하여 한왕실(漢王室)을 수립하였으며, 여러 차례 공훈을 세웠으나 결국 피살되고 말았다. 올적반(兀的般) : 어떤. 증과(証果) : 원래는 불교 용어이며, 결과 응보의 의미이다. 한신이 세운 공훈도 결국 이런 결과 밖에 가져올 수 없었음을 한탄한 것이다.

[6] 괴통(蒯通) : 한(漢)나라 때의 변사(辯士)이며, 범양(范陽) 지방 사람이다. 한신은 일찍이 그의 계책으로 제(齊)나라를 평정하였다. 괴통은 한신에게 한나라를 배반하고 자립하기를 권고하였으나 한신이 듣지 않자 미친 척하였다. 그 후 한신은 여후(呂后)에게 피살당하였으며, 형장에서 처형당하기 전에 "괴철(蒯徹)의 말을 듣지 않았음이 후회스럽다"라고 한탄하였다. 괴통의 말이 미치광이의 말이 아니라 식견 있는 말이었음을 의미한다.

[7] 소하(蕭何) : 한고조 유방의 중신(重臣)이었으며, 지모가 있었다.

## [雙調] 撥不斷, 二首

布衣[沒官職的人]中, 問英雄[不知英雄所想, 故要一問], 王圖霸業成何用[就是成就了王侯霸業又有什麽用呢]. 禾黍高低六代宮, 楸梧[墓地上的樹木]遠近千官塚[衆多官員的墳墓][1], 一場惡夢!

포의의 몸으로
영웅에게 묻는다.
왕도패업을 이룬들 무엇 하리?
들 벼 들 기장만 육대궁터 여기저기서 자라고
호두나무 오동나무도 천관무덤 여기저기서 서 있으니
모두 다 일장악몽일 뿐!

[1] 화서(禾黍) : ≪시경(詩經), 서리(黍離)≫편의 소서(小序)에, 주(周)나라 대부가 종묘·궁실이 있던 지역 곁을 지나갈 때 도처에 들 벼와 들 기장이 자라고 있는 것을 보고 왕조의 전복을 슬퍼했다는 기록이 보인다. 육대(六代) : 오(吳), 동진(東晋), 송(宋), 제(齊), 양(梁), 진(陳)의 여섯 왕조들이다. 이 여섯 왕조들은 모두 건강(建康 : 지금의 남경南京)을 수도로 정하고 있었다. 수많은 왕조들의 궁전이 이미 폐허가 되어버리고 들 벼와 들 기장들만 자라고 있음을 묘사한다. 이 두 시구는 당(唐)의 허혼(許渾)이 지은 시 <금릉회고(金陵懷古)> 가운데 있는 "개오동나무와 오동나무가 수많은 관원들의 무덤 위에 많은 관리의 무덤 주위 여기저기

서 자라고 있고, 들 벼와 수수가 여섯 왕조들의 궁터에서 이리저리 자라고 있다(楸梧遠近千官塚, 禾黍高低六代宮)"라는 두 시구의 순서만 뒤바꾸어 놓은 것이다. 크고 높은 개오동나무와 오동나무들만 자라고 있다고 묘사한다.

莫獨狂[狂妄自信], 禍難防. 尋思樂毅非良將[1], 直待齊邦掃地亡[企圖徹底消滅齊國], 火中一戰幾乎喪. 赶人休赶上[不可窮追不捨].

홀로 광분하지 말지니
재앙을 막아내기 어려우리.
곰곰이 생각해보면 악의는 명장이 아니었으니
제(齊)나라를 소멸시키려던 순간
불바다 속의 일전(一戰)으로 거의 죽을 번했다.
사람을 내몰아도 막다른 골목으로는 내몰지 말라.

[1] 악의(樂毅) : 전국시대(戰國時代) 연(燕)나라의 장군이다. 일찍이 조(趙), 초(楚), 한(韓), 위(魏), 연(燕)을 연합하고, 이들 다섯 나라의 군대를 지휘하여 제(齊)를 공격했으며, 제나라 70여 성(城)을 함락시켰다. 연나라 혜왕(惠王)이 즉위한 후 제나라 사람들의 반간계를 믿고 기겁(騎劫)을 파견하여 그의 직무를 대체하게 했다. 그래서 악의는 조(趙)로 도주했다. 여기서는 악의가 비록 군사(軍事)에는 뛰어났지만, 그러나 신변에 매복되어 있는 위기를 감지하지 못하였으므로 뛰어난 장군이라 할 수 없다고 묘사한다.

[2] "화중(火中)"구(句) : 제(齊)는 반간계를 사용하여 연(燕)나라로 하여금 주장을 교체하게 하여 악의가 조(趙)로 도주한 이후, 전단(田單)은 소의 뿔에 횃불을 매어달아 공격하게 하는 진법인 화우진(火牛陣)으로 기겁의 군대를 묵성(墨城) 아래에서 격파하고 제나라 70여 성을 수복했다. 악의가 조금도 여지를 남겨두지 않고 압박했으므로, 비단 그 자신이 위태로워졌을 뿐만 아니라, 연나라조차도 자칫하면 멸망당하고 말았을 뻔했다는 것이 이 곡구의 의미이다.

## [雙調] 慶東原 : 嘆世

明月閑旌旆[旗幟], 秋風助鼓鼙[戰鼓聲兼風聲, 曲調悲壯], 帳前滴盡英雄淚[用項羽故事]. 楚歌四起[1], 烏騅[駿馬]漫嘶[亂叫], 虞美人兮[2]. 不如醉還醒, 醒而醉.

> 밝은 달빛 속에서 군기들이 한가로이 펄럭이고
> 추풍 속에서 전고(戰鼓)소리가 처량하게 울려 퍼지는데
> 군막 앞에서는 영웅 항우가 하염없이 눈물 뿌린다.
> 사면에서 초나라 노래 소리가 일제히 들려오고
> 준마 오추가 슬피 울어대니
> 아아, 우미인이여!
> 정녕 영웅의 삶이 이런 거라면 차라리 취했다 깨어나고
> 깨어났다 또 취하는 삶이 훨씬 더 나으리라.

[1] 초가사기(楚歌四起) : 출전은 ≪사기(史記), 항우본기(項羽本紀)≫에 보이는 다음과 같은 기록이다. "초패왕 항우의 군대가 해하에서 진을 치고 있었다. 병사의 수도 적고 식량도 다 떨어졌다. 한나라 군대와 제후의 병사들이 몇 겹으로 에워싸고 있었다. 야간에 한나라 군대가 사면에서 모두 초나라 노래를 부르게 했다. 초패왕 항우가 크게 놀라며 말했다. '한나라가 이미 초나라를 얻었단 말인가? 어찌 이리 초나라 사람들이 많은가?' (項王軍壁垓下, 兵少食盡, 漢軍及諸侯兵圍之數重. 夜間漢軍四面皆楚歌, 項王乃大驚曰 : '漢皆已得楚乎? 是何楚人之多也!')"

[2] 우미인(虞美人) : 곧 우희(虞姬)이다. 항우의 애희이며, 항상 항우를 따라다녔다. 항우는 군대가 해하(垓下)에서 패배하자, ≪해하가≫를 지어 노래 불렀다. 그 가운데 "우미인이여, 우미인이여! 어찌해야 할 것인가?"라는 시구가 있다. 우희가 즉시 화답하여 노래했다. "한나라 군사들, 북쪽의 땅 다 빼앗고 있네. 사방에서 초나라 노래 소리 들려오네. 대왕의 용기 다했도다. 천첩, 그 무엇에 의지하고 살아갈 수 있으리?(漢兵北略地, 四面楚歌聲. 大王意氣盡, 賤妾何聊生)" 그녀는 노래를 다 마친 후 자결했다.

## [雙調] 淸江引 : 野興, 四首

樵夫[砍柴人, 指隱士]覺來山月低[一覺醒來, 山月已沉下去了], 釣叟[漁翁, 也指隱士]來尋覓. 你把柴斧抛, 我把魚船棄, 尋取個穩便處[妥當方便的地方]閑坐地[坐一下].

나무꾼이 산위에 떠오른 달빛 속에서 깨어나자
어부가 그를 찾아왔다.
너는 도끼를 집어던지고
나는 어선을 잊어버린 채로
그저 편안한 자리 찾아 한가롭게 지내다가세.

綠蓑衣紫羅袍誰爲你[1], 兩件兒都無濟[無論穿什麽, 都沒有眞正價値]. 便作[卽使是]釣魚人, 也在風波裏[2], 則不如尋個穩便處閑坐地[只好去做山林隱士].

도롱이와 자줏빛 비단도포 둘 중에서 어느 것이 더 나을까?
두 가지 다 아무 쓸 데가 없다.
설사 어부가 된다 해도
풍파 속에 있기는 매한가지니
차라리 산중의 편안한 자리 찾아 한가로이 살아가리.

[1] 녹사의(綠蓑衣) : 도초(稻草) 혹은 종려(棕櫚)나무 잎으로 짜서 만든 우의이며, 여기서는 어부(漁父)나 조수(釣叟)를 가리킨다. 당(唐)의 시인 장지화(張志和)가 지은 사(詞) <어가자(漁家子)> 가운데 "삿갓 쓰고, 도롱이 입었으니, 바람 불고 부슬비 내려도 돌아가려 하지 않는다.(靑箬笠, 綠蓑衣, 斜風細雨不須歸)"라는 사구들이 보인다. 자라포(紫羅袍) : 비단으로 만든 자주색 관복이며, 당(唐)에서는 오품 이상의 관원이 자주색 옷을 입었다. 여기서는 고관대작을 가리킨다.

[2] 송(宋)의 범중엄(范仲淹)이 지은 시 <강물 위의 어부(江上漁者)> 가운데 보이는 "강물 위에서 오가는 사람들은 그저 농어의 맛을 좋아할

줄만 알지만, 그대 보라! 일엽편주가 풍파 속에서 출몰하고 있는 모습을!(江上往來人, 但愛鱸魚味. 君看一葉舟, 出沒風波裏)"라는 시의를 사용하고 있다.

林泉隱居誰到此[隱居在淸幽的林泉中, 有誰會來呢], 有客淸風至[陣陣淸風送爽, 可算是客了]. 會[應當]作山中相[1], 不管人間事[遠離塵世], 爭甚麽半張名利紙[2].

임천에 은거하니 찾아온 자 그 누군가?
청풍이란 손님이 찾아왔구나.
나는 산중재상이 되었으니
세상사를 상관하지 않을 것이다.
허망한 세상 명리 다투어서 무엇 하랴?

[1] 산중상(山中相) : 곧 산중의 재상이다. 남조(南朝) 양(梁)의 도홍경(陶弘景)은 지금의 강소성(江蘇省) 서남쪽에 있는 모산(茅山)인 구곡산(句曲山)에서 은거하고 있었다. 여러 차례 부름을 받았으나 관직에 나아가지 않았다. 양나라 무제(武帝) 때에, "국가에 길흉, 정벌 등의 대사가 있을 때마다 그를 찾아가 자문을 구하지 않은 적이 없었다. 한 달에도 몇 번씩 서신이 오고 갔다. 당시 세인들을 그를 두고 '산중재상'이라 불렀다." 후일 관직을 버리고 은거하는 사람을 두루 일컬으며, 여기서는 은사를 가리킨다.

[2] 명리지(名利紙) : 공명이록의 대명사이며, 원산곡가들이 즐겨 쓰는 시어이다.

西村日長人事少[人閑方顯日長][1], 一個新蟬噪. 恰待[正當]葵花開, 又早蜂兒鬧. 高枕上夢隨蝶去了[用莊周夢蝶典].

서촌에 중천까지 해 떠오르자
새로 나온 매미 한 마리 요란하게 울어댄다.
해바라기 꽃도 활짝 피었고
아침부터 날아다니는 벌꿀소리도 요란하다.
베개 높이 베고 꿈속에서 장자의 나비를 뒤따라갔다.

[1] 서촌(西村) : 항주 부근에 있었던 것 같다. 마치원 만년의 은거지였으며, 그의 <반섭조(般涉調), 초편(哨遍)>이라는 투수 가운데 "백발이 동리에게 권한다. 서촌이 가장 훌륭하고 그윽한 은거지라고(白髮勸東籬, 西村最好幽栖)"라는 곡구가 보인다.

## [南呂] 四塊玉

酒旋沽, 魚新買[剛剛買來]. 滿眼雲山畵圖開[眼前展現的雲山景色如畵般美麗], 淸風明月還詩債[1]. 本是個懶散人, 又無甚經濟才[經國濟民之才], 歸去來[2].

술을 저어 사고
생선도 방금 샀다.
눈앞의 운산은 한 폭의 그림인데
청풍명월 속에서 시빚을 갚는다.
나 본시 게으른데다가
또 무슨 세상을 경륜할 재주도 없으니
그만 돌아가자.

[1] 시채(詩債) : 타인이 시를 써달라거나 혹은 화작(和作)해주기를 원할 때, 자신이 즉시 시를 짓지 못할 경우, 이를 시채라고 불렀다. 당(唐)의 백거이(白居易)가 지은 시 <봄날 아침, 술병을 들고 심씨의 집 넷째를 찾아가려다가 이 시를 짓다(曉春, 欲携酒, 尋沈四著作)> 가운데에, "나의 삶을 되돌아보니 술에 취해 살아간 지 오래 되었고, 그대에게 짊어진 시의 빚이 수없이 많아졌구다(顧我酒狂久, 負君詩債多)"라는 시구가 보이는데, 이것이 바로 이와 같은 의미이다. 여기서는 아름다운 경치를 마주 바라보고 있으면서도 느낀 바를 시로 묘사해낼 수 없으므로 마음속으로 마치 빚을 진 것 같이 느끼는 것을 말한다.

[2] 도연명의 <돌아가자(歸去來辭)> 가운데에 보이는 시의로서, 관직을 버리고 귀은하겠다는 뜻을 나타냈다.

## [南呂] 四塊玉：天台路[1]

採藥童，乘鸞客[2]，怨感[責備感慨]劉郎下天台．春風再到人何在？桃花又不見開[3]．命薄的窮秀才，誰教你回去來[明是嗔怪，實是感慨]！

약초 캐던 사내들과
봉황 타던 사내들.
천태산 떠나간 유랑을 원망한다.
봄바람은 다시 부는데 그대는 어디 있는가?
복사꽃은 다시 또 피는데 그대는 보이지 않네.
팔자 험한 수재여!
누가 그대더러 돌아가라 했더냐?

[1] 천태(天台)：산의 이름. 절강성(浙江省) 천태현(天台縣) 북쪽에 위치하며, 유신(劉晨)과 완조(阮肇)가 선녀들을 만났던 곳이다.

[2] 채약동(採藥童), 승란객(乘鸞客)：모두 유신을 가리킨다. 아래의 유랑(劉郎)도 같다. 남조(南朝) 송(宋)의 유의경(劉義慶)이 지은 ≪유명록(幽明錄)≫에 의하면, 동한(東漢) 명제(明帝) 영평(永平) 연간에 절강성(浙江省) 섬현(剡縣) 사람 유신과 완조가 함께 천태산에 약초를 캐러 들어갔다가 길을 잃어버렸다. 우연히 두 선녀를 만나 집으로 초대받고 융숭하게 대접받게 되었다. 반년을 머문 후 유신・완조는 집이 그리워져서 돌아가게 해달라고 간청하자, 선녀들은 그들에게 돌아가는 길을 알려주었다. 고향으로 돌아오자 옛 집은 이미 영락해버렸고, 자손은 이미 칠대가 지나가 버린 상황이었다. 그 후 다시 천태산으로 선녀들을 찾아 들어갔으나 그 종적은 알 수 없다.

[3] 도화(桃花)：당(唐)의 최호(崔護)의 전고를 사용하였다. 당의 맹계(孟棨)가 지은 ≪본사시(本事詩)≫에 의하면, 최호가 청명절에 교외로 놀러나갔다. 어느 시골에 이르러 마실 물을 구하자, 한 여인이 물그릇을 들고 왔다. 그녀는 정을 가득 담은 눈길로 그를 바라보며 복사꽃 피어 있는 나무에 기대어 서 있었다. 그 다음 해 청명절에 다시 찾아가서 보니 대문이나 마당은 전과 다름없는데 사람은 없고 집은 텅 비어 있었

다. 그리하여 그는 "작년 오늘 이 대문 안에서, 아름다운 여인의 얼굴과 복사꽃이 서로 함께 비추고 있었다. 그런데 지금 아름다운 여인은 어디로 가고, 복사꽃만 여전히 봄바람 속에서 웃음 짓고 있는가?(去年今日此門中, 人面桃花相映紅. 人面不知何處去, 桃花依舊笑春風)"라고 노래했다. 여기서는 유신과 완조가 다시 천태산으로 선녀를 찾아 들어간 것과 연계하여, 실망과 원망과 후회의 정서를 묘사했다.

## [南呂] 四塊玉：馬嵬坡[1]

睡海棠[2], 春將晚, 恨不得[愛極傳神之語]明皇掌中看[寵愛若掌上明珠][3], 霓裳便是中原患[4]. 不因這玉環[5], 引起那祿山[6], 怎知蜀道難[7].

> 푹 자고난 양귀비는 해당화처럼 아름답고
> 봄은 바야흐로 무르익고 있는데
> 당명황은 손바닥 안의 구슬처럼 그지없이 총애했다.
> 예상우의곡(霓裳羽衣曲)이 바로 중원 재앙의 화근이었다.
> 이 양귀비가 없었더라면
> 저 안록산의 난이 어찌 일어났으며
> 촉의 산길 걷는 어려움 어찌 알 수 있었으리?

[1] 마외파(馬嵬坡) : 지금의 섬서성(陝西省) 흥평현(興平縣) 서쪽에 위치한다. 당(唐)의 천보(天寶) 15년 여름, 안록산의 반란군이 장안으로 바짝 쳐들어오자, 당현종(唐玄宗)은 촉으로 피신했으며, 이 지역에 이르러 병사들은 양국충(楊國忠)을 주살하고, 현종에게 양귀비를 교살할 것을 강요했다.

[2] 송(宋)의 혜홍(惠洪)이 지은 ≪냉재야화(冷齋夜話)≫에서 인용한 <태진외전(太眞外傳)>에 의하면, "상황(上皇)이 침향정(沉香亭)에 올라, 태진비를 불렀다. 비는 그때 해장술(묘시卯時, 곧 아침 여섯시에 마시는 술)이 아직 깨어나자 않았다. 고력사에게 명하여 시녀를 따라 부축하여 들어오게 하였다. 비는 취한 얼굴에 흐트러진 화장, 어지러운 머리카락과 엇비껴 질려져 있는 비녀의 모습을 하고 있었다. 그녀는 취하여 재배드릴 수 없었다. 상황이 웃으면서 말했다. '어찌 비가 술 취한 것이

랴? 해당화가 잠이 부족했을 뿐이다.'" 이로부터 후세 사람들은 해당화를 인용하여 양귀비에 비유했다.

[3] 명황(明皇) : 당현종(唐玄宗)의 시호이며, 지도대성대명효황제(至道大聖大明孝皇帝)였다. 그러므로 당송의 시문에서 한결같이 당명황이라 불렀다.

[4] 예상(霓裳) : ≪예상우의곡≫을 가리킨다. 전하는 바에 의하면, 당현종이 월궁의 선경을 소요할 때 들은 신선세계의 음악을 악보로 만든 것이라 한다. 그러나 실제로는 하서(河西) 절도사 양경충(楊敬忠)이 바친 곡조이다. 일명 <바라문곡(婆羅門曲)>이다. 현종이 다시 손질을 가하여 완성했다. 전하는 바에 의하면 양귀비는 이 곡조에 맞추어 추는 춤을 가장 잘 추었다고 한다. 당의 시인 두목(杜牧)이 지은 시 <화청궁에 대하여(題華清宮)> 가운데에, "예상우의곡은 하늘나라에서 연주되고 있었다. 춤이 끝나자 비로소 중원의 땅으로 내려왔다.(霓裳一曲千峰上, 舞破中原始下)"라는 시구가 있다. 여기서는 두목의 시와 시의(詩意)가 같다. ≪예상우의곡≫이 궁중으로 전해들어오고, 현종이 성색(聲色)을 탐했던 점이 중원 재앙의 원인이라고 했다.

[5] 옥환(玉環) : 양귀비가 어렸을 때의 자이다. 그녀는 가무에 뛰어났고, 음율에 정통하였다. 처음에는 수왕(壽王) 이모(李瑁)의 비(妃)였다. 현종은 먼저 그녀를 도사로 만들어 태진궁에 머무르게 하고 태진으로 이름과 신분을 바꾸었으며, 그 후 다시 정식으로 귀비에 책봉했다.

[6] 녹산(祿山) : 안록산(安祿山). 현종 때의 관직은 평려(平廬), 범양(范陽), 하동(河東) 세 진(鎭)의 절도사를 지냈다. 천보 14년에 범양에서 군사를 일으켜 당나라에 대항하였으나, 2년 뒤에 그의 아들 안경서(安慶緖)에게 죽음을 당했다.

[7] 이백의 시 <촉도난>의 의미를 취한다. 현종이 촉으로 피신했던 일을 가리킨다.

## [南呂] 四塊玉：洞庭湖[1]

畵不成[畵工的才華難繪姿容, 絶色也], 西施女, 他本傾城却傾吳[2]. 高哉范蠡乘舟去[3], 那裏是泛五湖? 若綸竿[釣竿]不釣魚, 便索[落得]他學楚大夫[4].

아무리 해도 그림으로 그려낼 수 없었던
서시, 그녀.
원래 경성의 미인이었으되 경국의 미인이 되고 말았다.
배 타고 달아난 범려는 한 수 위였으니
어디쯤이 범려 배 띄우던 오호이던가?
낚싯대 드리우는 어옹 신분 아니었으면
초 대부 문종처럼 죽었으리라.

[1] 동정호(洞庭湖) : 태호(太湖)의 별명. 또한 "그 어디가 범려 배 띄우던 오호(五湖)인가?(那裏是泛五湖)"의 오호(五湖)이기도 하다.

[2] 경성(傾城) : 성곽 전체의 사람들로 하여금 사랑에 빠져들게 하다. 경(傾) : 사랑에 빠져들다. 경(傾吳) : 오(吳)나라를 멸망시키다. ≪한서(漢書), 효무제부인전(孝武夫人傳)≫ 가운데 이연년(李延年)의 시 "북방에 한 아름다운 여인이 있었네. 그녀는 참으로 절세미인이었네. 그녀가 한번 뒤돌아보면 성이 기울어지게 되었네. 그녀가 두 번 되돌아보면 나라 기울어지게 되었네(北方有佳人, 絶世而獨立. 一顧傾人城, 再顧傾人國)"라는 시가 있다. 이 시구는 그녀에게 원래 경성의 미모가 있었으나, 결과적으로 뜻밖에도 오나라를 멸망시키게 되었다는 의미이다.

[3] 범려의 고결한 사상에 대한 찬탄이다. 범려는 춘추(春秋) 말년 월(越)의 대부였다. 오(吳)가 월을 패망시킨 후 월에서 미인계로 서시를 오왕 부차(夫差)에게 바쳤다. 오왕은 서시에게 미혹되고 참언을 믿다가 마침내 월나라에게 멸망당하고 말았다. 범려는 공을 이루고 나서 은퇴했다. 전설에 의하면 서시와 더불어 오호에서 배를 띄웠다고 한다.

[4] 초대부(楚大夫) : 문종(文鍾)을 가리킨다. 원래 초(楚)나라 사람이었으므로 초대부라고 불렀다. 그는 범려와 더불어 월왕 구천을 보좌했다. 오나라를 멸망시킨 후 범려가 그에게 은퇴를 권했으나 듣지 않다가 후일 월왕 구천에게 살해당하고 말았다.

## [南呂] 四塊玉：臨邛市[1]

美貌娘，名家子[名門之女]，自駕着個私奔車兒[2]．漢相如便做文章士[3]，愛他那一操兒琴，共[和]他那兩句兒詩．也有改嫁時[4]．

미모의 여인.
명문의 규수.
그녀는 손수 사랑의 도피행각 위해 수레 말고삐를 잡았다.
한(漢)의 사마상여는 그저 글만 잘 지었을 뿐이다.
그녀, 사마상여의 거문고 소리를 사랑해서
그가 지은 두 시구에 화답했다.
이윽고 그에게 개가할 결심을 했다.

[1] 임공(臨邛) : 지명. 지금의 사천성(四川省) 공래현(邛崍縣)에 위치한다.

[2] "미모낭(美貌娘)"삼구(三句) : 탁문군(卓文君)을 가리킨다. ≪사기(史記), 사마상여열전(司馬相如列傳)≫에 의하면, 임공(臨邛)의 부상(富商) 탁왕손(卓王孫)의 딸 탁문군이 과부가 되어 집에 있었다. 사마상여가 탁왕손의 집에 식객으로 있을 때 <봉구황(鳳求凰)>이라는 곡조로 유혹하자, 문군은 밤에 상여와 더불어 도주하였으며 성도(成都)에 이르러 정착했다. 그 후 가난으로 인하여 다시 임공으로 돌아와 술집을 열었다. 문군이 술을 팔고 상여가 잡역을 맡았다. 탁왕손은 이를 수치로 여겨 마침내 가산을 문군에게 주었으며, 문군과 상여는 다시 성도로 돌아갔다.

[3] 상여(相如) : 사마상여(司馬相如). 자는 장경(長卿)이며, 한(漢)의 성도 사람이다. 한경제(漢景帝) 때 무기장시(武騎長侍)라는 관직을 지내다가, 병으로 그만 두었다. 그가 지은 <자허부(子虛賦)> <상림부(上林賦)>를 한무제(漢武帝)가 중시하여, 낭(郎)으로 삼았다. 이 시구는 사마상여가 일개 문인에 불과했을 뿐이었음을 말하고 있다.

[4] "애타(愛他)"삼구(三句)에서, 일조아(一操兒)는 하나의 곡조라는 의미이다. 금(琴)의 곡조를 조(調)라고 부른다. 양구아시(兩句兒詩) : 사마상여가 지은 <봉새가 짝을 구하다(鳳求凰)>라는 시 가운데에 있는 "봉새여, 봉새여, 고향으로 돌아가리라! 온 세상으로 돌아다니며 짝을 찾아 헤매었다!(鳳兮鳳兮歸故鄉，遨游四海求其凰)"라는 시구를 말한다. 이 세 곡

구는 탁문군이 사마상여의 사람의 마음을 감동하게 만드는 거문고 타는 재능과 <봉새가 짝을 구하다>라는 시 때문에 몸을 허락하였음을 말한다.

## [南呂] 四塊玉：嘆世, 三首

帶野花, 携村酒[隱士的粗淡生涯], 煩惱如何到心頭. 誰能躍馬常食肉[1]. 二頃田[2], 一具[犋的省字, 能拽動一張犁的畜力叫一犋]牛, 飽後休.

들꽃을 꺾어들고
시골술병 손에 드니
어찌 번뇌가 마음 깊이 파고들리?
누가 언제나 좋은 말 타고 좋은 음식 먹을 수 있으리?
밭 두 마지기에
소 한필이면
배불리 먹고 편히 쉴 수 있으리.

[1] 약마식육(躍馬食肉) : 고관후록(高官厚祿)의 신분을 누리고 있음을 가리킨다. 고귀한 신분과 뜻을 펼칠 수 있음에 비유한다. 출전은 ≪사기(史記), 채택열전(蔡澤列傳)≫이다. 전국시대(戰國時代) 연(燕)의 채택(蔡澤)은 일찍이 자신에 대하여 "말을 타고 질주하며, 황금의 인을 차고, 자줏빛 인장의 끈을 허리에 매었다. 군왕에게 허리를 굽히고 두 손을 모아 신하의 예를 갖추고, 고기를 먹는 부귀를 누렸다. 43년 동안 이런 삶을 살았으니 가히 족한 삶이었다(躍馬疾驅, 懷黃金之印, 結紫綬帶于要[腰], 揖讓人主之前, 食肉富貴, 四十三年足矣)"고 술회했다.

[2] 이경전(二頃田) : 이백묘(二百畝)의 밭이며, 귀은(歸隱)을 암시한다. 송(宋)의 소식(蘇軾)이 지은 시 <왕자진 수재에게 지어주다(贈王子眞秀才)> 가운데에, "이경의 밭은 반드시 학과 같은 삶을 위해 도모해야 할 것이다(二頃田應爲鶴謀)"라는 시구가 보인다.

佐國心[輔佐君王治國安邦之心], 拿雲手[1]. 命裏無時莫强求[硬求], 隨時過遣休生受[日常的生活不要過于辛苦]. 幾葉綿, 一片綢, 暖後休[只要圖個溫飽就行了].

군왕을 보좌하는 충심과
비범하고 출중한 재능.
팔자에 없다면 굳이 구하려 말지니
시시때때로 편안히 지내고 사서 고생하지 말라.
헝겊 몇 조각과
비단 한 조각으로
그저 따뜻하게 지낼 수만 있다면 그로서 족하리.

[1] 나운수(拿雲手) : 출전은 당(唐)의 이하(李賀)가 지은 시 <치주행(致酒行)> 가운데 보이는 "청년은 반드시 청운의 꿈을 품어야 할 것이다. 누가 어둡고 추운 곳에 앉아 딸꾹질하고 있을 생각을 하겠는가?(少年心事當拿雲, 誰念幽寒坐嗚呃)"라는 시구이다. 원대한 포부와 비범한 재능을 비유한다.

帶月行, 披星走[話披星戴月, 言日夜兼程, 旅途艱辛]. 孤館[游子所住客館]寒食故鄉秋[1], 妻兒胖了咱消瘦. 枕上憂, 馬上愁, 死後休[極言憂愁隨時伴着].

달을 이고 새벽길 가고
별을 이고 밤길을 간다.
고향을 그리며 이 밤 객사에서 찬밥 먹는다.
처자는 살쪄가고 나만 홀로 메말라간다.
침상우(枕上憂).
마상수(馬上愁).
이 우수, 죽어서나 그치게 되리.

[1] 한식(寒食) : 절기의 명칭이다. 청명절보다 하루 혹은 이틀 전부터 시작되며, 사흘 동안 불을 사용하지 않는다. 전하는 바에 의하면 진(晉)의 문공(文公)이 개자추(介子推)를 그리워하여 이렇게 정했다고 한다. 매년 이날에는 찬 음식만 먹을 수 있었다. 이것이 후세에까지 풍습으로 전해져서 한식절로 되었다. 당(唐)의 원진(元稹)에게 "동지에서 105일째, 한식이 되었다. 상점에 연기 없고 궁전의 나무 푸르렀다(初過寒食一百六,

店舍無烟宮樹綠)"라는 시구가 있다. 여기서는 여로(旅路) 가운데의 생활의 곤궁함을 비유하고 있다.

## [越調] 天淨沙：秋思

枯藤老樹昏鴉[暮色中歸巢的烏鴉], 小橋流水人家, 古道西風瘦馬. 夕陽西下, 斷腸[悲傷到極點, 肝腸欲斷]人在天涯[極遠的異鄕].

시든 등나무와 고목과 저녁 까마귀.
작은 다리와 흐르는 냇물과 인가.
옛길과 가을바람과 비루먹은 말.
석양이 서산 너머로 지고 있다.
단장의 슬픔 지닌 자, 천애 저 멀리 있다.

## [雙調] 撥不斷

立峰巒[臨絶頂], 脫簪冠[脫下冠帽, 適意自然]. 夕陽倒影松陰亂[夕陽輝映下松樹的影子斑駁陸離], 太液澄虛月影寬[1], 海風[湖上的風]汗漫[風力所及廣泛無際]雲霞斷. 醉眠時小童休喚.

산마루에 서서
모자 벗고 비녀 푼다.
석양의 호수에 비친 소나무 그림자들 어지러이 출렁이고
태액(太液)의 수면은 맑아 달빛이 환히 비쳐진다.
호수 위를 부는 바람이 노을 저 멀리로 불어간다.
내 취해 잠들면, 소동(小童)아, 깨우지 말아다오.

[1] 태액(太液) : 한(漢), 당(唐) 궁중의 연못 이름이다. 징허(澄虛) : 연못물의 맑음을 가리킨다. 이 시구는 호수의 수면이 지극히 광활하여 그 가운데 비쳐있는 달그림자도 훨씬 더 넓게 보인다는 의미이다.

# 19. 왕덕신(王德信)(? -?)

자는 실보(實寶)이며, 대도(大都) 북경(北京) 사람이다.

유명한 곡작가이며, 잡극 <서상기(西廂記)>로 명성을 떨쳤다. 명(明)의 주권이 지은 ≪태화정음보≫에서는 그의 산곡을 "꽃밭 사이에 서 있는 미인 같다(如花間美人)"라고 평했으며, 그의 산곡이 "서술이 완곡하고, 시인묵객의 묘취를 깊이 터득했다. 아름다운 시구들이 매우 많다(鋪叙委婉, 深得騷人之趣, 極有佳句)"라고 말하였다. 그의 산곡은 전해지는 바가 많지 않으며, 산곡의 풍격은 잡극과 같다.

≪전원산곡≫에 그의 소령 1수, 투수 2지, 잔투수 1지가 수록되어 있다

## [中呂] 十二月過堯民歌[1]：別情

自別後遙山隱隱[遠山不分明, 言望斷雲山], 更那堪[怎麽再經得起]遠水粼粼[遠水微波淸淸, 言望穿秋水]. 見楊柳飛綿滾滾[楊柳飛絮, 喩離別], 對桃花醉臉醺醺[2]. 透內閣[深閨]香風陣陣[3], 掩重門暮雨紛紛[送來淒淸冷寂的況味].

怕黃昏忽地又黃昏[4], 不銷魂怎地不銷魂[5]. 新啼痕壓舊啼痕[淚痕不絶], 斷腸人憶斷腸人[相信心上人也有同樣心境]. 今春, 香肌瘦幾分, 摟帶[腰帶]寬三寸[6].

이별한 이후로 먼 산조차 가물가물하게 보이는데
하물며 멀리 넘실거리는 강물 저 편을 어이 볼 수 있으리?
버들솜 흩날리는데
복사꽃 바라보니 부끄러워 얼굴 붉게 달아오른다.
규방 깊이 꽃향기 실은 바람 파고들고
굳게 닫힌 겹문 밖으로 저녁비만 쓸쓸히 내린다.

견디기 어려운 황혼이 지금 또 홀연히 찾아왔으니
혼백 놓고 살지 말라지만 어이 그럴 수 있으리?
새 눈물 흔적이 옛 흔적을 덮는다.
단장의 슬픔 안은 자가 또 하나 그런 사람을 그리워한다.
이봄에
내 젊은 몸 얼마나 말라갔을까?
허리띠가 세치는 늘어났겠네.

[1] 이 작품은 일종의 대과곡(帶過曲)이다. 산곡 형식 중의 하나. 대과곡은 궁조가 같으면서도 음율이 서로 조화를 이룰 수 있는 두 세 곡조를 연결하여 짓는다. 가장 많아야 세 궁조를 초과할 수 없다. 대과곡의 구성에는 일정한 규률이 있으며 함부로 연결시켜서는 안 된다. 원(元)나라 사람들이 사용한 대과곡에는 34종이 있었다. 본 작품에서 사용한 대과곡은 비교적 흔히 사용되었던 대과곡이다.

[2] 이 시구에는 "복사꽃은 옛날과 다름없는데, 아름답던 사람의 얼굴만은 이미 예전과 달라졌구나!(桃花倚舊, 人面已非)"라는 처절함이 스며들어 있다. 당나라 최호(崔護)에게 "사람은 어디로 갔는지 모르는데, 복사꽃만 여전히 봄바람 속에서 활짝 피어 있다(人面不知何處去, 桃花倚舊笑春風)"라는 시구가 있다. 여기서는 복사꽃의 붉은 빛이 마치 술에 취한 얼굴빛 같다고 말하고 있다.

[3] 봄바람이 꽃향기를 지닌 채 규방으로 스며들어간다. 이 시구는 또한 깊은 규중의 적막을 묘사하고 있기도 하다.

[4] 동해원(董解元)의 <서상기제궁조(西廂記諸宮調)> <정궁(正宮), 우미인전(虞美人纏)> 가운데 나오는 "이 무렵의 정경이 바야흐로 사람을 슬프게 한다. 황혼이 다가오기 두려웠는데 또 다시 문득 황혼이로구나(此

時風物正愁人, 怕黃昏忽地又黃昏)”라는 시구의 시의를 사용한다.

[5] 쇄혼(鎖魂) : 낙망하여 정신이 망연자실한 모습이다. 극도의 서글픔을 비유한다. 강엄(江淹)의 <별부(別賦)> 가운데 “암연히 혼백을 잃게 하는 것, 이는 오직 이별이 있을 뿐이리.(黯然鎖魂者, 惟別而已矣)”라는 시구가 보인다.

[6] “향기(香肌)”2구(二句) : 몸이 점점 수척해져감을 가리킨다. <고시십구수(古詩十九首)> 가운데 “서로간의 거리는 날이 갈수록 멀어져가고, 옷의 띠는 날이 갈수록 느슨해져간다(相去日已遠, 衣帶日已緩)”라는 시구가 보이며, 송(宋)의 유영(柳永)이 지은 사(詞) <나비가 꽃을 사랑하다(蝶蓮花)> 가운데 “옷의 띠 점점 더 느슨해져가도 후회하지는 않는다. 그대 때문에 나는 이리도 초췌해져간다(衣帶漸寬終不悔, 爲你消得人憔悴)”라는 시구가 보인다.

# 20. 등빈(滕賓)(? -?)

등빈(滕斌)이라고도 한다. 자는 옥소(玉霄)이며, 황강(黃岡 : 지금의 호북성湖北省에 속함) 사람이다. 휴양(睢陽 : 지금의 하남성河南省에 속함) 사람이라고 하기도 한다.

그는 사람됨이 풍류를 이해하면서도 독실하고 후덕하였으며, 그의 담소(談笑)와 필묵(筆墨)은 그 당시 세상 사람들이 전송(傳誦)하는 바가 되었다. 지대(至大) 연간(1308-1311)에 한림학사(翰林學士)를 담당하였으며, 강서유학제거(江西儒學提擧)를 역임하였다. 후에 출가하여 천태산(天台山)으로 들어가 도사가 되었다.

그의 산곡 풍격은 밝고 시원하며 자연스러웠다. 명(明)의 주권은 그의 작품을 "푸른 하늘의 한가로운 구름(碧漢閑雲)"이라고 평하였다.

저서로 ≪옥소집(玉簫集)≫이 있으며, ≪전원산곡≫에 그의 소령 15수가 수록되어 있다.

## [中呂] 普天樂

嘆光陰, 如流水. 區區終日[1], 枉用心機[白白費盡機謀]. 辭是非, 絶名利, 筆硯詩書爲活計[生計]. 樂虀鹽稚子山妻[2]. 茅舍數間, 田園二頃, 歸去來兮[3].

세월은
강물처럼 쉬지 않고 흘러가네!

하루 종일 고달프게 지내고
부질없이 걱정하며 지낸다.
시비 버리고
명리 버리고
붓과 벼루, 시서(詩書)로 생계 삼는다.
제염(虀鹽)이나 먹으며 처자식 데리고 살아간다.
몇 칸의 초가집
두 마지기의 밭
그것으로 족한 은둔의 삶.

[1] 구구(區區) : 구구(驅驅)와 같은 의미로 쓰였다. 남당(南唐)의 임교(任喬)가 지은 시 <산중의 숲속에서 살아가다. 최삼박이 멀리서 찾아와 기쁘다(林居, 喜崔三博遠至)> 가운데 "며칠 동안이나 멀리 떠나가 있었던가? 저녁노을 아래 숲속의 길에서 서로 즐겁게 만나고 싶다(幾日區區在遠程, 晚烟林徑喜相迎)"라는 시구가 보인다.

[2] 제염(虀鹽) : 고운 소금. 채소 요리. 변변찮은 음식. 치자(稚子) : 어린 자식. 산처(山妻) : 자신의 아내에 대한 겸칭. 이 시구는 자신이 아내와 더불어 청빈하고 고달픈 삶을 즐겨 살아가겠다고 하는 결의를 말하고 있다.

[3] 도연명의 시 <돌아가자(歸去來辭)> 가운데 있는 "돌아가자. 전원이 바야흐로 황폐해지려는데 어찌 돌아가지 않으리오?(歸去來兮, 田園將蕪胡不歸)"라는 시구를 차용함으로서 관직을 버리고 귀은하고자 하는 결심을 표명하고 있다.

# 21. 등옥빈(鄧玉賓)(? －1298 이후)

이름은 기(錡)이다. ≪녹귀부≫에서는 그를 "이전 시대의 유명 인물(前輩名公)"에 배열시켰다.

그는 일찍이 역주(嶧州 : 지금의 산동성山東省 조장棗莊) 지방에서 동지(同知)라는 관직을 역임했다. 후에 도교에 입교했으며, 도호는 옥빈자(玉賓子)였다. 그러므로 등옥빈(鄧玉賓)과 등옥빈자(鄧玉賓子)는 동일 인물이다. 등옥빈과 등옥빈자가 부자라는 전통적인 견해가 있었으나 사실은 오류였다. 그의 산곡은 청신하고 탈속하다. 명의 주권은 ≪태화정음보≫에서 그의 산곡을 "심산궁곡 속의 향기로운 난초(幽谷芳蘭)"라고 평했다.

≪전원산곡≫에 그의 소령 7수, 투수 4지가 수록되어 있다. 그중 등옥빈(鄧玉賓)의 이름으로 소령 3수, 투수 4지가 있으며, 등옥빈자(鄧玉賓子)의 이름으로 소령 4수가 수록되어 있다.

### [正宮] 叨叨令 : 道情[1]

一個空皮囊包裹着千重氣[2], 一個乾骷髏頂戴着十分罪[3]. 爲兒女使盡了拖刀計[4], 爲家私[家產]費盡了擔山力[爲積累家產花費了異乎尋常的氣力]. 你省[省悟]的也麽哥[你醒悟吧][5], 你省的也麽哥, 這一個長生道理[淸心寡欲而長生的道理]何人會.

텅 빈 가죽부대 하나가 온갖 기운들 담고 있고
메마른 해골 하나가 온갖 죄업들을 짊어진다.

자녀를 위해 무슨 짓도 서슴치 않고
재물을 모으고자 산이라도 옮길 듯 수고한다.
그대, 깨달을지라.
그대, 깨달을지라.
청심과욕(淸心寡慾)을 통한 이 장생의 이치, 그 누가 알 것인가?

[1] 도정(道情) : 고사(鼓詞)의 일종으로, 본래는 도사를 위하여 불렀던 곡조이다. 홍진세상으로부터의 초탈, 혹은 완악한 세속에 대한 깨우침 등의 목적으로 사용되었다. 원나라 산곡 가운데에는 이와 같은 이 제목과 이런 의미로 묘사된 작품들이 많다. 여기서는 완악한 세속에 대한 깨우침의 의미로 사용되고 있다.

[2] 공피낭(空皮囊) : 가죽부대. 인간의 육신에 비유한다. 불가와 도가에서는 흔히 "추피낭(臭皮囊)"으로 인간의 육신을 가리킨다. 천중기(千重氣) : 도교에서는 원기가 인간의 근본이며, 반드시 청심과욕으로 이를 지켜나가야 한다고 생각하고 있다. 그렇지 않으면 긍기(矜氣), 조기(躁氣) 등의 기운을 소모하고 훼손하는 모기(耗氣)가 침범할 수도 있다. 천중기는 인간의 여러 가지 기를 포괄하는 말이다. 이 곡조는 한 개인의 육신 가운데에는 여러 가지 기(氣)가 포함되어 있음을 말하고 있다.

[3] 건고루(乾骷髏) : 메마르고 살이 없는 죽은 사람의 뼈이며, ≪장자(莊子), 지락(至樂)≫편 가운데 나오는 전고를 변용한 것이다. 장자가 길에서 한 해골을 만나 어떻게 하여 죽게 되었는가 하고 물었다. 밤중에 해골이 꿈속에서 장자에게 장자가 열거한 여러 가지 죽음은 모두 "인생의 고달픔"에 속하는 것이라고 말하고, 이와 같은 사람은 죽어야 비로소 해탈할 수 있으며 살아도 죽는 것보다 낫지 못하다고 하였다. 십분죄(十分罪) : 여러 가지 죄악과 허물. 여기서는 해골조차도 여러 가지 고난과 죄악・허물을 덮어쓰고 있어야 한다는 사실을 말하고 있다.

[4] 타도계(拖刀計) : 전술의 일종. 싸울 때 거짓으로 싸움에 진척하고 칼을 끌며 도주함으로서 적이 추격하도록 유인하다가 갑자기 몸을 돌려 적의 빈틈을 공격하여 죽이는 전술이다. 여기서는 자녀들을 위하여 온갖 정성과 노력을 다 쏟는 것을 말한다.

[5] 야마가(也麽哥) : 아무런 의미도 없는 어조사이며, 강조적 어세를 표시한다.

## [雙調] 雁兒落帶過得勝令[1]：閑適

乾坤[天地]一轉丸[天地就像小小的轉丸]，日月雙飛箭[時間流逝快如飛箭] [前兩句高屋建瓴，氣魄極大]. 浮生夢一場[2]，世事雲千變[感慨極深][3]. 萬里玉門關[4]，七里釣魚灘[5]. 曉日長安近[6]，秋風蜀道難[7]. 休乾[不要營求]，誤殺英雄漢. 看看[8]，星星兩鬢斑[兩鬢已白花花了].

건곤은 하나의 굴러가는 작은 공
일월은 쏜살같은 화살 두 개.
부생은 일장춘몽
세사는 변화무상한 구름.
반초는 만리 저 먼 옥문관 너머서 외롭게 살아갔고
엄광은 칠리 조어탄에서 낚싯대를 드리웠다.
아침 해 바라보면 장안보다 가까운 것 같기도 하군.
가을바람, 촉의 험한 산길 매섭게 불어간다.
다 그만둘지니
아차 하는 순간에 영웅조차 죽어간다.
어느 샌가
귀밑머리 희끗희끗해져간다.

[1] 이 작품은 대과곡(帶過曲)이며, ≪전원산곡≫에서는 등옥빈자(鄧玉賓子)의 작품으로 되어 있다.

[2] 부생(浮生) : 인생. 출전은 ≪장자(莊子), 각의(刻意)≫편 가운데 보이는 "삶이란 떠도는 것과 같은 것이며, 죽음이란 휴식하는 것과 같은 것이다(其生若浮, 其死若休)"라는 문구이다. 이백의 시 <봄밤에 도리원에서 잔치를 베풀다. 시를 짓고, 서문을 쓰다(春夜宴桃李園序)> 가운데 "인생은 꿈같은 것, 즐거움 누린다 해도 그 얼마나 될 것인가?(浮生若夢, 爲歡幾何)"라는 시구가 보인다. 여기서는 이 의미를 사용하여, 인생은 꿈처럼 허망한 것이라고 말하고 있다.

[3] "세사(世事)"구(句) : 세상사란 측량하기 어려운 것이며, 마치 구름처럼 천변만화한다는 의미이다. 출전은 두보(杜甫)가 지은 시, <가히 탄식할만하다(可嘆)> 가운데에 보이는, "하늘의 뜬 구름, 마치 흰옷 같다.

이 구름은 다시 늙은 개로 변하고 말리라(天上浮雲如白衣, 斯須改變爲蒼狗)"라는 시구이다.

[4] 옥문관(玉門關) : 지금의 감숙성(甘肅省) 돈황현(敦煌縣) 서쪽에 위치하며, 옛날 서역으로 통하는 길목이었다. 여기서는 반초(班超)의 고사를 서술하고 있다. 동한(東漢)의 반초는 한명제(漢明帝), 장제(章帝) 때 왕명을 받들어 서역으로 출정하였다. 서역도호(西域都護)로 임명되었으며, 정원후(定遠侯)라는 작위에 봉해졌다. 서역에서 31년 동안 지냈으며, 만년에 고향이 그리워져서 상소하여 고향으로 돌아갈 수 있게 해달라고 간청하였다. 그 상소문(上疏文) 가운데 "신은 감히 주천군으로 갈 생각은 바라지 않습니다. 다만 살아서 옥문관 안으로 들어가고 싶을 뿐입니다(臣不敢望到酒泉郡, 但願生入玉門關)"라는 문구가 있다.

[5] 칠리조어탄(七里釣魚灘) : 곧 엄릉탄(嚴陵灘)이며, 또한 칠리탄이라고 부르기도 한다. 지금의 절강성(浙江省) 전당강(錢塘江) 북쪽 강 언덕의 부춘산(富春山)에 위치한다. 동한(東漢)의 엄광(嚴光 : 엄자릉嚴子陵)이 여기서 낚싯대를 드리우고 있었다.

[6] 출전은 ≪세설신어(世說新語), 숙혜(夙惠)≫편 : "진(晉) 명제(明帝)가 몇 살 되지 않는 어린 나이였을 때, 원제(元帝)의 무릎 위에 앉아 있었다. 어떤 사람이 장안으로부터 와서, 원제는 낙하(洛下)의 소식을 물었으며 슬프게 줄줄 눈물을 흘렸다. 어린 명제가 왜 우느냐고 묻자, 동쪽으로 옮겨온 사연을 모두 일러주었다. 그리고는 명제에게 '네 생각에 장안이 멀리 있는가, 해가 멀리 있는가?'라고 묻자, '해가 멀리 있습니다. 사람이 해로부터 왔다는 소리는 들어보지 못했으므로 분명히 이를 알 수 있습니다'라고 대답했다. 원제는 기이하게 생각했다. 그 이튿날 여러 신하들을 모아 연회를 베풀고 그 자리에서 그 뜻을 알리고는 다시 한번 더 물어보았다. 그러자 명제는 '해가 가깝습니다'라고 하였다. 원제가 실색하며, '너는 어이하여 어제의 말과 다른가?'라고 하자, 명제는 '눈을 들어 해를 볼 수 있으나, 장안은 볼 수 없기 때문입니다'라고 대답했다". 그 이후로 '근장안(近長安)'을 관운(官運)의 형통이나 사도(仕途)의 득의(得意)에 비유하게 되었다. .

[7] 이백의 시 <촉도난> 가운데 보이는 "촉의 산길 험난하기가 하늘로 오르기보다 더 어렵다(蜀道之難難于上青天)"라는 시구의 시의를 사용했

다. 운명의 험난함과 관료사회의 어려움을 비유한다.

[8] 간간(看看) : 보고 있는 사이에. 순식간에. 왕안석(王安石)의 시 <말 위에서(馬上)> 가운데에, "세월은 동쪽으로 흘러가는 강물처럼 쉬지 않고 흘러가고, 풍물을 바라보니 벌써 또 가을이 되려하는구나(年光如水盡東流, 風物看看又卽秋)"라는 시구가 보인다.

# 22. 풍자진(馮子振)(1257－1314)

자는 해속(海粟)이고, 자호(自號)는 괴괴도인(怪怪道人)이며, 다른 호는 영주객(瀛洲客)이다. 유주(攸州 : 지금의 호남성湖南省 유현攸縣) 사람이다.

관직이 승사랑(承事郞), 집현대제(集賢待制)에 이르렀다. 그는 재능이 탁월한 인물이었으며, "술기운이 돌아 치솟아오를 즈음이면 한번 붓을 들어 만여 언이 시문을 지을 수 있었다(當其酒酣氣豪, 橫厲奮發, 一揮萬餘言)"라고 했다. 그의 백무구의 작품에 화답하여 짓다(和白無咎)라는 제목의 <앵무곡(鸚鵡曲)>이라는 작품으로부터, 그 흉중의 재기(才氣), 필저(筆底)의 물결을 가히 살펴볼 수 있다. 산곡의 풍격은 호방(豪放)하고 소쇄(瀟洒)하였다. 관운석(貫雲石)은 <양춘백설 서문(序陽春白雪)>에서 그를 두고, "호탕하고 신랄하며 드넓고 잔잔하다. 고금의 역사에 그 명성이 길이 빛난다(豪辣灝爛, 不斷今古)"라고 말했다.

≪전원산곡≫에 그의 소령 44수가 수록되어 있다.

## [正宮] 鸚鵡曲 : 三首 : 山亭逸興

백무구(白無咎)에게 <앵무곡(鸚鵡曲)>이 있었다. 그 곡의 내용은 다음과 같다. "나는 앵무주 부근에서 살아가고 있다. 무식한 어부일 뿐이다. 물결 속에서 일엽편주를 띄운다. 강남 노을 속에서 실컷 잠이 든다. 잠깨어 일어나면 푸른 산이 눈앞에 가득 펼쳐진다. 도롱이에 묻은 빗방울들 떨쳐버리고 집으로 돌아간다. 예전에 하늘을 잘못 원망한 것 같다. 하늘은 이렇게도 내게 돌아갈 곳을 마련해 주신 것을." 나는 임인년에 상경(上京)에 머문 적이 있다. 북경의 여배우 어원수가 있었는데, 눈보라 중에서 함께 알고 지냈다. 그 곡이 단절됨을 안타까워했다. 그래서 전후하여 친히 알고 지내는 사대부에게 말했다. 그들은 운을 맞추기 어려워했다. 예를 들면 "부(父)"라는 글자가 맞추기 어려웠다. 또 "심야유안배아처(甚也有安排我處 : 나를 위해 안배한 곳이 심히 적절하다)"에서 "심(甚)"이라는 글자는 반드시 거성자를 써야 하고, "아(我)"라는 글자는 반드시 상성자를 써야만 비로소 음률이 맞게 된다. 그렇지 않으면 노래할 수 없으며, 이 한 구절은 특히 맞추기 어려웠다. 제공이 술잔을 들고, 내게 곡을 맞추라고 졸라댔다. 변(汴), 오(吳), 상도(上都), 천경(天京)의 풍경으로 이 노래를 이어보고자 한다(白無咎有[鸚鵡曲]云[1] : "儂家鸚鵡洲邊住[2], 是箇不識字漁父. 浪花中一葉扁舟, 睡煞江南烟雨. 覺來時滿眼青山, 抖擻綠蓑歸去. 算從前錯怨天公, 甚也有安排我處."余壬寅歲留上京[3], 有北京伶婦御園秀之屬[4], 相從風雪中. 恨此曲無續之者, 且謂前後多親炙士大夫, 拘于韻度, 如一箇 "父"字便難下語 ; 又 "甚也有安排我處", "甚"字必須去聲字, "我"字必須上聲字, 音律始諧, 不然不可歌, 此一節又難下語. 諸公擧酒, 索余和之, 以汴, 吳, 上都, 天京風景試續之[5].)

嵯峨[山突兀險峻]峰頂移家住, 是個不喞溜[伶俐]樵父[點名隱士身分]. 爛柯時樹老無花[6], 葉葉枝枝風雨. 故人曾喚我歸來[7], 却道不如休去[隱逸之志甚堅]. 指門前萬疊雲山, 是不費青蚨[錢]買處.

험준한 산마루로 옮겨가 살아가는
어리석은 나무꾼이다.
가지 썩으면 꽃 피울 수 없으니
가지마다 잎새마다 비바람 몰아친다.

벗이 일찍이 나더러 은거지를 떠나라 권했지만
그러나 역시 은거가 나으리라.
대문 앞 만 겹 구름 머무는 청산을 가리키며
이는 돈 없이 구한 처소라 했다.

[1] 백무구(白無咎) : 곧 백분(白賁)이며, 호가 무구(無咎)이다. 전당(錢塘) 사람이고, 원곡가(元曲家)이다. 그의 <앵무곡(鸚鵡曲)>은 그 당시 매

우 유명하였다. <앵무곡>의 원명은 <흑칠노(黑七弩)>이다. 백무구는 이 곡조로 어부를 묘사하였다. 그 첫 구가 "내 집은 앵무주 부근에 있다(儂家鸚鵡洲邊住)"라는 것이었으므로, 그 이후로부터 <앵무곡>이라고 부르기도 한다.

[2] 앵무주(鸚鵡洲) : 지금의 호북성(湖北省) 한양현(漢陽縣) 서남쪽 장강(長江) 가운데 위치하고 있다.

[3] 임인세(壬寅歲) : 원(元)의 성종(成宗) 대덕(大德) 원년(元年)(1302)이다. 상경(上京) : 원(元) 나라의 수도인 대도(大都) 북경(北京)를 가리킨다.

[4] 영부(伶婦) : 여배우. 어원수(御園秀) : 당시의 여배우이며, 생졸연대는 미상이다.

[5] 변(汴) : 지금의 하남성(河南省) 개봉(開封). 오(吳) : 강남(江南) 오현(吳縣 : 지금의 소주蘇州). 상도(上都) : 원(元)의 상도 개평(開平)을 가리킨다. 지금 내몽고(內蒙古) 경내에 위치한다. 천경(天京) : 원의 대도(大都) 북경(北京)을 가리킨다.

[6] "난가(爛柯)"구(句) : 출전은 남조(南朝) 양(梁)의 임방(任昉)이 지은 ≪술이기(述異記)≫이다. 진(晉)나라 왕질(王質)이라는 사람이 산중으로 나무하러 갔다가 두 동자가 바둑 두는 것을 보고는 곧 도끼를 내려두고 구경하였다. 한 동자가 그에게 대추씨만한 것을 주며 이것을 먹으면 배고프지 않게 될 것이라고 말했다. 바둑 한판이 끝나자 그의 도끼자루는 이미 다 썩어버렸다. 왕질이 집으로 돌아가자 사람들은 그가 집을 떠난지 이미 백년이 넘었다고 말했다. 난가(爛柯) : 도끼자루가 썩다. 세월이 바르게 흘러갔음을 비유한다. 이 시구는 백년 묵은 고목은 꽃을 피울 수 없다고 말하고, 고목을 자신에 비유하고 있다.

[7] 고인(故人) : 옛 친구. 환아귀래(喚我歸來) : 은연중에 회남(淮南) 소산(小山)이 지은 시 <은사를 부르러 가다(招隱士)>를 사용하고 있다. 여기서는 옛 친구가 그에게 청빈하고 고달픈 은거지를 떠나라고 권하는 것을 의미한다.

## [正宮] 鸚鵡曲 : 感事

江湖難比山林住[江湖不如山林], 種果父勝刺[用篙撑船]船父[船夫不如果農]. 看春花又看秋花, 不管顚風狂雨[果農的安樂]. [幺]盡人間白浪滔天, 我自醉歌眠去. 到中流手脚忙時[指船夫], 則靠着柴扉[木做的門]深處[指果農].

강호는 산림에 비하기 어려우니
농부는 뱃사공보다 낫다.
봄꽃을 보는가 했더니 어느 새 또 가을꽃을 본다.
폭풍우 몰아치는 것 상관하지 않는다.

[幺]

세상의 험한 파도 다 겪어보았으니
나, 홀로 취해 노래하다 잠이 들리라.
뱃사공이 파도치는 가운데 어쩔 줄 몰라 할 때
깊은 산속 사립문에 기대어 편안히 지내리라.

## [正宮] 鸚鵡曲 : 野客

春歸不戀風尖住[任春歸去], 向老拙[自稱]問訊槎父[1]. 嘆荏苒李白飄零[2], 寂寞長安花雨[寂寞心境有如長安城紛紛飄落的花朵]. 指滄溟鐵網珊瑚[3], 袖卷釣竿西去[4]. 錦袍空醉墨淋漓[5], 是萬古聲名響處.

봄은 매서운 바람결 끝에 머물기 싫어하여 돌아가려고
늙고 어리석은 내게 뗏목꾼이 어디 있느냐 물어본다.
흐르는 세월 속에 표류하며 탄식하던 이백이여!
적막한 장안에 꽃비가 내리누나.

[幺]

푸르고 깊은 바다 속에서 기르는 철망 속의 산호를 생각하고는
낚싯대 거두어 서쪽으로 돌아간다.

비단도포 취해도 붓만은 힘차게 움직이니
이는 만고 명성 울려 퍼지던 곳.

[1] 사부(槎父) : 뗏목꾼. 사(槎) : 대나무로 엮어 만든다. 출전은 장화(張華)의 ≪박물지(博物志)≫이다. 전하는 바에 의하면, 은하수와 바다는 서로 통하도록 연결되어 있다고 한다. 어떤 사람이 바닷가에 살았는데, 일찍이 뗏목을 타고 하늘로 올라갔다고 한다. 그 후 흔히 뗏목 타기를 조정에 나아가 벼슬하는 것에 비유하게 되었다. 이 시구는 누군가가 시인에게 관직에 관한 소식을 수소문하는 것을 가리킨다.

[2] 임염(荏苒) : 세월의 흐름을 의미한다. 이백표령(李白飄零) : 이백이 장안(長安)으로 갔을 때 한림직(翰林職)에 있으면서 세월을 허송하고 재능을 펼칠 수 없었음을 가리킨다. 여기서는 시인이 이백과 자신을 비교하고 있다.

[3] 창명(滄溟) : 대해(大海). 철망산호(鐵網珊瑚) : 출전은 ≪신당서(新唐書), 불림국전(拂菻國傳)≫ 가운데 보이는 다음과 같은 기록이다. "바다 가운데에 산호주가 있다. 바다에 사는 사람들이 큰 배를 타고 바다 밑에 철망을 던져 넣는다. 산호는 처음에는 반목 위에서 자라난다. 버섯처럼 희다. 1년이 지나면 노한 색으로 되고, 3년이 지나면 붉은 색으로 된다. 가지들이 교차하는데, 높이가 3, 4척이나 되면, 쇠로 그 뿌리를 뽑는다. 철망에 묶어서 배 위로 끌어올린다. 묶어서 세상에 내어 놓는다(海中有珊瑚洲, 海人乘大舶墜鐵網水底, 珊瑚初生磐木上, 白如菌, 一歲而黃, 三歲赤, 枝格交錯, 高三四尺, 鐵拔其根, 系網舶上, 絞而出之.)"

[4] 이 시구는 은연중에 이백이 스스로 자신을 "바다에서 거북 낚는 사람(海上釣鰲客)"이라고 부른 일을 가리킨다. <버린 것을 주워 모음(척유摭遺)> 가운데에 다음과 같은 기록이 보인다. "이백이 개원 연간에 재상을 알현했다. 명부 하나를 전했는데, 그 위에는 바다에서 거대한 자라를 낚는 사람 이백(海上釣鰲客李白)이라 적혀 있었다. 재상이 물었다. '선생은 푸른 바다에 임하여, 거대한 자라를 낚는다고 했는데, 무엇으로 낚싯줄을 삼는가?' 이백이 대답했다. '풍파로 그 심정을 숨기고, 건곤으로 그 뜻을 마음껏 펼치며, 무지개로 낚싯줄을 삼으며, 밝은 달로 낚시 바늘을 삼습니다.' 이백이 또 말했다. '천하의 의기(義氣) 없는 장부로서 미

끼를 삼습니다.' 그러자 재상은 모골이 송연해졌다(李白開元中謁宰相, 封一版, 上題曰, '海上釣鰲客李白'. 宰相問曰 : '先生臨滄海, 釣巨鰲, 以何爲鉤線?' 曰 : '以風波逸其情, 乾坤縱其志, 虹霓爲絲, 明月爲鉤.' 又曰 : '以天下無義氣丈夫爲餌.' 時相悚然.)"

[5] 금포(錦袍) : 제왕이 하사하는 화려하고 고귀한 의복이다. 묵임리(墨淋漓) : 문학적 상념이 샘솟듯 솟구쳐 나오는 것을 형용한다. 이 시구는 이백이 취한 상태에서 <청평조(淸平調)>를 지은 일을 묘사하고 있다. ≪송창야록(松窗雜錄)≫에는 다음과 같은 기록이 보인다. "개원 연간에, 이백은 한림직을 맡고 있었다. 그 당시 궁중에는 목작약이 활짝 피어 있었다. 명황이 구년에게 명하여 금전을 지니고 이백에게 주어 즉시 <청평조> 3장을 짓게 했다. 이백은 간밤에 마신 술이 다 깨지 않은 상태에서, 붓을 들고 짓기 시작했다(開元中, 李白共奉翰林, 時禁中木芍藥盛開, 明皇命龜年持金箋宣賜李白立進 <淸平調> 三章, 白宿酲未解, 援筆而就.)"

# 23. 주렴수(珠簾秀)(? -?)

성(姓)은 주씨(朱氏)이고, 항렬은 넷째였다.

대도(大都) 북경(北京)의 여배우였으며, 잡극에서 한 때 독보적인 존재였다. 주요 활동 시기는 지원(至元), 대덕(大德) 연간(1264-1307)이었다.

≪전원산곡≫에 그녀의 소령 1수, 투수 1지가 수록되어 있다.

## [雙調] 落梅風：答盧疏齋

山無數, 烟萬縷, 憔悴煞玉堂人物[1]. 倚篷窗一身兒活受苦[靠着船窗, 一個人活活受離別之苦煎熬], 恨不得隨大江東去[2].

산은 끝없이 뻗어가고
노을은 하염없이 퍼져가는데
옥당(玉堂)에 사는 사람 한없이 메마르게 하네.
봉창에 기대어 홀로 이별의 슬픔 한없이 실컷 맛보노니
차라리 거대한 강물에 몸 던지는 편이 나으리라.

[1] 옥당(玉堂) : 한(漢)의 시중(侍中)에 옥당서(玉堂署)가 있었다. 송태종(宋太宗)이 순화(淳化) 연간에 일찍이 한림원(翰林院)에 "옥당지서(玉堂之署)"라는 편액(匾額)을 하사한 적이 있었다. 후세 사람들은 옥당으로 한림원을 지칭했다. 노지(盧摯)는 관직이 한림학사승지(翰林學士承旨)에까지 이르렀으므로, 그를 옥당인물이라 불렀다.

[2] 여기서는 소식(蘇軾)의 사(詞) <염노교(念奴嬌)>에 보이는 "대강동거(大江東去)"라는 사구를 사용했으며, 투신해서 목숨을 끊지 못하는 것이 한스럽다는 의미이다.

# 24. 증서(曾瑞)(약 1260－1335)

자는 서경(瑞卿)이고, 호는 갈부(褐夫)이며, 대흥(大興 : 지금의 북경시北京市 대흥현大興縣) 사람이다. 종사성(鍾嗣成)이 ≪녹귀부≫에서는 그를 "방금 작고한 유명하고 재능 있는 인물로서, 내가 알고 있는 자(方今已亡名公才人, 余相知者)" 가운데 배열시켜 두었다.

그는 "강절 지역의 인재가 많음을 좋아하고, 전당 지역의 경치가 아름답다(喜江浙人才之多, 羡錢塘景物之盛)"는 것을 구실 삼아 항주로 이사했다. 관직에 나아가기를 원하지 않았으며, 평생을 친구의 도움으로 살아갔다.

산곡집으로 ≪시주여음(詩酒餘音)≫이 있었으나 산실되었다. ≪전원산곡≫에 그의 소령 95수, 투수 17지가 수록되어 있다.

## [正宮] 醉太平

相邀士夫[有官職的讀書人], 笑引奚奴[僕役][交待游湖的成員]. 湧金門外過西湖[1], 寫新詩弔古[賦詩凭弔古人, 乃高高的文人常有的閑情逸致]. 蘇堤堤上尋芳樹[2], 斷橋橋畔沽醽醁[3], 孤山山下醉林逋[4]. 洒梨花暮雨[直到傍晚雨打梨花時, 才盡興而歸].

사대부들과 서로 약속하고
미소 지으며 종복들을 거느리고 외출한다.
용금문 밖을 나가 서호를 지나가며

새로 시를 지어 역사 속 인물들을 조문한다.
소식이 만든 제방 위에서 꽃나무들 찾아 헤매고
단교(斷橋) 곁에서 명주(名酒) 영록(醽醁)을 사며
고산(孤山) 아래서 임포 그리워하며 술에 취한다.
저녁 비에 이화는 흩날리는데…….

[1] 용금문(湧金門) : 항주(杭州) 원성(原城)의 성문 이름이다. ≪서호유람지(西湖遊覽志)≫ 가운데 "용금문은 옛 이름이 풍예문이었다. 송나라 때에 풍예문과 문이 서로 함께 설치되어 있어서 병풍모습을 하고 있었다(湧金門, 舊名楓豫門, 宋時有豐豫門與門相値, 若屛障然)"라는 기록이 보인다. 이 곡구는 서호로 가는 길을 지시해주고 있다.

[2] 소제(蘇堤) : 곧 소공제(蘇公堤)이다. ≪무림구사(武林舊事)≫ 가운데에, "소공제는 원우(元祐) 연간에 소동파가 항주를 지키고 있을 때 축조한 것이다. 남쪽에서 시작하여 북쪽까지 이르고 있으며, 호수 수면을 반으로 나누고 있다. 그 길을 끼고 꽃나무와 버드나무들을 섞어 심었으며, 그 가운데 다리 여섯 개와 정자 아홉 개를 만들어 놓았다(蘇公堤, 元祐中東坡守杭日所築, 起南迄北, 橫裁湖面, 夾道雜植花柳, 中爲六橋九亭)"라는 기록이 보인다. 심방춘(尋芳春) : 봄나들이의 의미이며, 여기서는 서호를 유람함에 있어서 먼저 소제를 유람한다는 의미이다.

[3] 단교(斷橋) : 백제(白堤) 동쪽 끝에 있는 유명한 다리이다. ≪무림구사≫ 가운데 "단교는 또 단가교라고도 부른다. 수천수만 그루의 버드나무들이 구름 같이 늘어서 있으며, 이를 바라보면 마치 군대를 바라보는 것 같다(斷橋, 又名段家橋, 萬柳如雲, 望如軍隊)"라는 기록이 있다. 고(沽) : 사다(買). 영록(醽醁) : 좋은 술의 이름이다. 이 곡구는 단교 부근에서 좋은 술을 살 수 있었다는 의미이다.

[4] 고산(孤山) : 서호 가운데 있으며, 이호(裏湖)와 외호(外湖) 사이에 위치한다. 홀로 섬처럼 솟아 있으며, 다른 산들과 연결되어있지 않으므로 고산이라 불려졌다. 임포(林逋) : 자는 군복(君復)이고, 북송(北宋)시대의 시인이다. 서호 고산에서 은거했다. 일생 동안 관직에 나아가지 않았으며, 결혼도 하지 않았다. 매화를 심고 학을 기르기를 좋아하였으므로 "매처학자(梅妻鶴子)"라고 불려졌다. 여기서는 시인이 고산에서 술에 취하여 임포를 생각하고 불현듯 시흥이 일어나게 되었음을 의미한다.

# 25. 이치원(李致遠)(? -?)

생평은 미상이다. 원나라 초기의 인물 구원(仇遠) (1261-1325?)에게 <和李致遠君深秀才> 시가 있다. 자는 치원(致遠)이고, 율양(溧陽 : 지금의 강소성江蘇省 율양溧陽) 사람이다. 원나라 초기에 살았으며, 구원과 동시대 인물이다. 손해제(孫楷第)가 지은 ≪원곡가고략(元曲家考略)≫에서는 그가 바로 곡가(曲家) 이치원(李致遠)이 아닌가 하고 짐작하고 있다.

그의 산곡 풍격은 아름답고 함축적이라는 점(秀美含蓄)이다. 명의 주권은 ≪태화정음보≫에서 그의 산곡작품에 대하여 "둥근 옥갑과 같다(如玉匣昆吾)"라고 평했다.

≪전원산곡≫에 그의 소령 26수, 투수 4지가 수록되어 있다.

## [中呂] 紅綉鞋 : 晩秋

夢斷陳王羅襪[1], 情傷學士琵琶[2]. 又見西風換年華[西風起, 離別經年, 思情更濃]. 數杯添淚酒[淚洒杯中], 幾點送秋花. 行人天一涯[3].

진사왕(陳思王) 조식(曹植)과 낙수(洛水) 여신 사이의 이루어질 수 없는 사랑.
학사(學士) 백거이(白居易)와 비파 타던 여인의 기구한 사연.
다시금 가을바람 부니 이별한지 또 한해가 지나가누나.
눈물방울 스며든 몇 잔 술이여!
가을을 전송하는 몇 떨기 꽃이여!
님은 먼 곳에!

[1] 진왕나말(陳王羅襪) : 출전은 조식(曹植)의 <낙신부(洛神賦)>이다. 진사왕 조식이 일찍이 낙수를 지나갈 때 낙수의 여신 복비(宓妃)를 만나게 되었다. 복비는 물위를 거닐고 있었는데, 그 모습이 "파도 위를 사뿐사뿐 걷고 있었는데, 비단버선 부근에서 먼지가 일어나고 있었다)"는 것으로, 걷는 모습 하나 하나가 곱고 날렵하고 아름답기 그지없었다. 두 사람은 비록 서로 은근하고 다정한 눈길로 바라보고 있었으나, 인간과 여신 사이의 서로 다른 길은 어찌할 수 없었다. 마침내 낙수의 여신은 돌아가고 조식 홀로 낙수의 강가에서 배회하며 차마 떠나가지 못하고 있었다. 나말(羅襪)은 미인을 가리킨다.

[2] 학사비파(學士琵琶) : 출전은 백거이(白居易)의 <비파행(琵琶行)>이다. 백거이는 일찍이 한림학사(翰林學士)를 지냈는데, 강주사마(江州司馬)로 좌천되었던 적이 있었다. 그때 어느 비파 타는 여인의 신세를 하소연하는 이야기를 듣고 <비파행>을 지었다. 그 가운데 "다 같이 천애의 몰락한 사람들이다. 서로 만남에 있어 어찌 반드시 옛 친구여야만 하리?(同是天涯淪落人, 相逢何必曾相識)" "좌중에서 가장 눈물 많이 흘린 자 누구던가? 눈물로 청삼 적신 강주사마이리(座中泣下誰最多, 江州司馬青衫濕)"라는 시구가 있으므로, "매우 서러워했다(情傷)"라고 표현했다.

[3] 천일애(天一涯) : 천애처럼 아득히 저 먼 곳이라는 의미이다. <고시십구수(古詩十九首)> 가운데 "가고 가고 또 가는 나의 사람아, 나 이제 그대와 생이별 하는구나. 서로 떨어진 거리 천만리가 넘으니, 각각 천애의 양쪽에서 살아가게 되었구나(行行復行行, 與君生離別. 相去萬餘里, 各在天一涯)"라는 시구가 보인다.

## [越調] 天淨沙 : 春閨

畫樓徙倚[憑靠]欄杆, 粉雲[柳絮]吹做修鬢[紛紛柳絮飄上女子的髮鬢], 璧月[月亮的美稱]低懸玉彎[彎月]. 落花懶慢[萎謝無力], 羅衣特地[格外地]春寒.

누각 난간에 기대어서니
버들 솜 머리 위에 소복이 쌓였었고

초승달 나지막히 산 위에 떠있구나.
꽃잎은 힘없이 떨어져가고
비단옷 입었어도 춥게만 느껴지네.

## [越調] 小桃紅：碧桃[1]

穠華[繁盛的花朵]不喜污天眞[喻花色潔白]，玉瘦東風困．漢闕佳人足風韻[2]．唾成痕[3]，翠裙剪剪[翠綠的葉子齊齊整整]瓊肌嫩[花如白玉嬌嫩無比]．高情厭春[高潔的情操厭惡春天的繁華]，玉容含恨[花容蘊含淡淡幽怨]，不賺武陵人[4]．

화사하게 핀 꽃들, 고운 모습 더럽히기 싫어하는 듯하고
옥 같은 몸매 메말라서 봄바람에도 힘들어 한다.
한(漢)나라 궁전의 조비연은 절세가인이었지.
그녀가 뱉은 침, 꽃잎으로 변했다지.
잎은 푸른 치마처럼 가지런하고 꽃은 백옥처럼 부드럽다.
고결한 심정 번화한 봄날 꺼리고
옥 같이 고운 모습 깊은 슬픔 머금노니
무릉 어부 같은 무리 다가오지 못하게 하리.

[1] 벽도(碧桃) : 일명 천엽도(千葉桃)이며, 겹꽃이다. 흰색 혹은 분홍색 꽃이 핀다. 이 작품은 흰 벽도화(碧桃花)를 묘사한 것이다.

[2] 한궐가인(漢闕佳人) : 한나라 궁중의 미인. 한성제(漢成帝)의 효성황후(孝成皇后) 조비연(趙飛燕)을 가리키며, 몸매가 날렵하고 가무에 뛰어났다. 여기서는 조비연의 자태로 벽도화(碧桃花)의 모습을 비유하고 있다.

[3] 출전은 <조비연외전(趙飛燕外傳)> 가운데에 보이는 다음과 같은 기록이다. "왕후와 그녀의 여동생 첩여가 함께 자리에 앉아 있었다. 왕후가 잘못하여 첩여의 소매에 침을 뱉게 되었다. 첩여가 말했다. '언니가 내 검푸른 비단옷 소매에 침을 뱉은 것이 마치 바위 위에 핀 꽃모습과 같다. 설사 상방에게 시킨다 하더라도, 이와 같은 옷 위의 꽃을 만들지 못할 것이다.' 바위 위에 핀 꽃모습이 널리 소매 위로 퍼진 것으로 생각한 것이다.(后與其妹婕妤坐，后誤唾婕妤袖．婕妤曰：'姐唾染人紺袖，正似石上

花, 假令尙方爲之, 未能如此衣之華.' 以爲石華廣袖.)" 소식(蘇軾)의 시 <꿈에서 깨어나 지은 글(記夢回文), 2수> 가운데 "지다 남은 꽃들이 미인의 뱉은 침처럼 어지러이 소매 위에 붙어 있다(亂點餘花唾碧衫)"라는 시구가 있다. 이 시구는 벽도화가 미인의 침이 변하여 된 것이라고 묘사한다.

[4] 무릉인(武陵人) : 출전은 도연명의 <도화원기>이다. 무릉의 어부가 고기잡이하다가 길을 잃어 도화원으로 들어가게 되었다는 이야기가 기록되어 있다. 시사곡 가운데에는 흔히 무릉 사람이 도화원으로 들어가거나, 유신(劉晨)과 완조(阮肇)가 천태산(天台山)으로 들어가 아름다운 두 여인을 만난 내용을 묘사함으로서, 화류계에서 요염한 여인과 만나 – 나누는 이야기로 삼고 있다. 이 작품에서 무릉인은 화류계에서 엽색하는 인물을 가리킨다. 이 시구는 부랑경박(浮浪輕薄)한 무리가 찾아오지 못하게 하겠다는 의미이다.

# 26. 왕백성(王伯成)(? －?)

탁주(涿州 : 지금의 하북성河北省 탁주涿州)사람이다. 가중명(賈仲明)은 그가 "마치원의 망년지교이며, 장인경의 막역지교이다(馬致遠忘年友, 張仁卿莫逆交)"라고 말했다.

그는 <천보유사제궁조(天寶遺事諸宮調)>라는 작품으로 명성을 떨쳤다. 명(明)의 주권은 ≪태화정음보≫에서 그의 곡을 두고 "붉은 원앙새가 파도를 타고 노니는 것과 같다(紅鴛戲波)"고 평하였는데, 적절한 평어라고 생각된다. 용어가 전아하고 아름다우며, 묘사가 섬세하다. 맑고 산뜻하며 자연스러움이 그의 산곡이 지닌 풍격이다.

≪전원산곡≫에 그의 소령 2수, 투수 3지가 수록되어 있다.

## [中呂] 喜春來 : 別情

多情[情人]去後香留枕, 好夢[同情人歡會之夢]回時[醒來]冷透衾, 悶愁山重海來深[思念至深至切]. 獨自寢, 夜雨百年心[1].

그대 떠난 이후로 그대 향내만 베개에 남고
아름다운 꿈 깨어나면 비단이불에 냉기만 감돌뿐.
슬픔은 산보다 높고 바다보다 깊다.
홀로 잠자리에 누우니
밤비소리 속에 온 생애의 그리움이 뼈 속 깊이 사무친다.

[1] 백년심(百年心) : 일생 동안 뼈에 사무쳐서 잊지 못하는 그리움이다. 백년은 일생을 의미한다. 두보의 시 <봄날의 강마을에서(春日江村), 5수> 가운데 있는 "만리 저편 바라보는 눈길이고, 뼈 속 깊이 사무치는 온 생애의 그리움이다(乾坤萬里眼, 時序百年心)"라는 시구를 변용했다. 거세게 내리는 밤비가 사랑하는 사람에 대한 무한한 그리움을 불러일으키게 했다고 한다.

# 27. 유치(劉致)(? -?)

자는 시중(時中)이고, 호는 포재(逋齋)이며, 석주(石州) 영향(寧鄕 : 지금의 산서성山西省 평양平陽) 사람이다. ≪녹귀부≫에서는 그를 "이전 시대의 유명 인물(前輩名公)"이라 부르고 있다.

그는 유년 시절 부친을 따라 광동(廣東)으로 갔으며, 장사(長沙)에 머물러 살기도 하였다. 그의 시문을 요수(姚燧)가 칭찬했다. 대덕(大德) 2년(1298), 요수의 천거로 관직으로 나아갔으며, 일찍이 한림대제(翰林待制), 강절행성도사(江浙行省都事) 등의 관직을 역임하였다.

원곡가 가운데 또 한 명의 유시중(劉時中)이 있는데, 그는 고홍(古洪 : 지금의 강서성江西省 남창南昌) 사람이다. 생평은 미상이며, 유치보다 약간 후기의 인물이다. 산곡작품은 귀속문제가 여전히 과제로 남아 있다.

≪전원산곡≫에 소령 74수, 투수 4지가 함께 수록되어 있다.

## [中呂] 山坡羊 : 燕城述懷[1]

雲山有意[隔斷紅塵的雲山在召喚], 軒裳無計[2], 被西風吹斷功名淚[極言求取功名的悲苦]. 去來兮[決定歸隱], 再休提 ; 青山盡解招人醉, 得失到頭皆物理[事物的常理]. 得, 他命裏[命中注定] ; 失, 咱命裏.

> 구름 머무는 산이 나를 부르는 것 같고
> 수레와 의복은 구해볼 길 전혀 없으니
> 서풍에 공명루(功名淚)를 다 말려버렸다.

돌아가자.
더 이상 말을 말자.
청산은 나를 불러 도취하게 하니
이해득실 돌아보면 사물의 법칙 따라 다 정해져 있는 것.
득(得)은 그들 팔자고
실(失)은 나의 팔자지.

[1] 연성(燕城) : 옛 성(城)터는 하북성(河北省) 역현(易縣) 동남쪽에 위치하고 있다. 연소왕(燕昭王)이 일찍이 여기에 황금대(黃金臺)를 세우고, 천하의 뛰어난 인재들을 초빙하고 예의로서 선비들을 대접함으로서 부국강병의 꿈을 이루었다.

[2] 헌상(軒裳) : 옛 경대부(卿大夫)들의 수레와 의복이며, 임금이 공신에게 내리던 물건이다. 여기서는 부귀공명을 가리킨다.

## [中呂] 山坡羊 : 西湖醉歌次郭振卿韻[1]

朝朝瓊樹[2], 家家朱戶[湖濱所見盡是豪富之家], 驕嘶過沽酒樓前路[騎馬買酒過樓前]. 貴何如, 賤何如? 六橋都是經行處[3], 花落水流深院宇. 閑, 天定許 ; 忙, 人自取.

날마다 옥수(玉樹)는 새롭게 피어나고
집집마다 거대하고 화려한 저택인데
말 우는 소리에 멈추어 누각 앞길에서 술을 산다.
귀하면 어떠하고
천하면 어떠하리?
육교(六橋)는 귀천 모두 건너가고
깊은 정원 위로 꽃 지고 강물 흐른다.
하늘은 한가로이 살라 하는데
사람이 스스로 사서 고생한다.

[1] 곽진경(郭振卿) : 생평은 미상이다.

[2] 조조경수(朝朝瓊樹) : 출전은 남조(南朝) 진(陳) 후주(後主)가 귀비(貴

妃) 장려화(張麗華)를 총애하여 하루 종일 가무, 음락에 젖어 있었으며, 그 곡조 가운데 <옥수후전화(玉樹後庭花)> <임춘락(臨春樂)> 등이 있었다는 내용이다. "달빛은 밤마다 휘영청 밝게 떠오르고 있었고, 아름다운 나무에는 매일 같이 새로운 꽃이 피어나고 있었다(璧月夜夜滿, 瓊樹朝朝新)"라는 시구가 있다. 여기서는 부귀한 집안에서 가무가 끊이지 않음을 말한다.

[3] 육교(六橋) : 서호 소제(蘇堤) 위에 있는 여섯 개의 아치형 돌다리(石拱橋)이다. 그 명칭은 각각 영파(映波), 쇄란(鎖瀾), 망산(望山), 압제(壓堤), 속[동]포(束[東]浦), 과홍(跨虹)이다. 전하는 바에 의하면 소식이 항주 군수를 지낼 때 지은 것이라고 한다. 여기서는 귀천을 막론하고 모두 이 여섯 개의 다리를 다 건너가게 된다고 말한다.

# 28. 장양호(張養浩)(1270－1329)

자는 희맹(希孟)이고, 별호(別號)는 운장(雲莊)이며, 제남(濟南 : 지금의 산동성山東省 제남濟南) 사람이다.

그는 소년시절 학문과 품행으로 고향에서 명성이 자자했으며, 동평학정(東平學正)으로 천거되었다. 관직은 한림직학사예부상서(翰林直學士禮部尙書)에 이르렀다. 당시 정치에 불만을 품고 관직을 버리고 귀은(歸隱)하였다. 조정에서 여러 차례 불렀으나 나아가지 않았다. 천력(天歷) 2년(1329) 관중(關中)에 큰 가뭄이 들었으며, 섬서행대중승(陝西行臺中丞)의 관직을 맡게 되었다. 그는 임명된 뒤 가산을 정리하여 백성들을 구제했으며, 60세의 고령임에도 불구하고 섬서로 가서 직무에 임하였다. 백성들을 돌보고 재해를 막다가 힘쓰다 피로가 병이 되어 직무 도중 순직하였다.

그는 원나라 초기, 중기의 중요한 산곡작가였으며, 산곡작품들은 대체로 은거하고 있을 때에 지은 작품들이다. 임천에 정을 깃들이고, 은거하는 즐거워하는 내용도 있고, 고금의 역사를 조문하고 슬퍼하거나, 험악한 관료사회의 세계를 고발하는 내용도 있다. 산곡의 풍격은 청일하면서도 호방하다. 경치를 묘사한 작품은 밝고 아름답고 생동적이다. 명의 주권은 그의 산곡을 두고 "아름다운 나무가 바람을 맞으며 서 있는 모습과 같다(如玉樹臨風)"고 평했다.

산곡집으로 ≪운장휴거자적소악부(雲莊休居自適小樂府)≫가 있다. ≪전원산곡≫에 소령 161수, 투수 2지가 수록되어 있다.

## [中呂] 紅綉鞋 : 警世, 二首

才上馬[剛一上任]齊聲兒喝道[神氣驕橫][1], 只這的[這個]便是那送了[害死]人的根苗[根由][這正是害人的禍根], 直引到深坑裏恰心焦. 禍來也何處躱, 天怒也怎生饒[寬恕], 把舊來時[從前的]威風不見了[威風掃地].

말 타자 곧 큰 소리로 '물렀거라' 고함치니
사람을 패망케 하는 화근 될 뿐인데
구렁 깊이 빠져야 비로소 다급함을 알게 되네.
재앙이 닥치면 어디로 피할 건가?
하늘이 노하면 어찌 용서 받을 건가?
지난날의 위풍은 보이지 않네.

[1] 갈도(喝道) : 옛날 관원들이 행차할 때 앞에서 관아의 역졸들이 큰 소리로 고함을 질러 행인들로 하여금 길을 비키게 했다.

正膠膝當思勇退[1], 到參商才說歸期[2], 只恐范蠡張良笑人痴[3]. 挾着[挺出]胸登要路[4], 睜着眼履危机[5], 直到那其間[那個時候]誰救你.

의좋을 때 물러날 생각해야 하는데도
삼(參)과 상(商)처럼 어긋나야 돌아가려 하니
범려와 장량이 어리석다 비웃으리.
가슴 펴며 요로에 올랐다가
눈뜨고도 위기를 맞겠지만
그때 누가 구해줄까?

[1] 교슬(膠膝) : 정강이뼈와 무릎. 여기서는 신하가 군왕이나 조정과 사이가 좋고 처한 형편이 순조로움을 비유한다. 용퇴(勇退) : 급류 가운데서부터의 용퇴이다. 원래는 배가 급류로 갈 때 신속히 물러서는 것을 가리키지만, 여기서는 관직에서의 형편이 순조로울 때 기회를 놓치지 않고 물러섬으로서 명철보신(明哲保身)을 꾀한다는 의미이다. 송(宋)의 소옹(邵雍)이 지은 ≪견문전록(見聞前錄)≫ 가운데 다음과 같은 기록이 있

다. “진약수가 화산에서 진희이를 만났다. 어떤 노승이 진희이와 더불어 지로(地壚)를 감싸 안고 앉아 있다가 전약수를 자세히 살펴보았다. 한참 동안 아무 말이 없다가 부젓가락으로 ‘해서는 안된다(做不得)’라는 글자를 쓰고 나서는 천천히 말했다. ‘급류에서 용퇴할 사람이다.’ 그 후 전약수는 등과했다. … 나이 겨우 사십 세가 되었음에도 불구하고 관직을 물러났다.(錢若水見陳希夷于華山. 有一老僧與希夷擁地壚坐, 熟視若水, 久之不語, 以火著灰作 ‘做不得’ 三字, 徐曰 : ‘急流勇退人也.’ 後若水登科 … 年才四十, 致仕.)” 이 시구는 조정에서 그대를 신임하고 군신의 사이가 원만할 때 응당 빨리 물러설 생각을 해야만 한다는 의미이다.

[2] 삼상(參商) : 두 별의 이름이다. 하나는 동쪽에 하나는 서쪽에 있으며, 하나가 뜨면 하나가 진다. 옛사람들은 이로서 이별에 비유하였다. 여기서는 분열과 비협조를 가리킨다. 조정이 그대를 신임하지 아니하고 재앙이 눈앞에 이르게 되면, 설사 물러나려고 해도 이미 때가 너무 늦어버리게 된다는 의미이다.

[3] 범려(范蠡) : 춘추(春秋)시대 초(楚)나라 사람이다. 월왕(越王) 구천(勾踐)을 도와 이십년 동안 따라다녔다. 오(吳)나라를 멸한 후 상장군(上將軍)으로 책봉되었다. 그러나 그는 월왕이 환난은 같이 할 수 있어도 복락은 함께 누릴 수 없는 인물임을 알고 시시(西施)를 데리고 달아나 오호(五湖)에 배 띄우며 살아갔다고 한다.

장량(張良) : 한(漢)나라 초기의 인물이다. 한고조(漢高祖) 유방(劉邦)을 도와 한(漢) 왕실을 수립한 뒤에 유후(留侯)에 책봉되었다. ≪사기, 유후세가(史記, 留侯世家)≫에 그가 후일 유방에게 다음과 같이 말하는 장면이 기록되어 있다. “만호후에 책봉되고 제후의 지위에 오르는 것, 이는 평민이 꿈꾸는 극치일 것이며, 저 장량은 이로서 충분히 만족합니다. 원컨대 인간세상의 일들을 버리고 신선 적송자를 따라 노닐고자 합니다(封萬戶, 位列侯, 此布衣之極, 于良足矣. 願棄人間事, 欲從赤松子游耳).”

이 두 옛 인물들은 모두 공을 세우고 물러난 사람들이다. 여기서는 만약 일찍암치 물러나지 않다가 재앙을 만나게 되면 범려나 장량에게 어리석다는 비웃음을 사게 된다고 말하고 있다.

[4] 요로(要路) : 뛰어나고 중요한 위치. <고시십구수(古詩十九首), 오늘이 아름다운 연회석상에서 만나다(今日良宴會)> 가운데 “어찌 준마에 채찍

질하여, 먼저 요로의 나루터를 차지하지 않겠는가?(何不策高足, 先据要路津)" 라는 시구가 보인다. 여기서는 기고만장하게 관료사회로 나아감을 말한다.

[5] 위기(危機) : ≪진서(晉書), 제갈장민전(諸葛長民傳)≫ 가운데에, "빈천한 자는 언제나 부귀하게 되기를 염원하지만, 부귀를 얻으면 반드시 위험에 빠지게 된다(貧賤長思富貴, 富貴必以機危)"는 말이 보인다. 눈을 뻔히 뜨고 위험한 재앙의 길로 들어선다는 의미이다.

## [中呂] 山坡羊 : 潼關懷古[1]

峰巒如聚[群山險峭像聚攏起來], 波濤如怒[波濤洶湧像狂怒一般], 山河表裏潼關路[2]. 望西都[3], 意躊躇[思緒起伏, 徘徊悵惘]. 傷心秦漢經行處[途經秦漢故地, 不禁感傷], 宮闕萬間都做了[變成了]土. 興, 百姓苦 ; 亡, 百姓苦[點出題旨, 境界得以升華].

산들은 한데 모여 있는 것 같고
파도는 분노를 터뜨리는 것 같은데
그 산하가 안팎에서 동관로(潼關路)를 감싼다.
서도(西都) 장안을 바라보노라면
상념이 많아진다.
진한(秦漢)의 옛터 지나가며 슬픔에 잠겨드니
만간궁궐(萬間宮闕)이 흙더미로 변했구나.
흥해도
백성만 고달프고
망해도
백성만 고달프다.

[1] 동관(潼關) : 섬서성(陝西省) 동관현(潼關縣)에 위치한다. 동관현은 관명(關名)에 따라 지어졌다. 옛날에는 도림새(桃林塞)였다. 동한(東漢) 시대부터 동관을 설치했다. 동관성(潼關城)은 산허리에 웅거하고 있는데, 아래로는 황하를 내려다보고 있으며 지극히 험준한 요새이다. 이는 작자가 섬서행대중승(陝西行臺中丞)이라는 관직으로 부임해가는 도중에서 지은 작품이다.

[2] 산하표리(山河表裏) : 형세의 험준함을 형용한다. 출전은 ≪좌전, 희공이십팔년(左傳, 僖公二十八年)≫ 가운데에 보이는 다음과 같은 기록이다. “표리산하는 반드시 해가 없다는 의미이다. 두예(杜預)의 주(注) : “진나라는 밖으로 깊은 강이 흐르고 있고 안으로 험준한 산이 있다(表裏山河, 必無害也.” 杜預注 : “晉國外河而內山.)” 진(晉), 초(楚)는 조(曹), 위(衛) 등의 속국으로 인하여 관계가 긴장국면으로 접어들었다. 진후(晉侯)는 출전하고자 하였으나 아직 결심이 서지 못하고 있었다. 그때 자범(子犯)이 그에게 출전을 권고하면서, ‘이기면 패제후(覇諸侯)로 불리게 될 것이다. 지더라도 진(晉)나라는 밖으로는 강이 둘러싸고 흐르고 있고 안으로는 산악이 험준하게 받쳐주고 있다. 험준한 지형에 의지하여 방어하게 되는 형세를 갖추고 있으므로 결코 아무런 해가 없을 것이다’라고 말했다. 서도(西都) : 장안(長安)을 가리킨다. 동한은 낙양(洛陽)에 도읍을 정했으며, 동쪽에 있었다. 그래서 장안을 서도라고 부른다.

## [雙調] 慶東原

鶴立花邊玉[白鶴站在花邊像玉般潔白美麗], 鶯啼樹杪[樹梢]弦[黃鶯在樹梢歡唱如彈琴一樣動聽], 喜沙鷗也解[懂得]相留戀. 一個冲開錦川[從錦綉般平川飛起, 指沙鶴], 一個啼殘翠烟[在翠霧籠罩的樹梢間不停地叫着, 指鶯], 一個飛上青天. 詩句欲成時, 滿地雲撩亂[景致已改].

학은 옥으로 빚은 듯 꽃나무 곁에 서 있고
꾀꼬리는 거문고 현 마냥 가지 끝에서 울며
물새는 떠나기 싫어 머뭇거리는 것 같아 흡족하다.
하나는 비단결 같은 시내를 치솟아 오르고
하나는 물안개 피는 잎들 사이에서 울어대며
하나는 푸른 창공으로 날아오른다.
바야흐로 시구가 이루어지려는 순간
구름이 온 천지에 가득 피어오른다.

## [雙調] 淸江引：咏秋日海棠, 二首[1]

寂寞一枝三四花, 弄色[賣弄嬌艶的姿態]書窗下. 爲着沉香迷, 夢見馬嵬[馬嵬坡]怕, 且潛身[藏身]住在居士[隱士, 詩人自指]家.

> 매화 가지 하나에 서너 송이 적막하게 피워서
> 서창(書窗) 밑에서 아리따운 자태 뽐낸다.
> 침향정의 양귀비에 미혹되었다가
> 마외파의 무서운 장면도 꿈결에 보았는데
> 이제는 거사 집에서 머무르고 있구나.

[1] 이 작품은 원선본(原選本)에서는 무명씨의 작품으로 수록하였으며, 제목을 ≪모란(牧丹)≫이라 하였다. 장양호(張養浩)의 ≪운장휴거자적소악부(雲莊休居自適小樂府)≫에 이 산곡작품이 수록되어 있다. 제목은 <가을 해당화를 노래하다(咏秋日海棠)>으로 모두 11수이다. 선정한 작품은 각각 제7수와 제9수이다. ≪전원산곡≫에서도 장양호에 수록시켰으며, 지금 이에 따른다. 추일해당(秋日海棠) : 곧 추해당(秋海棠)이다. ≪광군방보(廣群芳譜)≫ 가운데에, "일명 팔월춘이라고 한다. 초본식물이고, 꽃의 색깔은 분홍빛이며, 심히 아름답다. 잎은 비취새 날개 같은 녹색을 띄고 있다.(一名八月春, 草本, 花色粉紅, 甚嬌艶, 葉綠如翠羽.)"라는 기록이 보인다. 추해당은 봄에 꽃피는 목본해당과는 다르다. 여기서는 그 꽃 이름이 서로 같으므로 연상작용을 통하여 승화시키고 있다.

[2] 침향(沉香) : 당(唐) 개원(開元) 연간에 궁중에 목작약(木芍藥 : 곧 모란牧丹)을 심었다. 현종(玄宗)이 흥경지(興慶池)의 동쪽 침향정 앞쪽으로 옮겨 심으라고 명하여 양귀비와 함께 감상하였다. 이백에게 <청평조(淸平調)> 3장을 지어 들여오게 하였다. 그 셋째 작품은 다음과 같다. "아름다운 꽃 같은 경국지색 그녀와 군왕은 서로 사랑하였네. 너무나 아름다워 군왕이 항상 웃음 지으며 바라보고 있었지. 봄바람조차 질투를 하고 있었네. 침향정 북쪽 난간에 기대어 꽃구경하고 있었을 때.(名花傾國兩相歡, 長得君王帶笑看. 解釋春風無限恨, 沉香亭北倚欄杆)." <태진외전(太眞外傳)> : "임금이 침향정에 올라 태진비(太眞妃)를 불러오게 하였다. 태진비

는 그때 묘시에 마신 술이 아직 깨어나지 못하였다. 고력사에게 명하여 시녀에게 부축하여 이르게 하였다. 태진비는 취한 얼굴에 어제 한 화장 그대로였으며, 머리카락이 어지럽고 비녀가 이지러져 있었으며 황제에게 재배드릴 수조차 없었다. 황제가 웃으며 말했다. 어찌 태진비가 취한 것이랴? 참으로 해당의 잠이 부족한 것일 뿐이다.(上登沉香亭, 詔太眞妃子. 妃子時卯醉未醒, 命力士從侍兒扶掖而至. 妃子醉顔殘妝, 鬢亂釵橫, 不能再拜. 上皇笑曰 : '豈是妃子醉, 眞海棠睡未足已.')" 여기서는 양귀비를 인용하여 해당이 봄날 활짝 피는 모습을 그리도록 연상작용을 일으키게 하였다. 양귀비의 일화를 인용하여 해당을 거꾸로 묘사하고 있다. 그 다음의 시구 역시 동일하다.

睡起不禁霜月苦[楊妃般嬌弱的秋海棠難以禁受寒霜冷月的摧殘], 籬菊休相妒[籬邊秋菊不要嫉妬這可憐的花朵]. 恰[剛剛]如東君[一作東風]別[1], 又被西風誤[2], 教他這粉蝶兒無去處.

잠에서 깨어나니 찬 서리 비추는 달빛 처량한데
울타리 곁 국화여, 이 가련한 해당화를 질시하지 말라.
방금 봄바람과 이별하나 싶었는데
벌써 가을바람이 불고 있어서
흰나비로 하여금 갈 곳 없게 하누나.

[1] 동군(東君) : 봄을 관장하는 신이다. 이 시구는 백화가 만발한 봄날과 방금 작별을 고하였다는 의미이다.

[2] 이 시구는 추해당이 무정한 가을바람으로 인하여 시들어가고 떨어지게 되었음을 말한다. 송(宋)의 하주(賀鑄)가 지은 <답사행(踏莎行)> 가운데 있는 "그 당시 봄바람에게 시집가려 하지 않더니, 무단히 가을바람 때문에 시달리게 되었구나(當年不肯嫁春風, 無端却被西風誤)"라는 시구를 변용하였다.

# 29. 장가구(張可久)(약 1270－1348 후)

자는 소산(小山)이고, 경원(慶元 : 지금의 절강성浙江省 근현鄞縣) 사람이다.

현존 산곡작품이 가장 많은 원곡가이다. 원나라 중후기 곡단에서 가장 활약하였고, 가장 명성을 떨쳤으며, 가장 성과가 컸던 산곡작가이다. 그의 생평사적은 단지 원대 문인들의 시문 가운데서 산발적으로 자료를 찾아볼 수 있을 정도이다. 그는 매우 일찍부터 명성을 떨치기 시작하여, "명성이 남방에 전하였고, 중주에까지 이르렀다(聲傳南國, 名播中州)"라고 하였다. 그는 산곡의 창작에 전념하여, 곡단에서 오륙십년 동안 활약하였다. 일생을 빈곤하고 낙망한 상태로 지냈으며, 겨우 노리(路吏) 같은 말단관리를 지냈을 뿐이다. "나이 칠십에 이르러서도 그 나이를 숨기고 곤산의 막료로 지냈다(年七十歲, 匿其年數, 爲昆山幕僚)"가 그의 실정이었다. 원나라 때에는 문인들이 뜻을 펼치지 못하면 은둔퇴거(隱遁退去)하는 기풍이 성하였으나, 장가구는 생활에 쫓겨 은둔을 염원하였으나 실천할 수 없었다.

그의 산곡은 제재가 광범하고 내용이 우아했다. 격조가 청일하고 언어가 화려했다. 시의가 담박하고 고원했다. 여러 제재 가운데 자연의 풍경을 묘사한 작품들이 가장 많았다. 그중에서도 특히 서호의 아름다운 경치를 노래한 것이 많았다. 그는 원곡가 가운데서 한 시대를 대표하는 거장이었으며, "청려파(淸麗派)"를 대표하는 인물이었다. 명청 시대의 산곡작가들은 그에게 대하여 경의를 극진히 표하였다. 그를 "사중의 으뜸(詞中仙才)" "곡가의 으뜸(曲家翹楚)" "북사의 으뜸(北詞冠首)" "일대의 으뜸(一代鉅手)" 등으로 칭송했다. 그리고 주권이 ≪태화정음보≫에서 그의 산곡 풍격에 대하여 가한 평어인 "푸른 하늘에서 울려퍼지는 피리소리나 학의 울음소리 같다(如瑤天笙鶴)" "맑으면서도 아름답고, 화려하면서도 염려하지 않다(淸而且麗, 華而不艶)"는 이미 정평이 되었다.

그의 산곡집은 생전에 이미 ≪금악부(今樂府)≫, ≪소제어창(蘇堤漁唱)≫, ≪오염(吳鹽)≫, ≪신악부(新樂府)≫ 등이 있었다. 명(明)나라 사람이 편집한 것으로 ≪장소산북곡연악부(張小山北曲聯樂府)≫, ≪장소산소령(張小山小令)≫, ≪소산악부(小山樂府)≫ 등이 있다. ≪전원산곡≫에 그의 소령 868수, 투수 9지가 수록되어 있으며, 이는 현존 산곡작품의 20%에 해당한다.

## [雙調] 水仙子：次韻[1]

蠅頭老子五千言[2]，鶴背揚州十萬錢[3]，白雲兩袖吟魂健[淸貧. 兩袖白雲, 却詩情旺盛, 吟誦不倦]. 賦莊生秋水篇[4]，布袍[簡樸的衣着]寬風月無邊[風流瀟洒]. 名不上瓊林殿[5]，夢不到金谷園[6]，海上神仙.

> 파리머리 같이 작은 오천 자(字)의 ≪노자≫.
> 학 타고 십만의 전(錢) 차며 양주자사로 부임하려는 꿈.
> 소매 가득한 건 흰 구름뿐이지만 치열하기만 한 시혼.
> ≪장자≫ <추수>편을 읊조리니
> 포의의 몸, 가난하되 마음만은 넉넉하다.
> 비록 이름은 경림전에 못 오르고
> 금곡원을 꿈꾸지 못할지라도
> 나는 해상의 신선이다.

[1] 차운(次韻) : 다른 사람이 지은 작품의 운에 따라 짓는 것을 의미한다.

[2] 승두(蠅頭) : 가늘고 작은 사물에 비유한다. 여기서는 작은 글자를 가리킨다.

노자 오천언(老子五千言) : 노자의 ≪도덕경≫을 가리킨다. 모두 5000여자이다.

[3] 출전은 당(唐)의 무명씨가 지은 ≪상운소설(商芸小說)≫ 가운데 보이는 다음과 같은 기록이다. "여러 사람들이 서로 모여 있었다. 각자 소원을 말해보기로 했다. 어떤 사람은 양주자사가 되기를 원했다. 어떤 사람은 부자가 되기를 원했다. 어떤 사람은 학을 타고 하늘로 날아가기를 원했다. 그러자 그중의 한 사람이 말했다. '나는 허리에 십만관의 돈꾸러미를 차고, 학을 타고 양주로 날아가고 싶다'.(有客相從, 各言所志：或願爲揚州刺史, 或願多資財, 或願騎鶴上升. 其一人曰：'腰纏十萬貫, 騎鶴上揚州.')" 작가는 이로서 탐욕스러운 망상을 비유하고 있다.

[4] 장생추수편(莊生秋水篇)：곧 ≪장자(莊子)≫ 중의 <추수(秋水)> 편이며. 필치가 바다의 물결처럼 거대하고 거침없다.

[5] 경림전(瓊林殿)：송(宋)의 정원 이름으로, 변경(汴京：지금의 하남성河南省 개봉開封)에 위치한다. 북송 시대에 언제나 여기서 새로 급제한 진사들에게 연회를 베풀어주었다. 여기서는 부귀공명을 추구하지 않으려한다고 말한다.

[6] 금곡원(金谷園)：진(晉)의 인물 석숭(石崇)이 세운 별장이며, 지금의 하남성(河南省) 낙양시(洛陽市) 서북쪽에 위치한다. 석숭은 그 당시의 거부였다. 집안에는 진기한 보물들이 많았다. 이 시구는 시인 자신이 부귀영화를 부러워하지 않는다고 함을 가리킨다.

## [雙調] 水仙子：山齋小集

玉笙吹老碧桃花[1], 石鼎[石制的鼎]烹來紫笋芽[2], 山齋看了黃筌畵[3]. 茶蘼香滿把[聽笙, 品茶, 觀畵, 賞花, 皆文人雅事][4], 自然不尙奢華[總括前文]. 醉李白名千載[5], 富陶朱能幾家[6], 貧不了詩酒生涯[以詩酒自娛, 甘于淸貧].

벽도화가 시들 때까지 피리를 불고
석정에 자순아 차를 끓여내기도 하다가
산재는 화가 황전의 그림을 바라보기도 한다.
도미향 꽃가지가 한 아름 가득하니

자연은 화사함을 숭상하지 아니한다.
술 취해 살던 이백 명성 천년을 가니
범려 같은 부자가 몇이나 될까?
가난해도 시주생애(詩酒生涯)만은 어찌할 수 없으리.

[1] 옥생(玉笙) : 관악기. 열세개의 길이가 서로 다른 죽관(竹管)으로 만들었다. 취로(吹老) : 피리 부는 시간이 길어서 벽도화가 시들어 떨어질 때까지 분다는 의미이다. 벽도화 : 일명 천엽도(千葉桃)이며, 모든 시구들이 낭사원(郞士元)의 시 <이웃 사람이 피리 부는 소리를 듣다(聽隣家吹笙)> 가운데 보이는, "바람이 노을 건너편에서 산들산들 불어 피리 소리를 전해오고 있다. 마치 천 그루의 벽도화가 자라고 있는듯하다(風聲吹和隔彩霞, 疑有千樹碧桃花)"라는 시구를 변용했다.

[2] 자순아(紫筍芽) : 차의 이름이다. 귀중한 신차(新茶)이다. 당(唐)의 호주(湖州) 고저(顧渚)에서 나는 자순아가 가장 유명했으며, 황제에게 바치는 진상품이었다.

[3] 황전(黃筌) : 오대(五代) 후촉(後蜀)의 유명한 화가이며, 화조화(花鳥畫)에 뛰어났다.

[4] 도미(荼蘼) : 작은 관목이다. 봄이 끝나가고 여름이 시작될 무렵에 하얀 꽃을 피우는데, 그 향기가 매우 짙다.

[5] 취이백(醉李白) : 이백은 술을 좋아하였으며, 두보는 <술 마시던 여덟 신선들의 노래(飮中八仙歌)>에서 "이백은 술 한말을 마시면 일백수의 시를 지었다. 장안의 시내 술집에서 잠들어 있었을 때, 천자가 불렀으나 배에 오르지 않았다. 스스로 주중(酒中)의 신선이라고 말했다(李白斗酒詩百篇, 長安市上酒家眠. 天子呼來不上船, 自稱臣是酒中仙)"고 노래했다. 이 시구는 이백을 빌려 시주 생애를 묘사했다.

[6] 부도주(富陶朱) : 춘추시대 초(楚)의 범려(范蠡)이며, 월왕(越王) 구천(勾踐)을 보좌하여 오(吳)를 멸했다. 공을 세우고 물러나 오호(五湖)에서 자적하였다. 그 후 도(陶)에 이르러 성명을 바꾸어 주공(朱公)이라 하였다. 장사를 하여 부자가 되었으며, 그 당시 세상 사람들은 그를 도주공(陶朱公)이라 불렀다. 그 후 흔히 도주공은 부자를 가리키는 말이 되었다.

## [雙調] 水仙子：樂閑

鐵衣披雪紫金關[武將立功邊塞][1], 彩筆題花白玉欄[文臣供奉翰林] [2], 漁舟棹月黃蘆岸[漁翁月下垂釣江岸]. 幾般兒君試揀[幾種生活道理任君挑選], 立功名只不如閑[得出結論]. 李翰林[指李白, 曾供奉翰林]身何在, 許將軍血未乾[3], 播高風千古嚴灘[七里灘].

무인은 흰 눈 쌓인 갑옷 입고 변방 요새 자금관을 지키고
문인은 채필(彩筆) 들고 백옥 난간에서 꽃을 노래하며
야인은 배 타고 달빛 받으며 갈대 우거진 강 언덕에서 낚시한다.
이 몇 가지 삶의 모습들 가운데서 그대 선택해보라.
공명을 세우는 게 한가함보다 못하리.
이한림(李翰林) 이백은 지금 어디 있는가?
허장군 핏자국은 아직 마르지도 않았으니
천고의 엄탄(嚴灘)은 높은 기풍 전한다.

[1] 철의(鐵衣) : 옛날 장사(壯士)들이 입었던 갑옷이며, 철편(鐵片)으로 호신하도록 만들었다. 자금관(紫金關) : 일명 자형관(紫荊關)이며, 하북성(河北省) 역현(易縣)의 자형령(紫荊嶺) 위에 위치한다. 옛날 군사(軍事)의 중요한 수비 거점이었다. 여기서는 변방의 요새를 가리킨다.

[2] 채필제화(彩筆題畵) : 당현종(唐玄宗)이 궁중에서 목작약화(木芍藥花)를 감상하였으며, 한림 이백에게 <청평조(淸平調)> 3장을 짓게 했다는 전고를 사용했다. <청평조> 가운데 "구름은 그녀의 옷 생각하게 하고, 꽃은 그녀의 얼굴 생각나게 한다. 봄바람 난간을 불고 지나가며, 이슬 머금은 꽃 짙은 향내 뿜어낸다(雲想衣裳花想容, 春風拂檻露花濃)"는 시구가 있다.

[3] 허장군(許將軍) : 당(唐)의 허원(許遠)을 가리킨다. 안사(安史)의 난이 일어났을 때 휴양(睢陽) 태수를 지내고 있었다. 성이 함락되자 장순(張巡) 등과 함께 끝까지 굴복하지 않고 죽음을 택했다.

## [雙調] 水仙子：歸興

淡文章不到紫薇郎[1]，小根脚難登白玉堂[2]，遠功名却怕黃茅瘴[3]. 老來也思故鄉，想途中夢感魂傷[感慨萬端]. 雲莽莽[同茫茫]馮公嶺[4]，浪淘淘[滔滔]揚子江[5]，水遠山長.

담박한 글은 자미랑 곁으로 못가고
미천한 출신은 백옥당에 오르기 어려우며
도성에서 먼 데서 관직에 나가려도 풍토병이 두렵다네.
늙어갈수록 고향생각은 더욱 절실해지고
나그네 삶은 꿈속에서도 서글퍼진다.
뭉게구름 일어나는 풍공령(馮公嶺)과
물결 넘실거리는 양자강(揚子江).
산 너머 강 건너 아득히 먼 곳에 내 고향이 있다네.

[1] 담문장(淡文章) : 화려하지 않은 문장이다. 태각(台閣)의 화사하고 우아하며 아름다운 문장과 대비를 이루게 하였다. 자미랑(紫薇郎) : 당(唐) 개원(開元) 연간에 중서성(中書省)을 자미성(紫微省)으로 고쳤다. 천문자미원(天文紫微垣)의 의미를 취하였다. 그 후 중서성(中書省) 원내(院內)에 자미화(紫薇花)를 심었으므로 또 자미성(紫薇省)이라고 불렀으며, 중서랑(中書郎)을 자미랑이라고 불렀다. 백거이(白居易)의 시 <자미화> 가운데에, “황혼녘에 홀로 앉아 있다, 그 누가 내 벗이 되어 주는가? 자미화가 자미랑을 마주하고 있다(獨坐黃昏誰是伴? 紫薇花對紫薇郎)”는 시구가 보인다. 자미랑은 높은 관직의 문관을 가리킨다. 이 시구는 자신의 문장이 훌륭하지 못하여 자미랑이 될 수 없다고 말하고 있다.

[2] 소근각(小根脚) : 미천한 출신을 가리킨다. 근각은 근경(根莖)이며, 가세(家世), 자산(資產) 등 개인의 출세하는 바탕을 가리킨다. 백옥당(白玉堂) : 곧 한림원(翰林院)이다. 한(漢)에 옥당서(玉堂署)가 있었다. 송태종(宋太宗)은 일찍이 한림원을 위하여 “옥당지서(玉堂之署)”라는 편액(匾額)을 써주었으므로 한림원을 백옥당이라고 부른다. 이 시구는 자신의 출신이 미천하여 한림으로 되지 못하였다고 말하고 있다.

[3] 원공명(遠功名) : 치우치고 멀리 외떨어진 곳으로 가서 관직을 맡는 것을 의미한다. 황모장(黃茅瘴) : 남부지역 산림 가운데 가을날 띠풀이 누렇게 시들어갈 때 뿜어내는 독기이며, 무더운 기후에 속하는데 사람을 병들게 할 수 있다. 이 시구는 치우치고 멀리 외떨어진 곳으로 가서 관직에 올라 공명을 도모하고 싶지만, 또 황장(荒瘴)이 만연해 있는 객지에서 죽을까 두렵다고 말한다.

[4] 풍공령(馮公嶺) : 곧 석인령(石人嶺)이다. 절강성(浙江省) 여수(麗水)에 위치하고 있다. ≪괄창회기(括蒼滙記)≫ 가운데 "선사(善士 : 선한 사람 善人) 풍대고(馮大杲)가 판 것이다. 송(宋)의 양억(楊億)은 이를 촉(蜀)의 검각운(劍閣雲)에 비교했다.(善士馮大杲所鑿, 宋楊億比于蜀劍閣云)"라는 기록이 보인다.

[5] 양자강(揚子江) : 장강(長江) 하류. 강도(江都)로부터 진강(鎭江) 사이를 옛날에는 양자강이라고 불렀다.

## [雙調] 折桂令 : 九日[1]

對青山强整烏紗[古代官帽][2]. 歸雁橫秋[南歸的大雁在秋天的空中成隊而來], 倦客[久居異鄕, 已生倦意]思家. 翠袖慇懃[3], 金杯錯落[暢飮], 玉手琵琶[歌女彈奏琵琶侑酒助興]. 人老去西風白髮, 蝶愁來明日黃花[4]. 回首天涯, 一抹斜陽, 數點寒鴉[5].

청산을 바라보며 억지로 검은 관모(烏紗) 정돈한다.
남쪽으로 가는 기러기 떼 가을하늘을 질러가는데
지친 나그네는 고향이 그립다.
비취빛 비단옷 입은 여인의 손길 은근하고
술잔도 이리저리 뒤섞이기 시작하는데
여인은 비파소리에 맞추어 노래 부른다.
사람이 늙으면 서풍에 백발 날릴 것이고
나비도 내일이면 시들 국화 바라보며 서글퍼하리.

[1] 구일(九日) : 구월 구일, 중양절(重陽節)이다. 옛날부터 산위에 올라가는 풍속이 있었다.

[2] 이 시구는 기운을 내어 억지로 산 위로 올라감을 말한다. 또 마음은 이미 고향으로 돌아가 있으며, 지금 억지로 미관말직에 있음을 가리키기도 한다.

[3] 취수(翠袖) : 아름다운 여인을 가리키며, 여기서는 특히 가희(歌姬)를 가리킨다. 송(宋)의 안기도(晏幾道)가 지은 사(詞) <자고천(鷓鴣天)> 가운데 "翠袖殷勤捧玉鐘, 當時拚却醉顏紅)"이라는 사구(詞句)가 있다.

[4] 소식(蘇軾)의 사(詞) <중양절에 왕공이 지은 사의 운에 따라 짓다(九日, 次王鞏)> 가운데 있는 "서로 어렵게 만났는데 서둘러 돌아갈 일은 없지 않겠는가? 내일이면 노란 국화꽃에 앉아 있는 나비도 서글퍼하리라(相逢不用忙歸去, 明日黃花蝶也愁)"라는 사구(詞句)를 변용하고 있다. 좋은 계절과 아름다운 정경이 사라지는 것이 사람으로 하여금 슬픔에 잠겨들게 한다는 의미이다. 이는 마치 나비도 누렇게 시들어 가는 국화를 바라보면서 역시 서글퍼하는 것과 같다고 생각하고 있다. 이 시구는 인생이 쉽사리 늙어만 가고 세월이 사람에게 조금도 기다려주는 사정을 보아주지 않는다는 감회를 불러일으키게 한다.

[5] 송(宋)의 진관(秦觀)이 지은 사(詞) <만정방(滿庭芳)> 가운데 있는 "노을 저 너머로, 까마귀 몇 마리 한가로이 날고 있고, 흐르는 강물 외진 마을 감돌아 흐르고 있다(斜陽外, 閑鴉數點, 流水繞孤村)"라는 사구(詞句)를 변용한다.

## [雙調] 折桂令 : 次酸齋韻

倚欄杆不盡興亡[靠在欄杆上極目遠眺, 引起興亡之感]. 數九點齊州[1], 八景湘江[2]. 弔古詞香[作詩], 招仙笛響[聽笛], 引興杯長[飮酒][3]. 遠樹烟雲渺茫[遠樹同烟雲一樣朦朧], 空山雪月蒼涼[空山共雪月一樣蒼涼]. 白鶴雙雙, 劍客昂昂, 錦語琅琅.

난간에 기대어 서 있다가 불현듯 부단한 흥망성쇠를 생각한다.
중국 천하라도 흙덩이 아홉 개일 뿐.
눈앞에 펼쳐지는 소상의 아름다운 팔경.
옛 역사를 슬퍼하며 시를 짓다가

신선을 부르는 피리를 불고
시흥을 일으키는 술잔을 든다.
멀리 보이는 숲과 그 주변 물안개가 아득히 몽롱하고
공산(空山)과 설월(雪月)은 모두 다 창량하다.
백학은 쌍쌍이 날고 있고
검객은 드높은 기상을 품고 있으며
여인은 비단결 같은 말을 건네고 있다.

[1] 제주(齊州) : 중주(中州)나 중국(中國)을 의미한다. ≪상서(尙書)·우공(禹貢)≫에서 중국을 기(冀), 예(豫), 옹(雍), 양(揚), 곤(袞), 서(徐), 양(梁), 청(靑), 형(荊)의 구주(九州)로 나누었다. 이하(李賀)의 시 <하늘나라의 꿈을 꾸다(夢天)> 가운데 "아득히 제주(齊州)의 아홉 줄기 연기를 바라본다(遙看齊州九點烟)"이라는 시구가 있다. 이 시구는 높은 곳에서 중국 대지를 내려다보면, 구주는 겨우 아홉 개의 작은 먼지에 불과하다고 묘사한다.

[2] 팔경상강(八景湘江) : 곧 소상팔경이다. 송(宋)의 화가 송적(宋迪)이 소상의 경치를 화제로 그렸던 여덟 폭의 산수화이다.

[3] 두보(杜甫)의 시 <밤에 좌씨(左氏) 집에서 연회를 열다(夜宴左氏莊)> 가운데 있는 "검을 바라보며, 술잔을 많이 기울인다(看劍引杯長)"는 시구를 사용했다. 흥겨워져서 술잔을 많이 기울이는 것을 가리킨다.

## [中呂] 滿庭芳 : 客中九日

乾坤俯仰[仰望天, 俯瞰地], 賢愚醉醒, 今古興亡[以幾對相反槪念發胸中感慨]. 劍花寒[寶劍寒光閃爍], 夜坐歸心壯[思歸心切], 又是他鄕. 九日明朝酒香[點出時間乃九日前夜, 後爲虛寫], 一年好景橙黃[1]. 龍山上[2], 西風樹響[已値晩秋], 吹老鬢毛霜[鬢髮蒼蒼人已老].

건곤(乾坤)을 부앙(俯仰)하니
현우취성(賢愚醉醒)에
금고흥망(今古興亡)이라.
보검의 날카로운 빛은 차갑고

밤중에 홀로 있으니 고향생각 절실한데
아직도 여전히 타향살이로구나.
내일이면 중양절, 또 술 마시며 외로움을 달래겠지?
등자 열매 익어가는 해맑은 계절.
용산 위에서
서풍은 나뭇잎 흔들리는 소리 내게 하고
서리 내린 머리카락도 흩날리게 한다.

[1] 등황(橙黃) : 등자(橙子)가 녹색에서 노란 색으로 변하는 시기이다. 과일이 잘 익어, 수확하는 계절이 다가왔다는 의미이다. 소식(蘇軾)의 시 <유경문에게 지어주다(贈劉景文)> 가운데 있는 시구, "일년 중 가장 아름다운 시절과 경치, 그대 응당 기억해야 하리. 등자 열매 익는 이 시점을 기억해야 하리!(一年好景君須記, 正是橙黃桔綠時)"를 변용했다.

[2] 용산(龍山) : 지금 호북성(湖北省) 강릉현(江陵縣) 서북쪽에 위치한다. 산세가 구불구불한 것이 마치 용이 꿈틀꿈틀하며 움직이는 모습과 같아서 용산이라 명명했다.

## [大呂] 普天樂 : 秋懷

爲誰忙, 莫非命[自艾自怨之語, 吐心中不平]. 西風驛馬[西風中騎着驛馬奔波], 落月孤[一作 "書"]燈[月落天明時還挑燈苦讀]. 靑天蜀道難[1], 紅葉吳江冷[2]. 兩字功名頻看鏡[3], 不饒人白髮星星[4]. 釣魚子陵[東漢嚴子陵], 思蓴季鷹[5], 笑我飄零[終日爲功名奔忙, 恐爲隱士高人所笑, 寫歸意].

누구 때문에 고달프게 살아가는가?
운명 탓인가?
추풍 속에 역마 달리고
달 지고 날 밝도록 등불 밝혀 문서 본다.
삶은 하늘 오르고 촉도의 산길 걷기보다 어려운데
지금은 오강에 단풍드는 늦가을.
공명을 쫓다가 이제는 자주 거울만 쳐다보노니
매정한 세월 속에 백발만 성성하다.

낚싯대 드리우던 동한(東漢)의 엄자릉과
미나리 국 그리던 진(晉)의 장한이
낙엽처럼 표령(飄零)하는 나를 보고 웃는구나.

[1] 이백의 시 <촉도난> 가운데 "촉의 산길 걸어가기 어려움은, 푸른 하늘로 오르기보다 더 한 것이다(蜀道之難, 難于上靑天)"라는 시구가 보인다. 후세 사람들은 흔히 이로서 부귀공명 추구의 어려움을 비유했다.

[2] 오강(吳江) : 지금의 소주하(蘇州河)이다. 당(唐)의 최신명(崔信明)이 지은 시구 가운데 "오강에 단풍잎이 지고 있다(楓落吳江)"가 있다. 여기서는 오강 양쪽 강 언덕의 단풍잎이 붉게 물들었고 가을도 이미 깊어져 가고 있다고 말하고, 이 깊어져만 가는 가을의 정취를 통하여 인간의 고독과 실의를 묘사하고 있다.

[3] 두보(杜甫)의 시 <강상(江上)> 가운데 있는 "공훈을 이루지 못하는데도 머리카락만 희어져 자주 거울을 바라본다. 출사와 은둔 사이에서 갈등하며 홀로 누각에 기대어 있다(勛業頻看鏡, 行藏獨倚樓)"라는 시구를 변용했다. 이 시구는 세월은 흘러 노경이 찾아오는데 공업은 아직 이루지 못했음을 탄식한 것이다.

[4] <은화에게 절구 한 수를 지어 보내다(送隱和, 一絶)> 가운데 보이는, "이 세상에서 공평한 것은 오직 백발뿐이로다. 귀한 사람의 머리 위에도 결코 사정을 보아준 적이 없구나(公道世間唯白髮, 貴人頭上不曾饒)"라는 시구와 진(晉)의 시인 좌사(左思)가 지은 시 <백발부(白髮賦)> 가운데 보이는 "성성한 백발, 귀밑에 드리워져 있다(星星白髮, 起于鬢垂)"라는 시구를 사용하여 이루었다. 백발이 점점 더 많아져가고 아름다운 시절은 이미 사라져버렸음을 말한다.

[5] 계응(季鷹) : 진(晉)의 인물 장한(張翰)의 자(字)이다. ≪진서(晉書), 장한전(張翰傳)≫에 의하면, 장한은 오군(吳郡) 출신인데 낙양(洛陽)에서 관직을 맡고 있었다. 어느 날 가을바람이 불자 그는 홀연히 고향의 부추나물(菰菜)과 미나리국(蒓羹), 농어회(鱸魚鱠) 등의 맛있는 음식이 그리워서 관직을 버리고 귀향했다고 한다.

## [越調] 寨兒令 : 次韻

你見麽[你見過那個老頭嗎]? 我愁他[我眞惦念他呀], 靑門幾年不種瓜[1]. 世味嚼蠟[2], 塵事摶沙[將沙子捏成團, 撒手就散], 聚散樹頭鴉[3]. 自休官淸煞陶家[以陶淵明自比, 言休官後的淸閑自在], 爲調羹俗了梅花[4]. 飮一杯金谷酒[5], 分七碗玉川茶[6]. 嗏, 不强如坐三日縣官衙!

그대는 그 노인을 본 적이 있는가?
내게 시름 안겨주고 있는 그를 본 적이 있는가?
청문에서 외를 심지 않은지 몇 년이나 되는가?
세미(世味)는 밀랍 씹는 맛일 뿐이고
진사(塵事)는 모래 움켜쥐는 것이며
취산(聚散)은 가지 위의 까마귀들 같은 것이다.
관직에서 물러나니 도연명처럼 한가한데
관직을 맡을 때는 매화도 속되게 했다.
한잔의 금곡주를 마시고
칠완의 옥천차를 마신다.
아아,
이 어찌 현(縣) 관아에 며칠 머물기보다 낫지 않으리?

[1] "청문(靑門)"구(句) : 소평(邵平)의 "청문종과(靑門種瓜)"를 인용했다. ≪사기(史記), 소상국세가(蕭相國世家)≫에 의하면, 한초(漢初)의 인물 소평은 원래 진(秦)나라의 동릉후(東陵侯)였다. 진나라가 멸망하자 장안 동쪽 성문 밖에서 외를 가꾸며 살아갔다. 그가 가꾼 외의 맛이 매우 달아 세인들은 이를 "동릉과)" 혹은 "청문과"라고 불렀다.

[2] "세미(世味)"구(句) : 왕안석(王安石)의 시 <동백의에게 지어 보여주다(示董伯懿)> 가운데 보이는 "밀랍 씹는 듯한 세상의 맛, 이미 다 잊어버릴 수 있었다. 기름 위에 그림 그리는 것 같은 허망한 짓일지니, 어찌 다시 세상의 헛된 명성을 그리워하리?(嚼蠟已能忘世味, 畵脂那更惜時名)"라는 시구의 의미를 사용했다.

[3] "취산(聚散)"구(句) : 한(漢)나라 적공(翟公)이 처음 정위(廷尉)라는 관직에 오르자 빈객들이 마당을 가득 채웠는데, 그가 관직을 잃게 되자

빈객들이 모두 흩어져서 문밖에 참새들이 놀 수 있을 지경이었다. 그러다가 후에 그가 다시 정위로 나아가게 되자, 그 빈객들이 다시 되돌아왔다고 한다. 여기서는 이 전고를 이용하여 냉랭하고 변화무상한 세상 사람들의 인심이 마치 모였다가 흩어지는 나무 위의 새들과 같음을 비유하고 있다.

[4] "위조갱(爲調羹)"구(句) : 매실은 맛이 새큼하여 옛 사람들은 소금과 같이 조미료로 사용하였다. 조갱(調羹) : 관직의 직무 수행을 비유한다. 출전은 ≪상서(尙書), 설명(說命), 하(下)≫편 가운데에 보이는, "만약 화갱(和羹 : 여러 가지 양념을 하여 간을 맞춘 국)을 끓인다면, 그대는 소금이나 매실 같은 중요한 조미료가 되리라(若作和羹, 爾惟鹽梅)"라는 기록이다. 이것은 은(殷)나라 문종(文宗)이 부열(傅說)을 임명할 때 했던 말이다. 후세에 염매(鹽梅)로서 재상 혹은 직권이 상당한 사람을 가리키게 되었다. 이 시구는 일단 벼슬을 하게 되면 청고하고 우아한 이름을 지닌 매화조차도 세속의 더러운 기운에 물들여지게 된다는 의미이다.

[5] 금곡주(金谷酒) : 금곡원(金谷園) 가운데 있는 좋은 술을 가리킨다. 진(晉)의 부호 석숭(石崇)이 낙양(洛陽) 부근에 금곡원이라는 별장을 지어 자주 거기서 연회를 베풀었다. 즉석에서 시를 읊게 하고, 만약 읊지 못하면 벌주 삼배를 마시게 하였다고 한다.

[6] 칠완옥천차(七碗玉川茶) : 당(唐)의 시인 노동(盧仝)은 호가 옥천자(玉川子)였으며, 차를 즐겨 마셨다. 그의 시 <붓을 움직여 새로운 차를 보내준 맹간의에게 감사의 뜻을 전하다(走筆, 謝孟諫議寄新茶)>는 다음과 같다 : "한잔을 마시고 나면 사물이 부드럽게 보인다. 두 잔을 마시고 나면 고민이 없어진다. 세잔을 마시고 나면 시들은 창자에 ≪노자≫ 오천글자만 남게 된다. 네 잔을 마시고 나면 가볍게 땀이 나는데, 평생의 불평스럽던 일들이 모두 털구멍 사이로 사라져버리게 된다. 다섯 잔을 마시면 기골(氣骨)이 가벼워진다. 여섯 잔을 마시면 신령과 통하게 된다. 일곱 잔은 도저히 마실 수 없다. 두 겨드랑이 사이로 산들산들 맑은 바람이 불기 시작하기 때문이다.(一碗後物潤 ; 兩碗破苦悶 ; 三碗搜枯腸, 唯有文字五千卷 ; 四碗發輕汗, 平生不平事, 盡向毛孔散 ; 五碗肌骨輕 ; 六碗通仙靈 ; 七碗吃不得也, 唯覺兩腋習習淸風生.)" 여기서는 이 전고를 사용함으로서, 차 마시는 정취를 통하여 전원의 한적한 삶을 노래하고 있다.

## [雙調] 殿前歡：次酸齋韻，二首[1]

釣魚臺[東漢嚴子陵釣魚之處]，十年不上野鷗猜[2]．白雲來往靑山在，對酒開懷[投身自然，縱情暢飮]．欠[缺少，不具備]伊周濟世才[3]，犯劉阮貪杯戒[4]，還李杜吟詩債[5]．酸齋笑我，我笑酸齋[會心之笑]．

낚시터에
십년 동안 가지 않았더니 물새들이 이상히 여긴다.
흰 구름 오가는 청산이 있어
술잔을 마주 하고 흉금을 털어낸다.
이윤, 주공 같이 세상 구할 능력 없고
유령, 완적 같이 술이나 좋아할 뿐이며
이백과 두보에게 시채(詩債)를 갚는다.
산재는 내게 미소 짓고
나는 산재에게 미소 짓는다.

[1] 관운석(貫雲石)의 <쌍조(雙調), 전전환(殿前歡)> 가운데에는 "참으로 아름답다. 봄바람 불지 않는 누대가 없구나! 왈칵 치솟는 시심, 이를 어찌할 도리가 없다. 대자연에 대하여 마음껏 풀어보리라. 도연명을 따라 귀거래하려 하지만, 너무 늦게 왔다고 학이 원망하고 원숭이가 나무랄까 두렵다. 부귀공명, 물어서 무엇할 것인가! 산재가 바로 나고, 내가 바로 산재이다.(暢幽哉，春風無處不樓臺．一時懷抱俱無奈，總對天開．就淵明歸去來，怕鶴怨山禽怪，問甚功名在．酸齋是我，我是酸齋.)"라는 산곡작품이 보인다. 장가구(張可久)는 이 작품의 운에 따라 지었다. 모두 2수이다.

[2] 출전은 ≪열자(列子), 황제(黃帝)≫편이다. 백박(白樸)의 <침취동풍(沉醉東風)·어부(漁夫)> 주(注)를 참조할 것.

[3] 이(伊) : 이윤(伊尹)이며, 상탕(商湯)의 명재상(名宰相)이다. 탕(湯)을 보좌하여 하(夏)를 멸하고 상왕조(商王朝)를 수립하였다.

주(周) : 주공(周公)이다. 성(姓)은 희(姬)이고, 이름은 단(旦)이다. 주무왕(周武王)의 아우이고, 주성왕(周成王)의 숙부이다. 성왕(成王)을 보좌하고 예악을 제정했고 천하를 안정시켰다.

이 곡구는 시인 자신이 이윤이나 주공처럼 제세의 능력이 없다고 말한다.

[4] 유(劉) : 유령(劉伶)이다. 자는 백륜(伯倫)이고, 진(晉)의 패국(沛國) 사람이다. "죽림칠현"중의 한 사람이다. 성정이 사물에 얽매이지 않았으며, 술을 좋아하는 것으로 유명하다. 항상 술을 가지고 수레에 탔으며, 종복들로 하여금 가래를 들고 뒤따라오게 하고는, "내가 죽거든 곧장 묻어 달라" 라고 말하곤 했다.

완(阮) : 완적(阮籍)이다. 자는 사종(嗣宗)이고, 삼국시대 위(衛)나라 위씨(尉氏) 지방 사람이다. "죽림칠현"중의 한 사람이다. 휘파람을 잘 불었고 비파를 잘 탔다. 특히 술을 좋아하였고, 날마다 술을 마셔서 재앙을 피하기도 하였다.

이 곡구는 자신이 유령·완적 같이 술을 탐하고 좋아하는 결점이 있음을 고백하고 있다.

[5] 이(李) : 이백(李白)이며, "시선"이라 불려졌다. 두(杜) : 두보(杜甫)이며, "시성"이라 불려졌다. 이 시구는 시인 자신이 이백이나 두보처럼 그렇게 시가를 짓고 싶다고 말하고 있다.

喚歸來, 西湖山上野猿哀[1]. 二十年多少風流怪[2], 花落花開. 望雲霄拜將臺[3], 袖星斗安邦策[4], 破烟月[風月, 指男女情事]迷魂寨[5]. 酸齋笑我, 我笑酸齋.

돌아가자!
서호의 산 위에서 원숭이가 슬피 운다.
이십년 동안 얼마나 많은 풍류 사건들이 있었던가?
꽃이 지고 꽃이 피고…….
저 까마득히 높은 배장대를 바라보고는
구슬처럼 영롱한 경세제민 방책들을 소매 속에 거두며
탐색과 미혼의 요새를 파괴한다.
산재가 내게 미소 짓고
나는 산재에게 미소 짓는다.

[1] 야원애(野猿哀) : 출전은 남조시대(南朝時代) 제(齊)의 공치규(孔稚珪)가 지은 <북산이문(北山移文)> 가운데에 보이는, "휘장이 텅 비자 밤에

학이 원망하고, 산사람이 떠나가자 새벽 원숭이가 놀라워 한다(蕙帳空兮夜鶴怨, 山人去兮曉猿驚)"는 시구이다. 원문은 은거하는 사람이 산을 떠나 관직으로 나아가면, 함께 지내오던 산새들이 원망하고 분노하며 깜짝 놀라기도 한다는 의미이다. 여기서는 이 전고를 사용하여 만약 더 이상 서호에 은거하러 들어가지 않는다면 산중의 원숭이들이 슬피 울 것이라고 말한다.

[2] 풍류괴(風流怪) : 풍류라는 결점이다. ≪개원천보유사(開元天寶遺事)≫에는 "장안(長安)에 평원방(平原坊)이라는 곳이 있는데, 기녀들이 거주하는 곳이다. 경도(京都)가 협소하여 이곳에 모여 살고 있었다. 매년 새로운 진사들은 강전(江箋)의 좋은 종이를 지니고 가서 그곳에서 노닐곤 했다. 그 당시 세상 사람들은 그곳을 풍류의 본거지라고 말했다(長安有平原坊, 妓女所居之地, 京都狹少, 萃集于此, 每年新進士以江箋名紙游謁其中, 時人謂風流藪澤)"는 기록이 보인다.

[3] 운소(雲霄) : 까마득하게 높아서 닿을 수 없다. 배장대(拜將臺) : 한고조(漢高祖) 유방(劉邦)이 일찍이 축대하여 한신(韓信)을 대장으로 영접하였던 곳이다. 여기서는 공훈을 세우는 것이 까마득하여 이룰 수 없음을 말하고 있다.

[4] 수(袖) : 옛사람의 옷소매는 크고 넓어 물건을 감출 수 있었으며, 여기서는 수습한다는 의미이다. 신기질(辛棄疾)의 사(詞) <만강홍(滿江紅), 건강의 사치도 원수 석상에서 지은 시부(建康, 史帥 致道, 席上賦)> 가운데에, "소매 속에 진기한 옥이 감추어져 있는데 오색영롱한 빛이 난다. 먼 후일 서북 지역을 평정할 때 사용하리라(袖裏珍奇光五色, 他年要補天西北)"라는 사구가 보인다. 이 곡구는 치국지도(治國之道)에 관한 계책을 거두어들인다고 말하고 있다.

[5] 미혼채(迷魂寨) : 사람으로 하여금 혼을 잃게 하고 벗어나기 어렵게 하는 곳이다. 여기서는 화류계를 가리킨다. 이 곡구는 여색을 탐하고 술에 탐닉하는 악습을 제거해야 한다고 말하고 있다.

## [雙調] 殿前歡：離思

月籠沙[1]，十年心事付琵琶[2]．相思懶看幃屏畵，人在天涯．春殘豆蔻花[3]，情寄鴛鴦帕[情思寄託在綉有鴛鴦圖案的帕上]，香冷荼蘼架[4]．舊游臺榭[舊時幷肩共游過的樓臺亭閣]，曉夢窗紗[在夢中重溫舊情]．

달빛이 백사장을 환히 비추는데
십년 심사를 비파에 깃들인다.
그리움에 병풍 그림도 보기 싫으니
님은 천애 저 멀리 떠나가 있다.
봄은 두관화를 시들게 하고
정은 원앙새 수놓은 손수건에 깃들며
향은 도미화 시렁에서 차디차다.
그 옛날 함께 유람하던 누각과 정자,
꿈속에서 그대 만나던 새벽의 이 시점.

[1] 월롱사(月籠沙) : 당(唐)의 두목(杜牧)이 지은 시 <진회에 정박하다(泊秦淮)> 가운데 있는 "물안개는 차가운 강물을 감싸 안고 있으며 달빛은 백사장을 감싸 안고 있다(烟籠寒水月籠沙)"라는 시구를 차용했다. 달빛이 모래밭 위를 비추고 있음을 의미한다.

[2] "십년(十年)"구 : 백거이(白居易)의 시 <비파행(琵琶行)> 가운데 있는 "비파에서 울려나오는 소리 마다 슬픈 멜로디였다. 마치 평생 실의하며 살아가는 슬픔을 하소연하는 듯 했다. 그녀 고개 숙이고 계속 비파 타고 있었다. 심중의 무한한 비애를 다 토로하고 있었다(絃絃掩抑聲聲思，似訴平生不得志．低眉信手續續彈，說盡心中無限事)"는 시구의 시의를 사용한다. 십년 동안 억눌러 참아왔던 감정이 모두 비파 소리를 통하여 스며 나오게 되었다고 말하고 있다.

[3] 두구(豆蔻) : 다년생 초본식물. 높이는 성인 남자의 키 정도의 길이인 1장(一丈 : 8척)이고, 꽃은 황백색이며, 이삭 모습을 이루고 있다. 늦봄에 꽃이 핀다. 옛 사람들은 흔히 두구로서 소녀를 비유했다. 당(唐)의 시인 두목(杜牧)이 지은 시 <증별(贈別)> 가운데 "날씬한 그녀는 십

삼 세의 소녀, 이월 초에 피는 두관화 같은 그대(娉娉裊裊十三餘, 豆蔻梢頭二月初)"라는 시구가 보인다. 이 시구는 자신의 청춘이 이미 사라져버렸음을 탄식하고 있다.

[4] "향랭(香冷)"구 : 소식(蘇軾)의 시 <두기가 무창으로 유람차 길을 떠나가다. 도미화와 보살천으로 향기를 맡다(杜沂游武昌, 以荼蘼花菩薩泉見香)> 가운데 있는, "도미화는 봄과 다투지 않는다. 가장 늦게 쓸쓸하게 핀다.(荼蘼不爭春, 寂寞開最晩)"라는 시구를 변용했다. 비록 도미화가 아름답다고는 하지만, 그러나 찬란한 봄날의 기운과 비교할 수는 없음을 말한다.

## [雙調] 殿前歡 : 客中

望長安[可望而不可及], 前程渺渺鬢斑斑[1]. 南來北往隨征雁[奔波于仕途], 行路艱難[2]. 青泥小劍關[3], 紅葉溢江岸[4], 白草連雲棧[5]. 功名半紙, 風雪千山[爲半紙功名, 歷千山風雪].

> 장안을 물끄러미 바라보노라니
> 갈 길은 아득한데 백발만 성성하다.
> 기러기 떼 따라 남북으로 오가니
> 인생행로가 고달프기 그지없다.
> 청니령 부근의 검각이라는 관문과
> 단풍잎 타오르는 분강의 강 언덕과
> 시든 풀 흔들리는 까마득한 잔도(棧道).
> 하잘 것 없는 공명 때문에
> 눈보라 몰아치는 산길을 헤매었다.

[1] 장안(長安) : 한(漢), 당(唐) 두 왕조의 도성이었다. 여기서는 일반적인 의미로서의 도성을 지칭한다. 이 두 시구는 이백의 시 <금릉 봉황대에 올라서서(登金陵鳳凰臺)> 가운데 있는 "언제나 뜬 구름에 의하여 햇살이 가려져 있다. 장안이 보이지 않아 수심에 젖어들게 한다(總爲浮雲能蔽日, 長安不見使人愁)"라는 시의를 변용했다. 두 귀밑머리는 이미 희끗희끗해졌는데도 불구하고 앞길은 여전히 아득하기만 하다는 의미이다.

[2] “행로(行路)”구(句) : 이백의 시 <촉도난>의 시의를 이용했으며, 부귀공명 추구의 어려움을 가리킨다.

[3] 청니(靑泥) : 청니령(靑泥嶺). 섬서성(陝西省) 약양현(略陽縣) 서북쪽에 위치한다. 섬서성(陝西省)에서 촉(蜀)으로 들어가는 길목이다. 이백의 <촉도난> 가운데에, “청니령은 얼마나 험준한가? 백 걸음에 아홉 번 구비 돌며 그 산길이 바위산을 묶는다.(靑泥何盤盤, 百步九折縈巖巒)”라는 시구가 보인다.

소검각(小劍關) : 검각. 사천성(四川省) 검각현(劍閣縣) 북쪽, 대검산(大劍山)과 소검산(小劍山) 사이에 위치한다. 검각이라 부르는 잔도가 있으므로 검문관(劍門關)이라 부르기도 한다. 이백의 ≪촉도난≫ 가운데에 “검각은 산세가 험준하고도 험준하다. 한 사내 관문을 지키면 일만 사내들이 뚫고 지나갈 수 없다(劍閣崢嶸而崔嵬, 一夫當關, 萬夫莫開)”라는 시구가 보인다.

[4] 분강(湓江) : 강서성(江西省)에 있으며, 일명 분간(湓澗) 혹은 용개하(龍開河)라고 부르기도 한다. 원류(源流)는 서창현(瑞昌縣) 청분산(淸湓山)에 있다. 북쪽으로 대강(大江)을 향하여 흘러 들어가는데, 그 흘러드는 입구를 분구(湓口)라고 부른다. 백거이의 <비파행(琵琶行)>은 바로 이 분강 입구에서 손님을 전송할 때 강물 위에서 들려오는 비파소리를 듣고 느낀 바를 노래한 것이다. 그 가운데 “저습한 땅 분강 부근에서 살아간다. 누런 갈대와 고죽(苦竹)이 집 주위를 돌아가며 자라고 있다(住近湓江地低濕, 黃蘆苦竹繞宅生)”는 시구가 보인다. 여기서는 분강의 양쪽 강 언덕에 단풍잎이 한창 붉게 타오르고 있음을 묘사하고 있다.

[5] 백초(白草) : 시든 풀이다. 당(唐)의 잠삼(岑參)이 지은 시 <연지를 지나가며 두위에게 시를 지어 보내다(過燕支, 寄杜位)> 가운데에, “연지산 서쪽 주천에서 전송한다. 북풍이 모래를 불어 흩날리게 하고 시든 풀을 휘만다(燕支山西酒泉送, 北風吹沙卷白草”는 시구가 보인다. 연운잔(連雲棧) : 포사곡(褒斜谷)의 잔도(棧道)를 가리킨다. 섬서성(陝西省) 종남산(終南山)의 골짜기에 위치한다. 남쪽 입구는 포(褒)라고 부르며, 포성현(褒城縣) 북쪽에 위치한다. 북쪽 입구는 사(斜)라고 부르며, 미현(郿縣) 서남쪽에 위치한다. 사천성(四川省)과 섬서성 사이의 교통의 중심지이다. 길이는 모두 사백 칠십 리이며, 지극히 험준하다.

## [雙調] 淸江引 : 春思

黃鶯亂啼門外柳[1], 雨細淸明後[2]. 能消[經受]幾日春[3], 又是相思瘦[因無限相思而消瘦], 梨花小窗人病酒[4].

꾀꼬리가 창가에서 요란하게 우짖는데
청명절 지나가자 부슬비가 내린다.
이 봄을 얼마나 견뎌낼 수 있을까?
또 그리움으로 메말라가겠지?
이화가지 비친 창가에서 술에 취해 살아간다.

[1] "황앵(黃鶯)"구(句) : 당(唐)나라 시인 김창서(金昌緖)의 <춘원(春怨)>이라는 시, "시끄럽게 우짖는 꾀꼬리를 쫓아내어, 가지 위에서 울지 못하게 한다. 가지 위에서 울면 이 몸은 단꿈에서 깨어날 수밖에 없고, 그대 계신 요서 지방으로 건너갈 수 없다.(打起黃鶯兒, 莫教枝上啼. 啼時驚妾夢, 不得到遼西)"를 변용했다.

[2] "우세(雨細)"구(句) : 당(唐)의 시인 두목(杜牧)이 지은 시 <청명(淸明)> 가운데에, "청명 질 무렵에는 실비가 부슬부슬 내린다. 길가는 나그네 혼백이 끊어질 것만 같다(淸明時節雨紛紛, 路上行人欲斷魂)"는 시구가 보인다. 여기서는 이 시로서 절기를 밝히는데 이용하고 있다.

[3] "능소(能消)"구(句) : 신기질(辛棄疾)의 사(詞) <막어아(摸魚兒)> 가운데 보이는 "다시 또 몇 차례의 비바람, 어이 견디리? 총총히 봄비 속에서 돌아간다(更能消幾番風雨, 匆匆春雨歸去)"라는 시구를 변용했다. 여기서는 며칠 동안의 봄날조차 견뎌내지 못하겠다고 함으로서 그리움의 고통을 간절히 묘사하고 있다.

[4] "우시(又是)"2구 : 이청조(李淸照)의 사(詞) <봉황대 위에서, 피리 불던 생각이 난다(鳳凰臺上, 憶吹簫)> 가운데에, "요즘 들어 육신이 메말라간다. 병이 걸려서나 술 마셔서가 아니다. 쓸쓸한 가을 때문도 아니다(新來瘦, 非幹病酒, 不是悲秋)"라는 사구가 보인다. 또한 풍연사(馮延巳)의 사(詞) <나비가 꽃을 사랑하다(蝶戀花)> 가운데 "날마다 꽃나무 앞에서 항시 술에 육신이 병들곤 한다. 거울 속의 홍안, 수척해진들 상관하지

않는다(日日花前常病酒, 不辭鏡裏朱顔瘦)"라는 사구도 보인다. 이 2구는 그리움으로 몸은 갈수록 메말라가고, 작은 창문을 격하여 또 이화가 흩날리는 모습을 보게 되니, 눈에 비치는 정경은 슬픔만을 빚어내지만 이를 어이하지 못하여 술로서 시름을 달랠 수밖에 없다는 의미이다.

## [雙調] 淸江引：春晩

平安信來剛半紙[思念多, 故嫌信字少], 幾對鴛鴦字[字成雙人影隻]. 花開望遠行, 玉減[玉體漸消瘦]傷春事. 東風草堂飛燕子[燕子雙飛].

그대 보내온 편지 종이 반장 밖에 안되네.
몇 쌍의 원앙 모습인 글자들.
꽃이 피면 저 멀리 그대 있는 곳 바라보는데
몸은 메말라가고 그리움에 슬퍼진다.
동풍에 초당 주위로 제비가 짝 지어 날아다닌다.

## [越調] 小桃紅：寄鑑湖諸友[1]

一城秋雨豆花凉[2], 閑倚平山望[3]. 不似年時[當年]鑑湖上, 錦雲香[滿湖荷花艶如彩雲, 香氣四溢], 採蓮人語荷花蕩[湖上採蓮女的歡聲笑語隨荷花蕩漾]. 西風雁行[西風起大雁成行南歸. 回到現時], 淸溪漁唱, 吹恨入滄浪[4].

성안은 모두 초가을 차가운 두화우(豆花雨)에 젖어 있는데
한가로이 평산당에서 먼 산을 바라본다.
지난날 바라보던 감호와 다르니
연꽃들은 마치 향기로운 비단 구름 같은데
연 따는 여인들 소곤거리고 연꽃은 물결 따라 출렁거린다.
서풍에 기러기 남쪽으로 날아가고
청계에 어부가 노래 부르며
슬픔을 창랑에 흘러 보낸다.

[1] 감호(鑑湖) : 일명 경호(鏡湖)이며, 절강성(浙江省) 소흥시(紹興市) 서남쪽에 있다.

[2] 추우두화량(秋雨豆花凉) : 두화우를 가리킨다. 풍속에 팔월에 내리는 비를 두화우라고 부른다. 이 곡구는 한바탕 두화우가 내리자, 요란하고 분주하던 도시도 서늘한 기운을 감돌게 되었다고 말하고 있다.

[3] 평산(平山) : 곧 평산당(平山堂)이다. 양주시(揚州市) 서북쪽 수서호(瘦西湖) 북쪽 촉망(蜀網) 위에 위치한다. 송(宋)의 경력(慶歷) 8년에 군수 구양수(歐陽修)가 건축했다. 당(堂) 위로 오르면 강남의 모든 산들을 멀리 바라볼 수 있어서 평산당이라고 부른다. 구양수의 사(詞) <조중조(朝中措), 평산당> 가운데 "평산당 난간이 푸른 하늘에 기대 서 있다. 푸른 산색이 있는 듯 없는 듯하다(平山欄檻倚晴空, 山色有無中)"라는 사구가 보인다.

[4] 창랑(滄浪) : 출전은 ≪초사(楚辭), 어부(漁父)≫ 가운데 보이는 다음과 같은 시구이다. "어부가 노래를 불렀다. 창랑의 강물이 맑으면 내 갓끈을 씻을 일이다. 창랑의 물이 흐리면 내 발을 씻을 일이다.(漁父歌曰 : '滄浪之水淸兮, 可以濯我纓 ; 滄浪之水濁兮, 可以濯我足.')" 여기서는 시인 자신이 어부처럼 강호로 돌아가서 유유자적하며 은둔할 수 없음을 한스러워한다고 말한다.

## [中呂] 朝天子 : 山中雜事

醉餘, 草書, 李愿盤谷序[點出山中生活的適意][1]. 靑山一片范寬圖[2], 怪我來何暮[靑山怨詩人歸來遲]. 鶴骨淸癯[淸瘦如鶴], 蝸殼蘧廬[3], 得安閑心自足. 蹇驢[瘦弱的驢子], 酒壺, 風雪梅花路[4].

얼근하게 취하자
초서체로
한유의 <이원반곡서>를 쓴다.
청산은 한 폭의 범관이 그린 그림.
날더러 왜 늦었느냐고 나무란다.
학처럼 앙상한 모습으로

달팽이 뿔 속 같은 초가집에서 살아가지만
편안하고 한가하면 마음이사 절로 족하게 느껴진다.
비루먹은 노새 타고
술병 든 채로
눈보라 헤치고 매화 찾아 길 떠난다.

[1] 당(唐)나라 한유(韓愈)에게 <이원이 반곡으로 돌아갈 때, 그를 전송하며 지은 글의 서문(送李愿歸盤谷序)>라는 글이 있다. 글 가운데에서 반곡의 산중은 "샘물이 달고 땅이 비옥하다(泉甘而土肥)"라고 하여, 은거하기에 적당한 곳이라고 찬미하고 있다. 여기서는 시인이 사는 산중을 가리킨다.

[2] 범관(范寬) : 송대(宋代)의 유명한 산수화 화가이다. 여기서는 청산의 경치를 범관의 산수화에 비유하고 있다.

[3] 거려(蘧廬) : 객사이다. 삼국시대의 인물 초선(焦先)의 거실이 협소하고 모양이 달팽이 껍질 같다고 하여 와우려(蝸牛廬)라고 불렀다. 여기서는 시인 자신이 사는 집의 협소하고 누추함을 말한다.

[4] 정우(程羽)의 글 ≪시본사(詩本事), 시사(詩思)≫ 가운데 "맹호연의 시상(詩想)은 파교(灞橋)의 눈보라 중이나 노새 등위에 있다(孟浩然詩思在灞橋風雪中驢子背上)"라는 구절이 보인다. 여기서는 당(唐)의 시인 맹호연이 술병을 든 채로 노새를 타고, 눈길 속에서 매화를 찾아 헤매었다는 전고를 사용하였다.

## [中呂] 朝天子 : 湖上

瘿杯[用有瘤狀物的楠木根制成的酒杯], 玉醅[瑩白如玉的美酒], 夢冷蘆花被[蘆葦絮做的被, 不保暖, 可見生活淸貧]. 風淸月白總相宜, 樂在其中矣. 壽過顔回[1], 飽似白夷[2], 閑如越范蠡. 問誰, 是非, 且向西湖醉.

영배(瘿杯)에
백옥 빛 맑은 술 따르어 마시고는
갈대솜 이불 덮고 덜덜 떨며 잠을 청한다.
풍청월백(風淸月白)하니 모두가 다 좋구나.

낙재기중의(樂在其中矣).
안회보다 더 살았고
백이숙제보다 배부르며
월(越) 범려 마냥 한가롭다.
누구에게 물어보나,
이 세상의 시비를?
그저 서호로 가서 얼근히 취하리라.

[1] 안회(顔回) : 곧 안연(顔淵)이며, 춘추시대(春秋時代)의 인물이다. 공자(孔子)의 제자로, 32세의 나이로 요절했다.

[2] 백이(伯夷) : 은(殷)나라 사람이다. 주무왕(周武王)이 주왕실(周王室)을 세우자 백이숙제(伯夷叔齊) 형제는 주나라 곡식을 먹지 않겠다고 맹세하고, 수양산(首陽山)에 숨어들어 고사리를 캐먹으며 살다가 굶어죽었다.

## [中呂] 朝天子 : 閨情

與誰, 畫眉[1], 猜破風流謎[這風流韻事又被我猜破了]. 銅駝巷里玉驄[好馬]嘶[2], 夜半歸來醉. 小意收拾[小心慇懃服侍他], 怪膽禁持[借着酒意放膽糾纏], 不識羞誰似你[點破機關]! 自知, 理虧, 燈下和衣睡[神態逼眞].

누구에게
눈썹을 그려주고 있는가?
풍류사(風流事), 또 내게 들켜버렸네.
동타항(銅駝巷)에서 준마가 울면
그대는 한밤중에 술 취해 돌아온다.
내가 조심스레 보살펴주면
그대는 취기를 핑계 삼아 담대하고도 귀찮게 구는데
참으로 부끄러운 줄도 모르는구나.
그대는 스스로 잘 알고 있다.
이치에 어긋난다다는 점을.
그러다가 등불 밑에서 옷 입은 채 잠이 든다.

[1] 화미(畫眉) : 출전은 한(漢)나라 경조윤(京兆尹) 장창(張敞)과 그의

아내 사이의 고사이다. 장창과 그의 아내는 서로 극진하게 사랑하는 사이였으며, 장창은 아내에게 눈썹을 그려주었다고 한다. 여기서는 새댁이 신랑에게 혹시 애인이 생기지 않았을까 하고 의심하고 있음을 말한다.

[2] 동타항(銅駝巷) : 지명(地名). 지금의 하남성(河南省) 낙양시(洛陽市)에 위치한다. ≪낙양기(洛陽記)≫ 가운데 "속담에 이르기를, 금마문 밖에는 여러 어진 사람들이 모여들고, 동타맥의 거리에는 젊은이들이 모여든다(俗語曰 : 金馬門外集衆賢, 銅駝陌上集少年)"라는 기록이 보인다. 여기서는 거주하는 곳을 가리킨다.

## [中呂] 紅綉鞋 : 春日湖上

綠樹當門酒肆[酒店門口綠樹成陰], 紅粧映水鬟兒[1]. 眼底慇懃座間詩[眼前有女子勸酒, 壁上有題詩]. 塵埃三五字[題詩已爲塵埃所蒙], 楊柳萬千絲[2], 記年時[以前]曾到此.

푸른 나무가 술집 대문 앞을 가로 막고 있고
호수에 짙게 화장한 술집 여인들 머리모습이 비친다.
눈앞에는 여인의 은근한 시선이 있고 누각 벽에는 시 족자가 걸려 있다.
족자 위에는 먼지가 쌓여 있고
버드나무 가지들이 바람결에 흔들린다.
참, 전에도 여기에 와본 적이 있었구나.

[1] 홍장(紅妝) : 여자의 짙은 화장이다. 환아(鬟兒) : 환형(環形)으로 빗어 올린 쪽진 머리 모습이다. 이 시구는 짙게 화장한 여인이 호숫가에서 술을 팔고 있는데, 그 그림자가 호수 속에 비치고 있음을 묘사하고 있다.

[2] 사(絲)와 사(思)는 해음(諧音)이다. 옛 풍습에 이별할 때 버들가지[류(柳)와 류(留)는 해음]를 꺾어 서로 나누어주며 석별의 뜻을 전하였다. 옛 시사 가운데 흔히 버들가지로 이별을 암시했다. 부드럽고 길어서 차마 헤어지지 못하는 석별의 정을 나타내었다.

## [中呂] 紅綉鞋：湖上

無是無非心思，不寒不暖花時[心恬淡，時宜人]，妝點西湖似西施[1]．控靑絲玉面馬[2]，歌金縷粉團兒[3]，信人生行樂耳[4]!

시(是)도 비(非)도 없는 마음.
춥지도 덥지도 않은 시절.
단장한 서호는 서시처럼 아름답다.
청실의 고삐 매인 옥면(玉面)의 준마.
<금루곡>부르는 어여쁜 아가씨.
확신컨대 인생이란 즐겁게 살아가야 하는 것이리!

[1] 소식(蘇軾)의 시 <호수에서 술을 마시다. 처음에 개였다가 다시 비가 내리다.(飮湖上, 初晴後雨)> 가운데 있는 "서호를 서시에 비교하려 한다면, 엷은 화장도 짙은 화장도 모두 다 잘 어울리리라(欲把西湖比西子, 淡妝濃抹總相宜)"라는 시구의 시의를 사용했다.

[2] 청사(靑絲) : 청색실로 만든 말고삐이다. 옥면마(玉面馬) : 당현종(唐玄宗)에게 명마 옥화총(玉花驄)이 있었다. 일명 옥면화총(玉面花驄)이라고도 불렀다. 여기서는 준마를 가리킨다.

[3] 금루(金縷) : 사패(詞牌), 곡패명(曲牌名)이다. 일명 ≪하신랑(賀新郎)≫ 또는 ≪유연비(乳燕飛)≫라고도 한다. 분단아(粉團兒) : 여가수(女歌手)를 가리킨다. 이 곡구(曲句)는 분 덩어리 같이 희고 고운 가수가 <금루곡(金縷曲)>을 노래하고 있음을 말한다.

[4] 출전은 한(漢)의 양운(楊惲)이 지은 <손해종에게 드리는 글(報孫會宗序)> 가운데 있는, "사람은 지금 당장 힘써 즐거움을 누리며 살아가야 할지니, 부귀를 얻은 다음에라야 즐거움을 누리겠다고 한다면 그 언제가히 누릴 수 있을 것인가?(人生行樂耳, 須富貴何時)"라는 글이다.

## [中呂] 紅綉鞋：天台瀑布寺[1]

絶頂峰攢雪劍[峰頂尖削·高寒, 像寒光閃閃的劍聚在一起], 懸崖水掛冰廉[瀑布自懸涯飛下, 如垂掛冰帘][山水壯觀], 倚樹哀猿弄雲尖[在高入雲端的樹上哀啼]. 血華[花]啼杜宇[2], 陰洞吼飛廉[3], 比人心山未險[點題旨][4].

험준한 산들은 설검(雪劍)이 모여 있듯 햇살에 번득이고
천길 아래로 떨어지는 폭포는 얼음 휘장 드리워진 것 같으며
구름 위로 보이는 가지에 기대어 원숭이는 슬피 운다.
두우는 죽어서 두견 되어 피 토하며 울고
동굴 속에서는 비렴의 울부짖는 소리 들려오지만
그래도 험악한 인심보다야 산이 훨씬 더 낫더라.

[1] 천태(天台) : 산 이름이다. 절강성(浙江省) 천태현(天台縣) 북쪽에 위치한다. 산에는 석량폭포(石梁瀑布)가 있으며, 부근에는 방광사(方廣寺)가 있다.

[2] 두우(杜宇) : 곧 두견이다. 속명은 자규(子規)이다. 전설에 의하면 고촉국(古蜀國)의 망제(望帝)는 이름이 두우(杜宇)였다고 한다. 죽은 후 두견이 되었으며, 그 새가 울 때 토해내었던 피가 두견화라는 꽃으로 되었다는 것이다.

[3] 비렴(飛廉) : 전설 속에 나오는 바람의 신. 굴원의 <이소(離騷)> 가운데 "앞으로는 망서가 길을 열게 하고, 뒤로는 비렴이 치달리게 한다(前望舒使先驅兮, 後飛廉使奔屬)"라는 시구가 보인다. 왕일(王逸)의 주(注) : "비렴은 바람의 신 풍백이다.(飛廉, 風伯也.)" 이 곡구는 산 속의 동굴 속에 습기 찬 바람이 노호하고, 주위는 차갑고 음습하다는 의미이다.

[4] 옹도(雍陶)의 시 <산골짜기에서(峽中行)> 가운데에, "초나라 사람아, 산세가 험하다고 말하지 말라. 세상 사람들 마음이 산보다 더 험하더라(楚客莫言山勢險, 世人心更險于山)"라는 시구가 보인다.

## [雙調] 沉醉東風 : 秋夜旅思

二十五點秋更鼓聲[1], 千三百里水館郵程[奔波于四方]. 青山去路長, 紅樹西風冷. 百年人半紙虛名[前途渺渺, 秋至人老]. 得似璩源閣上僧[2], 午睡足梅窗日影[有閑, 恬淡, 高雅].

> 가을밤에 이십오 점(點) 경쇠 소리 다 들으며 누워 있다.
> 천 삼백 리 물길과 육로, 다 돌아다녔다.
> 산 넘어 갈 길 멀고
> 단풍은 찬 서풍에 붉게 물든다.
> 백년 인생, 반지허명(半紙虛名).
> 거원각(璩源閣) 승려처럼
> 낮잠을 실컷 자니 매창(梅窗)에 해 그림자 일렁인다.

[1] 옛사람은 하룻밤을 5경(五更)으로 나누고, 1경(一更)을 다시 5점(五點)으로 나누었으며, 하룻밤 사이에 25점(點)을 알려야 하였다. 이 작품의 주인공은 25점 치는 소리를 들었다. 이는 그가 밤새도록 한잠도 자지 못했음을 의미한다.

[2] 거원각(璩源閣) : 거원사(璩源寺)를 가리킨다. 절강성(浙江省) 강산현(江山縣) 동남쪽 60리에 위치한다. 오대(五代) 후진(後晉) 천복(天福) 7년(942)에 건립되었다. 이 시구는 시인 자신이 일생 동안 분주히 떠돌아다녀서 승려들의 한가롭고 평담한 삶만 같지 못하다고 말하고 있다. 소식(蘇軾)의 시 <거북모양의 산(龜山)> 가운데 보이는, "이 몸은 천하의 반이라 할 수 있는 만리 길을 헤매고 다녔다. 그런데 승려는 암자 하나에 은거하며 머리 희끗해지기까지 일생을 보내고 있었다(身行萬里半天下, 僧臥一庵初白頭)"의 시의가 담겨져 있다.

## [越調] 天淨沙 : 魯卿庵中[1]

青苔古木蕭蕭[蒼鬱淸幽][2], 蒼雲秋水迢迢[蒼雲變幻, 秋水連天][境界開闊], 紅葉山齋小小[紅葉掩映中有個小小書齋][高雅別致]. 有誰曾到, 探梅人過溪橋[只有高雅之士, 才會過溪橋而來].

푸른 이끼 끼어 있는 고목 한없이 쓸쓸한데
창운(蒼雲)과 추강(秋江)은 둘 다 한이 없이 흐르고
홍엽과 산재는 둘 다 자그만하다.
그 누가 여기에 온 적이 있는가?
매화 찾는 사람만이 계교(溪橋) 건너 찾아오리.

[1] 노경(魯卿) : 생평(生平)은 미상이다. 암(庵) : 옛날 문인들의 서재를 흔히 암으로 불렀다. 곧 작품 가운데 나오는 산재(山齋)를 가리킨다.

[2] 이 곡구는 푸른 이끼들이 지면에 가득 자라고 있고, 고목이 하늘을 찌를 듯이 높으며, 낙엽은 어지러이 공중에서 날아다니고 있음을 말한다.

## [雙調] 慶東原 : 次馬致遠先輩韻[1]

詩情放[曠放], 劍氣豪[豪邁], 英雄不把窮通較[不計較顯晦得失]. 江中斬蛟[2], 雲間射雕[3], 席上揮毫[4]. 他[計較得失之人]得志笑閑人[芸芸衆生], 他失脚[落難]閑人笑.

시심은 광방(曠放)하고
검기는 호탕하니
영웅은 궁통(窮通)에 얽매이지 않는 법.
주처는 강물로 들어가 교룡을 베었고
곡율광은 독수리를 쏘아 떨어뜨렸으며
구양수는 연회(宴會)에서 일만 자를 썼다 한다.
그가 득세하면 한인(閑人)을 비웃고
그가 실세하면 한인(閑人)이 비웃는다.

[1] 장가구가 지은 이 제목 하의 작품 수는 모두 9수이며, 이 작품은 제5수이다. 매수 마다 “그가 득의하면 한가한 사람을 비웃는다. 그가 실의하면 한가한 사람이 비웃는다(他得志笑閑人, 他失脚閑人笑)”라는 결미가 붙어 있다. 마치원의 원작은 이미 산실되었다.

[2] 출전은 ≪진서(晉書), 주처(周處傳)≫이다. 주처는 일찍이 강물 속으로 뛰어들어 백성에게 해악을 끼치는 교룡을 베어 죽였다.

[3] ≪북사(北史), 곡율광전(斛律光傳)≫ 가운데 “또 일찍이 문양(文襄)을 따라 원교(洹橋)에서 교렵(校獵 : 바자울을 치고 하는 사냥)을 했다. 구름 끝에 거대한 새 한 마리를 보고, 그 목을 쏘아 떨어뜨렸다. 그 새는 마치 수레바퀴처럼 거대했는데, 빙빙 돌며 떨어져 내렸다. 독수리였다. 승상은 형자고(邢子高)에게 감탄하며 말했다. ‘이 독수리를 쏘아 맞힌 자가 누구인가?’ 이리하여 그 당시 그를 두고 ‘독수리를 쏘아 떨어뜨린 도독’이라고 불렀다.(又嘗從文襄于洹橋校獵, 雲表見一大鳥, 射之正中其頸, 形如車輪, 旋轉而下, 乃雕也. 丞相屬邢子高嘆曰 : ‘此射雕誰也.’ 當時號 ‘落雕都督’)”라는 기록이 보인다.

[4] 출전은 구양수(歐陽修)가 지은 <조중조(朝中措), 유중원이 처음으로 고향을 떠나 유양을 지키러 감을 전송하다(送劉仲原, 甫出守維揚)>이다. 그 가운데에 “태수는 글을 잘 지어, 한번 붓을 휘두르면 일만 자를 썼으며, 한번 술을 마시면 일천 잔을 마셨다(文章太守, 揮毫萬字, 一飮千鍾)”라는 기록이 보인다.

## [正宮] 醉太平 : 無題

人皆嫌命窘[命運窘迫], 誰不見錢親[一針見血, 總領全篇]. 水晶環入麥糊盆, 才沾粘便滾[1]. 文章糊了盛錢囤[2], 門庭改做迷魂陣[3], 淸廉貶入睡餛飩[淸正廉潔之人被貶斥爲傻瓜]. 葫蘆提倒穩[糊塗蟲倒安穩].

사람들은 모두가 험한 팔자 싫어하나
그 누가 돈 보고 싫어할 자 있으리?
수정 목걸이도 풀 대야에 빠지면
맑음이 사라진다.
문장이 적힌 종이를 돈 담는 곳집 도배하는데 쓰는가 하면
돈만 벌면 된다 하며 기생집으로 만들며
청렴한 인물들을 바보로 취급한다.
멍청한 자가 더 편하게 살아간다.

[1] 수정환(水晶環) : 청렴결백한 인물을 비유한다. 면호분(麵糊盆) : 명리를 추구하는 장소를 가리킨다. 수정으로 만든 목걸이가 밀가루풀이

담긴 대야 속에 떨어지면 더 이상 수정의 맑고 투명함을 지킬 수 없게 된다. 여기서는 원래 청렴결백한 인물이었다 할지라도, 일단 명리를 추구하는 장소 속으로 뛰어들면, 몸과 마음이 모두 급속히 오염되어 버리게 된다는 의미이다.

[2] 돈(囤) : 대나무 껍질로 둘러싸서 곡식을 저장하도록 만든 작은 창고이다. 돈 담는 작은 곳집을 문장이 적혀 있는 종이로 도배한다. 문장이 승진과 치부의 수단으로 되었음을 말한다.

[3] 미혼진(迷魂陣) : 사람으로 하여금 미혹에 빠지게 하고, 또 빠져나오기 힘들게 하는 곳이다. 화류계를 의미한다. 이 시구는 돈을 벌어들이기 위하여 집안을 기생집으로 만들 수 있다는 의미이다.

## [中呂] 迎仙客 : 括山道中[1]

雲冉冉[雲緩緩移動], 草纖纖[草細柔茂盛], 誰家隱居山半崦[山坳]. 水烟寒, 溪路險. 半幅靑帘[酒店的靑布旗], 五里桃花店[酒店].

구름이 서서히 흐르고
풀잎들은 무성하게 자라는데
어떤 은사의 집인지 산이 반쯤 가리운다.
물안개는 찬 날씨로 아련히 피어오르고
개울 사이로 난 산길은 걷기가 험난하다.
청포 조각의 술집 깃발 펄럭이니
오리만 가면 술집이 있다네.

[1] 괄산(括山) : 괄창산(括蒼山)인 듯하다. 절강성(浙江省)의 동남쪽에 있다.

## [越調] 憑欄人 : 暮春卽事

小玉欄杆月半掐[半圓形], 嫩綠池塘春幾家. 鳥啼芳樹丫[樹椏枝], 燕銜黃柳花.

작은 난간 저편에 반달이 떠 있고
푸른 지당 곁으로 인가 몇 채가 보인다.
새들은 꽃나무 가지에서 지저귀고
제비는 연초록 버들꽃을 물고 있다.

## [越調] 憑欄人：江夜

江水澄澄[江水明靜淸澈]江月明, 江上何人搯[以手彈撥]玉箏. 隔江和淚[含淚]聽, 滿江長嘆聲[被感染的不只詩人一個].

맑은 강물 위로 달빛이 휘영청 밝게 비치고
강물 위에서 누군가 비파를 탄다.
강물 저편에서 눈물 머금은 채 듣는데
강물 곳곳에서 장탄성이 터져 나온다.

## [雙調] 落梅風：春曉

東風景, 西子湖[卽西湖], 濕冥冥[濕氣濃重]柳烟花霧[柳·花籠罩在濕氣中, 如烟似霧]. 黃鶯亂啼蝴蝶舞, 幾鞦韆打將春去[蕩鞦韆的少女, 只打了幾下鞦韆, 就把春天赶跑了][想像奇艶].

봄바람 속의 정경이며
서시가 연을 따던 호수이니
버드나무 꽃나무가 안개 속에 몽롱하다.
꾀꼬리 요란하게 울어대고 나비는 나풀나풀 나는데
몇 번 그네 타는 동안 봄은 어느 샌가 저 멀리 사라져갔다.

## [仙呂] 一半兒：秋日宮詞

花邊嬌月靜妝樓[月明人靜], 葉底滄波冷翠溝[水冷波平], 池上好風閑御舟[風微舟閑]. 可憐[可愛]秋, 一半兒芙蓉一半兒柳.

꽃피고 달뜨는 궁전 누각 고요하고
꽃잎 사이로 푸른 물결 도랑으로 흘러가며
연못 위의 산들바람 한가로이 배를 일렁인다.
아름다운 가을이여!
연못을 반은 부용이, 반은 버드나무가 차지한다.

## [商調] 梧葉兒 : 感舊

肘後黃金印[1], 樽前白玉卮[白玉制的酒杯], 躍馬少年時[意氣風發]. 巧手穿楊葉[2], 新聲付柳枝[3], 信筆[隨意命筆]和梅詩. 誰換却何郎鬢絲[4]?

팔꿈치 뒤에 황금 도장 차고 있었고
술독 앞에 백옥 술잔이 놓여 있었으니
말 타고 치달리던 소년시절이었다.
활솜씨는 버드나무 잎을 뚫었고
시 지어 새 곡조에 따라 불렀으며
즉석에서 화매시(和梅詩)를 지어보였다.
누가 하손(何遜)을 백발로 바꾸었나?

[1] 황금인(黃金印) : 출전은 ≪진서(晉書), 주개전(周顗傳)이다≫. 진(晉)의 주개는 일찍이 왕도(王導)를 구해준 적이 있었으나 왕도에게 그 사실을 밝히지 않았다. 그 후 주의에게 어려움이 닥쳤을 때 왕도는 구해주지 않았다. 주개는 일찍이 "말처럼 큰 황금 도장을 팔꿈치에 맨다(取金印如斗大系肘)"라고 말한 적이 있다. 그 후 이로서 관직이 높고 빛남을 비유하게 되었다.

[2] 출전은 ≪전국책(戰國策)≫ 가운데에 보이는, "[소려가] 백기에게 말했다. 초(楚)나라에 양유기라는 사람이 있다. 활을 잘 쏘았는데, 백보 떨어진 거리에서 버드나무 잎을 쏘아도 백발백중이었다([蘇厲]謂白起曰 ; '楚有養由基者, 善射, 去柳葉百步而射之, 百發百中.')"라는 기록이다. 활 잘 쏘는 사람을 비유한다. 여기서는 시인이 젊었을 때 말 달리고 활 쏘던 기상이 당당한 모습을 회상하고 있다.

[3] 백거이(白居易)의 사(詞) <버드나무 가지(楊柳枝)> 가운데 보이는

"그대여, 옛 가곡은 듣지를 말라. 새로 만든 양류지라는 곡을 들어보라(古歌舊曲君休聽, 聽取新翻楊柳枝)"라는 사구(詞句)의 시의를 변용했다. 유지(柳枝) : 곧 양류지이며, 악부곡조(樂府曲調)의 명칭이다. 원래 수(隋)의 구곡(舊曲)이었던 것을 당(唐)에 이르러 재구성했다.

[4] 남조(南朝) 양(梁)의 시인 하손(何遜)이 일찍이 양주(揚州)에서 법조(法曹)라는 관직을 지냈고 있었다. 관사에 매화 한그루가 있었는데, 그는 항상 그 아래에서 시를 지었다. 그 후 낙양(洛陽)에서 관직생활을 하게 되었는데, 매화가 그리워서 다시 양주로 가서 일할 수 있도록 간청했다. 양주에 부임하였을 때는 매화가 만발하였을 시기였다. 그는 하루 종일 꽃을 마주 대하고 있었으며 차마 떠나가지 못하였다고 한다. 두보(杜甫)의 시 <和裴迪, 登蜀州東亭, 送客, 逢早梅, 相憶見寄> 가운데 "동각의 관매가 시흥을 불러일으키니, 하손이 지금도 양주에 있는 듯하다. … 강변의 한 그루는 가지 휘도록 피어, 아침저녁으로 백발을 재촉한다(東閣官梅動詩興, 還如何遜在揚州. … 江邊一樹垂垂發, 朝夕催人白白髮)"는 시구가 보인다. 이 두 곡구는 두보시의 시의를 변용한 것이다.

## [正宮] 小梁州 : 失題

篷窗[船窗]風急雨絲絲, 笑捻吟髭[1]. 淮陽西望路何之[2], 無一個[一本無此三字]鱗鴻[魚雁, 代指書信]至, 把酒問篙師[船夫]. [么]迎頭便說兵戈事[戰事], 風流再莫追思. 塌了酒樓, 焚了茶肆[茶館]. 柳營華市[柳巷花街, 妓女居處], 更呼甚燕子鶯兒[喻妓女].

봉창 뒤흔드는 바람 소리 거세고 비는 우수수 뿌리는데
시상이 안 떠올라 수염만 비트누나.
회양 서쪽 바라보노니 길은 어디로 열려있어
아무런 어안(魚雁)도 오지 않는지
술잔 든 채 사공에게 물어보았다.

[幺]

첫마디가 바로 전쟁에 관한 이야기였으니
풍류사(風流事)는 더 이상 말할 여지도 없었다.
술집 누각 무너지고
찻집도 불탔구나.
아무리 화류가(花柳街)라 한들
기녀 부를 여유가 어찌 있을까?

[1] 음자(吟髭) : 시인의 수염이다. 출전은 당(唐)의 노연양(盧延讓)이 지은 시구, "시의 글자 한자 지어낼 때마다, 수염 몇 개가 뽑혀진다(吟安一個字, 撚斷數莖鬚)"이다. 이리하여 시를 짓는 어려움을 형용하게 되었고, 음자라고 부르게 되었다.

[2] 회양(淮陽) : 지금의 하남성(河南省) 회양현(淮陽縣)이며, 유양(維陽)이라고도 부른다. 지금의 양주시가 이 작품의 정경과 비교적 부합한다. 원(元)의 지정(至正) 13년(1353), 장사성(張士誠)은 태주(泰州)에서 반란을 일으켜 고우(高郵)를 공격, 함락하고 성왕(誠王)이라 자칭했다. 다음 해 양주(揚州)를 공격했으며, 유양의 꽃과 버드나무 우거진 도시가 전화로 불타버리게 되었다. 그러나 장가구의 생평을 살펴보면 응당 그때는 이미 세상을 떠났으며 이와 같은 상황에 접할 수 없었을 시기이다. 이 작품을 어떤 전사(戰事)에 근거하여 지은 것인지 알 수 없다.

## [南呂] 金字經 : 感興

野唱敲牛角[1], 大功懸虎頭[2], 一劍能成萬戶侯. 愁, 黃沙白骷髏[3]. 成名後, 五湖尋釣舟[用范蠡典].

영척은 소뿔 두드리며 노래 불렀고
이광은 호랑이 쏘아 죽여 베개 삼았으니
검 하나로 만호후에 오를 수 있다.
슬프다!
사막에는 백골이 굴러다니고 있구나.
공명을 이루고 나면
오호에 배 띄우고 낚싯대 드리우리.

[1] 고우각(敲牛角) : 출전은 영척반우(寧戚飯牛)의 고사이다. ≪회남자(淮南子), 도응(道應)≫ : "영척(寧戚)이 제환공(齊桓公)을 만나고 싶었으나, 곤궁하여 그 뜻을 스스로의 힘으로 이루기 어려웠다. 이리하여 상려(商旅)가 되어, 수레를 타고 상인의 신분으로 제(齊)나라로 갔다. 저녁에 성곽 문밖에 머물렀다. 그때 환공은 교외에서 빈객을 맞이하고 있었다. 밤에 성문이 열렸고, 그가 탄 수레는 멀리 내보내어졌다. 횃불이 아주 심히 활활 타오르고 있었으며, 부하들이 매우 많았다. 영척은 수레 아래에서 소에게 여물을 먹였다. 멀리서 환공을 바라보니 슬픈 생각이 들었다. 소의 뿔을 두드리며 노래를 불렀다.(寧戚欲干齊桓公, 困窮無以自達, 于是爲商旅, 將任車以商于齊, 暮宿于郭門之外. 桓公郊迎客, 夜開門, 辟任車, 爝火甚盛, 從者甚衆. 寧戚飯牛車下, 望見桓公而悲, 擊牛角而疾商歌.) "영척은 소에게 여물을 주면서 소의 뿔을 두드리며 상가(商歌)를 불렀다. 제환공은 그를 주목하게 되고, 마침내 그를 중용하였다.

[2] 출전은 ≪서경잡기(西京雜記)≫ 가운데 보이는, "이광(李廣)이 형제들과 더불어 명산의 북쪽으로 사냥하러 갔다가 누워 있는 호랑이를 보았다. 그 호랑이를 향하여 쏘았는데, 단숨에 목숨을 끊어놓았다. 그 해골을 베어 베개로 삼았다. 맹수를 정복했음을 보여주려 한 것이다.(李廣與兄弟共獵于冥山之北, 見臥虎焉 射之, 一矢則斃. 斷其髑髏以爲枕, 示服猛也.)"라는 기록이다. 여기서는 이광이 호랑이를 활로 쏘아 죽이고 그 호랑이의 머리를 베개로 삼았다는 고사를 통하여 장군의 용맹을 묘사하였다.

[3] 황사(黃沙) : 전장에서 일어나는 먼지이며, 이로서 전장을 가리킨다. 고루(骷髏) : 죽은 사람의 두골이다. 조송(曹松)의 시 <기해세(己亥歲)> 가운데에, "그대여, 봉후(封侯)에 관한 일 거론하지도 말라. 공훈을 이루고 나면 만고역사 속에 시들어버리게 된다(憑君莫話封侯事, 一將功成萬古枯)"라는 시구가 보인다. 여기서는 사막에 뼈를 내던지게 되어 비참한 최후를 당하게 됨을 가리킨다.

## [南呂] 金字經：樂閑

百年渾[簡直]似醉[1], 滿懷都是春, 高臥東山一片雲[2]. 嗔, 是非拂面塵[是非如臉上灰塵需常拂拭]. 消磨盡, 古今無限[無數]人.

백년 인생이 취몽(醉夢) 같은데
가슴 가득히 봄기운이 가득하다.
사안(謝安)은 흰 구름 떠도는 동산에서 한거했다.
아아,
속세의 시비란 날아드는 먼지일 뿐!
모두 다 소멸시켜버렸구나,
무수한 고금의 영웅호걸들을!

[1] 두보(杜甫)의 시 <병적(屛迹), 2수> 가운데 있는 "백년 인생이 마치 취몽(醉夢)과도 같다. 한 달이 지나도록 머리를 감지 못하고 있다(百年渾似醉, 一月不梳頭)"라는 시구를 사용했다.

[2] 고와동산(高臥東山) : 동산은 절강성(浙江省) 상우현(上虞縣) 서남쪽에 위치한다. 동진(東晋) 시대의 인물 사안(謝安)이 젊은 시절에 동산에서 은거하였던 일을 전고로 사용했다. 사안이 누렸던 동산고와(東山高臥)의 한적한 경지를 찬탄하고 있다.

## [正宮] 塞鴻秋：春情

疏星淡月鞦韆院[疏朗清幽的背景], 愁雲恨雨芙蓉面[1]. 傷情燕足留紅線[2], 惱人鸞影閑團扇[3]. 獸爐[獸形的金屬香爐]沉水烟[4], 翠沼殘花片[碧綠池水上飄浮着凋零的花瓣], 一行[當即]寫入相思傳.

그네 매인 정원 밤하늘에 별빛 성기고 달빛 맑은데
부용처럼 고운 얼굴 수심만 가득하네.
발에 붉은 실 매어준 여인과 제비 사이의 슬픈 이야기.

거울 그림자보고 솟구쳐 오르다 부딪쳐 죽은 봉황의 슬픈 이야기.
봉황 타고 선계로 날아간 농옥의 슬픈 이야기.
향로에는 침향 연기 피어오르고
연못에는 꽃잎들이 흩어져 있는데
지금 당장 상사전(相思傳), 써보고 싶어.

[1] 백거이(白居易)의 <장한가(長恨歌)>에 보이는 "그녀의 얼굴은 부용 같고, 눈썹은 버들잎 같이 아름답다(芙蓉如面柳如眉)"라는 시구를 변용했다. 이 시구는 여인의 아름다운 얼굴이 수심과 눈물로 가득 차 있음을 묘사했다.

[2] 출전은 송(宋)의 증조(曾慥)가 지은 ≪유설(類說)≫에 인용된 <여청집(麗情集), 연녀분(燕女墳)> 가운데의 다음과 같은 기록이다. "송(宋)나라 말엽에, 창가(娼家)의 딸 요옥경(姚玉京)은 양주(揚州) 소교(小校)였던 경유(敬瑜)에게 시집갔다. 경유가 물에 빠져 죽자, 옥경은 시부모를 모시고 살아가기로 결심했다. 그런데 언제나 한 쌍의 제비가 늘보 위에 집을 짓고 살곤 했다. 어느 날 그 중의 한 마리가 수리에게 잡혀가자, 나머지 한 마리가 외롭게 날며 슬피 울었다. 가을까지 배회하다가, 옥경의 팔에 날아 내려앉았는데, 그 모습이 마치 작별을 고하는 것 같았다. 옥경은 붉은 실로 제비의 다리에 묶어주며 말했다. '새봄이 오면 반드시 와서 내 짝이 되어다오' 명년이 되자 그 제비는 과연 다시 찾아왔다. 그래서 옥경은 제비에게 다음과 같이 시를 지어 주었다. '지난 날 반려가 세상을 떠나갔는데, 금년에도 봄은 또 사라져 가는구나. 고인은 은의를 중히 여겼으니, 차마 다시금 새로운 반려를 구하지 못하겠구나.' 이때부터 가을에 돌아가고 봄에 돌아오기를 모두 6, 7년간 계속했다. 그해 옥경이 병들어 죽게 되자, 다음 해에 다시 와서, 슬프게 울어댔다. 가족들이 말했다. '옥경은 죽었다. 무덤이 성곽의 남쪽에 있다.' 제비는 마침내 옥경의 무덤 곁으로 갔으며, 제비 역시 죽어버리고 말았다.(宋末, 娼家女姚玉京嫁襄州小校敬瑜. 敬瑜溺水而死, 玉京守志養姑舅. 常有雙燕巢梁間, 一日爲鷙鳥所獲, 其一孤悲鳴, 徘徊至秋, 翔集玉京之臂, 如告別然. 玉京以紅線系足, 曰 : '昔躡新偶去, 今年春又歸. 故人恩義重, 不忍更雙飛.' 自爾秋歸春來凡六・七年. 其年玉京病卒, 明年復來, 周章哀鳴, 家人語曰 : '玉京死矣, 墳在南郭.' 燕遂至葬所, 亦死.)"

여기서는 이별한 뒤의 고독하고 적막한 모습을 묘사하고 있다.

[3] 난영(鸞影) : "청란무경(青鸞舞鏡)"의 전고를 사용했다. 남조(南朝) 송(宋)의 유경숙(劉敬叔)이 지은 ≪이원(異苑)≫ 가운데에 다음과 같은 기록이 보인다. "계빈국(罽賓國)의 왕이 봉황 한 마리를 구하여, 울게 해보고 싶었으나 그렇게 할 수 없었다. 황금으로 화려하게 치장을 해주고, 맛있는 먹이를 주어보았으나, 그저 가만히 바라보고 있을 뿐 더욱 쓸쓸한 모습이었다. 삼년 동안 울지 않았다. 부인이 말했다. '제가 듣기에 봉황새는 같은 무리를 보면 운다고 합니다. 어찌 거울을 달아놓아 보지 않으시렵니까?' 왕이 그 말을 따랐다. 봉황새는 거울에 비친 그림자를 보더니 슬피 울고, 하늘로 치솟아 날아오르더니 죽어버리고 말았다.(罽鬢國王買得一鸞, 欲其鳴, 不可致, 飾金繁, 餉珍羞, 對之愈戚, 三年不鳴. 夫人曰 : '嘗聞鸞見類則鳴, 何不懸鏡照之.' 王從其言, 鸞睹影悲鳴, 冲霄一奮而絶.)"

단선(團扇) : 옛사람은 흔히 단선(團扇) 위에 진목공(秦穆公)의 딸 농옥(弄玉)이 봉황을 타고 선계(仙界)로 날아갔다고 하는 고사를 그림으로 그리곤 했다. 남조(南朝)의 강엄(江淹)은 다음과 같은 <잡의(雜擬)>라는 시를 지었다. "흰 비단 부채가 마치 둥근 달과 같다. 그 달이 베틀에서 나왔구나. 진(秦)나라 목공(穆公)의 딸 농옥(弄玉)을 그렸다. 그녀는 봉황을 타고 안개 속으로 사라져가고 있다.(紈扇如團月, 出自機中來. 畫作秦王女, 乘鸞向烟霧)." 여기서는 외로운 봉황새와 둥근 부채의 전고를 엮어서, 봄날 규방에서 홀로 지내며 그리워하는 고통을 묘사한다.

## [雙調] 慶宣和 : 毛氏池亭

雲影天光[太陽]乍有無[1], 老樹扶疏[枝葉茂盛紛披]. 萬柄高荷小西湖[2], 聽雨, 聽雨.

> 구름 속의 햇빛이 홀연히 나타났다 사라졌다 할 만큼.
> 고목의 나뭇잎들은 울창하기 그지없다.
> 모씨(毛氏)의 소서호(小西湖)에 연잎들 무수히 많아
> 비 소리를 듣누나.
> 비 소리를 듣누나.

[1] 주희(朱熹)의 시 <책을 읽다가 느낀 바가 있어 이를 시로 짓다(觀書有感)> 가운데 있는 "반 무(畝 : 사방 6척尺이 보步, 백보百步가 무畝)의 네모진 못이 활짝 열린다. 하늘빛과 구름 그림자가 함께 배회한다(半畝方塘一鑑開, 天光雲影共徘徊)"는 시구를 변용했다. 구름의 그림자와 하늘의 모습이 지당에 비치는데, 홀연히 사라졌다가 다시 나타났다가 하는 모습을 묘사했다.

[2] 소서호(小西湖) : 남송시대(南宋時代) 행궁(行宮) 옛 정원에 있는 지소(池沼) 중의 하나이다. 이 시구는 모씨의 연못가 정자가 소서호와 아름다움을 다툴만하다고 말하고 있다.

## [中呂] 賣花聲 : 懷古

美人自刎烏江岸[1], 戰火曾燒赤壁山[2], 將軍空老玉門關[3]. 傷心秦漢, 生民塗炭[4], 讀書人一聲長嘆.

우미인은 오강의 언덕에서 자결했고
전쟁의 불길, 적벽산 태운 적도 있었으며
장군은 옥문관 너머에서 늙고 있었다.
서글픈 진한(秦漢)의 역사여!
생민(生民)은 도탄 중에 있는데
서생은 길게 한숨만 쉬누나.

[1] 미인(美人) : 우희(虞姬)이며, 항우(項羽)의 총희(寵姬)이다. 항우가 해하(垓下)에서 한(漢)의 군대에게 포위당했을 때 사면에서 초(楚)의 노래가 들려왔다. 항우가 밤에 일어나 장중(帳中)에서 술을 마시고, 슬피 노래 부르며 비분강개하여 스스로 시를 지었다 : "힘은 산을 뽑아낼만하고 기운은 세상을 뒤덮을만하다. 시운이 불리하니 오추도 나아가려 하지 않는다. 오추가 앞으로 나아가려 하지 아니하니 어이할 건가? 우미인이여, 우미인이여! 어이할 건가?(力拔山兮氣蓋世, 時不利兮騅不逝, 騅不逝兮可奈何, 虞兮虞兮奈若何!)"노래를 몇 차례 부르자, 우희가 화답했다. "한(漢)의 군대가 땅을 다 차지했다. 사방에서 초(楚)의 노래가 소리 들려온

다. 대왕의 용기 다 사라졌으니, 천첩이 어이 살아갈 수 있을 건가?(漢軍盡略地, 四面楚歌聲. 大王意氣盡, 賤妾何聊生).” 그리고 우희는 스스로 목을 베고 자결했다. 그 날 밤 항우는 겹겹이 쳐진 포위망을 돌파하고 달아났지만, 한(漢)의 군대에게 오강 언덕까지 추격당했으며, 그 역시 스스로 목을 베어 자결했다.

[2] 적벽산(赤壁山) : 지금 호북성(湖北省) 무창(武昌) 서쪽 적기산(赤機山)에 위치한다. 208년에 오촉(吳蜀) 연합군이 여기서 화공지계(火攻之計)로 조조(曹操)의 백만대군을 격파함으로서, 천하를 셋으로 나누는 기초를 마련했다.

[3] 옥문관(玉門關) : 지금의 감숙성(甘肅省) 돈황현(敦煌縣) 서쪽에 위치한다. 옛날 서역(西域)으로 통하는 길목이었다. ≪후한서(後漢書), 반초전(班超傳)≫에 의하면, 동한(東漢) 시대의 명장 반초는 한(漢)의 명제(明帝), 장제(章帝) 때 명을 받고 서역을 평정하고, 서역도호(西域都護)로 임명되었으며 정원후(定遠侯)로 책봉되었다. 서역에서 31년을 지냈으며, 만년에 고향이 그리워져서 상소하여 고향으로 돌아가게 해달라고 간청했다. 그 상소문 가운데 “신은 감히 주천군을 바라지 못하되, 다만 살아서 옥문관 안으로 들어가고 싶을 뿐입니다(臣不敢望到酒泉郡, 但願生入玉門關)”라는 말이 보인다.

[4] 도(塗)는 진흙탕이고, 탄(炭)은 석탄의 불이다. 출전은 ≪상서(尙書), 중훼지고(仲虺之誥)≫ 가운데에 보이는, “하(夏)의 군왕 덕망이 없어, 생민들 흙탕물과 석탄불 속으로 떨어졌다(有夏昏德, 民墜塗炭)”라는 기록이다. 생민이 흙탕물과 석탄불 가운데서 살아가는 형국이라는 의미이다.

## [中呂] 賣花聲 : 客況

十年落魄[困窮失意]江濱客[1], 幾度雷轟薦福碑[2], 男兒未遇暗傷懷. 憶淮陰年少, 滅楚爲帥, 氣昂昂漢壇三拜[3].

십년을 낙백 속에 살아가던 강가의 나그네,
몇 차렌가 벼락이 천복비를 때렸었지.
남아 불우하니 슬픔은 소리 없이 가슴 속을 파고든다.

회음의 불우했던 소년 한신을 생각한다.
초를 멸하고 대장군이 되었으니
배장대에서 삼배하던 한신, 실로 늠름한 기상이었다.

[1] 당(唐)의 두목(杜牧)이 지은 시 <시름을 풀다(遣懷)> 가운데 보이는, "강호에서 좌절한 채로 시를 짊어지고 살아간다. 초나라 여인의 섬세한 허리는 손바닥 위에 세울 수 있을 만큼 가늘다. 흘러간 십년 세월 한 순간 같은 양주에서의 삶이었다. 다만 얻은 것이라고는 청루에서의 불행한 명성뿐이었다(落魄江湖載酒行, 楚腰纖細掌中輕. 十年一刻揚州夢, 贏得青樓薄幸名"라는 시구의 시의를 변용했다.

[2] 출전은 송(宋)의 혜홍(惠洪)이 지은 ≪냉재야화(冷齋夜話)≫ 가운데에 보이는 다음과 같은 기록이다. "범문정공이 파양에서 직무를 맡고 있을 때, 어느 서생이 시를 바쳤는데 매우 훌륭했다. 문정공이 그를 예우했다. 서생이 스스로 말했다. '천하에서 지극히 춥고 배고픈 자, 저보다 지나친 자 없을 것입니다.' 그 당시, 구양수의 솔경서체(率更書體) 유행하고 있었다. <천복사비(薦福寺碑)>의 묵본(墨本)은 천금의 가치가 있었다. 문정공은 종이와 먹을 준비하여 일천 본을 찍어서 경사(京師)로 가서 팔고자 했다. 지묵이 이미 다 갖추어지자, 하루 저녁에 벼락이 쳐서 그 비석을 다 부수어버렸다. 그래서 그 당시 사람들이 말했다. '누군가가 비석을 찍어 복을 주려 해도, 학을 타고 양주로 갈 사람이 없구나.' 소동파는 <궁조대(窮措大)>라는 시 가운데에서, '하루 저녁에 벼락이 쳐서 천복비를 부수어버렸다'라는 시구를 지었다.(范文正公鎭鄱陽, 有書生獻詩甚工, 文正禮之. 書生自言 : '天下之至寒餓者無在某右.' 時盛行歐陽率更書, ≪薦福寺碑≫ 墨本值千錢. 文正爲具紙墨打千本, 使售于京師. 紙墨已具, 一夕雷擊碎其碑. 故時人爲之語曰 ; '有客打碑來薦福, 無人騎鶴上揚州.' 東坡作 ≪窮措大≫ 詩曰 : '一夕雷轟薦福碑.')" 여기서는 우뢰가 천복비를 파괴한 고사로서 시인 자신의 고달픈 운명을 비유했다.

[3] "억회음(憶淮陰)" 3구 : 회양(淮陽) : 지금의 강소성(江蘇省) 회음시(淮陰市)이다. 여기서는 한초(漢初)의 인물 한신(韓信)을 가리킨다. 일찍이 회음후(淮陰侯)로 책봉되었던 적이 있다. 멸초위수(滅楚爲帥) : 한신이 군사를 거느리고 유방(劉邦)과 회합하여, 해하(垓下)에서 항우(項羽)를 격파했

던 일을 가리킨다. 한단삼배(漢壇三拜) : 소하(蕭何)의 강력한 추천 하에 유방이 한신을 대장으로 삼은 일을 가리킨다. 이 세 곡구는 한신이 단(壇) 위로 올라가 장군이 되었던 사실을 통하여, 시인 자신이 객지에서 쓸쓸하게 살아가며 포부를 이루지 못한 슬픔을 두드러지게 나타내고자 하였다.

## [正宮] 漢東山 : 述感

紅妝間翠娥[姬妾成群], 羅綺列笙歌[衣着華麗, 終日歌舞享樂], 重重金玉多[積聚財富]. 受用也麼哥[1]! 二鬼無常上門呵[2], 怎地躱? 索共他[和他一起], 見閻羅[3].

붉은 비단 입은 여인, 푸른 비단 입은 여인 뒤섞여 있구나.
비단 입고 온종일 피리 소리 듣는데
창고마다 금과 옥이 겹겹이 쌓여 있다.
이 얼마나 멋진 삶이던가!
그러나 저승사자 둘이서 갑자기 대문 열고 들어설 때
어디로 피할 건가?
그들과 함께
염라를 만나러 가야만 하리.

[1] "수용(受用)"구(句) : 야마가(也麼哥) : 송(宋), 원(元) 시대의 구어이며, 별다른 의미는 없다. 곡구의 의미는 "얼마나 쓰임 받았던가!"이다.

[2] 이귀무상(二鬼無常) : 전설 중의 음조지부(陰曹地府)에 있는 사람의 목숨을 빼앗아가는 저승사자이다.

[3] 염라(閻羅) : 염라대왕(閻羅大王)이며, 속칭 염왕(閻王)인데, 전설에 나오는 음부(陰府)의 통치자이다.

## [中呂] 山坡羊 : 閨思[1]

雲鬆螺髻[2], 香溫鴛被, 掩春閨一覺傷春睡[萬物昭蘇的春天掩門而睡, 與春不協調]. 柳花飛, 小瓊姬[美麗的小丫頭], 一片聲雪下呈祥瑞[3], 把團圓夢兒生[硬]喚起. 誰, 不做美? 呸, 却是你!

소라 모양으로 땋은 풍성한 머리카락.
아직도 온기, 향기 남은 원앙 이불.
여인은 방문 닫고 쓸쓸히 잠들었다.
버들솜처럼 눈이 펑펑 내린다.
젊고 예쁜 요 계집종아!
흰 눈 펑펑 내리면 좋은 일만 생긴다 해놓고
달콤한 꿈에서 깨어나게 만드누나!
누군가,
못난 짓 골라하는 게?
피!
바로 네년이군!

[1] 이 작품은 ≪요산당외기(堯山堂外記)≫에서는 왕실보(王實甫)의 작품으로 되어 있지만, ≪태평악부(太平樂府)≫에서는 장가구의 작품으로 되어 있다. 그리고 장가구의 ≪장소산북곡연악부(張小山北曲聯樂府)≫에서도 찾아볼 수 있다. ≪전원산곡≫에서는 장가구의 작품으로 수록되어 있다. 원선본에서는 왕실보의 작품으로 되어 있으나, 지금 ≪전원산곡≫에 근거하여 장가구의 작품으로 귀속시킨다.

[2] 운(雲) : 새카만 머리카락을 가리킨다. 이군옥(李群玉)의 시 <두승상의 연회에서 미인에게 지어주다(杜丞相筵中贈美人)> 가운데 "귀밑머리가 무산의 구름처럼 솟아 있다(鬢聳巫山一段雲)"는 시구가 보인다. 여기서는 젊은 여인의 잠든 모습을 묘사하고 있다. 나계(羅髻) : 소라처럼 구비 돌며 땋아 올린 머리의 쪽이다.

[3] 설중증상서(雪下贈祥瑞) : 중국 민간에서는 대설이 풍년의 길조라 하여 눈을 서설(瑞雪)이라고 부른다. 이 작품에서 나오는 눈은 바람에 흩날리는 버들솜을 가리킨다. 출전은 ≪세설신어(世說新語), 언어≫ 편이다. 진(晉)의 사안(謝安)이 눈 내리는 날 조카와 질녀에게 물었다. "함박눈이 펄펄 날리는 것이 무엇과 같은가?" 조카 사랑(謝朗)이 대답했다. "공중에서 소금 뿌리는 것 같네." 질녀 사도온(謝道蘊)이 말했다. "'버들솜이 바람에 흩날리는 것 같네'가 오히려 나을 듯하군요." 그 후 사람들은 버들솜으로 눈송이에 비유했다. 여기서는 그 의미를 역으로 사용하여, 눈송이로 버들솜을 비유했다.

# 30. 우집(虞集)(1272－1348)

자는 백생(伯生)이고, 호는 도원(道園)이다. 조적(祖籍)은 사천(四川) 인수(仁壽)이며, 출생지는 강서성(江西省) 숭인(崇仁) 지방이다.

그는 원나라 후기의 유명한 시인이었다. 관직은 한림학사겸국자제주(翰林學士兼國子祭酒)・규장각시서학사(奎章閣侍書學士)에 이르렀다. 일찍이 ≪경세대전(經世大全)≫의 편수(編修)를 주관한 적이 있었으나, 동조(同祖) 대신(大臣)의 질시를 사기도 하고 또 안질에 걸리기도 하여, 병을 핑계로 관직을 버리고 귀향했다. 그는 일찍이 소암(邵庵)이라 불리는 서실(書室)을 지니고 있었으며, 그래서 사람들은 그를 소암선생이라 불렀다.

그의 시는 우아하고 정교하면서도 절실한 면을 지니고 있다. 그의 산곡 풍격은 시의 풍격과 같다.

≪전원산곡≫에 그의 소령 1수가 수록되어 있다.

## [雙調] 折桂令：席上偶談蜀漢事, 因賦短柱體[1]

鸞輿[皇帝坐的車子, 代指皇帝]三顧茅廬[2], 漢祚[王位]難扶[漢政權難于扶持], 日暮桑榆[3]. 深渡南瀘[4], 長驅西蜀, 力拒東吳[蜀漢政權始建立][5]. 美乎周瑜妙術[蜀漢政權始穩固][6], 悲夫關羽云殂[蜀漢政權始衰落][7]. 天數盈虛[盈虛成敗乃命中注定], 造物乘除[盛衰消長由上天主宰]. 問汝何如[承上設問, 含義很深], 早賦歸歟[8].

황제 수레 세 번이나 초가집을 찾아가도
한(漢)나라 왕조를 지켜내기 어려웠다.
해는 이미 서쪽으로 기울고 있었다.
남로(南瀘) 땅 깊이 쳐들어갔고
서촉(西蜀)으로 말 몰아 치달려 갔으며
동오(東吳) 세력 막아내려 갖은 애를 썼다.
주유(周瑜)의 묘책 실로 뛰어났고
관우(關羽)의 죽음 실로 슬프다!
영허(盈虛)는 운명,
승제(乘除)도 조물주의 몫.
그러니 어찌해야 하는가?
서둘러 고향으로 돌아가야 하리.

[1] 제명(題名)은 "석상우담촉한사, 인부단주체(席上偶談蜀漢事, 因賦短柱體 : 연회석상에서 우연히 촉한(蜀漢)에 대하여 이야기하게 되었고, 이에 단주체(短柱體)로 노래하다)"이다. 도종의(陶宗儀)의 ≪남촌철경록(南村輟耕錄)≫에 의하면, 우집(虞集)은 한 번은 동동학사(童童學士)의 집에서 연회를 베풀 때에 참석하였는데, 어떤 순시수(順時秀)라는 가수가 <절계령(折桂令), 박산동세조향풍(博山銅細鳥香風)>"이라는 곡(曲)을 노래했다. 그 곡은 일구양운(一句兩韻)의 형식을 갖추고 있었으며, 일명 "단주(短柱)"라고도 불렸다. 우집(虞集)은 그 곡의 신기(新奇)함을 좋아했으며, 좌석에서 우연히 촉한의 역사적 사실을 화제로 삼아 이야기하고 있었으므로, 즉석에서 그 곡조에 맞추어 이 작품을 지었다고 한다.

[2] "난여(鑾輿)"구 : 황제의 수레가 세 번이나 초려모사(草廬茅舍)를 방문했다. 여기서는 유비(劉備)가 은거하던 제갈량(諸葛亮)에게 세상으로 나와서 그를 도와 한왕실(漢王室)을 일으켜 주도록 간청한 사실을 가리킨다.

[3] 상유(桑楡) : ≪회남자(淮南子)≫ 가운데 태양이 서녘으로 질 때 나무 끝에서 진다고 하며, 그 나무를 상유라고 불렀다. 흔히 만년이나 말기에 비유하곤 한다. 여기서는 쓰러져 가는 한(漢)나라 왕실을 가리킨다.

[4] 남로(南瀘) : 노수(瀘水)이며, 곧 지금의 금사강(金沙江)이다. 여기서는 제갈량이 노수(瀘水)를 건너 맹획(孟獲)을 일곱 번 사로잡았던 일을 가리킨다.

[5] "장구(長驅)" 2구 : 서촉(西蜀) : 촉중(蜀中)의 지역. 동오(東吳) : 손권(孫權)의 정권. 여기서는 유비(劉備)와 제갈량이 군사를 이끌고 촉으로 들어가, 익주(益州)와 한중(漢中)의 땅을 취하고 정권을 수립하고, 동오의 침입과 습격을 힘써 항거했던 일을 가리킨다.

[6] 주유(周瑜) : 동오의 도독(都督)이다. 지모가 뛰어났다. 그는 일찍이 적벽대전(赤壁大戰)을 지휘하여, 유비와 함께 조조(曹操)의 군사를 격파했다. 화공계(火攻計)를 써서 천하를 셋으로 나누는 국면을 정립하게 만들었다.

[7] 관우(關羽) : 촉한(蜀漢)의 대장이다. 운조(云殂) : 사망하다. 이 시구는 관우가 오(吳)나라와 연합하여 조조에 저항한다(聯吳抗曹)는 제갈량의 방침을 어기다가 동오에게 패배하고, 형주(荊州)에서 실종되었음을 가리킨다.

[8] "조부(早賦)"구 : 진(晉)의 시인 도연명이 지은 <돌아가자(歸去來兮)>에 나타난 시의를 변용했다. 이해득실의 실체를 간파하고 역시 서둘러 고향으로 돌아가 은둔함이 낫다고 생각하고 있다.

# 31. 주문질(周文質)(? －1334)

자는 중림(仲彬)이고, 건덕(建德 : 지금의 절강성浙江省 건덕현建德縣) 사람이었으며, 후에 항주(杭州)로 이사했다.

그는 종사성(鍾嗣成)과 20년 동안 교유(交游)하였는데. 종사성은 ≪녹귀부≫에서 그에 대하여 "재능이 뛰어나고 문필이 신기하다. 유학자의 집안이었으며, 몸을 낮추어 노리(路吏)가 되었다. 단청에 뛰어났고, 가무에 능하였다. 곡조에 밝았고 음율에 정통했다(資性工巧, 文筆神奇, 家世業儒, 俯就路吏, 善丹青, 能歌舞, 明曲調, 諧音律)"라고 말하고 있다. 다재다능한 산곡작가이다. 원나라 원통(元統) 2년(1334)에 병사하였으며, 그때 그의 나이 겨우 중년이었을 뿐이다.

그의 산곡은 대부분 풍월, 연정을 묘사하고 있으며, 간혹 신세를 개탄하는 내용을 묘사한 작품도 보인다. 산곡 풍격은 청일하고 자연스러웠다.

≪전원산곡≫에 그의 소령 43수, 투수 5지가 수록되어 있다.

## [雙調] 落梅風, 二首

樓臺小, 風味佳[憑樓賞景], 動新愁雨初風乍[風雨初起, 愁也新添]. 知不知對春思念他, 倚欄杆海棠花下.

누각 비록 작아도
주위 정경 아름다운데
비바람 불자 슬픔 또한 새롭게 스며든다.

봄을 맞아 그대 그리는 이 심정, 아는가 모르는가?
해당화 곁의 난간에 기대선다.

鸞鳳配, 鶯燕約[以鳥喻人之相戀], 感蕭娘肯憐才貌[1]. 除琴劍又別無珍共寶[2], 只一片至誠心要也不要[以心相送, 足見痴情].

봉황도 짝을 짓고
꾀꼬리, 제비도 짝을 지으니
가인(佳人)은 재자(才子)를 사랑하려 한다.
금(琴)과 검(劍) 이외에 다른 보배 없다.
일편단심뿐인 나를 그래도 원하는가?

[1] 소낭(蕭娘) : 육조(六朝), 당(唐), 송(宋) 때의 여자에 대한 일반적인 칭호이다. 당(唐)의 양거원(楊巨源)이 지은 시 <최씨네 집 아가씨(崔娘)> 가운데에, "풍류를 아는 그대, 그리움에 젖어든다. 그녀가 부친 편지 한 통, 창자를 에이누나(風流人才多情思, 腸斷蕭娘一紙書)"라는 시구가 보인다.

[2] 금검(琴劍) : 옛날 서생의 행장(行裝)에서 항상 지니고 있어야 했던 물건이다. 당의 설능(薛能)이 지은 시 <황하의 북쪽으로 떠나는 풍온을 전송하며(送馮溫往河外)> 가운데 "금검으로 행장을 꾸리고, 하관에서 북쪽으로 나간다(琴劍事行裝, 河關出北方)"라는 시구가 보인다. 여기서는 시인 자신이 바로 한 청빈한 서생 신분임을 말한다.

# 32. 선우필인(鮮于必仁)(? -?)

자는 거무(去務)이고, 호는 고재(苦齋)이다. 어양(漁陽 : 지금의 북경시北京市 밀운현密雲縣) 사람이다.

산곡작가 선우추(鮮于樞 : 1256-1302)의 아들이다. 가학(家學)을 이어받았으며, 특히 악부에 뛰어났다. 그의 산곡 풍격은 우아하다.

《전원산곡》에 그의 산곡은 소령 29수가 수록되어 있다.

## [越調] 寨兒令

漢子陵[1], 晋淵明[晉詩人陶淵明], 二人到今香汗靑[名垂史册][2]. 釣叟誰稱[指子陵], 農父誰名[指淵明], 去就[進退]一般輕[不求名利, 把進退看得很淡]. 五柳莊月朗風淸[3], 七里灘浪穩潮平. 折腰時心已愧[4], 伸脚處夢先驚[5]. 聽, 千萬古聖賢評.

한(漢)의 엄자릉
진(晉)의 도연명
이 두 사람 지금까지 청사에 이름 남긴다.
어옹은 누구며
농부는 누군가?
그들 모두 거취가 가볍다.
오류장에는 달 밝고 바람 상쾌하며
칠리탄에는 물결 잔잔하고 조수 평온하다.
허리 굽힐 때 마음 먼저 부끄러웠고

발 뻗을 때 몽조(夢兆)가 먼저 일어났다.
들으라,
천만 옛 성현들의 물려주신 가르침을!

[1] 자릉(子陵) : 곧 엄광(嚴光)이다. ≪후한서(後漢書), 일민열전(逸民列傳)≫ 가운데에 다음과 같은 기록이 보인다. "엄광은 작가 엄자릉이고, 일명 엄준이라 불렀으며, 회계 여요 지방 사람이다. 어렸을 때부터 명성을 떨쳤으며, 광무제 유수와 동문수학을 했다. … 간의대부라는 관직을 주었으나 나아가 받아들이지 아니하였다. 부춘산에서 농사지으며 살아갔다. 훗날 사람들은 그가 낚시하던 곳을 엄릉의 여울이라고 불렀다.(嚴光, 字子陵, 一名遵, 會稽余姚人也, 少有高名, 與光武同游學. … 除爲諫議大夫, 不屈, 乃耕于富春山, 後人名其釣處爲嚴陵瀨焉.)"

[2] 한청(汗靑) : 옛날에 글씨를 쓸 때에 죽간(竹竿)을 사용했다. 죽간이 말라야 비로소 사용할 수 있었다. 제작방법은 청죽(靑竹)을 취하여 먼저 불로 구워 수분을 제거한다. 죽간을 구울 때 수분이 증발하는 것이 마치 땀을 흘리는 것 같아서 한청이라 부른다. 그 후 이를 차용하여 사서(史書)를 지칭하기도 했다. 남송 시대의 문인 문천상(文天祥)은 "사람이 자고이래로 죽지 않은 자 그 누구였던가? 나의 일편단심을 역사에 남기리라(人生自古誰無死, 留取丹心照汗靑)"이라는 시구를 지었다.

[3] 오류장(五柳莊) : 도연명이 은둔하던 장소이다. 집 주위에 다섯 그루의 버드나무가 있었으므로 그는 자신을 오류선생(五柳先生)이라 불렀으며, 아울러 <오류선생전>이라는 글도 지었다. 그래서 후세 사람들은 그가 살던 곳을 오류장이라 불렀다.

[4] 출전은 남조(南朝) 양(梁)의 소통(蕭統)이 지은 <도연명전> 가운데에 보이는 다음과 같은 기록이다. "연말에. 회계군에서 독우를 보냈다. 팽택현의 서리가 말했다. '응당 의관을 갖추고 맞으러 나가야 합니다.' 도연명이 탄식하며 말했다. '내 어찌 능히 오두미 때문에, 시골의 소인배에게 허리를 굽힐 것인가?' 당일로 인끈을 풀어 반납하고 관직을 떠났으며, <귀거래>를 노래했다(歲終, 會郡遣督郵至. 縣吏請曰 : '應束帶見之.' 淵明嘆曰 : '我豈能爲五斗米, 折腰鄕里小兒?' 卽日解綬去職, 賦≪歸去來≫)." 또 <돌아가자!(歸去來兮辭)>의 서문 가운데 "슬퍼하고 비분강개하며, 평생 품었던 뜻에 깊이 부끄러워 했다(悵然慷慨, 深愧平生之志)"는 글이 있다.

이 시구는 자기 자신의 염원을 저버리고 벼슬하러 가는데 대하여 부끄러움을 느낀다고 말하고 있다.

[5] "신각(伸脚)"구 : 후한(後漢) 광무제(光武帝)는 즉위한 이후 엄광을 찾아내어 경성(京城)에 이르게 하였다. 그와 같은 침상에서 잠이 들었는데, 엄광은 발을 광무제의 배 위에 올려놓았다. 여기서는 이 전고를 빌려 제왕 신변에서는 한숨의 잠을 자더라도 전전긍긍하며 불안에 떨어야 했다고 말한다.

## [雙調] 折桂令 : 諸葛武侯[1]

草廬當日樓桑[2], 任虎戰中原[任憑群雄爭霸中原, 冷眼觀紛爭], 龍[像龍一樣]臥南陽[3]. 八陣圖成[4], 三分國峙, 萬古鷹揚[5]. 出師表謀謨[謀劃]廟堂[朝廷][6], 梁甫吟感嘆巖廊[7]. 成敗難量[8], 五丈秋風[9], 落日蒼茫[諸葛亮之死如落日西墜].

그 당시 초려(草廬)의 제갈량과 누상(樓桑)의 유비는
중원의 호랑이들 싸우는 것을 수수방관하면서
남양 땅에서 한 마리 용처럼 고요히 누워 은둔자적했다.
그러다가 팔진도가 이루어지게 되었고
천하는 세 나라로 나눠지게 되었으며
제갈량은 독수리처럼 하늘로 비상했다.
출사표를 두 차례나 조정에 상소했으며
양보음은 조정을 감탄케 했다.
성패는 실로 헤아리기 어려운 것이어서
그가 죽은 오장원에 가을바람 불고 있는데
지는 해가 창망(蒼茫)하다.

[1] 제갈무후(諸葛武侯) : 곧 제갈량(諸葛亮)이다. 그는 삼국시대 촉한(蜀漢) 후주(後主) 유선(劉禪)으로부터 무향후(武鄕侯)라는 작위를 받았다.

[2] 초려(草廬) : 하남성(河南省)의 남양(南陽)에 위치하고 있다. 일설에는 호북성(湖北省) 양양(襄陽)에 위치하고 있다고 말하기도 한다. 제갈량이 산을 떠나가기 전의 은거지였다. 누상(樓桑) : 지금 하북성(河北省) 탁

주(涿州) 남쪽 삼십 리에 있는 마을이다. 유비의 고향 마을이라고 전해지고 있다. 동남쪽에 한 그루의 커다란 뽕나무가 있어서 유비가 어렸을 때 친구들과 나무 아래에서 놀았으므로, 후에 누상리(樓桑里)라고 불려졌다.

[3] 제갈량이 남양에서 은거할 때 서서(徐庶)가 유비에게 그의 도움을 청하라고 권하였으며, 아울러 그를 "와룡"이라고 불렀다.

[4] 출전은 ≪삼국지(三國志), 촉지(蜀志), 제갈량전(諸葛亮傳)≫. 제갈량이 "병법을 깊이 연구하여, 팔진도를 만들었다(推演兵法, 作八陣圖)"라고 기록하고 있다. 두보의 시 <팔진도(八陣圖)> 가운데, "그의 공훈은 천하를 셋으로 나누게 했고, 그이 명성은 팔진도를 만들게 했다.(功開三分國, 名成八陣圖)"라는 시구가 있다. 팔진도는 제갈량이 작전을 지휘할 때 사용하였던 진법이다. 이 곡구와 그 아래의 곡구는 두보의 시구를 변용하였다.

[5] 출전은 ≪시경(詩經), 대아(大雅), 대명(大明)≫편이다. 여상(呂尙)이 주무왕(周武王)을 보좌하여 주왕실을 세운 공업을 송양(頌揚)하고 있다. "유사상부, 이유응양(維師尙父, 時維鷹揚)"라는 시구가 있다. 그가 웅재를 펼치는 것이 마치 독수리가 하늘을 비상하여 위세를 떨치는 것과 같다고 묘사한다. 여기서는 여상을 제갈량에 비유하고 있다. 두보의 시 <고적을 보고 회포를 노래하다(咏懷古迹), 5수> 가운데에도, "천하를 셋으로 나누어 할거함에 온갖 계책을 다 짜내어 실천했다. 그 노력 만고의 흰 구름 떠도는 푸른 하늘에 깃털 하나 정도의 역할을 하고 있을 뿐이다(三分割據行籌策, 萬古雲霄一羽毛)"라는 시구가 보인다. 여기서는 ≪시경≫과 두보의 시의를 변용하여, 제갈량의 위명(威名)이 만고에 전해짐을 송양하고 있다.

[6] 출사표(出師表) : 제갈량이 북벌할 때 올린 상소문이다. 그는 일찍이 촉한(蜀漢) 건흥(建興) 5년(227), 6년(228) 두 차례에 걸쳐서 상소문을 올렸다. 이를 각각 전, 후 출사표(前, 後出師表)라고 부른다. 이 곡구는 제갈량이 한(漢)의 기업을 재건하기 위하여 두 차례에 걸쳐서 북벌하였음을 말한다.

[7] 양보음(梁甫吟) : 일명 양부음(梁父吟)이며, 악부의 곡명이다. 곡조와 가사가 비분강개하고 서글프다. 전하는 바에 의하면 제갈량이 지었다고 한다. ≪삼국지(三國志), 촉지(蜀志), 제갈량전(諸葛亮傳)≫ 가운데에는, "제

갈량은 논밭에서 농사를 지었으며, 양부음을 즐겨 불렀다(亮躬耕隴畝, 好爲梁父吟)"라는 기록이 보인다. 암랑(岩廊) : 묘당(廟堂)이며, 조정을 가리킨다. 출전은 ≪한서(漢書), 동중서전(董仲舒傳)≫ 가운데에 보이는 다음과 같은 기록이다. "대저 듣건대 요순시대에는 조정에서 유유자적하게 지냈으며, 손을 드리우고 아무 것도 하지 않았어도 천하가 태평하였다고 한다(蓋聞虞舜時, 游于岩廊之上, 垂拱無爲, 而天下太平)." 여기서는 군주를 도와 요순의 태평시대를 이루지 못함을 탄식하는 제갈량의 비분강개하고 슬픈 노래를 묘사하고 있다.

[8] 성패난량(成敗難量) : 성패는 예측하기 어렵다는 의미이다. 출전은 제갈량의 <후출사표>에 나오는, "신은 최선을 다하여 충성을 바칠 것이며, 이는 죽어서야 끝날 것입니다. 일의 성패와 운수의 유리하고 불리함에 있어서는, 신의 총명으로서는 능히 예견할 수 있는 바가 아닙니다(臣鞠躬盡卒, 而死後已. 至于成敗利鈍, 非臣之明所能逆睹也)"라는 글이다.

[9] 오장추풍(五丈秋風) : 촉한(蜀漢) 건흥(建興) 13년(234), 제갈량이 군사를 거느리고 위(衛)나라를 정벌하다가 지금의 섬서성(陝西省) 기산현(岐山縣) 사원구(斜原口) 서쪽, 위수(渭水) 남쪽 강 언덕에 위치하는 오장원(五丈原)의 군중(軍中)에서 병사한 일을 가리킨다.

# 33. 교길(喬吉)(1280－1345)

일명 길보(吉甫)이고, 자는 몽부(夢符)이다. 호는 생학옹(笙鶴翁)이고, 또 다른 호는 성성도인(惺惺道人)이다. 태원(太原) 사람이다.

그는 오랜 세월 동안 항주에서 떠돌며 지냈으며, 일생 동안 관직에 나아가지 않았다. 강호를 한가로이 떠돌고, 시주에 정을 쏟으며 살아갔다. 일생을 가난하고 쓸쓸하며 좌절한 상태에서 살아갔다. 지정(至正) 5년에 타계했다.

그는 잡극·산곡의 모든 부문에서 모두 유명하다. 잡극은 관한경(關漢卿), 백박(白樸), 마치원(馬致遠), 정광조(鄭光祖), 왕실보(王實甫)와 더불어 "원곡 6대가(元曲六大家)"로 불리어지고 있다. 산곡은 더욱 유명하다. 원나라 중후기의 중요작가이며, 청려파(淸麗派)의 대표적 인물이다. 장가구(張可久)와 더불어 "교장(喬張)"으로 병칭된다. 그는 재기(才氣)가 뛰어났으며, 산곡에 있어서 사조(詞藻)와 격율의 정련에 주력하였다. 구상이 정교하고, 조어(造語)가 뛰어나고 우아하였으며, 전고 및 방언·속어를 많이 사용하여 기이하고 특별한 풍격을 이루었다. 명청인(明淸人)들이 극찬하였던 산곡작가이다. 이개선(李開先)은 그에 대하여, "함축적이면서도 풍류와 풍자를 그 이면에 담고 있다. 여러 가지 기발한 착상을 나타내면서도 괴기함에 빠져들지 않는다. 다다익선(多多益善)으로 번거롭게 느껴지지 않게 한다. 구절마다 속어를 쓰면서도, 그 우아함을 잃지 않고 있다. 이러할 때 비로소 가히 스스로 가히 입신(入神)의 경지를 전하는 수준에 이르렀다고 할 수 있다.(蘊藉包含, 風流調笑. 種種出奇, 而不失之怪；多多益善, 而不失之繁. 句句用俗, 而不失其爲文. 自可謂與之傳神)"라고 말했는데,

이는 매우 적절한 평어(評語)이다. 그는 곡중삼매(曲中三昧)의 경지를 깊이 인식하고 있었다. 그는 산곡작법의 핵심을 "(무릇 훌륭한 산곡작품이란) 봉황의 머리, 돼지의 배, 표범의 꼬리 같아야만 한다. 대체로 처음 부분은 아름다워야 하고, 중간 부분은 호탕해야 하고, 마지막 부분은 크게 울려 퍼져야 한다. 특히 수미가 서로 관류하고, 의미가 해맑고 새로운 것을 귀히 여긴다.(鳳頭猪肚豹尾是也. 大概起要美麗, 中要浩蕩, 結要響亮, 尤貴在首尾貫穿, 意思淸新)"라고 결론을 내렸는데, 후세 사람들로부터 칭송받는 바가 되었다.

후인들은 그의 산곡을 ≪성성도인악부(惺惺道人樂府)≫≪문호주집사(文湖州集詞)≫≪교몽부소악(喬夢符小樂)≫ 3종으로 집성(集成)했다. ≪전원산곡≫에 그의 소령 209수, 투수 11지가 수록되어 있다.

## [雙調] 水仙子：游越福王府[1]

笙歌夢斷蒺藜沙[昔日歌舞之地, 如今長滿蒺藜], 羅綺香餘野菜花[昔日綺羅香繞, 如今只見野菜花], 亂雲老樹夕陽下. 燕休尋王謝家[2], 恨興亡怒煞些鳴蛙[3]. 鋪錦池埋荒甃[昔日花團錦簇的池塘, 如今堆滿井磚], 流杯亭堆破瓦[4], 何處也繁華?

생가(笙歌)의 꿈은 납가새 풀 우거진 백사장에서 끊어지고
기라향(綺羅香) 이후에는 들풀만 무성하며
난운노수(亂雲老樹)위로 석양이 깔린다.
제비는 왕사(王謝)의 집으로 날아가지 않는데
개구리로 군사 분기시키려던 월왕 구천의 흥망을 슬퍼한다.
포금지(鋪錦池)에는 벽돌이 가득 채워져 있고
유배정(流杯亭)에는 깨진 기와조각만 흩어져 있으니
번화롭던 자취는 어디로 사라졌는가?

[1] 월복왕부(越福王府) : 남송(南宋) 시대 종실인 복왕(福王) 조여예(趙與芮)의 저택이다. 옛 터전은 지금의 절강성(浙江省) 소흥시(紹興市) 즙산(蕺山) 남쪽에 위치한다.

[2] 왕사가(王謝家) : 진대(晉代)의 왕도(王導), 사안(謝安) 등 사족(士族)

집안을 가리킨다. 한 때 극히 번영하였다. 당(唐)의시인 유우석(劉禹錫)의 시 <오의의 거리(烏衣巷)> 가운데에, "옛날 왕씨(王氏), 사씨(謝氏) 두 귀족 집으로 날아들던 제비들, 지금은 평민들의 집으로 된 같은 장소로 날아들고 있다(舊時王謝堂前燕, 飛入尋常百姓家)"라는 시구가 있다. 여기서는 그 시의를 차용하고 있다.

[3] 명와(鳴蛙) : 우는 개구리이다. 출전은 ≪오월춘추(吳越春秋), 구천벌오외전(勾踐伐吳外傳)≫ 가운데에 보이는 다음과 같은 기록이다. "월왕 구천은 화를 내며 덤벼드는 개구리를 보고 표창했다. 시종이 물었다. '어째서 개구리에게 표창하십니까?' 왕이 말했다. '개구리에게 이와 같은 용기가 있으니, 가히 표창하지 않을 수 있겠는가?' 군사들이 말을 듣고 말했다. '개구리에게 용기가 있어도 표창을 하시니, 하물며 군사들에게 용기가 있다면 어떠할까?' 그해에 스스로 목숨을 걸고 싸우는 자, 그 머리를 바쳐 싸우는 자가 있었다(越王勾踐見怒蛙而式之, 御者曰 : '何爲式?' 王曰 : '蛙有氣如此, 可無爲式乎?' 士人聞之曰 : '蛙有氣王猶爲式, 況士人有勇氣乎?' 是歲, 人有自頸死, 以其頭獻者.)." 월왕 구천은 군사들을 고무·격려하여 그들로 하여금 용감하고 목숨을 가벼이 여기도록 만들려고 하였다. 여기서는 이 전고를 사용하여 쓸쓸한 상념을 짓들이게 하였다.

[4] 유배정(流杯亭) : 냇물을 끌어들이고 정자를 짓는 것을 말한다. 빈객들을 끌어들인 물줄기 곁에 둘러앉게 하고 흐르는 물에 술잔을 놓는다. 술잔이 물줄기를 따라 흘러가다가 머무는 곳 앞에 앉은 사람이 술잔을 들어 마시도록 하는데, 이것을 유배(流杯)라고 한다. 일명 유상(流觴)이라고도 한다. 이 곡구 전체의 의미는, 지난 날 유상곡수(流觴曲水)하던 정자와 누대에 지금은 깨어진 기와 조각들만 쌓여져 있다는 것이다.

## [雙調] 水仙子 : 賦李仁仲懶慢齋[1]

鬧排場經過樂回閑[經過熱鬧的大場面後, 要享淸閑了], 勤政堂辭別撒會懶[2], 急喉嚨[急性子]倒喚學些慢. 掇梯兒休上竿[不要拿梯子往上爬], 夢魂中識破邯鄲[3]. 昨日强如今日, 這番險似那番, 君不見鳥倦知還[4]?

요란하고 거창한 장면들 다 거친 후에 한가하게 살려고 돌아왔고
관아와 작별하고 한적한 거소로 돌아왔으니
급한 성격이면서도 오히려 배우기를 늦게 했다.
사다리 구하여 자꾸 위로 오르려고만 하지 말지니
몽혼 중의 한단(邯鄲) 형국, 확연히 깨닫는다.
어제의 삶이 오늘의 삶만 할 것이며
이번의 험악함이 저번의 험악함만 할 것인가?
그대 보지 못했던가, 새도 지치면 돌아와 쉴 줄 앎을?

[1] 이인중(李仁仲) : 생평은 미상이다. 나만재(懶慢齋) : 이인중(李仁仲)의 거실(居室) 이름이다.

[2] 근정당(勤政堂) : 당현종(唐玄宗)은 일찍이 장안(長安) 흥경궁(興慶宮)에 근정루(勤政樓)를 건축하였다. 여기서는 관원(官員)들이 매일 업무를 처리하는 곳을 가리킨다. 전체 시구는 이인중(李仁仲)이 관아에 작별을 고하고 한적한 거소로 돌아옴을 말한다.

[3] 당(唐)나라 심기재(沈旣濟)의 <침중기(枕中記)>에 나오는 한단몽(邯鄲夢)의 고사를 사용했다. 노생은 한단도(邯鄲道)의 객사에서 여옹(呂翁)을 만났다. 여옹이 그에게 푸른 자기로 만든 베개를 주고 잠들게 하였다. 노생은 꿈속에서 부귀영화를 실컷 누리다가 깨어나고 보니 꿈이었음을 알게 되었다. 그런데 객사 주인이 잠들기 전에 찌고 있던 수수가 아직 채 익지 않고 있었다. 노생은 그때에서야 인생은 한바탕의 꿈일 뿐이라는 사실을 깨닫게 되었다.

[4] 조권지환(鳥倦知還) : 출전은 도연명의 <돌아가자(歸去來兮辭)> 가운데에 보이는, "구름은 무심히 산봉우리에서 피어오르고, 새는 날다가 지쳐 제 집으로 돌아올 줄 안다(雲無心而出岫, 鳥倦飛而知還)"라는 기록이다. 여기서는 도연명의 시의를 빌려 은거의 뜻을 묘사하고 있다.

## [雙調] 水仙子 : 嘲少年

紙糊鍬輕吉列[很輕]枉折尖[紙糊的鍬輕飄飄的不中用], 肉膘膠干支刺有甚黏[1], 醋葫蘆嘴古邦[噘着嘴]佯裝欠[裝傻]. 接梢兒[搭腔兒]雖是諂, 拖牛腰[巴結權貴]只怕傷廉. 性兒神羊也似善[2], 口兒蜜鉢也似甛, 火塊兒也似情忺[熱情興奮].

종이에 풀 섞어 만든 저울대, 쓸모없이 꺾여버리고
육류로 만든 아교풀, 아무런 끈기가 없으니
호로병에 담긴 식초 마시고 술 취한 척한다.
응답함이 비록 아첨이긴 하지만
소 허리 잡듯 빌붙으면 청렴 해치게 되리.
본성은 해태(獬豸)처럼 착하고
입술은 꿀 바른 듯 달콤하며
정염은 불덩어리인양 확 달아오른다.

[1] 육표교(肉膘膠) : 고기로 만든 아교이며, 이는 물건을 붙이는데 쓸 수 없다. 표교(膘膠) : 곧 표교(鰾膠)이다. 어표(魚鰾)로 만든 아교. 물건에 붙으면 매우 단단하게 붙는다. 속칭 어교(魚膠)라고도 한다. 간지랄(干支剌) : 바짝 메마르게 됨을 형용한다. 그 당시의 속어이다.

[2] 신양(神羊) : 곧 해태(獬豸)이며, 전설 속의 신비로운 짐승이다. 뿔이 하나 달린 양의 모습을 하고 있다 한다. 성품은 선량하다. 전하는 바에 의하면 사악하고 바르지 않는 사람만 부딪친다고 한다.

## [雙調] 水仙子 : 展轉秋思京門賦[1]

瑣窗[鏤刻着連環花紋的窗欞]風雨古今情, 夢繞雲山十二層[寫展轉所思], 香銷[燃盡]燭暗人初定. 酒醒時愁未醒, 三般兒捱不到天明[極言入眠之難]. 巉地[忽然]羅幃[絲帳]靜, 森地[猛]然鴛被[綉有鴛鴦圖案之被]冷, 忽地心疼.

창문에 몰아치는 비바람, 고금의 정이리니
꿈결은 운산(雲山) 열두 겹을 맴돌고 가는데
향 다 타고 촛불 꺼지면 그제서야 인적이 사라지리.
술은 깨도 수심은 깨어나지 않아
이 세 가지가 날 샐 때까지 잠 못 들게 하네.
비단 휘장 갑자기 적막해지고
원앙 이불 문득 차게 느껴지면
마음은 홀연히 찡하니 아파오리.

[1] 전전(展轉) : 마음이 불안정하여 잠들지 못하고 뒤척이는 모습이다. 경문(京門) : 경도(京都)를 가리킨다.

## [雙調] 水仙子 : 尋梅

冬前冬後幾村莊, 溪北溪南兩履霜[兩脚踏遍冰霜], 樹頭樹底孤山上[1]. 冷風來何處香, 忽相逢縞袂綃裳[2]. 酒醒寒驚夢[3], 笛凄春斷腸[4], 淡月昏黃[5].

겨울 전후하여 몇 마을 돌아다니고
개울 이쪽저쪽으로 헤집고 다니면서
고산의 나무들을 이리저리 살펴본다.
찬바람 속 향기는 어디서 오나?
흰 저고리 흰 치마 입은 여인 홀연히 만나누나.
술 깨자 문득 추워져서 꿈에서 깨어나고
피리소리 구슬퍼 봄날 단장의 슬픔 맛보노니
휘영청 밝은 달빛 황혼 무렵에 떠오른다.

[1] 수두수저(樹頭樹底) : 당(唐)나라 왕건(王建)의 시 <궁사(宮詞)> 가운데 “나무 위, 아래에서 아직 지지 않은 꽃 찾아본다(樹頭樹底見殘紅)”라는 시구가 보인다. 나무에서 자세히 찾아보고 있음을 말한다. 고산(孤山) : 항주(杭州) 서호(西湖) 가운데 있다. 산 위에 매화가 몹시 많이 자라고 있으며, 매화 감상의 명승지이다. 북송 시대의 시인 임포(林逋)가 여기서 은거했다.

[2] 홀상봉(忽相逢) : 홀연히 찾아내어 의외의 기쁨을 맛본다는 의미이다. 호메(縞袂) : 흰 비단으로 만든 긴 옷소매. 초상(綃裳) : 얇은 비단으로 만든 치마. 홀연히 흰옷 입고 엷게 화장한 여인을 만난다. 여인으로 매화에 비유하고 있다. 매화의 결백함을 형용한다. 소식(蘇軾)의 시 <십일월 이십육일, 송풍정 정자 아래 매화가 만개하다.(十一月二十六日, 松風亭下, 梅花盛開)> 가운데 있는 “해남 선녀의 아름다운 자태 섬돌에 떨어지자, 달빛 아래에 흰 비단 입은 여인 찾아와 문 두드리고 있다(海南仙女嬌

墮砌, 月下縞衣來扣門)”는 시구의 시의를 사용하고 있다.

[3] 이 시구는 시인 자신이 바라본 매화의 아름다움을 묘사했다. 출전은 유종원(柳宗元)의 <용성록(龍城錄)>에 수록되어 있는 조사웅(趙師雄)에 관한 고사이다. 수(隋)나라 조사웅이 영남지방으로 좌천되어 갔다. 나부산(羅浮山)을 지나가다가 한 흰옷 입은 여인을 만나게 되었다. 술잔을 들며 매우 기쁘게 지냈다. 또 한 녹의동자가 노래를 부르고 춤을 추며 술잔을 권하였다. 술이 깨자 달은 지고 별이 가로 놓여 있는데 날은 서서히 밝아오고 있었다. 그는 자신이 흰 매화나무 아래에 누워 있었으며, 나무 위에 푸른 새가 울고 있음을 알아차리게 되었다. 당(唐)의 단요번(殷堯藩)이 지은 시 <매화를 노래하다(咏梅)> 가운데 “맑은 바람 불어와 나부의 꿈 깨우니, 빈 숲속에서 들려오는 푸른 대나무 소리 듣지 말라(好風吹醒羅浮夢, 莫聽空林翠竹聲)”라는 시구가 있다. 시인은 자기 자신이 흰 매화나무 앞에 있어서, 마치 조사웅처럼 도취된 심정과 상쾌한 마음을 느낀다고 말하고 있다.

[4] 옛 피리가락(古笛曲) 가운데 <매화락(梅花落)>, 일명 <낙매화(落梅花)>라는 곡이 있었다. 이백의 시 <낭중 사흠과 함께, 황학루에서 피리 소리를 듣다(與史郎中欽, 聽黃鶴樓上吹笛)> 가운데 “누군가 황학루 앞에서 피리 불고 있고, 오월의 강성(江城)에는 매화가 떨어진다(黃鶴樓前吹玉笛, 江城五月落梅花)”라는 시구가 보인다. 여기서는 이백의 시의를 사용하여, 처량한 피리소리를 듣고 매화가 지고 봄이 사라져 감을 생각하면서 슬퍼하고 가슴 아파하는 심경을 묘사하고 있다.

[5] 여기서는 송(宋)의 임포(林逋)가 지은 시 <산속 정원에 핀 작은 매화(山園小梅)> 가운데 있는 “맑고 얕은 냇물에 매화 성긴 가지 그림자 비치고, 황혼의 달빛 속에서 그윽한 향기 떠돈다(疏影橫斜水淸淺, 暗香浮動月黃昏)”라는 시의를 사용하여 매화를 만난 시간을 암시하고 있다.

## [雙調] 水仙子：暮春卽事

風吹絲雨噀[噴洒]窗紗，苔和酥泥[油潤鬆軟的泥土]葬落花，卷雲鉤月[帘子掛起的樣子]簾初掛．玉釵[指代美女]香徑滑[走出閨房，到了花園]，燕藏春銜向誰家[1]．鶯老羞尋伴，蜂寒懶報衙[2]，啼煞飢鴉．

비바람 불어 부슬비 창틀 적시고
이끼와 부드러운 진흙 속으로 떨어진 꽃잎 시들어가는데
구름과 달 그려진 창렴(窗簾), 이제사 겨우 걷어 올린다.
옥비녀 꽂은 여인은 화원으로 날렵하게 걸어가는데
제비는 진흙 물고 누구를 찾아가나?
꾀꼬리는 늙어 짝 찾기 부끄러워하고
꿀벌은 추워서 벌집에서 나오지 않으며
배고픈 까마귀만 까악까악 울어댄다.

[1] 연장춘(燕藏春)：제비가 진흙을 물어다가 보금자리를 짓는 것이다. 늦봄에 먹이를 구하러 밖으로 나가지 않는다. 이 곡구는 제비의 자취가 보이지 않아, 진흙을 물고 어느 집으로 갔는지 모르겠다고 말하고 있다.

[2] 보아(報衙)：옛날 관리가 당상(堂上)에 올라 업무를 처리할 때 절차에 따라 북을 울렸는데 이를 보아라고 불렀다. 꿀벌은 아침저녁으로 언제나 벌집을 중심으로 모여 있는데, 이는 마치 관리가 아침저녁으로 조례(朝禮)에 참석하는 것과 같으므로 봉보아(蜂報衙)라고 하였다. 이 시구는 날씨가 추워서 꿀벌도 나오지 않음을 말하고 있다.

## [雙調] 水仙子：爲友人作

攪柔腸離恨病上兼[離愁別恨，攪動柔腸，坐臥不安，以至恢恢成病]，重聚首佳期卦怎占[重新相聚期難卜]，豫章城開了座相思店[1]．悶勾肆兒逐日添[2]，愁行貨頓塌在眉尖[3]．稅錢比茶船上欠[4]，斤兩去等秤上掂[5]，吃緊的曆冊般拘鈐[6]．

약한 마음 뒤흔들어 이한(離恨)과 병이 같이 왔노니
그대 다시 만날 날 어이 기약할 수 있으리?
예장성에 그리움 파는 상점을 열어놓았다.
수심과 고뇌 파는 곳 점점 늘어 가고
수심이라는 상품, 눈썹 사이에 자꾸만 쌓여진다.
그 세금이 차선세(茶船稅)보다 덜하겠지만
얼마나 차이 날지는 달아보아야 알 정도인데
마음은 빚 갚을 날 적힌 달력 보는 것 같다.

[1] "예장(豫章)"구 : 쌍점(雙漸)과 소경(蘇卿)의 이야기를 노래한 것이다. 宋·元시대에 매우 널리 유행하였다. 기녀 소경과 서생 쌍점은 서로 사랑하였다. 쌍점이 벼슬을 구하려고 고향을 떠나자 기생어미(鴇母)는 소경을 강서(江西) 지역의 차상(茶商) 풍괴(馮魁)에게 팔아 넘겨버렸다. 그 후 쌍점은 장원급제하였고, 도처로 소경을 찾아다니다가 배가 금산사(金山寺)에 이르자 금산사 벽에 소경이 시를 써둔 것을 보고 밤을 도와 임안(臨安)으로 가서 마침내 소경과 재회하게 되었다. 예장(豫章) : 지금의 강서성(江西省) 남창(南昌)이다.

[2] 민구사아(悶勾肆兒) : 수심과 고민을 파는 곳이다. 구사(勾肆)는 송(宋), 원(元) 시대에 기예인이 기예를 팔던 곳이며, 이 곡구는 그리움이 주는 고통이 날이 갈수록 심해짐을 말하고 있다.

[3] 수행화(愁行貨) : 사람으로 하여금 수심에 빠져들게 하는 것이다. 행화(行貨)는 상품이나 물품의 의미이다. 돈탑(頓塌) : 쌓아두다.

[4] "세전(稅錢)"구(句) : 흠(欠)은 수가 적다는 의미이다. 절실한 그리움이 안겨주는 세채(稅債)가 판차선(販茶船)이 납부하는 차세(茶稅)보다는 좀 더 적을지 모르겠다는 의미이다.

[5] 등평(等秤) : 곧 등칭(戥秤)이며, 일종의 귀중한 물품 혹은 약품의 무게를 재는 작은 저울이다. 최대 단위는 양(兩)이며, 그 밑으로 전(錢)과 분(分)으로 나뉘어 진다. 시구 전체의 의미는 '도대체 차이가 얼마나 날지는 등칭(等秤 : 등칭戥秤) 저울로 재어보아야 비로소 알 수 있을 듯하다'라는 것이다.

[6] 역책(曆冊) : 곧 역본(曆本), 역서(曆書)이다. 구령(拘鈴) : 구속하다. 제한하다. 이 시구는 그리움이 주는 중압감을 매우 크게 받고 있음을

말한다. 달력에는 상환 날자가 하루하루 다가와서, 어찌할 바를 모르게 되고 몸과 마음이 극히 부자유스럽게 된다. 여기서는 그리움 때문에 하루도 제대로 마음 편히 지내지 못함을 형용한다.

## [雙調] 水仙子：怨風情

眼前花怎得[怎能結成]接連枝[1]， 眉上鎖新教配鑰匙[尋找破愁展眉的方藥]，描筆兒[描花樣的筆，可寫信]勾銷了傷春事[將感傷事發泄]．悶葫蘆鉸斷線兒[2]， 錦鴛鴦別對了[另行配對]個雄雌[指對方已另有新歡]． 野蜂兒難尋覓[3]，蠍虎兒乾害死[4]，蠶蛹兒畢罷了相思[5]．

> 눈앞의 꽃은 어이하여 연리지(連理枝) 되어 피어날 수 있었는가?
> 두 눈썹 사이의 수심은 열쇠를 다시 맞추어야 할 것이며
> 꽃 그리는 붓으로 상춘사(傷春事)를 써내려갈 수도 있으리.
> 사랑의 끈은 왜 끊어졌는지 알 수 없고
> 고운 원앙은 옛 짝 버리고 다른 짝 구했다.
> 들벌 같은 그대 더 이상 만나볼 수 없게 되었음에도
> 주사(朱砂) 먹여 기른 도마뱀은 나만 홀로 정절 지키게 했다.
> 누에는 이미 번데기 되어 더 이상 그리움의 실 뽑아내지 않는다.

[1] 연지(連枝) : 연리지(連理枝)이다. 나무 가지와 잎들이 서로 이어져서 마치 한 그루에서 자라난 것과 같다. 옛사람은 이로서 연인 사이를 나타내었다.

[2] 민호호(悶葫蘆) : 수수께끼. 마치 손으로 호로를 막아서 사람들이 그 중에 무엇이 들어 있는지 알 수 없게 하는 것과 같다. 교(鉸) : 가위로 자르다. 이 시구는 상대방이 왜 자신과 사귐을 그만두게 되었는지 짐작할 수 없다고 말한다.

[3] 야봉아(野蜂兒) : 연인을 가리킨다. 옛날 문인들은 꿀벌이 꿀을 따는 것으로 남자가 여자를 사랑하여 뒤따라 다니는 것에다가 비유하였다. 여기서는 상대방이 일편단심으로 자신만을 사랑하지 않기 때문에 들벌(野蜂兒)이라고 했다.

[4] 갈호(蝎虎) : 곧 도마뱀(壁虎)이며, 일명 수궁(守宮)이다. 옛사람은

주사(朱砂)를 먹여 기른 도마뱀을 가루로 만들어 여자의 몸에 칠하면, 만약 남자와 교접을 하지 않을 경우 그 칠한 흔적이 평생 사라지지 않는다고 생각하였다. 건해사(乾害死) : 공연히 해를 입어 죽게 되다. 자신만이 공연히 상대방 때문에 정조를 지키고 있다는 의미이다.

[5] 필파료(畢罷了) : 끝나다. 누에가 번데기로 되었을 때에는 이미 실을 다 토해내었다는 의미이다. "사(絲)"와 "사(思)"는 해음(諧音)이다. 이 시구는 이미 연인에게 더 이상 희망을 품지 않는다는 의미이다.

## [雙調] 水仙子 : 咏雪

冷無香柳絮撲將來[1], 凍成片梨花拂不開[雪態][2], 大灰泥漫不了三千界[3]. 銀棱了凍大海[大海凍成一片銀白], 探梅的心襟難挨[忍不住探梅的迫切心情]. 麵瓮兒裏袁安舍[4], 鹽罐兒裏黨尉宅[5], 粉缸兒裏舞榭歌臺[歌舞樓臺被大雪覆蓋].

냉무향(冷無香)의 버들솜이 달려들듯 날아오고
동성편(凍成片)의 배꽃이 끝없이 날아오니
석회가루가 온 천지를 뒤덮고 있다.
큰 강물도 은색으로 얼어붙어 있으니
매화 찾아 떠나고 싶은 심정 금할 길 없다.
텅 빈 쌀독으로 살다가던 가난뱅이 동한(東漢) 원안(袁安)도 있었고
큰 소금더미 같던 부자 태위(太尉) 당진(黨進)도 있었다.
춤추고 노래하던 무대도 눈 속에 덮여 있다.

[1] "냉무향(冷無香)"구(句) : ≪세설신어(世說新語), 언어(言語)≫ 가운데 사도온(謝道蘊)이 버들솜으로 눈송이에 비유하였던 전고를 차용하고 있다. 차디차고 향기 없는 눈송이가 버들솜처럼 바람에 날려 눈앞으로 닥쳐오다.

[2] 이화(梨花) : 눈송이에 비유하였다. 당(唐)의 잠삼(岑參)이 지은 시 <흰 눈의 노래(白雪歌)> 가운데 "홀연히 하룻밤 사이에 봄바람이 불어왔다. 천 그루 만 그루 매화나무에 매화가 피어났다(忽如一夜春風來, 千樹

萬樹梨花開)"라는 시구가 보인다.

[3] 대회니(大灰泥) : 석회(石灰) 가루이다. 만(漫) : 가득 깔려 있다. 삼천계(三千界) : 불가어(佛家語)이며, 삼천(三千)의 대천세계(大天世界)를 의미한다. 여기서는 일반적인 의미로서의 세상을 가리킨다. 눈송이가 마치 대지에 횟가루를 가득 뿌려놓은 것 같다고 말한다.

[4] 면옹(麵甕) : 면강(麵缸) : 곡물穀物 가루를 넣어두는 독이다. 원안(袁安) : 동한(東漢) 시대의 인물이다. ≪후한서(後漢書), 원안전(袁安傳)≫에 의하면, 그가 빈천할 때 낙양에서 살고 있었다. 하루는 큰 눈이 내리자, 많은 사람들이 밖으로 나가 걸식했는데, 그는 홀로 방안에서 누운 채로 일어나지 않았다. 낙양현(洛陽縣)의 현령(縣令)이 그의 집 대문으로 가서 왜 먹이를 구하러 나가지 않느냐고 묻자, 그는 큰 눈이 내리는 날에는 다른 사람들도 역시 음식이 부족할 터이므로 나만이라도 남을 덜 괴롭히고 귀찮게 하지 않을 작정이라고 대답했다. 낙양현 현령은 그가 어진 사람임을 알고 관직에 나가도록 추천하여 주었다.

[5] 당위(黨尉) : 북송(北宋) 시대의 인물인 태위 당진(黨進)이다. 송(宋)의 인물 황도주인(皇都主人)이 지은 ≪녹창신어(綠窗新語)≫의 기록에 의하면, 당위의 어느 가희(家姬)가 도곡(陶穀)의 첩(妾)으로 팔려갔다. 한번은 도곡이 눈 녹인 물로 차를 끓이면서 첩에게 "당태위(黨太尉)에게는 아마도 이와 같은 고상한 취미는 없겠지?"라고 묻자, 첩은 "그분은 섬세한 분은 아니라서 물론 고상한 취미는 없지요. 다만 돈을 써서 장막을 따뜻하게 하고, 미녀와 더불어 양고주(羊羔酒 : 옛날 분주汾州에서 나던 유명한 술)를 마음껏 마셔 추위를 막아내었을 뿐이지요."라고 대답했다고 한다. 이 시구는 당진의 저택은 마치 하나의 큰 소금더미 같다고 말하고 있다.

## [雙調] 水仙子 : 嘲楚儀[1]

順毛兒撲撒翠鸞雛[2], 暖水兒溫存比目魚[3], 碎磚兒壘就[不牢固]陽臺路[4]. 望朝雲思暮雨, 楚巫娥偸取些工夫[5]. 殢酒[醉酒]人歸未, 停歌月上初, 今夜何如?

털의 결 따라 비취빛 어린 봉황을 애무하고
따뜻한 물속을 비목어가 헤엄치고 있는데
무산 신녀 찾아 양대로 가는 길도 안전하지는 않구나.
아침 구름을 바라보고 저녁 비를 생각하는데
무산신녀 초무아가 여가를 얻었다.
술 취한 사람 아직 돌아오지 않았는데
노래 그치자 달 떠오르기 시작하니
오늘이 며칠인가?

[1] 초의(楚儀) : 원나라 양주(揚州)의 유명한 가기(歌妓)이다. 성(姓)은 이(李)이며, 생평(生平)은 미상이다. 교길(喬吉)은 여섯 수의 산곡을 지어 그녀에게 주었다. 그들 사이의 교분이 매우 두터웠을 것임을 가히 짐작할 수 있다.

[2] 순모아박살(順毛兒撲撒) : 털의 결을 따라 쓰다듬다. 따사롭게 애무한다는 의미이다. 박살(撲撒) : 애무하다. 취란추(翠鸞雛) : 젊고 아름다운 여인이라는 의미이다. 여기서는 초의(楚儀)를 가리킨다. 이 시구는 초의가 애인의 따사로운 애무를 받는다는 의미이다.

[3] 비목어(比目魚) : 옛사람은 이 물고기가 눈이 하나밖에 없으며, 두 마리가 합쳐져야 비로소 헤엄칠 수 있다고 생각했다. 흔히 비목어로 애인, 부부 사이의 정이 깊어 서로 떨어지지 않는 모습을 비유했다.

[4] 양대로(陽臺路) : 출전은 송옥(宋玉)의 <고당부(高唐賦)>이다. 초왕(楚王)이 꿈에 무산(巫山)의 신녀(神女)를 만나 그녀와 사랑을 나누었다. 그녀는 스스로 자신이 "아침에 구름이 되고 저녁이면 비가 되어 내립니다. 아침저녁으로 양대(陽臺) 주위를 맴돌고 있습니다(旦爲行雲, 暮爲行雨, 朝朝暮暮, 陽臺之下)"라고 말했다. 후세 사람들은 양대(陽臺), 운우(雲雨)로서 남녀 사이의 교합을 가리켰다. 이 시구의 의미는 초의가 기녀로서의 삶을 살아가므로 기쁨이 짧은데다가 보장마저도 없음을 말한 것이다.

[5] 초무아(楚巫娥) : 무산(巫山)의 신녀(神女)를 가리킨다. 여기서는 초의를 가리키며, 그 이름과 서로 일치하고 있다.

## [雙調] 水仙子 : 樂淸簫臺[1]

枕蒼龍雲臥品淸簫[仙人頭枕蒼龍, 高臥雲中, 悠閑地吹着簫], 跨白鹿春酣醉碧桃[2], 喚靑猿夜拆燒丹灶[仙丹已煉成, 吩咐靑猿連夜破灶拆除]. 二千年瓊樹老[3], 飛來海上仙鶴. 紗巾岸天風細[4], 玉笙吹山月高, 誰識王喬[5]?

청룡 베고 구름 속에 누워 한가로이 피리불고
백록 타고 벽도수 밑에서 춘주(春酒)에 취해 있으며
청원(靑猿) 불러 선단(仙丹) 완성되었은즉 밤에 아궁이 철거하라 시킨다.
이천년 묵은 신비한 옥수(玉樹) 위로
해상의 선학이 날아와 앉는다.
비단두건 밀어 올려 이마 드러나게 하고
옥피리 불리자 산월(山月) 높이 떠오르는데
그 누가 신선 왕교(王喬)를 알고 있는가?

[1] 악청(樂淸) : 지금의 절강성(浙江省) 악청현(樂淸縣)이다. 소대(簫臺) : 소대산(簫臺山)이며, 악청현 서남쪽 십 오리에 위치한다. 일명 옥소봉(玉簫峰)이라고도 하며, 전하는 바에 의하면 신선 왕자교(王子喬)가 피리를 불던 곳이라고 한다.

[2] 백록(白鹿) : 옛사람은 사슴이 천년을 살 수 있다고 생각했으며, 오백 년을 살면 몸 전체가 희게 변한다고 하여 백록이라고 불렀다. 전설 중의 신선들은 흔히 백록을 타고 다녔다. 당(唐)의 시인 왕창령(王昌齡)이 지은 시 <도사에게 나아가, 주역을 묻고, 동계에 참여하다.(就道士, 問周易, 參同契)> 가운데, “신선이 백록을 타고 있다. 그 신선, 머리카락은 짧은데 귀는 어이 그리 긴가?(仙人騎白鹿, 髮短耳何長)”라는 시구가 있다. 벽도(碧桃) : 일명 천엽도(千葉桃)라고도 한다. 이 시구 전체의 의미는 백록을 타고 다니는 신선이 벽도수 아래에 취하여 누워있다고 말하는 것이다.

[3] 경수(瓊樹) : 전설 중의 신수(神樹)이다. 아름다운 옥(玉)을 열매처

럼 달리게 할 수 있다고 한다.

[4] 사건안(絲巾岸) : 비단 두건을 밀어 올려 이마를 드러나게 하다. 소탈하고 거리낌 없음을 형용한다.

[5] 왕교(王喬) : 왕자교(王子喬)이다. 구제(舊題) 유향(劉向)의 ≪열선전(列仙傳), 왕자교(王子喬)≫에는 다음과 같은 기록이 있다. "왕자교는, 주 영왕의 태자 진(晉)이다. 피리 불기를 좋아했으며 그 피리소리는 봉황의 울음소리를 냈다. 이락(伊洛) 사이를 유람했다. 도사 부구공이 그를 만나러 숭고산에 올라갔다. 30여년 뒤 산위에서 만나기를 청했다. 항량(恒良)을 보고 말했다. '우리 집에 가서 7월 7일 구씨산의 산마루에서 나를 기다리라고 일러라.' 그때가 되자 과연 왕자교는 백학을 타고 날아와 산마루에 머물렀는데, 그저 바라볼 수만 있을 뿐 가까이 다가갈 수는 없었으며, 손을 들어 사람들과 작별을 고하고는, 며칠이 지나자 떠나갔다.(王子喬者, 周靈王太子晉也. 好吹笙作鳳凰鳴, 游伊洛之間. 道士浮丘公接以上嵩高山. 三十餘年後求之于山上, 見恒良曰 : '告我家七月七日待我于緱氏山巔.' 至時果乘白鶴駐山頭, 望之不得到, 擧手謝時人, 數日而去.)"

## [雙調] 折桂令 : 寄遠[1]

怎生來寬掩了裙兒[暗指人瘦了], 爲玉削肌膚, 香褪腰肢[點出原因]. 飯不沾匙, 睡如翻餅[展轉反側, 不能成眠], 氣若游絲[2]. 得受用遮莫[即使]害死[若能得到幸福, 死也心甘情願], 果誠實[至誠相愛]有甚推辭[叫我怎麽樣都可以]. 乾鬧了[白白折騰]多時, 本是結髮的歡娛, 倒做了徹骨兒相思[因丈夫遠出忍受着刻骨相思之苦].

> 어찌해야 치마폭 넓어진 걸 감출 수 있을까?
> 옥 같이 곱던 육신이 메말라 가고
> 육신의 향기도 사라져 간다.
> 수저도 제대로 입에 대지 못하고
> 밤새워 뒤척이다 잠 못 이루니
> 숨결이 미약하기 거미줄 같다.
> 사랑 받을 수만 있다면 죽어도 좋으리.

진심으로 사랑해준다면 무어라 불러도 좋으리.
부질없이 세월을 보내고 있으니
본시 머리 묶어 정식으로 맺어진 부부이면서도
오히려 뼈를 깎는 그리움 속에서 살아가누나.

[1] 제목을 춘원(春怨) 혹은 규사(閨思)로 수록하기도 한다. 멀리 떠나가 있는 사람에게 부쳐 보내는 규원곡(閨怨曲)이다.

[2] 유사(游絲) : 공중에서 흩날리는 거미줄이다. 여기서는 숨결이 미약하기 그지없음을 비유하고 있다.

## [雙調] 折桂令 : 贈羅眞眞[1]

羅浮夢裏眞仙[2], 雙鎖螺鬟[螺形髮髻], 九暈珠鈿[多彩的首飾]. 晴柳纖柔[腰肢纖細靈活], 春葱細膩[手指細長白嫩], 秋藕勻圓[手臂圓勻白皙]. 酒盞兒裏央及[請求]出些腼腆[酒後臉上泛出紅暈, 顯得嬌羞], 畵幀兒上[裝裱過的畵]喚下來的嬋娟[如畵上走下來的美女]. 試問尊前, 月落參[星]橫[點明時間], 今夕何年[3]?

나부산의 조사웅, 꿈속의 매화선녀 같으니
머리카락은 아름답고 풍성하게 땋아 올렸으며
구슬과 비녀는 눈부시게 꽂혀 있다.
허리는 버들처럼 섬세하고 부드럽고
두 팔은 가을 연뿌리처럼 둥글고 희며 아름답다.
한잔 술 마시니 두 볼의 홍조 붉게 피어올라
그림액자 속에서 걸어 내려온 미인 같구나.
술잔을 들고 묻는다.
달 지고 별빛 찬란한 이 시점,
이 저녁은 그 어느 해일까?

[1] 나진진(羅眞眞) : 원나라의 가기(歌妓)이며, 생평은 미상이다.

[2] 나부몽(羅浮夢) : 조사웅(趙師雄)이 나부산(羅浮山)에서 매화선녀(梅花仙女)를 만난 고사를 차용하고 있다. ≪용성록(龍城錄)≫ 가운데 다음과

같은 기록이 보인다. 수(隋)나라 개황(開皇) 연간에 조사웅이 영남(嶺南)으로 좌천되어 가던 도중 나부산 객사에서 어느 흰옷 입은 미인과 함께 술을 마셨다. 또 한 녹색 옷을 입은 동자가 노래와 춤으로 주흥을 돋우며 술을 권하였다. 조사웅이 술에 취하여 잠들었다가 깨어보니 서산으로 달이 지고, 별이 성기게 되었으며, 동쪽이 밝아져오고 있었다. 그리고 자신이 한 그루의 커다란 매화나무 아래에 누워 있었으며, 나무 위에는 비취빛 새 한 마리가 노래하고 있음을 발견하게 되었다. 마음속으로 무언가 잃어버린 듯한 느낌이 들었다. 여기서는 나진진(羅眞眞)을 매화선녀에 비교하고, 자신이 나진진과 함께 있을 수 있음은 조사웅이 매화선녀를 만난 것처럼 즐겁고 기쁜 일이라고 말하고 있다.

[3] ≪시경(詩經), 당풍(唐風), 주무(綢繆)≫편 가운데에 "오늘이 그 어떤 저녁이기에, 이 아름다운 사람을 만나 뵙게 되었는가?(今夕何夕, 見此良人)"라는 시구가 있으며, 소식(蘇軾)의 사(詞) <수조가두(水調歌頭)> 가운데에 "천국에서는, 오늘 저녁이 어느 해일까?(不知天上宮闕, 今夕是何年?)"라는 시구가 있다. 여기서는 두 시의를 겸용하고 있으며, 이와 같이 좋은 밤에 이와 같이 아름다운 여인을 만나 지극히 즐겁고 기쁘다고 말하고 있다.

## [雙調] 折桂令：七夕贈歌者, 二首[1]

崔徽休寫丹青[2], 雨弱雲嬌, 水秀山明[以雨·雲·山·水喩歌者風姿嬌弱, 眉眼明秀]. 箸點歌唇[筷子頭般小嘴], 葱枝纖手[蔥苗般纖嫩手指], 好個卿卿[由衷地贊嘆]. 水洒不着春妝整整[穿着整齊亮麗], 風吹的倒玉立亭亭[體態輕盈俏麗]. 淺醉未醒, 誰伴雲屛[鑲嵌雲母的屛風]? 今夜新凉, 臥看雙星[3].

최휘(崔徽)조차 초상화 그릴 필요 없으리니
비처럼 구름처럼 아름답고
산처럼 강처럼 아름답다.
젓가락 끝처럼 작고 아름다운 입술이고
파뿌리처럼 희고 섬세한 두 손이니

오오, 아름다운 그대여!
정장차림의 고운 봄옷 입고 있고
바람에 날릴 듯한 날씬하고 멋진 몸매 지니고 있다.
조금 마신 술도 아직 깨어나지 않았는데
운모(雲母) 박은 병풍에서 그 누구와 함께 하리?
오늘밤은 선선하여
견우직녀 두 별을 누운 채로 바라본다.

[1] 칠석(七夕) : 음력 칠월 칠일. 걸교절(乞巧節). 작자는 이 제목으로 두수의 산곡작품을 지었다. 이는 그중 제 1수이다. 이 노래를 누구에게 지어주었는지는 미상이다.

[2] 최휘(崔徽) : 당(唐)의 가기(歌妓)이다. 매우 아름다웠으며, 배경중(裴敬中)과 서로 사랑했다. 이별한 후 밤낮으로 그리워하다가 자신의 초상화 한 폭을 그려 배경중에게 부치고는 얼마 안 있어 한을 품은 채로 죽었다. 당나라의 시인 원진(元稹)은 <최휘의 노래(崔徽歌)>라는 시를 지었다. 이 곡구의 의미는 최휘가 더 이상 초상화를 그릴 필요가 없다는 것이다. 가기의 미모가 최휘보다 뛰어남을 가리킨다.

[3] 쌍성(雙星) : 직녀성(織女星)과 견우성(牽牛星)의 두 별이다. 원래는 은하 양쪽에 있는 두 개의 별이었을 뿐이다. 그 후 신화전설 중의 두 신선으로 바뀌어지게 되었다. 직녀는 아내, 견우는 남편이 되었다. 매년 칠월 칠일에 은하의 오작교(烏鵲橋)에서 서로 만난다고 한다. 당의 시인 두목(杜牧)이 지은 시 <추석(秋夕)> 가운데에, "섬돌의 밤공기는 강물처럼 서늘하니, 견우직녀 두 별을 누운 채로 바라본다(玉階夜色凉如水, 臥看牽牛織女星)"라는 시구가 보인다. 여기서는 두목의 시구를 변용하여 이 작품의 제목으로 삼았다.

黃四娘沽酒當壚[1], 一片青旗[酒旗], 一曲驪珠[2]. 滴露和雲, 添花補柳, 梳洗工夫[善于化妝]. 無半點閑愁去處[憂愁全消], 問三生醉夢何如. 笑倩[請]誰扶, 又被春纖[細長嬌嫩的手指], 攪住吟須[揪住髯鬚求詩].

황사낭은 술통 곁에서 술 팔고 있으니
푸른 술집깃발이 펄럭이고

아름다운 노래는 옥이 쟁반 위를 굴러가는 듯.
젖은 이슬 같고 떠도는 구름 같으며
꽃처럼 아름답고 버들처럼 날렵하다.
아리땁게 단장한 그녀.
한 가닥 남아 있던 수심도 말끔히 사라져버렸으니
삼생의 취몽 같은 삶이란 게 정녕 무엇이던가?
누구에게 부축해주기를 웃으며 청하는가?
새싹처럼 길고 부드러운 손길.
그녀 위해 고뇌하며 시를 짓는다.

[1] 황사낭(黃四娘) : 두보(杜甫)의 시 <강가에서 홀로 걸으며 꽃을 찾다(江畔獨步尋花), 절구 7수(七絶句)> 가운데 보이는 시구 "황사낭의 집 정원 안에 있는 오솔길에는 꽃이 가득 피어 있다. 천 송이 만 송이 피어서 가지들을 누르고 있다(黃四娘家花萬蹊, 千朶萬朶壓枝低)" 중의 인물을 차용하여 술파는 여자에 비유하고 있다. 당로(當壚) : 옛날 주점(酒店)에서 흙을 쌓아 노(壚)를 만들어 술독을 놓아두는 곳으로 만들었다. 술파는 사람이 노 곁에 있었으므로 "당로(當壚)"라고 불렀다. 노(壚)는 "노(爐)"또는 "노(盧)"라고도 썼다. ≪사기(史記), 사마상여열전(司馬相如列傳)≫ 가운데에 "탁문군으로 하여금 술독 놓아두는 곳을 지키게 했다(令(卓)文君當壚)"라는 문구가 있다.

[2] 여주(麗珠) : 전설의 출전은 여룡(驪龍)의 턱 아래에 있는 구슬이다. 여기서는 옥을 굴리듯 아름다운 목소리를 형용한다.

## [雙調] 折桂令 : 雨窗, 寄劉夢鸞赴宴, 以侑樽云[1]

妒韶華[美好的年華]風雨瀟瀟, 管月犯南箕[2], 水漏天瓢[雨大如瓢潑]. 濕金縷鶯裳[雨水淋濕了華麗的舞衣], 紅膏燕嘴, 黃粉蜂腰[因其爲歌妓, 善歌舞, 故以鶯燕·蜂腰喩之]. 梨花夢龍綃淚今春瘦了[3], 海棠魂羯鼓聲昨夜驚着[4]. 極目江皐[江邊], 錦澀行雲[美麗行雲因雨而凝滯, 喩劉夢鸞雨中行走不便], 香暗歸潮[淡淡幽香隨晩潮歸來, 盼望劉夢鸞如期而歸].

아름다운 계절에 비바람이 불고 있으니
달이 남쪽 기성(箕星) 가까이 다가갔나 보다.
바가지로 퍼붓는 것처럼 거세게 내린다.
가희의 비단치마가 흠뻑 젖었는데
붉고 고운 입술이고
가늘고 아름다운 허리이다.
이화몽(梨花夢), 용초루(龍綃淚)에 금년 봄은 수척해졌고
해당의 혼백은 급박한 갈고(羯鼓) 소리에 따라 어지러이 춤을 춘다.
하염없이 강 언덕을 바라보는데
아름다운 구름은 빗속에 갇혀 있어
그윽한 향기가 어둠 속에서 돌아오기를 빈다.

[1] 유몽란(劉夢鸞) : 필시 가기(歌妓)일 듯하다. 생평은 미상이다. 유주(侑尊) : 권주(勸酒)하다.

[2] ≪상서(尙書), 홍범(洪範)≫편 가운데에 "어떤 별은 바람을 많이 불게하고, 어떤 별은 비를 많이 내리게 한다. … 달이 별을 따르게 되면, 비바람이 많게 된다(星有好風, 星有好雨 … 月之從星, 則以風雨)"라는 기록이 보이며, 전(傳)에 "달이 기성까지 운행하면 바람이 많이 불고, 달이 필성까지 운행하면 비가 많이 내린다(箕星好風, 畢星好雨)", "달이 동북쪽으로 가서 기성으로 들어가면, 바람이 많이 불게 된다. 달이 서남쪽으로 가서 필성으로 들어가면, 비가 많이 내리게 된다. 이른바 함께 별을 따르면 비바람이 많게 된다는 것이다(月行東北入于箕, 則多風 ; 月行西南入于畢, 則多雨. 所謂同之從星則以風雨也)"라는 기록이 보인다. 여기서는 달이 기성(箕星)까지 운행하게 되면 풍우가 많다고 말하고 있으며, 큰 비의 유래를 묘사하고 있다.

[3] 이화몽(梨花夢) : 출전은 다음과 같은 당(唐)의 시인 왕건(王建)이 지은 시 <꿈에 배꽃을 보고나서 지은 노래(夢看梨花之歌)>이다. "지는 꽃비 온 하늘에 흩날린다. 이화의 색깔은 서로 같은 것 같으면서도 다르다. 두 눈으로는 빤히 바라보이지만 팔은 닿지 않는다. 설사 얻는다 해도 역시 꿈속을 헤매는 것 같다. 아무도 날 위해 이 꿈 해석해주지 않는다. 이 이화의 노래, 사람들이 귀히 여긴다.(落英散粉飄滿空, 梨花顔色同不同. 眼穿臂短取不得, 取得亦如從夢中. 無人爲我解此夢, 梨花一曲人珍重)"이다.

용소루(龍綃淚) : 출전은 진(晉)의 간보(干寶)가 지은 ≪수신기(搜神記)≫에 보이는 다음과 같은 기록이다. "남해 바다 저 멀리에 인어가 살고 있는데, 물속에서 물고기처럼 지내고 있다. 쉬지 않고 베를 짜고 있으며, 흐느껴 눈물이 흐르면 곧 진주가 된다.(南海之外, 有鮫人, 水居如魚, 不廢織績, 其眼泣, 則能出珠.)"이 시구는 빗물이 이화에 떨어지는 것이 마치 인어 눈물 같으며, 이화 역시 어지러이 떨어져서 봄을 적시고 수척하게 만든다고 비유한다.

[4] 해당화(海棠魂) : 당현종이 일찍이 술에 취한 양귀비가 봄날 잠이 부족한 해당화와 같다고 말했다. 갈고(羯鼓) : 옛날 갈족(羯族)의 악기이며, 소리가 급박하고 요란하다. 전하는 바에 의하면 당 현종은 갈고를 잘 쳤다고 한다. 일찍이 '갈고가 꽃을 재촉하다(羯鼓催花)'라는 고사가 있었다.

## [雙調] 折桂令 : 丙子, 游越懷古[1]

蓬萊老樹蒼雲[2], 禾黍高低[3], 狐兎紛紜[狐狸野兎亂跑]. 半折殘碑, 空餘故址, 總是黃塵[淹沒在塵土中]. 東晋亡也再難尋箇右軍[4], 西施去也絶不見甚佳人. 海氣長昏[昏沉沉的滄海], 啼鴂聲乾, 天地無春[5].

봉래각 주변에 고목은 창량하고 검은 구름 어둡게 몰려와 있는데
들벼와 기장이 여기저기서 자라고 있고
여우와 토끼들이 어지러이 달아나고 있다.
반으로 쪼개진 비석 조각
왕궁터전에 부질없이 남아서
진흙 속에 모조리 파묻혀 있다.
동진이 망하자 왕우군 같은 명필 찾아볼 수 없게 되고
서시가 사라지자 아름다운 여인 찾아볼 수 없게 되었다.
바다는 먹구름으로 캄캄해지고
두견새는 메마른 소리로 울어대고 있으니
천지에 밝고 환한 봄기운 찾아볼 수 없구나!

[1] 병자(丙子) : 원나라 지원(至元) 2년(1336)이다. 월(越) : 춘추시대의

나라 이름이다. 수도는 회계(會稽 : 지금의 절강성浙江省 소흥紹興)였다. 그 영역은 지금의 강소성(江蘇省) 북부 운하 동쪽 지역, 곧 강소성(江蘇省) 남부, 안휘성(安徽省) 남부, 강서성(江西省) 동부, 절강성(浙江省) 북부를 차지하고 있었다.

[2] 봉래(蓬萊) : 전설 중의 선경이며, 여기서는 회계(會稽) 와룡산(臥龍山) 봉래각(蓬萊閣)을 가리킨다. 옛 터전은 소흥시(紹興市) 와룡산 월왕대(越王臺) 서쪽에 위치한다. 이 시구는 봉래각 내부에 고목이 창량하고 구름이 어둡게 드리워져서 쓸쓸하고 숙연한 느낌을 자아낸다고 묘사하고 있다.

[3] ≪시경(詩經), 서리(黍离)≫편 가운데 있는 시구이다. 주(周)나라가 망한 후 주대부(周大夫)가 종묘(宗廟), 궁실(宮室)이 있는 곳을 지나가다가 도처에 들벼와 수수들이 자라나고 있는 것을 보고 슬퍼하며 지은 시이다. 그 후 들벼와 수수로서 흥망을 비유하게 되었다. 당(唐)의 허혼(許渾)이 지은 시 <금릉회고(金陵懷古)> 가운데에, "벼와 기장이 육대궁 여기저기서 어지러이 자라고 있다(禾黍高低六代宮)"라는 시구가 보인다. 여기서는 그 당시 시인이 명승지와 월(越)나라 고궁(古宮)의 유적지를 올라가서 바라보고 그 쓸쓸한 정경을 슬퍼하고 있음을 묘사하였다.

[4] 우군(右軍) : 곧 진(晉)의 서도가 왕희지(王羲之)이다. 회계(會稽) 사람이며, 관직은 우군장군(右軍將軍)을 지냈다. 일찍이 회계 산음(山陰)의 난정(蘭亭)에서 친구들과 모임을 가진 적이 있었다.

[5] 제결(啼鴂) : 제결(鶗鴂). 두견(杜鵑). 속명은 자규(子規)이다. 울음소리가처절하고 구슬프기 그지없다. 언제나 피를 토할 때까지 울었으므로 "제혈두견(啼血杜鵑 : 피 토할 때까지 우는 두견새)"이라고 부르기도 한다. 굴원(屈原)의 <이소(離騷)> 가운데 "두견새가 먼저 울어, 온갖 꽃들을 다 지게 할까 두렵다(恐鶗鴂之先鳴兮, 使夫百華爲之不芳)"라는 시구가 있다. 여기서는 굴원의 시의를 변용했다. 두견의 울음소리 하나하나가 사람으로 하여금 봄날의 밝은 기색을 전혀 느끼지 못하게 한다고 말한다.

## [雙調] 殿前歡：登江山第一樓[1]

拍欄杆[出語突兀, 奇警][2], 霧花吹鬢海風寒[初登樓之感], 浩歌驚得浮雲散[放聲高歌, 浮雲驚散流動, 氣概豪邁]. 細數青山[細心觀賞], 指蓬萊一望間. 紗巾岸, 鶴背騎來慣[只想騎鶴仙去, 過自由自在生活]. 擧頭長嘯, 直上天壇[3].

파도가 난간을 후려치자
무화해풍(霧花海風)에 귀밑머리가 차고
소리쳐 노래 부르니 구름 놀라 흩어진다.
가만히 청산을 헤아려보다가
봉래각을 가리킨다.
두건 밀어 올려 이마를 드러내는데
심중으론 학 타고 선계로 무수히 오갔다.
머리 들고 길게 휘파람 소리 내니
하늘나라로 곧장 올라간다.

[1] 강산제일루(江山第一樓) : 다경루(多景樓)를 가리킨다. 지금의 강소성(江蘇省) 진강시(鎭江市) 북고산(北固山) 감로사(甘露寺) 내에 위치한다. 송(宋)의 군수(郡守) 진천린(陳天麟)이 당인(唐人)의 임강사(臨江寺) 절터에 세웠다. 북쪽으로는 장강을 마주보고 있으며, 전망이 지극히 수려한 명승지이다.

[2] 박란간(拍欄杆) : 신기질(辛棄疾)의 사(詞) <수룡음(水龍吟), 건강 상심정에 오르다.(登建康賞心亭)> 가운데에, "강남을 떠도는 나그네, 오(吳)의 밤하늘 비추는 초생달 보고서는, 난간을 두루 두드린다. 아무도 이해하지 못하리라, 산에 오르는 의미를.( 江南游子, 把吳鉤看了, 欄杆拍遍. 無人會, 登臨意)"라는 사구가 보인다.

[3] 천단(天壇) : 하남성(河南省) 제원현(濟源縣) 서쪽에 위치한다. 왕옥산(王屋山)의 정상이다. 헌원황제(軒轅皇帝)가 하늘에 제사를 드리던 곳이라 한다. ≪명일통지(明一統志)≫에는 "산봉우리가 우뚝 솟아있다. 그 동쪽을 일정(日精)이라 부르고, 서쪽을 월화(月華)라고 부른다. 절정에는 석단(石壇)이 있다. 바로 사마승정(司馬承禎)이 득도한 장소이다." 이 시구는 계속하여 신선으로 되어 떠나가고 싶은 소망을 묘사하였다.

## [雙調] 淸江引 : 笑靨兒

鳳酥[化妝品名]不將腮斗兒匀[化妝品在腮邊抹不匀, 酒窩長得明顯], 巧倩含嬌俊[1]. 紅鐫玉有痕[酒窩現于臉上像彫琢過的美玉留下一道痕迹], 暖嵌花生暈[像帶有紅暈的一朶鮮花]. 旋窩兒[酒窩]粉香都是春[酒窩藏春].

봉수(鳳酥) 고르지 않아 볼우물 더 깊이 파여 보이는데
그녀의 웃는 모습, 보는 사람 마음을 설레게 한다.
보조개는 붉은 옥에 홈이 파여진 것 같고
붉은 기운 감도는 꽃송이가 새겨진 것 같다.
향긋한 볼우물은 온통 봄기운이다.

[1] 교청(巧倩) : 출전은 ≪시경(詩經), 위풍(衛風), 석인(碩人)≫ 가운데 있는 "그녀가 웃음 지으면 보조개 말할 수 없이 고혹적이다. 가을날의 잔물결 같은 그녀의 눈길 서늘히기 그지없나(巧笑倩兮, 美目盼兮)"라는 시구이다. 여기서는 보는 사람의 가슴을 설레게 하는 아름답게 미소 짓는 모습을 가리킨다.

## [中呂] 賣花聲 : 悟世

肝腸百煉爐間鐵[備受煎熬, 愈益堅强], 富貴三更枕上蝶[富貴如夢][1], 功名兩字酒中蛇[功名若幻影][2]. 尖風薄雪[風雪交加], 殘杯冷炙[殘酒冷菜][3], 掩淸燈竹籬茅舍[淸苦孤獨].

간장(肝腸)은 백련(百煉)하니 화로 속의 강철 같고
부귀는 삼경의 침상접(枕上蝶) 같으며
양자공명(兩字功名)은 주중사(酒中蛇) 같다.
풍설(風雪)은 번갈아가며 휘몰아치는데
남은 거라고는 먹다 남은 술과 안주뿐이고
죽리모사(竹籬茅舍)에서 밝은 등불 하나 감싸 안고 있다.

[1] 침상접(枕上蝶) : 호몽접(胡蝶夢)이다. 출전은 ≪장자(莊子), 제물론(齊物論)≫ 가운데 있는, 장주(莊周)가 꿈속에서 나비로 된 고사이다.

[2] 주중사(酒中蛇) : 출전은 ≪진서(晉書), 악광전(樂廣傳)이다≫. 악광에게 오래 동안 찾아오지 않는 손님이 있었다. 악광이 그의 집을 찾아가 오지 않는 원인을 묻자, 지난 번 그의 집으로 가서 술을 마실 때 술잔 속에 뱀이 있었으며, 귀가 후에 곧 병이 들었다고 말했다. 그 후 악광이 술잔 중의 뱀은 술잔 속에 비친 활 그림자였음을 확인하고 그에게 알려주자, 그 손님의 병은 금방 씻은 듯이 낫게 되었다고 한다.

[3] 잔배냉자(殘杯冷炙) : 두보(杜甫)의 시 <봉증서좌승장(奉贈書左丞丈, 二十二韻 : 좌승장에게 삼가 지어 드리다), 22운> 가운데에 "먹다 남은 술과 식은 고기, 그 가운데 곳곳마다 슬픔이 배어 있다(殘杯與冷炙, 到處潛悲辛)"는 시구가 보인다. 자(炙) : 구운 고기이다.

## [中呂] 朝天子 : 小娃琵琶

暖烘, 醉容[小姑娘面色酡紅], 逼匝[逼迫]的芳心動[情態動人]. 雛鶯聲在小帘櫳, 喚醒花前夢[用趙師雄羅浮山遇梅花仙子事]. 指甲纖柔, 眉兒輕縱[修長], 和相思曲未終. 玉葱[手指白嫩], 翠峰[髮髻高聳], 嬌怯琵琶重[樣子嬌弱, 似難承受琵琶之重].

발그레 달아오른
술 취한 모습인데
사정없이 가슴을 설레게 한다.
추앵(雛鶯)소리 술집 창문에서 들려와
화전몽(花前夢)을 일깨운다.
그녀의 손톱 가늘고 부드럽고
그녀의 눈썹 길고 수려한데
상사곡(相思曲)은 아직 끝나지 않았다.
옥총(玉葱) 같은 손가락
취봉(翠峰) 같은 머리카락
가냘퍼서 비파도 무겁게 느껴지는 듯.

## [中呂] 山坡羊：寄興

鵬摶九萬[1]，腰纏十萬，揚州鶴背騎來慣[2]．事間關[世事曲折，路途艱難]，景闌珊[景況頹唐]．黃金不富英雄漢[英雄難免窮]，一片世情[世態炎涼]天地間．白，也是眼；青，也是眼[3]．

구만리 날아가는 대붕
허리엔 황금 십만전
학 타고 양주 가는 소망, 언제나 꿈꾼다.
세상사 험난하고
삶은 이지러졌다.
황금은 영웅을 멀리 하는가?
천지에 가득한 싸늘한 인심.
백안(白眼)도 눈길이고
청안(靑眼)도 눈길이다.

[1] 출전은 ≪장자(莊子), 소요유(逍遙遊)이다≫. 그 가운데에 "대붕이 남명으로 옮겨감에 있어서, 날개로 물을 쳐서 삼천리나 튀게 한다. 빙빙 돌며 회오리바람을 타고 구만리나 올리긴다(鵬之徙于南溟也, 水擊三千里, 摶扶搖而上者九萬里)"라는 기록이 보인다. 그 후 이로서 사람의 원대한 포부에 비유하게 되었다.

[2] 당(唐)의 무명씨가 지은 ≪상운소설(商芸小說)≫에 나오는 고사를 차용했다.

[3] "백(白)"이하의 4구 : ≪진서(晉書), 완적전(阮籍傳)≫ 가운데에 완적이 "능히 청안과 백안을 자유로이 만들어낼 수 있었다(能爲靑白眼)"는 기록이 보인다. 좋아하지 않는 사람에게는 백안으로 대하고, 존경하는 사람에게는 청안으로 대하였다. 후세 사람들은 흔히 청백안(靑白眼)으로 사람의 좋아함과 싫어함을 비유하였다.

## [中呂] 山坡羊：冬日寫懷, 二首

朝三暮四[1], 昨非今是[2], 痴兒[糊裏糊塗的公子哥]不解榮枯事[不明白盛衰成敗的道理]. 攢家私[積聚家產], 寵花枝[喜愛女色], 黃金壯起荒淫志[財富使荒淫之心增長], 千百錠買張招狀紙[3]. 身, 已至此；心, 猶未死.

조삼모사(朝三暮四),
작비금시(昨非今是).
돈 많은 부잣집 자식, 세상이치 잘 모른다.
가산 끌어 모으고
여색을 탐하고
황금으로 음심에 불을 붙이고
수천수만 재물로 초장지(招狀紙) 한 장 산다.
육신이 이 지경에 이르렀어도
마음은 미련을 못 끊고 있다.

[1] 출전은 ≪장자(莊子), 제물론(齊物論)≫ 가운데에 보이는 다음과 같은 기록이다. "원숭이를 기르는 노인이 도토리를 주는데, 아침에 세 개, 저녁에 네 개 주겠다고 말하자 원숭이들이 모두 화를 내었다. 그래서 그렇다면 아침에 네 개, 저녁에 세 개 주겠다고 말하자, 원숭이는 모두 기뻐했다(狙公賦芧, 曰：'朝三而暮四.' 衆狙皆怒. 曰：'然則朝四而暮三.' 衆狙皆悅.)." 저공(狙公)은 원숭이를 기르는 노인이다. 부(賦)는 주다. 저(芧)는 도토리. 조삼모사(朝三暮四)는 반복무상함을 의미한다.

[2] 출전은 도연명의 <돌아가자(歸去來兮辭)> 가운데에 보이는, "실로 길을 잘못 들었으나 아직 멀리 가지는 않았으며, 지금이 옳고 어제가 틀렸음을 깨달았다(實迷途其未遠, 覺今是而昨非)"라는 기록이다. 여기서는 이랬다저랬다 함을 의미한다.

[3] 천백정(千百錠)：수많은 재산을 의미한다. 정(錠)：옛날 금은(金銀)을 헤아리던 단위이다. 다섯 냥(五量) 또는 열 냥(十量)의 금은이 일정(一錠)이었다. 초장지(招狀紙)：범인이 자신의 죄를 자백하는 종이이다.

冬寒前後[點明最冷時節], 雪晴時候[冷上加冷], 誰人相伴梅花瘦[引出下文][1]? 釣鰲[海中大龜]舟[釣魚船], 纜汀洲[系船在岸邊]. 綠蓑不耐風霜透[蓑衣抵御不住風霜的侵凌], 投至[等待, 盼望]有魚來上鉤[生活困苦]. 風, 吹破頭; 霜, 皴破手[凍裂了手].

추운 겨울 전후하여
눈 내린 후 개였을 때
누가 매화와 벗할 수 있을까?
큰 자라 낚는 배
강가에 매여 있다.
도롱이 입고 풍상(風霜) 견디기 어렵지만
그래도 고기가 낚이라고 낚싯대를 던진다.
바람,
머리를 에이게 하고
서리,
두 손을 트게 만든다.

[1] 매화수(梅花瘦): 매화는 잎이 나기 전에 먼저 꽃이 피어나기 때문에 수매(瘦梅)라고 부른다. 황경(黃庚)은 "시든 국화, 삶에 시친 나그네 같다. 매화, 새로운 세계 찾는 시인 같다(菊殘如倦客, 梅瘦似詩人)"라는 시구를 지었다. 이 시는 눈 내리고 얼음 어는 가운데 가장 추위를 잘 견뎌내는 매화를 제외하고 또 무엇이 있겠느냐는 의미이다.

## [越調] 小桃紅: 贈朱阿嬌[1]

鬱金香染海棠絲[2], 雲[頭髮]膩宮鴉翅[烏髮黑亮鬆軟], 翠靨眉兒畫心字[翠眉心貼上朵小花兒]. 喜孜孜, 司空休作尋常事[3]. 樽前但得, 身邊服侍, 誰敢想那些兒[只求飲酒時有她陪在身邊, 不敢有非分之想].

울금향은 해당화에게 향기 물들이고
풍성한 머리카락은 윤기 흐르고 부드러운데

두 눈썹 사이에 작은 꽃을 붙인다.
몹시 흐뭇하다.
이신(李紳)이 가기(歌妓) 주듯 쉽게 생각하지 말라.
술자리에서 만나고
신변에서 시중드는데
누가 감히 딴 마음 품으리?

[1] 주아교(朱阿嬌) : 원나라의 가기(歌妓)이다. 고소(姑蘇 : 지금의 소주蘇州) 사람이며, 생평은 미상이다.

[2] 울금향(鬱金香) : 꽃 이름. 향기가 짙다. 해당사(海棠絲) : 수사해당(垂絲海棠)이며, 담홍색(淡紅色)의 꽃을 피운다. 해당화 중의 고급 품종이다. 옛 사람들은 해당화가 모습은 곱지만 향기가 없다고 생각하였다. 이 곡구는 주아교가 아리따운 해당화처럼 아름다울 뿐만 아니라 울금향처럼 향기도 곱다고 말하고 있다.

[3] 출전은 당(唐)나라 시인 맹계(孟棨)의 <본사시(本事詩)>이다. 당나라 때 사공(司空) 이신(李紳)이 자사(刺史) 유우석(劉禹錫)을 연회에 초청하고 가기(歌妓)로 술을 권하게 하였다. 유우석은 그 가기를 매우 좋아하여 즉석에서, "사공(司空)은 이런 일이 일상사일지 모르지만, 강남 자사(刺史)에게 단장의 슬픔 안겨준다(司空見慣渾閑事, 斷盡江南刺史腸)"라는 시구를 지었다. 이신은 그 의미를 알아차리고 가기를 그에게 주었다. 여기서는 이 고사를 통하여 주아교는 매우 뛰어난 매력을 지니고 있으며, 평범한 가기로 보아서는 안 된다고 말하고 있다.

## [越調] 小桃紅 : 春閨怨

玉樓[華麗精美的樓閣]風颭[風吹動]杏花衫[1], 嬌怯春寒賺[嬌弱得不能抵御春之微寒], 酒病十朝九朝嵌[十天有九天因飮酒過多而病, 借酒澆愁]. 瘦岩岩[十分消瘦], 愁濃難補眉兒淡[整日鎖愁眉, 眉兒依然淡, 指無心畵眉化妝]. 香消翠減, 雨昏烟暗, 芳草遍江南.

옥루(玉樓)에 바람 불어 살구꽃빛 적삼 일렁이는데
여리고 연약하여 봄추위를 못 견디고
시름으로 열흘에 아흐레는 술 취해 지낸다.
바위처럼 메말랐고
수심 짙어 눈썹 그리고 화장 하고픈 마음도 없다.
향기가 사라지고 몸이 메말라가며
저녁에 비 내리고 물안개 자욱한데
봄풀은 강남땅 전체로 번져간다.

[1] 행화삼(杏花衫) : 분홍색 저고리이다. 출전은 남조(南朝)시대의 악부(樂府) <서주곡(西洲曲)> 가운데 있는 "그녀의 홑적삼은 살구꽃처럼 붉다(單衫杏子紅)"라는 시구이다.

## [越調] 小桃紅：紹興于侯索賦[1]

晝長無事簿書[官府文書]閑，未午衙先散[2]．一郡居民二十萬．報平安，秋糧夏稅[官府徵收的糧和稅]咄嗟兒[呼吸之間，時間短]辨．執花紋象簡[3]，憑琴堂書案[4]，日日看青山[5]．

낮은 길고 관아 문서 정리할 일이 별로 없어
정오가 다가오기 전에 먼저 흩어져 돌아간다.
일군(一郡)의 주민 이십만 명이
다 평안히 지내며
추곡세(秋穀稅)는 순식간에 다 처리했다.
꽃무늬 아로새겨진 상아홀 잡고
금당(琴堂) 책상에 기대어
매일 청산만을 물끄러미 바라본다.

[1] 우후(于侯) : "간후(干侯)"라고도 하며, 우씨성(于氏姓)을 가진 지방관(地方官)이다. 뒤에 "금당(琴堂)"이라는 말이 나오므로 현관(縣官)임을 알 수 있다. 이름과 경력은 미상이다.

[2] 아(衙) : 관서(官署), 아문(衙門). 옛날에 관부(官府)는 조(早), 오(午),

만(晩)의 삼아(三衙)가 있었다. 정오에 이르기 전에 집으로 흩어져 돌아간다는 말은 공무가 매우 적다는 의미이다.

[3] 상간(象簡) : 관원(官員)이 조정으로 출근하거나 상관을 알현하러 갈 때 기록을 위하여 손에 상아로 된 수판(手板)을 들고 가다.

[4] 출전은 ≪여씨춘추(呂氏春秋), 찰현(察賢)≫편 가운데에 보이는 다음과 같은 기록이다. "복자천은 단보 지역을 다스렸다. 비파를 탔다. 대청 아래로 내려오지 않았다. 그런데도 단보는 잘 다스려지고 있었다.(宓子賤治單父, 彈鳴琴, 身不下堂, 而單父治)." 이로 인하여 후세에 현관(縣官)의 업무처리 장소를 금당(金堂)이라고 부르게 되었다. 여기서는 우후가 금당으로부터 내려가지 않고 열심히 일하여 현(縣)이 크게 잘 다스려졌음을 칭송하고 있다.

[5] 출전은 ≪세설신어(世說新語), 간오(簡傲)≫편에 보이는 다음과 같은 기록이다. "왕자유(王子猷 : 왕미지王徵之)는 환충의 기병참군직을 맡았다. 환충이 왕자유에게 말했다. '그대는 어느 부서에 오래 있었으므로, 지금쯤이면 능숙해졌을 것이다. (왕자유는) 처음에는 아무 대답이 없이, 똑바로 쪽을 위쪽을 내다보기만 했다. 손으로 턱을 받치고 말했다. 서산에 아침이 오니 상쾌한 산기운이 감돌고 있습니다.' 王子猷作桓車騎騎兵參軍, 桓謂王曰 : '卿在府久, 比當相料理.' 初不答, 直高視, 以手拄頰云 : '西山朝來致有爽氣.')" 왕자유가 환충(桓冲)의 거기장군직을 맡고 있었지만, 타고난 성품이 소탈하면서도 오연하여 여전히 산수 사이에서 자적하며 지내고 사소한 일에 얽매이지 않았음을 묘사하고 있다. 여기서는 우후가 비록 관직에 몸담고 있기는 하지만 한가하고 우아한 정취를 잃지 않고 있음을 왕자유의 고사를 빌려 비유하고 있다.

## [越調] 小桃紅 : 曉妝

紺雲[烏髮]分翠攏香絲[先把頭髮從中分開], 玉線界宮鴉翅[用絲線扎成鴉髻], 露冷薔薇[薔薇露香水]曉初試. 淡勻脂[抹脂粉], 金篦膩點蘭烟紙[1]. 含嬌意思[含嬌態], 殢人須是[2], 親手畫眉兒[3].

검은 머리 반으로 나누어 땋아
쪽진 머리 끈으로 묶으며
장미이슬 향수를 아침에 처음 발라본다.
분 살짝 바르고
금비(金篦)에 난고(蘭膏) 약간 바른다.
교태 품은 미소,
그녀 뜻에 따르지 않을 수 없으니
눈썹 좀 그려달라고 한다.

[1] 금비(金篦) : 금속으로 만든 일종의 빗보다 더 조밀한 머리 빗는 도구이다. 난연지(蘭烟紙) : 엷게 바른 한 겹의 머리 기름이다. 난(蘭) : 난고(蘭膏). 일종의 머리카락에 바르는 향유이다.

[2] 체(殢) : 부드럽게 묶다(軟纏). 이 곡구의 의미는 사람으로 하여금 동의하게 하지 않으면 안 된다고 하는 말이다. 송(宋)의 시인 주방언(周邦彥)이 지은 사(詞) <길 가득히 핀 꽃(滿路花)> 가운데에, "해가 중천에 떴는데도, 사람을 다시 잡아끌어 자리에 같이 눕게 한다.(日上三竿, 殢人猶要同臥)"라는 사구(詞句)가 보인다.

[3] 화미아(畵眉兒) : 출전은 ≪한서(漢書), 장창전(張敞傳)≫이다. 한(漢)의 경조윤(京兆尹)을 지냈던 장창은 부부의 금슬이 좋아 직접 부인을 위하여 눈썹을 그려주었다고 한다.

## [越調] 憑欄人 : 金陵道中[1]

瘦馬馱詩天一涯[天涯, 指異鄕][2], 倦鳥呼愁村數家[3]. 撲頭飛柳花[柳絮飛來, 撲頭冲面], 與人添鬢花[柳絮落髮上似給人添了白髮].

비루먹은 말 타고 시심 품은 채 객지로 떠도니
몇 채의 인가(人家), 지친 새가 울고 있다.
버들솜이 얼굴 향해 날아오니
나그네의 흰 머리 더 희게 한다.

[1] 금릉(金陵) : 지금의 강소성(江蘇省) 남경(南京)이다. “도중(道中)”이라는 말로부터, 이 작품이 여행 중에 지은 것이라고 추측된다.

[2] 수마태시(瘦馬馱詩) : 당(唐)의 시인 이하(李賀)가 지은 전고를 차용했다. 이상은(李商隱)의 <이장길소전(李長吉小傳)>에 의하면, 이하는 항상 “노새를 타고 등에 하나의 낡은 비단주머니를 짊어진 채로 다녔는데, 그는 무엇이든지 주으면 그 주머니 속에 던져 넣었다”고 한다. 이하는 고심하여 시를 짓는 것으로 유명한 시인이다. 여기서는 그 전고를 통하여 시인이 말을 타고 떠돌아다닌다는 사실과 시상이 가슴에 가득 차오르고 있다는 사실을 가리키고 있다.

[3] 진(晉)의 시인 도연명(陶淵明)이 지은 <돌아가자(歸去來兮辭)> 가운데에, “구름은 무심하게 산봉우리 사이에서 흘러나오고, 새는 날아다니다가 지치면 돌아올 줄을 안다(雲無心而出岫, 鳥倦飛而知還)”라는 시구가 보인다. 여기서는 그 의미를 사용하여, 새 우는 소리를 들으니 새도 날아다니다가 지치면 돌아와 쉴 줄 아는데 자신은 여전히 세상의 풍파 속에서 떠돌고 있다고 느끼고 있다고 말했다.

## [越調] 天淨沙 : 卽事

鶯鶯燕燕春春[春天來臨, 鶯歌燕舞], 花花柳柳眞眞[花香柳嬌, 更有佳人][1], 事事風風韻韻[佳人風度·韻致都美好]. 嬌嬌嫩嫩, 停停當當人人[無可挑剔].

봄이 오자 꾀꼬리 노래하고 제비 춤춘다.
꽃 피고 버들잎 푸른데 가인도 함께 있다.
그녀의 기품, 운치, 모두가 아름답다.
곱고 부드러우며
날씬하고 훤칠하다.

[1] 진진(眞眞) : 출전은 당(唐)의 시인 두순학(杜荀鶴)이 지은 <송창잡기(松窗雜記)>이다. 당(唐)의 진사(進士) 조안(趙顔)이 화공(畵工)에게서 한 폭의 그림을 얻었다. 화공은 그 미인의 이름이 진진이라고 하는데, 그녀의 이름을 밤낮으로 쉬지 않고 백일 동안 부르면 부활할 수 있다고 하였다. 여기서는 그림 속의 진진으로 미모를 지닌 여인에 비유하고 있다.

# 34. 관운석(貫雲石)(1286－1324)

본명은 소운석해애(小雲石海涯)이며, 위구르 사람이다. 호는 산재(酸齋)이고, 또 다른 호는 노화도인(蘆花道人)이다. 그의 부명(父名)이 관지가(貫只哥)였으므로, 관(貫)을 성씨(姓氏)로 취하였다.

그는 청년시절 용맹하고 무술을 좋아하였으며, 아버지의 관직을 이어받아 양회만호다루하치(兩淮萬戶達魯花赤)라는 관직을 담낭하였다. 얼마 안 있어 작위(爵位)를 동생에게 물려준 뒤, 무술을 버리고 글을 배우기 시작하였다. 요수(姚燧)로부터 고문(古文)을 학습했다. 황경(皇慶) 2년(1313)에, 배한림시독학사(拜翰林侍讀學士), 지제고동수국사(知制誥同修國史)라는 관직을 역임했고, 다음 해에 “병을 구실삼아 강남으로 돌아갔으며” “이름을 고치고 복색(服色)을 바꾸었다.”전당(錢塘)에 은거하고, 시주(詩酒)로 자락(自樂)하며 살아갔다. 태정(泰定) 원년(1324)에 타계했으며, 향년 39세였다.

그의 산곡은 호방(豪放)한 가운데서도 청일함을 지니고 있으며, 감정이 진지하고 자연스럽고 언어가 거침없이 시원하고 우렁찼다. 이는 그의 인품과 성정이 초일광원(超逸曠遠)하고 청고호매(淸高豪邁)했기 때문이다. 그러므로 명의 주권은 ≪태화정음보≫에서 그의 산곡을 “굴레 벗어난 천마 같다(如天馬脫羈)”라고 평했다.

후세 사람이 그와 서재사(徐再思 : 호는 첨재甛齋)의 산곡을 ≪산첨악부(酸甛樂府)≫로 합편(合編)했다. ≪전원산곡≫에 그의 소령 79수, 투수 8지가 수록되어 있다.

## [雙調] 落梅風

新秋至, 人乍別[秋天剛至, 人就要離別, 傷感更濃烈]. 順長江水流殘月[離別處一派凄清]. 悠悠[遠貌]畵船東去也, 這思量起頭兒一夜[第一夜].

가을이 다가오자
그대 떠나려 하고
장강(長江) 따라 새벽달 흘러간다.
아득히 그대 실은 배가 동쪽으로 떠나가는데
그리움은 첫날 저녁부터 이리도 절실하다.

## [中呂] 紅綉鞋

挨着靠着雲窗[雕鏤着雲形花紋的窗戶]同坐, 偎着抱着[一作 "看着笑着"]月枕[月兒形的枕頭]高[一作 "双"]歌. 聽着數着怕着早四更過[聽更鼓, 數更聲, 愁天明, 怕離別]. 四更過, 情未足 ; 情未足, 夜如梭[時間如織布飛梭般逝去]. 天那, 更閏一更兒妨甚麽[有閏年, 閏月, 何妨閏更? 想像絶妙].

창가에 함께 바싹 붙어 기대앉아
월침(月枕)에 기대다가 껴안다가 크게 노래하기도 한다.
경쇠 소리 듣고 헤아리며 두려워하다가 사경이 지나갔다.
사경이 지났어도
우리 사랑 부족하다.
우리 사랑 부족한데
밤은 쉴 새 없이 흘러간다.
하늘이시여,
우리에게 윤년, 윤달 한 번 더 주신다고 큰 탈이 나겠습니까?

## [雙調] 殿前歡, 二首

暢幽哉[眞美啊], 春風無處不樓臺[樓臺無處不春風的倒說]. 一時懷抱俱無奈[面對美好春景, 心中湧出難以抑制的情懷], 總對天開[要盡情地向大自然抒發]. 就[跟從]淵明歸去來, 怕鶴怨山禽怪[用≪北山移文≫中 "鶴怨" "猿驚"典]. 問甚功名在! 酸齋是[一作 "笑"]我, 我是酸齋.

참으로 아름다우니
봄바람 불지 않는 누대가 없구나!
치솟는 시심(詩心)은 어쩔 수 없어
대자연 향하여 마음껏 풀어보리.
도연명 뒤따라 돌아가려 하는데
학과 산짐승이 늦었다고 나무랄까 두렵다.
추구할 부귀공명 어디 있으리!
산재가 비로 나고
내가 바로 산재다.

怕西風, 晚來吹上廣寒宮[月宮, 傳說中的月中仙境]. 玉臺不放香奩夢[1], 正要情濃, 此時心造物同[古人以爲天生萬物, 故稱造物]. 聽甚霓裳弄[2], 酒後黃鶴送[3]. 山翁醉我, 我醉山翁[4].

쌀쌀한 가을바람
저녁 무렵 달나라로 갈까 두렵다.
옥대(玉臺)의 항아는 꿈꾸고 있는데
바야흐로 사랑이 무르익어가려 하니
이 순간의 마음은 조물주와 같으리.
<예상우의곡>을 들은들 무엇 하리?
술 취하면 황학이 보내주리
산옹이 나를 취하게 하고,
내가 산옹을 취하게 한다.

[1] 옥대(玉臺) : 옥(玉)으로 장식한 경대이다. 출전은 ≪세설신어(世說

新語), 가휼(假譎)≫이다. 온교(溫嶠)는 옥경대(玉鏡臺)로 예물을 삼아 종고모(從姑母)의 딸을 속여 결혼하였다. 원대 산곡에서는 흔히 옥경대를 혼인의 예물로 묘사하고 있다. 향렴(香奩) : 옛날에 여자들이 화장할 때 쓰던 경갑(鏡匣)이다. 이 시구는 달 속의 항아(嫦娥)가 아직도 달콤하기 그지없는 꿈을 꾸고 있음을 말하고 있다.

[2] 예상농(霓裳弄) : 곧 ≪예상우의곡(霓裳羽衣曲)≫이다. 당명황(唐明皇)이 도사 섭법(葉法)을 따라 월궁(月宮)을 선유(仙游)할 때 은밀하게 기억하여 돌아와 악보에 옮긴 선곡(仙曲)이라고 한다. 농(弄) : 악곡(樂曲). 곡조를 한 번 연주하는 것을 일농(一弄)이라고 한다. 출전은 남조(南朝) 양(梁)나라의 인물 임방(任昉)의 ≪술이기(述異記)≫이다. 순괴(荀瑰)가 일찍이 황학루(黃鶴樓)에서 신선을 만났는데, 그 신선은 학을 타고 하늘에서 내려왔다가 연회가 끝나자 다시 학을 타고 돌아갔다고 한다. 여기서는 시인이 황학루의 신선 고사를 통하여 자신이 술을 마신 후의 신선 같은 표표(飄飄)한 경지를 묘사하고 있다.

[4] 산옹(山翁) : 곧 산간(山簡)이다. 진(晉)나라 양양진(襄陽鎭)의 진수(鎭守)였다. 술을 좋아하는 것으로 유명하며, 술을 마실 때 마다 취할 때까지 마셨다. 이 두 시구는 산옹이 나처럼 취하고, 내가 산옹처럼 취함을 말한다.

## [正宮] 塞鴻秋 : 代人作

戰西風遙天幾點賓鴻至[1], 感起我南朝千古傷心事[2]. 展花箋1欲寫幾句知心事[從悲秋到懷人], 空教我停霜毫[毛筆]半晌無才思[才情遲鈍, 半天寫不出來]. 往常得興時[興致好的時候], 一掃無瑕疵[一揮而就, 沒有毛病, 卽文思泉湧]. 今日個病懨懨[有氣無力地], 剛寫下兩個相思字.

서풍과 싸우며 몇 마리 기러기 손님이 찾아오시어
내게 남조(南朝)의 슬픈 역사 떠올리게 한다.
화전(花箋)에 회포를 몇 마디 적고자 했지만
그러나 부질없다.
붓은 한참 동안 움직여지지 않았고 아무 것도 쓸 수 없었다.

지난 날 시흥이 솟구칠 때는
일필휘지(一筆揮之), 거침없이 써내려간 적도 있었지.
그렇지만 오늘은 아무런 기운도 없다.
겨우 '그리움'이라는 몇 글자만 적었을 뿐.

[1] 전서풍(戰西風) : 서풍과 싸우다. 큰 기러기가 서풍과 부딪치며 남쪽으로 날아오는 고달픔을 가리킨다. 기점(幾點) : 기러기가 아득한 하늘 저 끝에서부터 날아오고 또 매우 드문드문하므로 몇 개의 점처럼 보이다. 빈홍(賓鴻) : 기러기는 철새이며, 가을에 남쪽으로 왔다가 봄에 북쪽으로 돌아간다. 이는 마치 손님이 여행을 떠나는 것 같다고 하여 빈홍(賓鴻)이라고 부르게 되었다. 출전은 ≪예기(禮記), 월령(月令)≫에 나오는 다음과 같은 기록이다. "늦가을이 되면, 기러기 날아와 손님이 된다(季秋之月, 鴻雁來賓)."

[2] 금(金)의 오격(吳激)이 지은 <인월원(人月圓)> 가운데 나오는 "남조시대 그 쓸쓸한 흥망의 역사, 그래도 술집에서는 노래를 부르나(南朝千古興亡事, 還唱後庭花)"라는 시구를 차용했다. 계절의 변화가 시인의 흥망성쇠에 대한 감회를 불러 일으켰다.

# 35. 아리서영(阿里西瑛)(? -?)

아리요경(阿里耀卿)의 아들이고, 서역(西域) 사람이다. 도종의(陶宗儀)는 ≪남촌철경록(南村輟耕錄)≫에서 그의 본명이 "목팔랄(木八剌)", 자가 서영(西瑛)이라고 기록하고 있다.

그는 필률(觱篥)이라 부르는 피리를 잘 불었으며, 자신의 거소를 "나운와(懶雲窩)"라고 명명하고 [전전환(殿前歡)] 소령을 지어 자서(自叙)했다. 관운석(貫雲石), 교길(喬吉), 위립중(衛立中), 오서일(吳西逸) 등의 산곡 작가들과 화작(和作)한 작품들이 있다. 산곡 풍격은 자유분방하다.

≪전원산곡≫에 그의 소령 4수가 수록되어 있다.

## [雙調] 殿前歡 : 懶雲窩自叙, 二首[1]

懶雲窩, 醒時詩酒醉時歌[詩酒流連生活的寫照]. 瑤琴不理[彈琴]拋書臥[實 "懶"], 無夢南柯[2]. 得淸閑盡[盡情地]快活, 日月似穿梭過, 富貴比花開落. 靑春去也, 不樂如何!

나운와에서
깨어나면 시와 술이고 취하면 노래한다.
비파와 책을 던져둔 채 그저 드러누울 뿐
남가(南柯)의 허망한 꿈을 꾸지 않는다.
청한(淸閑) 얻었을 때 마음껏 즐겨야 하리니
세월은 베틀 북처럼 재빨리 지나가고
부귀는 피고 지는 꽃처럼 허망하다.

청춘이 흘러가니
아니 놀고 어이 하리!

[1] 나운와(懶雲窩) : 아리서영(阿里西瑛)이 거처하는 장소의 이름이다. 오성(吳城)의 동북쪽 변두리에 있다. 옛날에는 사람들이 자신의 거처를 헌(軒)·재(齋)·당(堂)·암(庵) 등의 우아한 말로 표현하였다. 아리서영은 북송(北宋) 소옹(邵雍)이 자신의 거처를 "안락와(安樂窩)"라고 불렀던 것으로부터 영향을 받아 나운와(懶雲窩)라고 이름 지어 그 뜻을 나타내고자 하였다. 자유롭게 움직이는 구름은 시인의 굴레 없이 자유롭고 세속을 멸시하는 개성을 잘 나타내주고 있다. 이름을 잘 지었으므로 당시 사람들 가운데 이를 모방하는 자들이 매우 많았다고 한다.

[2] 남가몽(南柯夢) : 부귀를 추구하는 꿈을 가리킨다. 당(唐)의 작가 이공좌(李公佐)가 지은 소설 <남가기(南柯記)>에서부터 인용했다. 순우분(淳于棼)은 꿈에 자신이 대괴안국(大槐安國)으로 가서 부마가 되었다. 남가군 태수로 책봉되어 부귀영화를 마음껏 누리다가 깨어나 보니 한바탕의 꿈이었을 뿐임을 깨닫게 되었다. 이른바 대괴안국이라는 것은 큰 홰나무 아래에 있는 개미굴이었을 뿐이었다. 이 시구는 시인이 부귀공명에 별다른 관심이나 집착이 없음을 의미한다.

懶雲窩, 客至待如何? 懶雲窩裏和衣臥[1], 盡自婆娑[逍遙自在]. 想人生待則麽[怎麽]? 貴比我高[高貴]些個, 富比我鬆[寬裕]些個. 呵呵笑我[世人笑我懶散荒唐], 我笑呵呵[我笑世人忘不了富貴功名].

나운와로
손님이 찾아오면 어떻게 대접하나?
나운와에서 옷 입은 채 드러누워
편하게 지낸다.
인생사 생각하면 무엇 하나?
귀한 자, 나보다 높은 데서 살 뿐이고
돈 많은 자, 나보다 넉넉하게 살 뿐이다.
사람들, 나보고 웃고
나, 사람들보고 웃는다.

# 36. 위립중(衛立中)(? -?)

이름은 덕진(德辰)이고, 입중(立中)은 그의 자이다. 화정(華亭 : 지금의 상해시上海市 송강현松江縣) 사람이다. 알서영(阿里西瑛)의 <전전환(殿前歡)>에 화작(和作)한 산곡이 있으므로 응당 그와 동시대 인물일 듯하다. 그는 평소 재능으로 명성을 떨쳤으며, 서예에 뛰어났다.

≪전원산곡≫에 그의 소령 2수가 수록되어 있다.

## [雙調] 殿前歡

碧雲深, 碧雲深處路難尋. 數椽茅屋和[連着]雲賃[租借][把數間茅屋和白雲一起租借下來, 絶妙], 雲在松陰[雲躱在松陰深處]. 掛雲和八尺琴[1], 臥苔石將雲根枕[2], 折梅蕊把雲梢沁[梅蕊入雲端, 浸透雲霧之氣]. 雲心無我, 我無雲心[一作"雲我無心". 我和雲一樣無機心].

> 푸른 하늘에 뭉게구름이 피어오르고
> 구름 짙은 곳에 길 찾기 어렵구나.
> 초가집 한 채, 구름과 함께 빌려 살아가고
> 구름은 송음(松陰) 짙은 곳에 숨어 있다.
> 운화산에 여덟 자 가야금 걸쳐 놓고
> 이끼 낀 바위산을 베개 삼아 누우며
> 매화가지를 구름과 안개 속에 적신다.
> 구름은 기심(機心) 없고
> 나 또한 기심(機心) 없다.

[1] 운화(雲和) : 산의 이름이며, 금슬(琴瑟)의 제작으로 유명한 곳이다. ≪주례(周禮), 춘관(春官), 대사악(大司樂)≫ 가운데에, "고죽의 피리, 운화산의 가야금(孤竹之管, 雲和之琴瑟)"이라는 기록이 보인다.

[2] 운근(雲根) : 바위산. 옛 사람은 구름이 "바위에 닿으면 생명이 생겨난다(觸石而生)"고 생각했으며, 그래서 바위산을 운근(雲根)이라고 불렀다.

# 37. 오서일(吳西逸)(? -?)

생평은 미상이다. 아리서영(阿里西瑛)의 <쌍조(雙調), 전전환(殿前歡)> <나운와(懶雲窩)>라는 산곡작품이 있으므로, 필시 관운석(貫雲石), 교길(喬吉), 아리서영과 동시대 인물일 듯하다.

그의 현존 작품 가운데에는 임천(林泉)에 은거하는 즐거움을 묘사한 내용들이 적지 않으며, 산곡 풍격은 거침없이 흘러 시원하고 자연스럽다. 명의 주권은 ≪태화정음보≫에서 그의 산곡을 "텅 빈 계곡에 흐르는 샘물 같다(如空谷流泉)"라고 평했다.

≪전원산곡≫에 그의 소령이 47수 수록되어 있다.

## [雙調] 殿前歡, 二首

懶雲巢[1], 碧天無際雁行高. 玉簫鶴背青松道[2], 樂笑逍遙. 溪翁[隱逸之士]解冷淡嘲[3], 山鬼放揶揄笑[4], 村婦唱糊塗調. 風濤險我, 我險風濤[再險的風濤也奈我不何, 超然物外].

나운소(懶雲巢),
가없는 푸른 하늘 기러기 떼 날아간다.
옥피리 불고 학 타는 소나무 우거진 산길에서
즐겁게 웃으며 소요자적한다.
계옹(溪翁)은 양웅(楊雄)처럼 냉담하게 세상 등지고 외롭게 살았고
산귀(山鬼)는 진(秦)의 나우(羅友)에게 하듯 야유했으며

촌부(村婦)는 호도조(糊塗調)를 노래한다.
세상풍파 나를 매섭게 대하고
나 역시 세상풍파 매섭게 대한다.

[1] 나운소(懶雲巢) : 곧 아리서영(阿里西瑛)의 나운와(懶雲窩)이다.

[2] 왕자교(王子喬)가 피리 불고 학을 타며, 신선이 되어 날아간 고사를 차용하고 있다. 나운와의 주인이 지닌 선풍도골(仙風道骨)과 범속한 기운이 없음(無凡俗氣)을 형용했다.

[3] 해냉담조(解冷淡嘲) : 양웅(楊雄)의 고사를 인용했다. 한애제(漢哀帝) 때에 외척과 내시들의 전횡이 심하여 조정이 어지러워졌으며 권문세가에 아부하던 사람들만 청운의 출세가도를 달리게 되었다. 양웅은 스스로 담박한 삶에 만족하고 문을 닫아걸고 책을 지으며 살아갔는데, 세상 사람들은 이와 같은 그의 행동을 조소했다. 그러자 그는 <해조(解嘲)>라는 글을 지어 세상 사람들의 비난에 답했다. 이 시구는 세상 사람들의 차가운 조소에 조금도 개의치 않았음을 말하고 있다.

[4] 출전은 ≪세설신어(世說新語), 임탄(任誕)≫편이다. 진(晉)의 나우(羅友)는 재주와 학문이 뛰어났으나 가난하고 좌절한 상태로 살아가고 있었다. 그는 환온(桓溫)의 막료로 있었는데, 환온은 그가 방탕(放蕩)하고 굴레에 얽매이지 않으려 하므로 관리가 되기에는 부적합하다고 생각하여 관직에 나가도록 천거해주지 않았다. 한번은 부중(府中)의 어떤 사람이 주(州)의 군수(郡守) 자리로 부임하게 되었으므로 환온은 그의 전별(餞別)을 위하여 연회를 베풀어주었다. 나우가 늦게 도착해서 이유를 묻자 그는 이곳으로 오는 도중에 귀신을 만났기 때문이라고 하면서, 그 귀신은 그를 두고 매번 남들이 벼슬하러 가는 것을 전송하기만 할 뿐 자신은 전송 받지 못함을 조롱했다고 대답했다.

懶雲凹[即懶雲窩]，按行[巡視]松菊訊桑麻[1]. 聲名不在淵明下，冷淡生涯. 味偏長鳳髓茶[2]，夢已隨蝴蝶化[用莊周夢蝶典故]，身不入麒麟畫[3]. 鶯花厭我[世俗榮華與我無緣]，我厭鶯花[自己也厭棄榮華].

나운요(懶雲凹),
소나무와 국화 돌아보고 뽕나무와 삼나무 살펴본다.
명성이 도연명에 못지않으니
서늘하고 맑은 생애이다.
봉수차(鳳髓茶) 맛 그윽한데
꿈속에서 이미 장자의 나비 되어 날아다니고
기린각(麒麟閣) 안으로 들어가지 않는다.
앵화(鶯花)는 나를 싫어하고
나 또한 앵화를 싫어한다.

[1] 송국(松菊) : 도연명의 시 <돌아가자(歸去來兮辭)> 가운데에는, "뜰 안의 세 갈래 작은 길은 황폐해졌으나, 소나무와 국화는 아직껏 남아 있다(三徑就荒, 松菊猶存)"라는 시구가 보인다. 신상마(訊桑麻) : 농작물들이 잘 자라는지에 대하여 물어보다. 도연명의 시 <전원의 집으로 돌아와(歸園田居)> 가운데에는, "서로 만나도 잡스러운 말은 없고, 뽕과 삼이 자라는 것만 이야기할 뿐이다(相見無雜言, 但道桑麻長)"라는 시구가 보인다.

[2] 봉수차(鳳髓茶) : 당송(唐宋) 시대에 복건성(福建省) 건안(建安)에서 생산되던 차로, 그 당시 매우 유명했다.

[3] 기린화(麒麟畵) : 서한(西漢) 시대에 미앙궁(未央宮) 가운데 기린각(麒麟閣)이 있었다. 선제(宣帝) 때에 곽광(霍光) 등 공신(功臣) 열한명의 화상을 기린각 내부에 그려 그들의 공훈을 표창하였다. 그 후부터 기린화는혁혁한 공명을 가리키게 되었다.

## [雙調] 雁兒落帶過得勝令 : 嘆世

春花聞杜鵑, 秋月看歸雁[一作 "燕"][秋風明月夜, 大雁南歸]. 人情薄似雲, 風景疾如箭. [四季變化快]留下買花錢[1], 攢入[積聚]種桑園[積聚錢投入農桑]. 茅盖三間厦[房舍簡陋], 秧肥數頃田[良田綠玉, 可豊衣足食]. 床邊, 放一册冷淡淵明傳 ; 窗前, 抄幾首淸新杜甫篇.

꽃피는 봄이면 두견새 소리 듣고
달 밝은 가을이면 기러기 떼 바라본다.
인심 야박하기 뜬 구름 같고
세월 빠르기 쏜살같다.
꽃 살 돈 남겼다가
뽕나무밭 사리라.
초가삼간 집을 짓고
몇 마지기 밭을 사리.
침상 끝에는
서늘하고 맑은 도연명전(陶淵明傳) 한권 놓여 있고
창가에서는
청신하기 그지없는 두보(杜甫) 시 몇 수 베껴본다.

[1] 옛날 성시(城市)의 부유한 집안에서는 꽃을 사는 풍습이 있었으며, 천금을 아끼지 아니하였다. 백거이의 시 <꽃을 사다(買花)> 가운데에, "집집마다 이를 풍속으로 생각하고 있으며, 사람들마다 미혹되어 깨어나지 못하고 있다(家家以爲俗, 人人迷不悟)" "한 묶음의 색깔 짙은 꽃은, 중인(中人) 십호(十戶)가 물어야 할 세금과 같다(一束深色花, 十戶中人賦)"라는 시구들이 보인다.

## [商調] 梧葉兒：春情

香隨夢, 肌褪雪[肌膚消瘦], 錦字記離別[1]. 春去情難再, 更長[夜長]愁易結. 花外月兒斜, 淹粉淚微微睡些[2].

향기는 홀연히 꿈결 따라 가고
육신은 서서히 메말라 가는데
진(晉)의 두도(竇滔) 아내 소씨처럼 비단에 이별의 슬픔을 시로 지어 부친다.
봄은 사라지고 사랑은 돌아오기 어려운데
밤이 길어 슬픔은 너무 쉽게 맺힌다.
꽃가지 저 멀리로 달 넘어가고
눈물 젖은 두 뺨, 여인은 힘겹게 겨우 잠든다.

[1] 금자(金字) : 출전은 ≪진서(晉書), 두도처소씨전(竇滔妻蘇氏傳)≫이다. 전진시대의 진주자사 두도는 황량한 변방으로 쫓겨나게 되었다. 그의 아내 소혜(蘇惠)는 비단을 짜고 회문선기도(回文璇璣圖)라는 시를 지어 그에게 보내어 그리움의 정을 표시했다. 시의가 슬프면서도 함축적이었으며, 순환하여 읽을 수 있었다. 그 후 아내가 남편에게 부치는 서신을 "금자(錦字)"라고 부르게 되었다.

[2] 송(宋)의 손광헌(孫光憲)이 지은 사(詞) <주천자(酒泉子)> 가운데 있는 "눈물이 가득 고였다. 눈썹이 찌푸려졌다. 슬픔이 가득하다(泪淹紅, 眉斂翠, 恨沉沉)"라는 사구를 변용했다.

# 38. 조우규(趙禹圭)(? －?)

자는 천석(天錫)이며, 변량(汴梁 : 지금의 하남성河南省 개봉시開封市) 사람이다.

원나라 지순(至順) 연간(1330－1332)에 일찍이 진강부판(鎮江府判)을 역임하였으며, 지순(至順) 3년(1332)에 치사(致仕)했다.

왕국유(王國維)는 조우규(趙禹圭)가 바로 조우(趙祐 : 자字가 역시 똑같은 천석天錫임)이라 생각하였으며, 원선자(原選者) 역시 그 견해를 이어받았다. 손해제(孫楷第)는 ≪원곡가고략(元曲家考略)≫에서 동일인이 아니라고 지적했다. ≪전원산곡≫은 산곡작품을 조우규에 귀속시켰으며, 지금 이에 근거하여 징징한다.

≪전원산곡≫에 그의 소령 7수가 수록되어 있다.

## [雙調] 折桂令 : 題金山寺[1]

長江浩浩西來[遠眺], 水面雲山[近望][雲霧繚繞的金山], 山上樓臺. 山水相輝, 樓臺相映[金山寺倒映水中, 山水輝映], 天地[一作 "與"]安排[天工神奇]. 詩句就[寫成]雲山動色[變色][對勝景寫豪情], 酒杯傾天地忘懷[表現沉醉在勝景中的忘我之情]. 醉眼睜開[雲繞兼醉眼, 愈見朦朧], 遙望蓬萊[指金山]. 一半烟遮[被烟靄遮掩], 一半雲埋[隱在雲霧之中].

장강은 그 호탕한 기세로 서쪽에서 흘러오고
강물 위 안개 속으로 금산이 비치며

산 위에는 누각이 있다.
산과 강이 서로 비추고
누대 역시 서로 비추니
하늘이 안배한 절경이다.
시구 이루어질 무렵 운산의 색채 이미 변하고
술잔 기울이노라면 이 아름다운 천지 시름 잊게 한다.
술 취한 눈길 억지로 떠서
아득히 봉래산을 바라본다.
노을 속에 반쯤 젖어 있고
안개 속에 반쯤 젖어 있다.

[1] 제금산사(題金山寺) : 장양호(張養浩)의 ≪운장휴거자적소악부(雲莊休居自適小樂府)≫ 가운데서도 역시 이 작품을 <금산사에 들러(過金山寺)>라는 제목으로 수록하고 있다. 지금 ≪전원산곡≫에 근거하여 조우규(趙禹圭)의 작품으로 귀속시킨다. 금산은 강소성(江蘇省) 진강현(鎭江市) 서북쪽에 위치하고 있다. 강남 명승지 가운데의 하나이며, 원래 장강 가운데 있었으나 청(淸)에 이르러 진흙이 쌓여 마침내 남쪽 강 언덕과 이어지게 되었다. 금산사는 금산에 있다. 동진(東晋) 시대에 처음 지었으며, 산에 기대어 지었다. 산과 사찰이 일체의 경지를 이루었으며, 누대와 전각이 서로 엇비껴 지어져 있다.

# 39. 아로위(阿魯威)(? -?)

자는 숙중(叔重)이고, 호는 동천(東泉)이며, 당시 사람들은 그를 노동천(魯東泉)이라 불렀다. 몽고(蒙古) 사람이다.

지치(至治), 태정(泰定) 연간(1321-1327)에 천주로총관(泉州路總管), 경연관(經筵官), 참지정사(參知政事)를 역임했다. 만년에 항주(杭州)에서 은거했다.

산곡에 뛰어났으며, 산곡작가 우집(虞集), 장우(張雨)와 창화(唱和)한 작품이 있다. 산곡 풍격은 초광(超曠)하고 호방(豪放)하다. 명의 주권은 ≪태화정음보≫에서 그의 산곡을 "푸른 하늘을 날며 우는 학의 울음소리 같다(如鶴唳青霄)"라고 평했다.

≪전원산곡≫에 그의 소령 19수가 수록되어 있다.

## [雙調] 落梅風

千年調[1], 一旦空, 惟有紙錢灰晚風吹送[2]. 盡[盡管]蜀鵑[杜鵑]啼血烟樹中[烟霧繚繞的樹間], 喚不回一場春夢[3].

천년을 꿈꾸는 허망한 소망
어느 날 아침 갑자기 허망으로 변해버렸으니
지전(紙錢)의 재만 저녁 바람결에 흩날려 갈 뿐.
두견의 피 토하는 울음소리 물안개 숲속에서 구슬프게 울려 퍼진들
일장춘몽 같은 인생 돌이킬 수 없으리.

[1] 출전은 왕범지(王梵志)의 시이다. 당(唐)의 범터(范攄)가 지은 <운계우의(雲溪友議)>에는 왕범지가 지은, “세상에 백년을 사는 사람이 없는데도, 저마다 천년을 살 궁리를 하고 있다. 무쇠를 녹여 철문을 튼튼하게 만들어보지만, 귀신은 이를 보고 박수치며 깔깔 웃어댄다(世無百年人, 擬作千年調. 打鐵作門限, 鬼見拍手笑)”라는 시가 수록되어 있다. 세상 사람들은 언제나 무궁한 장기적 계획을 즐겨 세우곤 하지만, 그러나 인생은 유한하여 마침내 부질없는 허사로 끝나버리고 말게 됨을 비유했다.

[2] 지전(紙錢) : 종이를 돈 모양으로 잘라 제사를 지낼 때 불살라 죽은 사람이나 귀신에게 보낸다.

[3] 일장춘몽(一場春夢) : 송(宋)의 조령치(趙令畤)가 지은 ≪후청록(侯鯖錄)≫ 가운데에, “나이 칠십이 되는 노파가 소동파에게 말했다. ‘한림학사는 지난 날 부귀영화를 누리면서 살았지만, 그게 다 일장춘몽 같은 것일 뿐입니다.’ 소동파가 그 말을 수긍했다(有老婦年七十, 謂坡[蘇東坡]曰 : ‘內翰昔日富貴, 一場春夢.’ 坡然之)”는 기록이 보인다. 인생에서 부귀란 꿈결같이 쉽사리 사라지고 마는 허망한 것이라는 의미한다.

# 40. 왕원정(王元鼎)(? -?)

아로위(阿魯威)와 동시대의 인물이며, 관직은 한림학사(翰林學士)를 역임했다. 그는 대도(大都) (북경北京)의 가기(歌妓) 순시수(順時秀)와 친밀한 사이였다.

≪청루집(青樓集)≫의 관련 기록으로부터 볼 때, 그가 풍류롭고 호탕한 인물이었음을 가히 짐작할 수 있다. 산곡 풍격은 전아하면서도 수려하며, 물 흐르듯 자연스러운 아름다움을 지니고 있다.

≪전원산곡≫에 그의 소령 7수, 투수 2지가 수록되어 있다.

## [正宮] 醉太平：寒食[1]

聲聲啼乳鴉，生[硬是]叫破韶華[美好的春光在鴉啼聲中流逝]．夜深微雨潤堤沙[2]，香風萬家．畫樓洗盡鴛鴦瓦[3]，彩繩[彩色的鞦韆索]半濕鞦韆架[强調雨之微]．覺來紅日上窗紗，聽街頭賣杏花．

까악까악 하고 어린 까마귀가 울며
기어이 아름다운 봄날 깨뜨리려 한다.
깊은 밤 부슬비가 강 언덕과 모래사장 적시는데
꽃향기 실은 향긋한 바람 집집마다 찾아간다.
아름다운 누각 지붕에 있는 원앙 기와 말끔히 씻었으나
부슬비 하도 가늘어 아름다운 그네 줄 반쯤만 적셨을 뿐.
잠에서 깨어나니 붉은 해 창 위로 올라와 있고
거리에서는 살구꽃 사라는 소리 들려오고 있다.

[1] 한식(寒食) : 절기의 이름이다. 청명절의 하루 전이나 이틀 전이다. 전하는 바에 의하면 춘추전국 시대 진문공(晉文公)이 개지추(介之推)를 기념하기 위하여 정하였다고 하며, 사흘 동안 불을 사용하지 못하도록 금지하였다.

[2] 두보의 시 <봄밤에 내리는 비를 기뻐하다(春夜喜雨)> 가운데 있는 "바람 따라 깊은 밤 속으로 몰래 스며든다. 부드럽게 소리 없이 만물을 적신다(隨風潛入夜, 潤物細無聲)"라는 시구를 변용했다.

[3] 화루(畵樓) : 채색으로 곱게 칠한 누각이다. 원앙와(鴛鴦瓦) : 구식의 기와집은 호면(弧面)을 드러내도록 축조되어 있다. 지붕 위에 기와를 하나는 위, 하나는 아래로 간격을 띄워 배열하였는데, 그 모습이 마치 원앙이 짝을 이루어 마주 바라보고 있는 것 같았으므로 옛 사람들은 이를 원앙와라고 불렀다.

# 41. 설앙부(薛昂夫)(? -?)

이름은 초오(超吾)이고, 앙부(昻夫)는 그의 자이다. 호는 구고(九皐)이고, 회골(回鶻 : 지금의 위구르족) 사람이다. 한성(漢姓)은 마씨(馬氏)이며, 그래서 마앙부(馬昻夫), 마구고(馬九皐)라고 부르기도 한다.

그는 사환(仕宦)의 집안에서 출생했는데, 선세(先世)에 서역으로부터 이주했다. 그는 일찍이 강서행성령사(江西行省令史)를 역임했으며, 한 차례 경관(京官)을 역임하기도 했다. 또 태평로총관(太平路總管), 구주로총관(衢州路總管)을 역임하기도 했다. 만년에 관직으로부터 물러나 절강(浙江) 항현(杭縣) 고정산(皐定山) 일대에서 은거했다.

그는 당시 매우 시명(詩名)을 떨쳤으며, 원나라 중후기(中後期)의 중요 산곡작가였다. 소령은 연장체(連章體) 작품들이 많았으며, 또 이전시대 인물들의 시사(詩詞)를 산곡작품으로 재구성함에 뛰어났다. 시의(詩意)가 광활하고, 기상이 호탕했다. 조맹부(趙孟頫)는 그에 대하여 “시나 악부가 모두 격정적이고 비분강개하면서도, 시원하고 아름답고 청한하며 완곡하다(詩, 樂府皆激越慷慨, 流麗閑婉)”라고 말했다. 명의 주권은 ≪태화정음보≫에서 그의 산곡을 “눈 내리는 창가의 푸른 대나무 같다(如雪窗翠竹)”라고 평했다. 그의 명징(明淨), 청랑(淸朗), 표일(飄逸)한 산곡의 풍격을 가히 짐작할 수 있다.

≪전원산곡≫에 그의 소령 65수, 투수 3지, 잔소령(殘小令) 1수가 수록되어 있다.

원선자는 마구고(馬九皐), 설앙부(薛昻夫)를 두 사람으로 오인하고 각각 9수와 2수로 나누어 수록했으나, 지금 이 작품들을 하나로 합친다.

## [雙調] 水仙子：集句[1]

幾年無事傍江湖, 醉倒黃公舊酒壚[2]. 人間縱[卽使]有傷心處, 也不到劉伶墳上土[3], 醉鄉中不辨賢愚[4]. 對風流人物, 看江山畫圖[5], 便[縱然]醉倒何如.

여러 해 동안 아무 일 없이 강호에서 살아갔으며
황공(黃公)의 옛 술집에서 쓰러져 자곤 했다.
세상이 설사 온통 슬픔으로 가득 차 있다 해도
유령(劉伶)의 무덤 위로는 가지 않으리니
술에 취하면 좋은 술이든 나쁜 술이든 가리지 않는다.
풍류 인물들을 마주 대하고
그들이 살아간 이 아름다운 강산을 바라보니
설사 취해 쓰러진들 그 어떠하리?

[1] 집구(集句) : 옛사람의 시문 가운데 있는 시구를 새롭게 짜 맞추어 새로운 시구로 재구성하는 작업이다.

[2] 이 두 시구는 당(唐)의 육구몽(陸龜蒙)이 지은 시 <습미가 지은 '봄날 저녁, 술에서 깨어나다'라는 시의 운에 따라 짓다(和襲美春夕酒醒)> 가운데 있는 "여러 해 동안 아무 일 없이 강호에서 살아갔다. 황공의 옛 술집에서 취하여 쓰러져 자곤 했다. 술에서 깨어나 보니 어느 사이엔가 밝은 달이 떠오르고 있었다. 전신에 꽃잎 내려 쌓여진 나를 시녀가 부축해 일으키곤 했다(幾年無事傍江湖, 醉倒黃公舊酒壚. 覺後不知明月上, 滿身花影倩人扶)"는 시구를 재구성했다. 황공(黃公) : 위진(魏晉) 시대의 술을 팔던 사람. 노(壚) : 술독을 놓을 수 있도록 흙으로 만든 대(臺). ≪세설신어(世說新語), 상서(傷逝)≫편에는 왕융(王戎)이 황공의 옛 술집을 지나가다가 동행하던 사람에게 지난 날 그가 여기서 혜강(嵇康), 완적(阮籍)과 더불어 이 주로(酒壚)에서 술을 마신 적이 있다고 말했다는 기록이 보인다. 혜강, 완적이 세상을 떠난 뒤에도 그는 황공의 주로 앞을 지나갈 때마다 옛 벗을 그리워하며 매우 슬퍼하였다고 한다.

[3] 이 두 시구는 당(唐)의 이하(李賀)가 지은 시 <장진주(將進酒)> 가

운데 있는 시구 "그대에게 권하노니 하루 종일 취해 지내라. 설사 취한들 유령(劉伶) 무덤 위 흙까지 가지 않으리(勸君終日酩酊醉, 酒不到劉伶墳上土)"라는 시구를 재구성했다. 유령은 서진(西晉) 시대의 인물로서 "죽림칠현(竹林七賢)"중의 한 사람이다. 천성이 술을 좋아했다. 일찍이 술을 지니고 수레에 타고 하인들에게 괭이를 들고 뒤따르게 하였으며, 그들에게 "내가 죽으면 곧 파묻어버려라"고 했다.

[4] 여기서는 술에 취하면 술의 좋고 나쁨을 분간할 수 없음을 말한다. 당(唐)의 황포송(皇甫松)이 지은 <취향 속의 세월(醉鄉日月)> 가운데 "대체로 술은 색깔과 맛이 모두 훌륭하면 성(聖)이라 친다. 색깔이 황금빛이지만 맛이 쓴 것은 현(賢)이라 친다. 색깔이 검은데다 맛도 시큼한 것은 우(愚)라 친다(凡酒以色味重爲聖；色如金而醇苦者賢；色黑而味酸醨者爲愚)"라는 기록이 있다. 여기서 현우는 술의 등급을 가리킨다.

[5] 이 두 시구는 소식(蘇軾)의 사(詞) <염노교(念奴嬌)>와 적벽회고<(赤壁懷古)> 가운데 각각 들어 있는 "거대한 강물이 동쪽으로 흘러 들어간다. 파도가 휘몰아친다. 전고의 위대한 인물들, 파도 속으로 다 휩쓸고 가버렸다(大江東去, 浪淘盡, 千古風流人物)" "강산은 그림처럼 아름답다. 이 강산에서 한 때 얼마나 많은 영웅호걸들, 서로 다투고 있었던가?(江山如畵, 一時多少豪傑)"라는 사구들을 재구성했다.

## [雙調] 殿前歡, 二首[1]

捻冰髭[2], 繞孤山枉了費尋思[3]. 自逋仙去後無高士[4], 冷落幽姿[梅花受到冷落], 道梅花不要詩[詩梅絶緣]. 休說推敲字[5], 效殺顰難似[6]. 知他是西施笑我, 我笑西施.

수염을 비틀어 뽑으면서 시 짓기에 힘썼지만
고산(孤山)을 돌면서 소득 없이 상념을 쏟아 부었고
임포(林逋)가 떠난 이후 고상한 선비들이 사라졌다.
매화를 아무도 찾아주지 않으니
매화는 시가 필요 없다고 말한다.
가도(賈島)의 추고 더 이상 거론 말지니

서시(西施)의 찡그린 눈썹 흉내 내기 어렵다.
서시, 나 보고 웃고
나, 서시보고 웃는지 그 누가 알리?

[1] 시인의 이 곡조는 모두 춘하추동의 4곡이 있으며, 서호 사계절의 경치를 묘사했다. 이 작품은 겨울 경치를 묘사한 것이다.

[2] 염빙자(捻冰髭) : 당(唐)나라의 시인 노연양(盧延讓)의 "시 한자를 지어내고자, 몇 개의 수염을 뽑아내고 있다(吟安一個字, 捻斷數莖鬚)"라는 시구를 변용했다. 이 곡구는 겨울철의 차가운 바람 속에서 괴로움을 참으면서 시작(詩作)에 힘쓰고 있음을 말한다.

[3] 고산(孤山) : 항주(杭州) 서호(西湖) 가운데 있다. 이호(裏湖)와 외호(外湖) 사이에 위치한다. 그 섬이 홀로 우뚝 솟아 있고 아무런 산도 이어지지 않고 있으므로 고산이라고 불렀다. 여기서는 시인이 고산에서 시구를 찾아 이리저리 헤매고 있음을 말한다.

[4] 포선(逋仙) : 북송(北宋) 시대의 시인 임포(林逋)이다. 이 곡구(曲句)는 임포가 세상을 떠난 후로 매화를 노래하는 뛰어난 시인이 없음을 말하고 있다.

[5] 추고(推敲) : 당(唐)의 시인 가도(賈島)가 나귀를 타고가면서 시작(詩作)에 골몰해 있었던 전고를 사용했다. 가도는 "새들이 못가의 나무에서 잠들고 있고, 스님은 달빛 아래 문을 두드리고 있다.(鳥宿池邊樹, 僧敲月下門)"라는 시구를 생각해냈으나, 또 "고(敲)"자를 "추(推)"자로 바꾸는 것이 낫지 않을까 하며 생각했다. 글자를 완전히 결정하지 못하여 노새 위에서 밀고 두드리는 손짓을 하다가 경조윤(京兆尹) 한유(韓愈)의 행차와 부딪치게 되었다. 한유가 그 이유를 묻고서 가도에게 "고(敲)자를 쓰는 것이 더 나을 것이다(作敲字佳矣)"라고 말하였으며, 마침내 가도와 포의지교(布衣之交)를 맺게 되었다. 그 후 추고(推敲)로서 원고를 개작하는 의미로 사용하게 되었다.

[6] 효빈(效顰) : 출전은 ≪장자(莊子), 천운(天運)≫편이다. 서시(西施)는 심장이 아픈 병이 있었는데, 병이 발작할 때마다 눈썹을 찌푸리며 가슴을 쓰다듬었다. 동쪽 이웃에 살고 있던 추녀가 그 모습을 보고 매우 아름답게 생각하여 자신도 서시를 흉내 내었으나 더욱 추하게 보였다. 시인은 여기서 효빈의 고사를 인용하여 자신이 시를 지어 매화를 노래함

은, 임포에 비할 때 마치 동시(東施)가 서시의 찡그리는 모습을 본받으려고 하는 경우와 같다고 겸손하게 말하고 있다.

醉歸來, 袖春風下馬笑盈腮[春風得意]. 笙歌接到朱簾外[歌舞喧天], 夜宴重開. 十年前一秀才, 黃虀菜[1], 打熬到文章伯[2]. 施展出江湖氣概[仗義疏財的氣量], 抖擻出風月情懷.

술에 취해 돌아오니
춘풍은 소매 가득 불고 말(馬)은 크게 웃어댄다.
주렴 밖으로 생가(笙歌) 소리 요란하니
밤의 연회가 다시 열려지누나.
십년 전에 어느 수재 있었으니
소금에 절인 채소만 먹다가
고심하고 노력하여 마침내 문호가 되었다.
강호의 기개 펼치고
풍월의 시심 짜낸다.

[1] 황재채(黃虀菜) : 소금에 절여져서 노랗게 된 채소이다. 여기서는 청렴하되 고달픈 삶을 가리킨다.
[2] 문장백(文章伯) : 문장에 뛰어난 인물에 대한 존칭이다. 당(唐)의 시인 손적(孫逖)이 지은 시 <장승상 연공에 대한 만가(張丞相燕公挽歌> 가운데 "국내에서 문장이 가장 뛰어났으며, 조정에서 예악을 바로 잡는 인재였다(海內文章伯, 朝端禮樂英)"라는 시구가 있다.

## [中呂] 山坡羊, 二首

驚人學業[學業成就驚人], 掀天勢業[1], 是英雄成敗殘杯炙. 鬢堪嗟[2], 雪難遮[白髮很多]. 晚來覽[攬]鏡中腸熱[3], 問着老天無話說. 東, 沉醉也 ; 西, 沉醉也.

학업은 사람을 놀라게 하고
세업(勢業)은 하늘을 들어 올릴만하건만

영웅의 성패란 먹다 남은 술과 고기 같은 것.
귀밑머리 보면 절로 한숨이 터져 나오니
백발은 실로 감추기 어렵구나.
저녁 무렵 거울 잡으면 오장육부 타오르는데
하늘에게 물어봐도 아무런 대답 없다.
여기서도 만취하여 살아가고
저기서도 만취하여 살아간다.

[1] 출전은 송(宋)의 신효(辛斆)가 지은 <구충민시집후서(寇忠愍詩集後序)> 가운데에 보이는 다음과 같은 글이다. "채공은 두 군왕을 모신 대신이다. 그 훈업의 위대함이 하늘과 땅을 뒤흔들만했다.(萊公兩朝大臣, 勳業之盛, 掀天揭地.)" 여기서는 찬연한 공훈을 말한다.

[2] 출전은 송(宋)의 서신(徐伸)이 지은 사(詞) <이랑신(二郎神)> 가운데 보이는 "요즈음 들어 부쩍 머리카락 하얗게 세어졌다. 차마 어이 거울 곁에 다가가 볼 수 있으리?(如今潘鬢, 怎堪臨鏡)"라는 사구이다.

[3] 중장열(中腸熱) : 격정으로 인하여 가슴이 뜨거워진 것을 말한다. 출전은 두보(杜甫)의 시 <위씨 댁 여덟째 자식인 처사에게 지어주다(贈衛八處士)> 가운데에 보이는, "옛 친구 찾아보니 벌써 반이 떠났구나. 깜짝 놀라니 창자가 뜨겁게 타오른다(訪舊半爲鬼, 驚呼熱中腸)"라는 시구이다. 여기서는 두 귀밑머리가 반백이 되어 쓸쓸한 감회가 한없이 일어남을 말한다.

大江東去, 長安[指京城]西去, 爲功名走遍天涯路. 厭舟車[厭倦了奔波求官的羈旅生活], 喜琴書[1], 早星星鬢影瓜田暮[2]. 心待足時名便足[心裏滿足了, 對名就不在乎了]. 高, 高處苦；低, 低處苦[至理名言].

장강은 동쪽으로 흐르고
부귀의 소망은 서쪽 장안으로 기우니
공명을 얻기 위해 온 천지를 달렸다.
이제 배도 수레도 싫고
거문고와 책이 좋으니
석양의 외밭 지키는 나, 귀밑머리 희어졌다.

마음이 족하면 명성도 족하다.
높은 곳,
높은 대로 고달픔 있다.
낮은 곳,
낮은 대로 고달픔 있다.

[1] 출전은 도연명의 <돌아가자(歸去來兮辭)> 가운데 보이는, "친척들의 정다운 이야기 즐겁고, 금서를 즐기며 근심을 푸노라(悅親戚之情語, 樂琴書以消憂)"이다. 이 곡구는 금서(琴書)로 자적하는 은거생활을 사랑한다는 의미이다.

[2] 성성빈영(星星鬢影) : 머리카락이 반백(斑白)으로 됨을 의미한다. 과전모(瓜田暮) : 출전은 ≪사기(史記), 소상국세가(蕭相國世家)≫에 나오는 소평(邵平)의 은거하며 외를 심었던 일이다. 이 시구 전체는 인생의 모경이 이미 도래하였으며, 비록 은거하여 경작하며 살아가고는 있으되 그 가운데에도 절로 고락이 함께 있다는 의미이다.

## [正宮] 塞鴻秋 : 凌歊臺懷古[1]

凌歊臺畔黃山鋪[黃山錦延伸展], 是三千歌舞亡家處[2]. 望夫山下烏江渡[3], 是八千子弟思鄉處[4]. 江東日暮雲, 渭北春天樹[5]. 靑山太白墳如故[6].

능효대(凌歊臺) 밑으로 황산(黃山)이 펼쳐지니
삼천궁녀 황음한 가무로 나라가 망한 곳.
망부산 아래에 오강 나루터 있으니
강동지역 팔천 자제 고향 그리던 곳.
강동의 타오르는 노을 속 구름이 떠돌고
위수 북쪽 봄날 나무들 새움이 튼다.
청산의 이태백 무덤, 예나 다름없구나.

[1] 능효대(凌歊臺) : 안휘성(安徽省) 당도현(當涂縣)의 서쪽에 있는 황산(黃山)에 위치한다. 남조(南朝) 송(宋)의 고조(高祖) 유유(劉裕)가 일찍이

여기에 궁전을 건축했다. 능고는 '시원한 여름(淸暑)'이라는 의미이다. 이 작품은 응당 작자가 원나라 문종(文宗) 천력(天歷)에서 지순(至順)(1328-1332) 사이에 태평로(太平路) 총관(總管)으로 임지인 당도로 부임하여 갈 때지은 것일 듯하다.

[2] 삼천가무(三千歌舞) : 유유의 궁녀들이 일찍이 이 누대에 이르렀던 일을 가리킨다. 망가처(亡家處) : 고향으로부터 멀리 떠나 있음을 말한다. 여기서는 당(唐)의 허혼(許渾)이 지은 시 <능고대(凌歊臺)> 가운데 있는, "송의 태조 유유가 능고대에서 누렸던 즐거움 아직 사라지지 않았고, 삼천 가희들 누각에서 잠들어 있다(宋祖凌歊樂未回, 三千歌舞宿層台)"라는 시구를 변용했다.

[3] 망부산(望夫山) : 안휘성 서북쪽으로 사십 리 떨어진 곳에 위치한다. 전설에 의하면 옛날에 한 여인이 산에 올라가 멀리 떠나간 남편이 돌아오기를 기다리다 돌이 되었다고 한다. 그래서 이 망부석이 있는 산을 망부산이라고 부르게 되었다. 오강도(烏江渡) : 안휘성(安徽省) 화현(和縣) 동북쪽에 위치한다. 망부대(望夫台)와 강을 격하여 서로 마주 바라보고 있으며, 항우]가 싸움에 지고 난 후 자결했던 곳이다.

[4] 항우는 강동지역 팔천 자제들을 이끌고 군사를 일으켜 진(秦)에 대항했다. 이르는 곳마다 승리를 거두어 위세가 천하를 떨치게 하였다. 해하의 싸움에서 패배하자 그는, "하늘이 나를 망하게 했다. 내 어찌 강을 건너갈 수 있겠는가? 나 항우와 강동의 자제 팔천 명이 강을 건너 서쪽으로 왔다. 지금 한 사람도 돌아가지 못한다. 설사 강동의 부형들이 나를 불쌍히 여겨 왕으로 세워준다 한들, 내 무슨 면목으로 그들을 볼 것인가? 설사 그들이 아무 말도 하지 않는다 해도, 나 항우가 홀로 마음에 부끄럽지 않겠는가?(天之亡我, 我何渡爲? 且籍與江東子弟八千人渡江而西, 今無一人還, 縱江東父兄憐而王我, 我何面目見之? 縱彼不言, 籍獨不愧于心乎?)"라고 말하고는, 스스로 목을 베어 자결하였다.

[5] "강동(江東)" 2구(二句) : 두보의 시 <봄날에 이백을 그리워하다(春日憶李白)> 가운데 보이는, "위수 북쪽에는 봄날 나무들이 새잎들을 틔우고 있고, 강동 지역에는 붉게 타오르는 노을 속의 구름들이 떠돌고 있다(渭北春天樹, 江東日暮雲)"라는 시구를 차용했다.

[6] 청산(靑山) : 안휘성 당도현 동남쪽에 위치한다. 이백은 생전에 사

씨(謝氏) 집안의 청산을 사랑하였으나 사후에 동록(東麓)에 묻히게 되었다. 원화(元和) 연간에 선흡(宣歙)지역 관찰사가 청산으로 이장하여 주었다. 여기서는 시인이 능효대에 올라가 아득히 멀리 청산을 바라보며 이백을 애도하고 있음을 묘사했다.

## [雙調] 慶東原：西皐亭適興[1]

興爲催租敗[2], 歡因送酒來[3]. 酒酣時詩興依然在. 黃花[菊花]又開, 朱顔未衰[4], 正好忘懷. 管甚有監州, 不可無螃蟹[5].

> 흥겨움은 세금 재촉하던 자 때문에 깨어지고
> 기쁨은 술 가져온 자 때문에 생겨나게 된다.
> 술 얼근히 취해오면 시흥은 의연히 일어난다.
> 노란 국화꽃 다시 피고
> 홍안 아직 시들지 않았다.
> 바로 망아의 경지이다.
> 감주(監州) 따위야 있어도 상관없되
> 방게민은 반드시 있어야 하리.

[1] 서고정(西皐亭) : 절강성(浙江省) 항현(杭縣) 동북쪽에 고정산(皐亭山)이 있다. 서고정은 이곳에 있었던 것 같다.

[2] 출전은 송(宋)의 승려 혜홍(惠洪)이 지은 ≪냉재야화(冷齋夜話)≫ 가운데에 보이는 다음과 같은 기록이다. "황주 반대림은 시를 잘 지었으며, 아름다운 시구들이 많았으나 매우 가난했다. 소동파와 황산곡이 특히 그를 좋아했다. 임천 사무일이 서신을 보내와 새로 지은 시가 있느냐고 묻자, 반대림은 이렇게 답신을 보냈다. '가을이 다가오니 눈에 보이는 정경들마다 아름다운 시구들이었다. 다만 한스러운 것은 세속의 천박한 기운이 이를 덮어버린다는 점이다. 어제 한가로이 누워 지내고 있었는데, 숲을 뒤흔드는 비바람 소리를 듣게 되었다. 이에 흔연히 자리에서 일어나, "중양절이 다가오는 시기에 성안 전체에 비바람이 불고 있다(滿城風雨近重陽)"라는 시구를 써서 벽에 걸어두었다. 그런데 갑자기

세금을 납부하라고 재촉하는 사람이 와서, 마침내 시흥이 깨어지고 말았으므로, 다만 이 시 한구만 부쳐드린다.' 그 소문을 듣는 자마다 그의 우활한 행동으로 인하여 웃음을 터뜨렸다(黃州潘大臨工詩, 多佳句, 然甚貧. 東坡, 山谷尤喜之. 臨川謝無逸以書問有新作否, 潘答書曰 : '秋來景物件件是佳句, 恨爲俗氛所蔽翳. 昨日閑臥, 聞攪林風雨聲, 欣然起, 題其壁曰 "滿城風雨近重陽", 忽催租人至, 遂敗意. 止此一句奉寄.' 聞者笑其迂闊.)."

[3] 출전은 남조(南朝) 송(宋)의 단도란(檀道鸞)이 지은 ≪속진양추(續晉陽秋)≫ 가운데에 보이는 다음과 같은 기록이다. "9월 9일 중양절에 도잠은 마실 술이 없었다. 집 주위 울타리에 심은 국화를 한 아름 따서 그 곁에 앉아 있었는데, 문득 흰옷 입은 심부름꾼이 다가오는 것을 보았다. 바로 왕홍이 술을 보내온 것이었다. 이에 곧 술잔에 따라 마시다가 돌아갔다.(陶潛九月九日無酒, 于宅邊菊叢中摘盈把, 坐其側, 望見白衣人, 乃王弘送酒, 卽便就酌而後歸)"여기서는 시인이 자신을 도연명에 비유하면서, 자신이 잠시 흥을 깨뜨리는 속사(俗事)를 떨쳐버리고 서고정에 와서 술 마시고 시 지었던 것을 말한다.

[4] 소식(蘇軾)의 시 <붓 가는 대로 내버려 두다(縱筆)> 가운데 있는 "어린 아이가 내 홍안이 남아 있음을 보고 기뻐하고 있지만, 그것이 술기운 때문인 줄을 그 어찌 알리?(小兒誤喜朱顔在, 一笑那知是酒紅)"라는 시구를 변용했다. 여기서는 술을 마신 후 얼굴 가득히 붉은 기운이 떠도는 것이 마치 청춘의 모습이 아직 남아있는 것처럼 보임을 말한다.

[5] "관심(管甚)" 2구 : 출전은 구양수(歐陽修)의 <귀전록(歸田錄)> 가운데에 보이는 다음과 같은 기록이다. "국가가 호남으로 남하한 이후, 비로소 여러 주(州)에 통판을 두게 되었다. 제2인자도 아니었을 뿐만 아니라 속관도 아니었으므로, 자주 지주와 권력을 다투었다. 항상 이렇게 말했다. '나는 감군이다. 조정에서 그대를 감시하려고 내려 보냈다.' 거동이 그로 인하여 제한을 받았다. … 지난 날 전곤(錢昆) 소경(少卿)이 있었다. 집안 대대로 여항에 살고 있었다. 항주 사람들은 방게를 좋아했다. 일찍이 그는 지방의 관직을 구한 적이 있었는데, 사람들이 그에게 어느 군으로 가고 싶은가 하고 묻자, 전곤이 말했다. '방게가 있고, 통판이 없는 곳이라면 어디든지 가하다.' 지금까지 선비들은 이를 구실로 생각하고 있다(國朝自下湖南, 始置諸州通判. 旣非副貳, 又非屬官, 故嘗與知州爭權, 每云 : '我是監郡,

朝廷使我監汝.' 擧動爲其所制. … 往時有錢昆少卿, 家世余杭人也. 杭人嗜蟹, 昆嘗求補外郡官, 人問其所欲何州, 昆曰 : '但得有螃蟹無通判處, 則可矣.' 至今士人以爲口實.)."

소식(蘇軾)의 시 <금문사에서 이서태와 두 전선생이 창화한 네 절구를 보고, 장난삼아 그 운을 사용하여 시를 짓다(金門寺中, 見李西台與二錢唱和四絶句, 戲用其韻, 跋之)> 가운데 "다만 방게가 없을까, 감주가 있을까 걱정할 뿐이다(但憂無蟹有監州)"라는 시구가 있다. 여기서는 시인이 관직에 있으면서 겪게 되는 여러 가지 굴레와 귀찮은 일들을 잊어버리고자 한다. 그리하여 감주 따위를 상관할 바가 무엇인가? 국화를 감상하며 방게를 안주 삼아 실컷 술이나 마시자고 말한다.

## [中呂] 山坡羊 : 西湖雜咏, 二首 : 春

山光如淀[山色深藍], 湖光如練[白絹], 一步一個生綃面[1]. 叩[拜訪]逋仙[隱士林逋], 訪坡仙[蘇東坡], 揀西湖好處都游遍, 管甚月明歸路遠. 船, 休放[教]轉 ; 杯, 休放淺.

> 산색은 짙은 남빛으로 푸르고
> 호수는 흰 비단처럼 고운데
> 걸음마다 한 폭의 그림 같은 절경들이다.
> 임포를 배알하고
> 동파를 방문한다.
> 서호 아름다운 곳을 다 찾아다니며 유람하니
> 달이 밝아 돌아갈 길 멀어도 걱정하지 않는다.
> 배는 방향 돌리지 말고
> 술잔은 가득 채워두어라.

[1] 생초면(生綃面) : 화면(畵面)이다. 생초(生綃)는 생사(生絲)로 짠 비단이며, 옛날 그림을이 비단에다 그렸다. 당(唐)의 한유(韓愈)가 지은 시 <도원도(桃源圖)> 가운데 "흐르는 강물 산을 백구비나 돌아가고 있으며, 생사로 만든 흰 비단에 그려진 그림 몇 폭이 중당에 드리워져 있다(流水盤回山百轉, 生綃數幅垂中堂)"는 시구가 보인다. 여기서는 서호의 아름다운 풍경이 그림처럼 아름다움을 가리킨다.

## [中呂] 山坡羊：西湖雜詠, 二首：夏

晴雲輕漾[雲映在湖水中, 隨水波蕩漾], 薰風無浪[1], 開樽避暑爭相向[相對]. 映湖光, 逞新妝[游湖仕女們服飾艷麗, 倒映湖水中似爭奇鬪艶]. 笙歌鼎沸南湖蕩[2], 今夜且休回畫舫. 風, 滿座涼；蓮, 入夢香.

호수에 비친 구름 바람결에 살랑이고
초여름 동남풍에 물결이 잔잔하며
술통 열고 더위 피해 다투어 바람 쏘인다.
호수에 비친 그림자,
사녀(仕女)들 새 옷이 산뜻하고 아름답다.
생가(笙歌) 소리 남호(南湖)에서 요란하게 들려오니
오늘 밤 화방(畵舫)에서 돌아가지 않으리.
바람 불어,
만좌(滿座)는 서늘하다.
연꽃 피어,
꿈속으로 향기 실어 나른다.

[1] 훈풍(熏風)：초여름의 동남풍이다. 출전은 ≪여씨춘추(呂氏春秋), 유시(有始)≫편 가운데 있는 "동남쪽에서부터 불어오는 바람을 훈풍이라고 한다(東南曰熏風)"라는 기록이다.

[2] 생가정불(笙歌鼎沸)：악기 소리·노래 소리가 마치 솥에서 끓어오르는 물처럼 비등하고 요란스럽다. 남호(南湖)：서호는 백제(白堤)를 경계로 하여 남호와 북호로 구분된다. 백제 이남의 호수를 남호라고 부른다.

## [雙調] 楚天遙帶過淸江引[1]

屈指數春來[春天來得慢], 彈指驚春去[去得快]. 蛛絲網落花[2], 也要留春住[把大好春光留住]. 幾日喜春晴, 幾夜愁春雨. 六曲小山屛, 題滿傷春句[3]. 春若有情應解語[4], 問着無憑据[問春春不答]. 江東日暮雲, 渭北春天樹, 不知那答兒[哪裏]是春住處[5].

봄은 손꼽아 기다릴 만큼 천천히 왔다가
손가락 퉁기는 사이에 훌쩍 가버리느니.
거미줄에 꽃잎 몇 개 매달려 있으니
거미줄 역시 봄을 머물게 하려나 보다.
즐겁게 보낸 개인 봄날이 며칠이며
쓸쓸히 보낸 비 내린 봄밤은 또 몇 밤인가?
여섯 폭 작은 산수 병풍에는
상춘(傷春)의 시구들로 가득 채워져 있구나.

봄에게 정이 있다면 사람의 말 이해하리.
물어도 봄은 아무런 대답 없다.
장강 동쪽 석양 속에는 구름이 떠돌고
위수 북쪽에는 봄날 나뭇잎들 움트는데
그 어드메에서 봄은 머무르는가?

[1] 시인의 이 대과곡(帶過曲)은 모두 3수가 있다. 석춘(惜春), 상춘(傷春)의 정서를 묘사했다. 제2수와 제3수를 선정했다. 이 작품은 그중에서 제2수이다.

[2] 출전은 신기질(辛棄疾)이 사(詞) <모어아(摸魚兒)> 제1수 가운데에 보이는 다음과 같은 사구(詞句)이다. "봄이여 잠시 머물러 있으라. 천애의 방초 우거진 들판에는 돌아갈 길 없다고 한다. 아무 대답 없는 봄이 원망스럽다. 그나마 처마에 쳐진 거미줄만 정이 있는 듯하다. 온종일 버들솜을 흩날리게 한다(春且住, 見說道, 天涯芳草無歸路. 怨春不語, 算只有慇懃, 畫檐蛛網, 盡日惹飛絮)." 여기서는 거미줄에 걸려 있는 꽃잎으로 봄이 머물러 있음을 묘사함으로서, 봄날에 대한 그리움을 표현했다.

[3] "육곡소산병(六曲小山屛)" 2구 : 여섯 폭의 접을 수 있는 그림이 있는 소폭(小幅) 산수(山水)의 병풍이다. 여기서는 송(宋)의 고관국(高觀國)이 지은 사(詞) <복산자(卜算子)> 가운데 있는 "열두 창문에 여섯 폭 병풍이 있다. 살지는 봄 슬퍼하는 시구들로 가득 차 있다(十二彫窗六曲屛, 題滿傷春句)"라는 시구를 변용했다.

[4] 해어(解語) : 사람의 말과 뜻을 이해하다. 여기서는 이하(李賀)의 시구, "만약 하늘에 정이 있다면 하늘도 마찬가지로 늙어 가리라(天若有

情天亦老)” 가운데 담겨져 있는 시의를 사용했다.

[5] 황정견(黃庭堅)의 사(詞) <청평악(淸平樂), 만춘(晩春)> 가운데 “만약 누군가 봄이 간 곳을 아는 사람이 있다면, 그 봄을 불러내어 함께 지내고 싶다(若有人知春去處, 喚取歸來同住)”라는 사구(詞句)가 있다. 봄이 이미 자취 없이 사라져 버리고 없음을 가리킨다.

有意送春歸, 無計留春住. 明年又着[得]來, 何似休歸去. 桃花也解愁[懂得賞春], 點點飄紅玉[紅玉般花瓣紛紛飄落]. 目斷楚天遙[縱目遠望楚天的盡頭], 不見春歸路[沒發現春歸去的道路][1]. 春若有情春更苦[2], 暗裏韶光度[3]. 夕陽山外山, 春水渡旁渡[4], 不知那答兒是春住處.

어쩔 수 없어 보내기는 하지만
실로 봄을 머물게 할 수는 없구나.
내년이면 또 다시 찾아올 텐데
정녕 돌아가지 않을 수는 없다는 건가?
복사꽃도 그 슬픔 알아서
홍옥 같은 잎들을 표표히 날리누나.
남쪽 초나라 하늘 향해 눈 빠져라 바라보나
봄이 돌아가는 길 찾아볼 수 없어라.
만약 봄도 정 있다면 더욱 서러워하겠지.
흔적 없이 봄날이 사라져가는구나.
석양은 산 너머로 끝없이 펼쳐지고
춘수(春水)는 나루터 너머로 끝없이 넘실거리는데
그 어디가 봄날이 머무는 곳인가?

[1] 이상 <초천요(楚天遙)> 8구(八句)는 송(宋)의 석여회(釋如晦)가 지은 사(詞) <복산자(卜算子), 송춘(送春)> : “봄을 보내고 싶은 생각 없지만, 그렇다고 가는 봄 멈추게 할 수도 없으리. 필경 매년 꼭꼭 찾아올 터이니, 돌아가지 않은들 그 어떠하리? 아득히 멀리 있는 초나라 하늘을 하염없이 바라본다. 봄이 돌아가는 길을 찾아볼 수 없다. 바람이 급히 부니 복사꽃도 수심에 젖어 있는 듯하다. 점점이 붉은 꽃비를 뿌리고 있다(有意送春歸, 無計留春住. 畢竟年年用着來, 何事休歸去?目斷楚天遙, 不見

春歸路. 風急桃花也似愁, 點點飛紅雨)"를 이용한 것이다. 5구는 그대로 사용했고 3구는 변화시켜 사용했으며, 다만 순서상 약간의 차이가 있을 뿐이다.

[2] 이하(李賀)의 시구 "하늘이 만약 정이 있다면 하늘 역시 늙어갈 수밖에 없으리라(天若有情天亦老)"라는 시구를 변용했다.

[3] 소식(蘇軾)의 사(詞) <동선가(洞仙歌)> 가운데 있는 "흐르는 세월 모르는 사이에 훔치거나 바꾼다 하지 않는다(又不道流年暗中偸換)"이라는 사구(詞句)를 변용했다.

[4] 여기서는 송(宋)의 시인 대복고(戴復古)가 지은 시 <세상사에 대하여(世事作)> 가운데 있는 "봄날의 강물은 나루터마다 넘실거리고, 노을은 산마다 아름답게 펼쳐져 있다(春水渡旁渡, 夕陽山外山)"라는 시구를 사용했다.

# 42. 오홍도(吳弘道)(? -?)

자는 인경(仁卿)이고, 호는 극재(克齋)이며, 금대(金臺) 포음(蒲陰 : 지금의 하북성河北省안국安國) 사람이다. ≪녹귀부≫에서는 그를 "이 시대의 재인으로 서로 알고 있는 사람(方今才人相知者)"에 배열했다. 대체로 종사성(鍾嗣成)과 동시대 인물인 듯하다.

그는 일찍이 말단관리를 지냈으며, 악부를 좋아하여 산곡집을 편집하였다고 하나 지금은 이미 산실되었다. 그의 산곡 풍격은 맑고 수려하다. 명의 주권은 ≪태화정음보≫에서 "산골짜기에서 떠오르는 달빛 같다(如山間明月)"이라고 평하였다.

≪전원산곡≫에 그의 소령 34수, 투수 4지가 수록되어 있다.

## [雙調] 撥不斷 : 閑樂, 二首

泛浮槎[1], 寄生涯[2], 長江萬里秋風駕[秋風中泛舟在萬里長江上]. 稚子和烟煮嫩茶[小兒在烟氣迷滿的爐前煮茶], 老妻帶月炰新鮓[3]. 醉時閑話[帶幾分醉意與家人聊天].

떼목 띄워
내 생애 맡겨두니
장강 만리에 추풍이 몰고 간다.
어린 아들 녀석은 자욱한 연기 속에 차 끓이고
정든 아내는 달빛 속에서 새로 잡은 물고기로 젓을 담근다.
술 취하면 가족들과 한데 어울려 정겹게 담소한다.

[1] 사(槎) : 대나무로 엮어 만든 뗏목이다. 여기서는 작은 배를 가리킨다. 장화(張華)의 ≪박물지(博物志), 잡설(雜說), 하(下)≫편 가운데에, “옛날에 구름은 은하와 바다 사이를 통하고 있다고 했다. 근래에 어떤 사람이 바닷가에 살고 있었다. 해마다 팔월이면 뗏목을 띄워 오고갔는데 한 번도 오지 않은 적이 없었다(說雲天河與海通. 近世有人居海者, 年年八月有浮槎去來不失期)”라는 기록이 보인다. 여기서는 장강에 배 띄우는 것을 말한다.

[2] 출전은 당(唐)의 시인 유장경(劉長卿)이 지은 시 <호남에 있는 양처사의 별장을 방문하다(過湖南楊處士別業)> 가운데 있는 “문을 닫아걸고 백발이 되도록 살아간다. 호수 위에서 생애를 맡기고 살아간다(杜門成白首, 湖上寄生涯)”라는 시구이다. 여기서는 강물 위에 배 띄우고 즐거이 자적하며 살아가는 삶을 추구함을 가리킨다.

[3] 포(炰) : 찌고 삶다. ≪시경(詩經), 대아(大雅), 한혁(韓奕)≫편 가운데 “연회석상의 훈채(薰菜)는 무엇인가? 맑게 데운 큰 자라와 생선을 끓인 국이다(其殽維何, 炰鱉鮮魚)”라는 시구가 있다. 사(鮓) : 생선을 절이다. 혹은 생선을 훈제하다.

利名無, 宦情疏[仕宦之情淡漠], 彭澤升斗微官祿[1]. 蠹魚[蛀書蟲]食殘架上書[書久無暇讀], 曉霜荒盡籬邊菊[菊久無暇賞]. 罷官歸去!

부귀영화 구할 마음 없고
관직으로 나갈 생각 없으니
팽택현(彭澤縣) 현령(縣令)은 오두미(五斗米) 받는 말직이었을 뿐.
시렁 위의 책들은 좀이 다 먹었고
새벽서리는 울타리 곁 국화를 시들게 하니
관직을 버리고 이제 그만 돌아가자!

[1] 팽택(彭澤) : 고성(故城)은 지금의 강서성(江西省) 호구현(湖口縣) 동쪽에 위치한다. 남조(南朝) 양(梁)의 소통(蕭統)이 지은 <도연명전(陶淵明傳)> 가운데, “연말에 회계군에서 독우를 파견하여 현에 이르게 하였다. 서리가 응당 의관을 정제하고 맞으러 나가야만 한다고 하자, 도잠이 탄식하며 말했다. ‘내 어찌 오두미를 위해 허리를 굽히고, 향리(鄕里)의 소

인에게 굽실대며 섬길 수 있을 것인가?' 그날로 관직을 버리고, <돌아가자(歸去來)>를 노래하며 고향으로 돌아갔다(歲終, 會郡遣督郵至. 縣吏請曰 : '應束帶見之.' 淵明嘆曰 : '我豈爲五斗米, 折腰向鄕里小兒?' 卽日解綬去職, 賦<歸去來>)"라는 기록이 있다.

# 43. 조선경(趙善慶)(? -?)

자는 문보(文寶)이며, 요주(饒州) 악평(樂平 : 지금의 강서성江西省 악평현樂平縣) 사람이다. ≪녹귀부≫에서는 그를 "이 시대의 재인으로 서로 알고 있는 사람(方今才人相知者)"에 배열하였다.

복술(卜術 : 점술占術)에 뛰어났으며, 일찍이 음양학정(陰陽學正)을 역임했다. 산곡은 경치 묘사에 뛰어났고, 산곡 풍격은 수려하다. 명의 주권은 ≪태화정음보≫에서 그를 "푸른 밭 가운데 있는 아름다운 옥과 같다(如藍田美玉)"라고 평했다.

≪전원산곡≫에 그의 소령 29수가 수록되어 있다.

## [雙調] 沉醉東風 : 秋日湘陰道中[1]

山對面藍堆翠岫[天空碧藍, 堆壓在青翠的峰巒上], 草齊腰綠染沙洲[齊腰深的草染綠沙洲]. 傲霜橘柚青, 濯雨蒹葭秀[經雨水沖洗, 蘆葦更濕秀麗], 隔滄波隱隱江樓[隔着蒼茫江水, 對岸樓臺依稀可見]. 點破瀟湘萬頃秋[2], 是幾葉兒傳黃敗柳[有一葉之秋之意].

산마루 바로 위는 푸른 하늘과 연이어졌고
들풀은 허리까지 자라 모래사장을 녹색으로 물들였다.
찬 서리 속에서 귤은 더욱 푸르고
갈대는 비 맞아 더욱 보기가 좋은데
창파 저 멀리로 은은히 강루(江樓)가 보인다.

소상의 만경창파 적막 깨뜨리는 건
누렇게 시든 몇몇 버들잎뿐이다.

[1] 상음(湘陰) : 지금의 호남성(湖南省) 상음현(湘陰縣)이다. 상강 하류, 동정호(洞庭湖) 남쪽 강 언덕에 위치하고 있다.

[2] 소상(瀟湘) : 소수(瀟水)와 상수(湘水)이며, 호남의 두 줄기 큰 강이다. 여기서는 소상으로 동정호 일대를 가리킨다.

# 44. 마겸재(馬謙齋)(? -?)

생평(生平)은 미상이다. 장가구(張可久)가 그에게 지어준 산곡작품 <天淨沙, 馬謙齋園亭>이 있다. 이로부터 그가 장가구와 동시대 인물임을 짐작할 수 있다.

현존 작품으로부터 볼 때, 그는 일찍이 대도(大都) 북경(北京)에서 관직에 있었다. 그 후 "관직에서 물러나고, 경성의 화려함을 떠나서, 농가에서 안빈자족하며 살아갔으며(辭却公衙, 別了京華, 甘分老農家)", 항주로 가서 "비녀와 갓끈을 맨 사람들 사이에서 의좋게 지내고, 지팡이를 짚고 소나무 아래에서 배회하다(簪纓席上團欒, 杖藜松下盤桓)"라는 '부유하면서도 한가한 사람으로서의 삶(富貴閑人)'을 살아갔다.

산곡작품은 세상을 분개하는 작품들이 다수이다.

≪전원산곡≫에 그의 소령 17수가 수록되어 있다.

## [越調] 寨兒令：嘆世

手自搓[摩拳擦掌, 急于建功立業], 劍頻磨[頻頻磨劍, 躍躍欲試], 古來丈夫[有志之士]天下多. 青鏡摩挲[以手撫摩青銅鏡, 攬鏡自照], 白首蹉跎[1], 失志困衡窩[2]. 有聲名誰識廉頗[3], 廣才學不用蕭何[4]. 忙忙的逃海濱, 急急的隱山阿[山坳]. 今日個平地起風波[禍生不測].

안절부절 손 비비고
자주 날카롭게 검을 갈면서
고래로 천하에는 부귀 꿈꾸는 장부들 많았다.

청동거울 손바닥으로 닦아 들여다본즉
불운한 백발의 사내가 보이는데
누추한 집안에서 실의한 채로 살아간다.
염파 같은 명성 있다한들 누가 알아줄 거며
소하 같은 재능 있다한들 누가 써줄 것인가?
바삐 바다로 달아나고
급히 산속에 숨는다.
이 시대는 평지에 풍파가 이는구나.

[1] "청경(青鏡)"2구(二句) : 차타(蹉跎) : 세월을 헛되이 보내다. 이백(李白)의 시 <장진주(將進酒)> 가운데 보이는 시구 "고당의 맑은 거울에 비친 백발을 서글픈 시선으로 바라본다. 아침에 검은 머리였더니, 저녁에 벌써 흰 눈처럼 세어버렸구나.(高堂明鏡悲白髮, 朝爲青絲暮成雪)"라는 시구를 암용(暗用)했다.

[2] 형와(衡窩) : 옛날 횡목문(橫木門)을 "형문(衡門)", 그 집을 "형려(衡廬)"라고 불렀다. 누추한 집안형편을 형용한다. ≪시경(詩經), 진풍(陳風), 형문(衡門)≫편 가운데 "누추한 집안이긴 하지만, 가히 은거할 수는 있다(衡門之下, 可以栖遲)"라는 시구가 있다. 이 곡구는 누추한 집안에 살아가면서 재주와 포부를 펼치지 못함을 말한다.

[3] 염파(廉頗) : ≪사기(史記), 염파인상여열전(廉頗藺相如列傳)≫편 가운데 다음과 같은 기록이 보인다. "염파는 조나라의 장군이다.(조나라 혜문왕惠文王 16년에 염파가 조趙나라의 장군이 되어) 제를 공격하여 크게 격파하고 진양을 공략했으므로 벼슬을 주어 상경으로 삼았다. 용기로서 제후에 알려졌다.(廉頗爲趙將, 伐齊, 大破之. 取晉陽, 拜爲上卿, 以勇氣聞于諸侯.)" "또 군사를 이끌고 연(燕)나라 군대를 대파했다. 신평군으로 봉해졌고, 상국이 되었다. 일시에 명성이 자자했다.(又領兵大破燕兵, 封信平君, 任相國, 一時名顯赫.)" 이 곡구(曲句)는 설사 염파와 같은 명성이 있다고 한들 그 누가 알아줄 것인가?라는 의미이다.

[4] 소하(蕭何) : 한(漢) 초기의 인물이며, 지모와 재주가 많고 학문이 깊었다. 유방(劉邦)을 도와 천하를 통일했다. 한고조(漢高祖)는 그를 개국제일공신(開國第一功臣)이라고 일컬었다. 여기서는 설사 소하 같은 재주와 학문이 있다고 한들 쓰임 받을 수 없다고 말한다.

# 45. 손주경(孫周卿)(? -?)

고빈(高邠 : 지금의 섬서성陝西省 빈현邠縣) 사람이다. 생평은 미상이다. 손해제(孫楷第)는 ≪원곡가고략(元曲家考略)≫에서 ≪남촌철경록(南村輟耕錄)≫에 근거하여, 강서(江西) 사람 부약금(傅若金)이 그의 아내 손혜란(孫蕙蘭)에 대한 기록 “其先汴人(지금의 하남성河南省 개봉開封 사람)”, “아버지 주경선생(父周卿先生)”이라는 기록을 발견했다. 이로부터 볼 때 손주경의 생년은 약 1285년 전후가 될 듯하다.

그에게는 몇 수의 산중 은거생활을 묘사한 산곡이 있으며, 일찍이 관직으로 나아갔다가 은퇴한 흔적이 보인다.

≪전원산곡≫에 그의 소령 23수가 수록되어 있다.

## [雙調] 水仙子 : 山居自樂

朝吟暮醉[從早到晚吟詩醉酒]兩相宜, 花落花開總不知[對世事漠不關心], 虛名嚼破[仔細思量後看透]無滋味. 比[好比]閑人惹是非[好像閑人惹是生非一樣無聊], 淡家私[家道淸貧]付與山妻[稱妻子]. 水碓[舂米器具]裏舂來米, 山莊上餧了鷄[餵了鷄], 事事休提[別無他求].

조음모취(朝飮暮醉)는 서로 잘 어울리니
꽃 피고 진다한들 내 알 바 아니로다.
허명을 씹어보니 아무 맛이 없었다.
한가한 사람이 시비 거는 것 같은데

가난하고 소박한 삶 아내에게 맡겨둔다.
물레방아로 쌀 찧고
산장에서 닭 잡아 소금에 절여두며
나머지 일들은 상관하지 않는다.

## [雙調] 沉醉東風 : 宮詞, 二首

雙拂黛停分翠羽[1], 一窩雲[濃雲般鬢髮]半吐犀梳[犀角梳隱約可見]. 寶靨香[2], 羅襦素[衣着淡雅], 海棠嬌睡起誰扶[3]. 腸斷春風倦綉圖[內心痛苦], 生怕見紗窗唾縷[4].

두 눈썹을 두 갈래로 나누어 먹으로 곱게 칠하고
구름 같은 머리카락 사이로 물소뼈 빗이 살짝 보인다.
보엽(寶靨)의 향기 은은하게 스며들고
저고리는 흰 비단옷인데
해당화 같은 여인, 잠깨어 일어나면 누가 부축해주나?
봄바람이 단장의 슬픔 안겨주어 수놓기도 귀찮아지니
사창(紗窗)에 붉은 색실 뱉는 그녀 모습 볼까 두렵다.

[1] 쌍불(雙拂) : 두 눈썹이다. 대(黛) : 옛날 눈썹을 그리는데 쓰던 청흑색(青黑色)의 물감이다. 정분(停分) : 고루 나누다(平分). 취우(翠羽) : 비취새의 깃털이다. 여기서는 : 먹을 칠한 눈썹(黛眉)을 가리킨다. 부현(傅玄)의 시 <염가행(艷歌行)> 가운데 보이는 "아미는 두 갈래로 곱게 칠해져 있다. 해맑은 두 눈빛 수려하기 그지없다(蛾眉分翠羽, 明月發淸揚)"는 시구를 변용했다.

[2] 보엽(寶靨) : 속칭 엽자(靨子)이며, 옛날 여자들이 하던 일종의 얼굴 화장이다.

[3] 해당교수(海棠嬌睡 : 해당화처럼 아름다운 그녀가 잠들어 있다) : 출전은 ≪태진외전(太眞外傳)≫이다. 전주(前注)를 참조할 것. 수부(誰扶) : 그 누가 부축해줄 것인가? 부축해줄 사람이 아무도 없어서, 고독한 처지를 가리킨다.

[4] 타루(唾縷) : 출전은 남당(南唐)의 이욱(李煜)이 지은 사(詞) <일곡

주(一斛珠)> 가운데 보이는, "수놓은 비단이불 깔린 침상에 기댄 그녀 모습 아름답기 그지없다. 붉은 색실 잘근잘근 씹어, 웃으며 낭군에게 뱉는다(綉床斜憑嬌無那, 爛嚼紅茸, 笑向檀郎唾)"라는 사구(詞句)이다.

花月下溫柔醉人[室外景致清幽迷人], 錦堂中笑語生春[華麗的廳堂裏歡笑語一片, 春光融融]. 眼底情, 心間恨[青春鎖深宮, 心中生怨恨], 到多如楚雨巫雲[1]. 門掩黃昏月半痕[2], 手抵着牙兒自哂[自笑].

화월(花月) 아래에서의 정경은 사람을 도취하게 하고
금당(錦堂) 가운데서의 웃음소리는 봄기운을 자아낸다.
눈길 속에 담은 연정과
마음 속에 맺힌 원망은
무산 신녀보다 절실하구나.
문은 닫혀 있고 황혼에 초승달만 떠 있는데
두 손으로 턱 고인 채 혼자서 맥없이 웃음 짓는다.

[1] 초우무운(楚雨巫雲) : 송옥(宋玉)의 <고당부(高唐賦)> 가운데 보이는, 초왕(楚王)이 꿈에 무산신녀(巫山神女)를 만난 전고를 사용했다. 이 시구는 원한이 그리움보다 더 깊음을 말한다.

[2] 구양수(歐陽修)의 사(詞) <나비가 꽃을 사랑하다(蝶戀花)> 가운데 있는 "황혼 무렵 문은 굳게 닫혀져 있는데, 봄을 머무르게 할 방법이 없다(門掩黃昏, 無計留春住)"라는 사구(詞句)를 변용했다. 월반흔(月半痕)은 초승달을 의미한다.

# 46. 임욱(任昱)(? -?)

자는 칙명(則明)이며, 사명(四明 : 지금의 절강성浙江省 영파시寧波市) 사람이다. 대체로 장가구(張可久), 조명선(曹明善)과 동시대 인물일 듯하다.

그는 젊었을 때 기녀와 노닐기를 즐겨하였으며, 그가 지은 소곡은 가기(歌妓)의 세계에서 널리 유행하였다. 만년에 뜻을 세우고 공부하였으며, 칠언시에 뛰어났다. 산곡 풍격은 전아하고 아름다웠으며, 장가구의 풍격에 가까웠다. ≪전원산곡≫에 그의 소령 59수, 투수 1지가 수록되어 있다.

## [中呂] 紅綉鞋 : 春情

暗朱箔[紅色的帘子]雨寒風峭, 試羅衣玉減香銷[人漸消瘦]. 落花時節怨良宵. 銀臺燈影淡[1], 綉枕淚痕交[新痕壓舊痕]. 團圓春夢少.

암홍색 창렴(窗簾) 밖에 쓸쓸한 비바람 몰아치고
비단옷 입어보니 몸이 많이 야위었다.
꽃 지는 계절의 맑은 밤을 원망한다.
은촉대(銀燭臺) 등잔 불빛은 밝고
수침(綉枕)에 눈물만 줄줄 쏟아진다.
함께 보내는 봄밤이 거의 없구나.

[1] 은대(銀臺) : 은촉대(銀燭臺). 이백(李白)의 사(詞) <청평악(淸平樂)> 가운데 "봉황새 수놓은 이불 속에서, 밤마다 언제나 홀로 잠든다. 은촉대 위의 붉은 촛불로부터, 이 몸 눈물 줄줄 흘리는 것 배웠나보다(鸞衾鳳褥, 夜夜常孤宿. 更被銀臺紅蠟燭, 學妾淚珠相續)"라는 사구가 있다.

# 47. 장자견(張子堅)(? -?)

생평은 미상이다. 장가구(張可久)에게 산곡작품 <쌍조(雙調) : 청강인(淸江引), 장자견 판관의 연회석상에서(張子堅運判席上)> 3수가 있으므로, 그가 대체로 장가구와 동시대 인물임을 짐작할 수 있다.

≪전원산곡≫에 그의 소령 1수가 수록되어 있다.

## [雙調] 得勝令

宴罷恰初更, 擺列着玉娉婷[亭亭玉立的美女], 錦衣搭白馬[華麗的衣服搭在馬背上], 紗籠[燈籠]照道行. 齊聲, 唱的是阿納忽[小令曲調明, 屬雙調]時行令. 酒且休斟, 俺待据銀鞍馬上聽.

연회가 끝나니 초경(初更) 무렵인 듯한데
옥수(玉樹)처럼 여인들이 줄지어 서 있다.
비단옷 입은 사람 백마 타고 있고
등불 든 하인들이 길을 밝힌다.
문득 합창소리 들려오는데
곡명은 지금 한창 유행하는 <아납홀(阿納忽)>이다.
술은 잠시 따르지 말지니
마상에서 그 노래 듣고자 한다.

# 48. 전림(錢霖) (? -?)

자는 자운(子雲)이며, 송강(松江 : 지금의 상해시上海市 송강현松江縣) 사람이다.

일찍이 출가하여 도사가 되었으며, 포소(抱素)로 개명했다. 호는 소암(素庵)이고, 만년에 가흥(嘉興)에서 살아갔으며, 자호(自號)는 태와도인(泰窩道人)이다.

산곡집으로 ≪취변여흥(醉邊餘興)≫이 있었으나 이미 산실되었다. ≪전원산곡≫에 그의 소령 4수, 투수 1지가 수록되어 있다.

## [雙調] 淸江引, 二首

夢回晝長簾半卷, 門掩荼蘼院. 蛛絲掛柳綿[1], 燕嘴粘花片[燕子忙碌着銜泥築巢, 小嘴上粘着凋零的花片], 啼鶯一聲春去遠[2].

꿈에서 깨어나니 낮은 길고 주렴은 반쯤 걷혔는데
도미(荼蘼) 자라는 정원 대문이 굳게 닫혀져 있다.
버들솜 거미줄에 걸려 있고
보금자리 짓는 제비 꽃잎을 물고 있으며
꾀꼬리 우는 소리에 봄은 저 멀리 사라져갔다.

[1] 신기질(辛棄疾)의 사(詞) <모어아(摸魚兒)> 가운데 있는 "아무 대답 없는 봄이 원망스럽다. 그나마 처마에 쳐진 거미줄만 정이 있는 듯

하다. 온종일 버들솜을 흩날리게 한다(怨春不語, 算只有慇懃畵檐蛛網, 盡日惹飛絮)"라는 사구(詞句)를 변용했다. 여기서는 거미줄 위에 걸려 있는 버들솜에게 아직도 봄기운이 남아 있다고 말하고 있다.

[2] 황정견(黃庭堅)의 사(詞) <청평악(淸平樂)> 가운데 있는 "봄날은 아무런 발자취 없으니 그 누가 알 것인가? 꾀꼬리에게 물어보기 전에는.(春無踪迹誰知, 除非問取黃鸝)"라는 사구(詞句)를 변화시켜 사용했다. 이 곡구는 숲속에서 들려오는 꾀꼬리 우는 소리가 사람들에게 봄이 이미 지나갔음을 깨우쳐주고 있다고 말하고 있다.

恩情已隨紈扇[細絹制成的團扇]歇[1], 攢[積聚]到愁時節[幽怨逐日積聚, 已到了使人成愁的地步]. 梧桐一葉秋[2], 砧梧千家月[3], 多的是幾聲兒檐外鐵[4].

> 사랑은 이미 가을부채처럼 시들어버렸고
> 겹겹이 쌓여 시름으로 맺혀지게 되었다.
> 오동나무 잎 하나로 가을 온 것 알 수 있고
> 달빛 속에 집집마다 다듬이소리 들려오며
> 처마 밑 풍경소리 간간이 짤랑거린다.

[1] 가을이 다가오면 비단부채라 할지라도 쓸모없게 되어버린다는 데서, 버림받은 여인을 비유했다. 한(漢)의 반첩여(班婕妤)가 지은 시 <원가행(怨歌行)> 가운데에 다음과 같은 시구들이 보인다. "새로 제(齊)나라 흰 비단을 자른다. 희고 곱기가 흰서리 흰 눈 같다. 가위질하여 부채 합환선을 만든다. 둥근 모습이 밝은 달 같다. 그대 품안이나 소매 속을 드나들면서, 흔들어 미풍을 일으키게 했다. 항상 두려워했던 것은, 가을이 와서 서늘한 바람 더위를 빼앗아가는 것이었다. 화장 그릇 속에 버려두고, 사랑이 중간에서 끊어지는 것이었다.(新裂齊紈素, 皎潔如霜雪. 裁爲合歡扇, 團團似明月. 出入君懷袖, 動搖微風發. 常恐秋節至, 凉飇奪炎熱. 棄捐篋笥中, 恩情中道絶.)"

[2] 출전은 ≪회남자(淮南子), 설출(說出)≫ 가운데에 보이는, "낙엽 하나가 떨어지는 것을 보고, 한해가 저물어가려함을 알게 된다(見一葉落,

而知歲之將暮)"라는 기록이다. 송(宋)의 진원정(陳元靚)은 ≪세시광기(歲時廣記)≫에서 "산승은 갑자를 헤아릴 줄 모른다. 다만 낙엽 하나가 떨어지면 가을이 다가왔음을 알아차릴 뿐이다(山僧不解數甲子, 一葉落知天下秋)"라는 당(唐)나라 사람의 시를 인용했다.

[3] 침저(砧杵) : 옷을 다듬이질할 때 사용하는 다듬잇돌과 방망이이다. 옛날 여인들은 가을이 다가와 날씨가 서늘해지면 달빛 속에서 겨울옷을 만들고 다듬이질하여 멀리 떠난 남편에게 보내곤 하였다. 이백(李白)의 <자야오가(子夜吳歌)> 가운데에, "장안(長安)의 밤하늘에 한조각 달이 떠오르면, 집집마다 다듬잇돌 두드리는 소리가 들려오기 시작한다(長安一片月, 萬戶搗衣聲)"라는 시구가 보인다.

[4] 첨외철(檐外鐵) : 일명 철마(鐵馬)이며, 처마 밑에 달아 놓은 풍경(風磬)이다. 바람이 불면 댕그랑거리며 맑은 소리를 낸다.

# 49. 서재사(徐再思)(? -?)

자는 덕가(德可)이다. 단것을 즐겨 먹었으므로 호를 첨재(甛齋)라고 불렀으며, 절강성(浙江省) 가흥(嘉興) 지방 사람이다.

일찍이 가흥노리(嘉興路吏)를 지냈으며, ≪녹귀부≫에서는 그에 대하여 "총명하고 수려하였으며, 小山과 동시대 인물이다(爲人聰敏秀麗, 與小山同時)"라고 기록하고 있다.

그의 산곡은 강남의 경치와 규정(閨情), 춘사(春思)를 묘사한 작품들이 다수 있다. 산곡 풍격은, "단정하고 근엄하며 수려하다. 온화하고 조용하며 평화롭다. 유순하고 겸손하며 정교하다. 청일하고 자연스럽다(端謹秀麗, 雍容平和, 婉約工巧, 淸新自然)." 정려파(淸麗派)에 속한다. 주권은 ≪태화정음보≫에서 그의 산곡을 "계수나무 숲속을 비추는 가을 달빛과 같다(如桂林秋月)"이라고 평했다.

후세 사람이 그와 관운석(貫雲石 : 호는 산재酸齋)의 산곡을 합하여 ≪산첨악부(酸甛樂府)≫를 편찬했다. ≪전원산곡≫에 그의 소령 103수가 수록되어 있다.

### [雙調] 折桂令 : 春情

平生不會相思, 才會相思, 便害相思[感情波瀾已見]. 身似浮雲[坐臥不寧], 心如飛絮[神不守舍], 氣若游絲[懨懨欲病]. 空[只剩下]一縷餘香在此, 盼千金游子[千金之軀, 足見游子在其心中的地位]何之[哪裏去了]. 証候[病狀]來時, 正是何時? 燈半昏時, 月半明時.

평생 동안 그리움 모르다가
이제 겨우 그리움 배우고 나니
그만 그리움으로 병들고 말았구나.
몸은 뜬구름 같고
마음은 버들 솜 같으며
숨결은 버들가지 같다.
이제 겨우 한줄기 향기만 남았을 뿐인 몸이
천금 같은 님 어디 계신지 손꼽아 기다린다.
증상 나타날 때가
그 언제인가?
등불 반쯤 어두워질 때와
달빛 반쯤 밝아질 때.

## [雙調] 殿前歡：觀音山眠松[1]

老蒼龍[指松樹]，避乖高臥此山中[2]．歲寒心不肯爲梁棟[3]，翠蜿蜒俯仰相從[靑藤纏繞在松樹上]．秦皇舊日封[4]，靖節何年種[5]，丁固當時夢[6]．半溪明月，一枕淸風．

늙은 청룡 한 마리
난세 피해 이 산중에 와 있구나.
지조 지켜 살지언정 난세동량 안 되리니
비취빛 푸른 뱀들 순식간에 따라왔다.
진시황은 그 옛날 오대부(五大夫) 품계 준 적 있지.
도연명은 또 언제 이 나무를 심었던가?
정고는 소나무 통해 공(公)의 직위 꿈꾸었다.
반계(半溪)의 명월,
일침(一枕)의 청풍.

[1] 관음산(觀音山)：광주(廣州), 곤명(昆明), 남경(南京), 양주(揚州)에 옛날에는 모두 있었다. 그러나 광주(廣州), 곤명(昆明), 남경(南京)의 관음산(觀音山)은 모두 명(明)나라 홍무(洪武) 연간 이후에 명명된 것이며, 오직 양주의 관음산만 비교적 일찍 명명되었다. 양주 서북쪽 촉강(蜀崗)

동쪽 산봉우리에 위치한다. 원(元)나라 지원(至元) 연간에 다시 산을 헐어 절을 지었다. 절 가운데 관음상을 모셨으므로 이와 같이 명명했다. 면송(眠松) : 드러누워 있는 것 같은 모습의 소나무이다.

[2] 피괴(避乖) : 난세를 피하다. 괴(乖)는 괴정(乖政), 곧 난세의 정치이다. ≪예기(禮記)≫ 가운데에 “난세의 시가는 원망과 분노로 가득 차 있게 된다. 그 정치는 어그러져 있게 된다(亂世之音怨以怒, 其政乖)”라는 기록이 보인다.

[3] 세한심(歲寒心) : 출전은 ≪논어(論語), 자한(子罕)≫편 가운데에 보이는, “날씨가 추워져야 비로소 소나무와 잣나무의 잎이 지지 않음을 알 수 있게 된다(歲寒, 然後知松栢之後凋也)”라는 기록이다. 이 시구의 의미는 노송이 차라리 깊은 산속에서 은거하며 살아갈지언정, 세상의 동량지재가 되는 것은 원하지 않는다는 의미이다.

[4] “진황(秦皇)”구 : 출전은 ≪사시(史記), 진시황본기(秦始皇本紀)≫ 가운데에 보이는, “이십팔 년, 비로소 태산에 오르다. 바위를 세우고 제사를 시내나. 산에서 내려오다가, 비바람이 갑자기 몰아치다. 나무 아래에서 쉬다. 그래서 그 나무를 오대부에 봉하다.(二十八年, 乃上泰山, 立石封祠祀. 下, 風雨暴至, 休于樹下, 因封其樹爲五大夫)”라는 기록이다.

[5] 정절(靖節) : 도연명을 “정절선생(靖節先生)”이라고 불렀다. 그의 <돌아가자(歸去來兮辭)> 가운데 “뜰 안의 세 갈래 작은 길은 황폐해졌으나, 소나무와 국화는 아직껏 남아 있다(三徑就荒, 松菊猶存)”라는 시구가 있다.

[6] 정고(丁固) : 삼국시대(三國時代) 오(吳)나라 사람이며, 자는 자천(子賤)이다. ≪오서(吳書)≫의 기록에 의하면 그는 일찍이 소나무가 그의 배위에서 자라는 꿈을 꾸고는, 사람들에게 “송(松)이라는 글자는 십(十)과 팔(八)과 공(公)이라는 글자들이 결합하여 이루어진 것이다. 앞으로 18년 이후에 내가 내공(公)의 직위에 오를 수 있게 될 것인가?(松字十八公也, 後十八歲, 吾其爲公乎?)”라고 말했다. 그 후 그는 과연 직위가 대사도(大司徒)에 이르렀다.

## [雙調] 水仙子：夜雨

一聲梧葉一聲秋[1]，一點芭蕉一點愁[2]，三更[半夜]歸夢三更後[愁腸百結，夜不能寐]．落燈花棋未收[3]，嘆新豊孤館人留[4]．枕上十年事[伏枕回想往事]，江南二老[故鄉雙親]憂，都到心頭[萬千思緖，湧上心頭]．

> 오동잎 소리는 가을의 소리.
> 파초잎 소리는 가을의 우수.
> 삼경에 이르도록 잠 못 이룬다.
> 등불 꺼져가도 바둑돌 아직 거두지 않았고
> 신풍(新豊) 고관(孤館)에 내가 머물러 있다.
> 침상(枕上)의 십년사(十年事).
> 강남(江南)의 이로우(二老憂).
> 모두 가슴으로 왈칵 밀려오누나.

[1] 온정운(溫庭筠)의 사(詞) <경루자(更漏子)> 가운데 있는 "오동나무에, 삼경우(三更雨)가 뿌리는데, 이별의 슬픔 더욱 괴롭다고 말하지 않으리. 잎새 마다, 빗소리 들려, 텅 빈 계단에 새벽까지 떨어진다(梧桐樹, 三更雨, 不道離情更苦. 一葉葉, 一聲聲, 空階滴到明)"는 사구의 의미를 변용했다. 가을바람이 오동나무 잎 사이로 불어오면, 나뭇잎 소리 마다 가을의 숨결이 느껴진다고 말하고 있다.

[2] 두목(杜牧)의 시 <비 오는 날(咏雨)> 가운데에 보이는, "외로운 나그네 되어 밤새도록 잠 못 이루는데, 주인집 창문 밖에 파초가 심겨 있다(一夜不眠孤客身, 主人窗外有芭蕉)"는 시구의 의미를 변용했다. 비가 파초를 두드리는데, 빗방울 소리마다 수심이 어린다고 말했다.

[3] 등화(燈花) : 등불이 만들어놓은 꽃 모양의 타고난 나머지 부분이다. 송(宋)의 조사수(趙師秀)가 지은 시 <손님과 만나기로 약속하다(約客)> 가운데 "만나기로 약속한 손님 오지 않는데 밤은 이미 반을 지나갔다. 한가로이 바둑돌 놓고 있는데 등잔불은 거의 다 꺼져간다(有約不來過夜半, 閑敲棋子落燈花)"는 시구가 있다. 등불이 이미 꺼져가고 바둑판 위의 돌들은 아직 거두지 않고 있다. 참고 견디기 어려운 적막함과 외로

움을 표현했다.

[4] 신풍고관(新豊孤館) : 섬서성(陝西省) 신풍현(新豊縣) 일대에 위치하고 있다. 출전은 ≪신당서(新唐書), 마주전(馬周傳)≫이다. 마주가 젊었을 때 매우 가난하고 처량한 신세였다. 일찍이 출타하여 신풍의 객사에 들었다. 객사의 주인은 그의 가난한 행색을 보고는, 다른 객상(客商)에게는 음식을 주었으나 그에게만은 주지 않았다. 이에 마주는 주인에게 명하여 술 한말 여덟 되를 시켜 유연히 자작하였다고 한다. 여기서는 시인이 마주의 예를 들어 자신의 처지를 비유하고 있다.

## [雙調] 水仙子 : 紅指甲

落花飛上[喻色紅]筍芽尖[手指如初生嫩筍尖芽], 宮葉[喻紅色]猶將冰箸黏[1], 抵牙關越顯得櫻唇艷[極言指甲之紅]. 怕傷春不卷簾, 捧菱花[背面有菱花紋飾的銅鏡]香印妝奩[梳妝鏡匣]. 雪藕絲[喻白嫩細長的手指]霞十縷[十個紅指甲], 鏤棗斑[鏤刻的棗紅色斑點]血半點[紅指甲的形狀], 掐劉郎春在纖纖[2].

붉은 꽃잎 사뿐히 내려 죽순 같은 손가락에 떨어지고  
궁중의 붉은 꽃잎 여전히 겨울 고드름처럼 달라붙는데  
두 볼 찌르는 손톱은 앵둣빛 입술처럼 붉다.  
가는 봄 서글퍼 주렴도 걷지 않고  
받쳐 드는 구리거울 향기가 배어든다.  
희고 긴 손가락 붉은 노을 물들었고  
조각한 대춧빛 반점 핏빛처럼 붉은데  
유랑을 꼬집는 봄밤 섬섬옥수에 달려 있다.

[1] 빙저(冰箸) : 빙릉(冰凌). 저(箸) : 젓가락. 오대(五代) 왕인유(王仁裕)가 지은 ≪개원천보유사(開元天寶遺事)≫의 기록에 의하면, 동짓날 대설이 와서 처마 사이에 눈 녹은 물이 날씨가 다시 차가워져 고드름으로 되는데, 궁중에서 사는 사람들은 이를 어름 젓가락이라고 불렀다. 여기서는 가늘고 길며 매끈하고 하얀 손가락을 가리킨다.

[2] 유랑(劉郎) : 동한(東漢) 시대의 인물 유신(劉晨)이다. 그는 일찍이

완조(阮肇)와 더불어 천태산(天台山)으로 약을 캐러 들어갔다. 길을 잃고 헤매다가 두 선녀를 만나 산중에서 반년을 살았다. 그 후 집으로 돌아와 보니 인간 세상은 이미 칠대(七代)가 흘러 가버렸다. 그 후로부터 일반적으로 유랑을 로맨스를 알고 염복이 있는 남자로 일컫게 되었다. 섬섬(纖纖) : 섬섬옥수(纖纖玉手)의 준말이며, 여인의 가늘고 길며 매끈하고 하얀 손가락을 가리킨다. 출전은 ≪고시십구수(古詩十九首)≫ 가운데 있는 "아름답게 화장한 여인이 희디흰 섬섬옥수를 내민다(娥娥紅粉妝, 纖纖出素手)"라는 시구이다.

## [雙調] 水仙子 : 馬嵬坡[1]

翠華香冷夢初醒[2], 黃壤[黃土]春深草自青[埋葬楊貴妃處長滿青草], 羽林兵拱聽將軍令[3]. 擁鸞輿[皇帝的車駕]蜀道行[安史亂時, 玄宗逃往蜀地], 妾雖亡天子還京. 昭陽殿梨花月色[4], 建章宮梧桐雨聲[5], 馬嵬坡塵土虛名[6].

> 양귀비가 죽어서야 황제 비로소 꿈 깨어났고
> 봄 깊어 무덤 흙에 풀 푸릇푸릇 자라나는데
> 황제의 금위군은 장군의 명령만 따랐었네.
> 황제 수레 모시고 험준한 촉의 산길 가고 있었는데
> 첩은 비록 죽지만 황제께서는 수도로 돌아가옵소서.
> 양귀비 살았을 때 소양전 달빛 속의 이화가 곱더니만
> 양귀비 죽고 나니 건장궁 오동나무 빗소리만 요란한데
> 마외파 진흙은 허명만 간직하네.

[1] 마외파(馬嵬坡) : 섬서성(陝西省) 흥평현(興平縣) 서북쪽에 위치한다. 진현례(陳玄禮) 등이 당현종(唐玄宗)에게 양귀비(楊貴妃)를 교살하라고 강요하였던 곳이다.

[2] 취화(翠華) : 비취새의 깃털로 장식한 깃발이다. 일반적으로 황제가 출행(出行)하는 수레의 장식을 가리키나, 여기서는 황제의 수레를 가리킨다. 백거이의 시 <장한가(長恨歌)> 가운데 "황제의 수레와 깃발들 가

다가 쉬다가 한다. 도성의 성문에서 백여 리를 벗어났다(翠華搖搖行復止, 西出都門百餘里)"라는 시구가 보인다. 이 곡구는황제의 수레가 마외파에 이르러 육군(六軍)이 전진하지 않아 양귀비가 교살당하자, 당명황(唐明皇)의 양귀비에 대한 미련이 비로소 사라지게 되었다고 말한다.

[3] 우림병(羽林兵) : 우림군(羽林軍). 당(唐)나라 황제의 금위군(禁衛軍)이다. 장군(將軍) : 여기서는 진현례를 가리킨다. 당명황이 장안으로부터 촉(蜀)으로 달아나자, 그는 군사를 이끌고 황제를 호위하여 마외파에 이르러 양귀비 남매를 죽일 것을 요구했다.

[4] 소양전(昭陽殿) : 한(漢)나라의 궁전 이름이며, 후비들이 거처하는 곳이다. 여기서는 양귀비가 거처하는 궁실을 일컫는다. 이화(梨花) : 백거이의 시 <장한가> 가운데 있는 "그녀의 아름다운 얼굴은 슬픈 표정을 띠고 있었고 눈물은 줄줄 흘러내리고 있었다. 그 모습 마치 봄비에 젖은 하나의 이화 꽃나무가지 같았다(玉容寂寞淚闌杆, 梨花一枝春帶雨"라는 시구를 사용했다. 양귀비가 살아 있을 때 바라보던 경치의 찬연한 아름다움을 가리킨다.

[5] 건장궁(建章宮) : 한(漢)의 궁전 이름인데, 여기서는 당(唐)의 궁전을 가리킨다. 오동우성(梧桐雨聲) : 백거이의 시 <장한가> 가운데 있는 "봄바람 속에 복사꽃 피어나는 날일지라도, 가을비 속에 오동잎 지는 시간일지라도 그녀 잃은 황제의 슬픔은 변함없어라(春風桃李花開日, 秋雨梧桐夜落時)"라는 시구를 변용했다. 양귀비가 죽고 난 다음에 바라보는 경치의 쓸쓸하고 삭막함을 가리킨다.

[6] 진토허명(塵土虛名) : 백거이의 시 <장한가> 가운데 "마외파 진흙 속에 있는 그녀, 이제 더 이상 아름다운 그녀의 얼굴을 볼 수 없고, 부질없이 죽은 자리만 남아 있을 뿐이다(馬嵬坡下泥土中, 不見紅顔空死處)"라는 시구가 보인다. 이 시구는 양귀비는 이미 죽어 사라져버리고 없으며, 다만 마외파의 진흙만이 남아 보는 사람으로 하여금 허망하고 처연한 느낌을 갖게 한다고 한탄하고 있다.

## [雙調] 淸江引：相思

相思有如少債的，每日相催逼．常挑着一擔愁[1]，准不了[折不了]三分利[言利息之高，相思之苦若利息不斷增加]，這本錢見他時才算得[情人聚首，相思才消除]．

그리움은 마치 빚을 조금 진 것 같아서
매일 빚을 갚으라고 졸라댄다.
언제나 근심을 한 짐씩 메고 있고
삼부 이자는 깎을 수도 없는데
이 본전은 그대 만나야 비로소 해결될 터이다.

[1] 일담수(一擔愁)：수심이 깊음을 형용한다. 일담(一擔)은 원나라 때 시중(市中)의 속어이다. 심한 정도를 나타낸다. 동해원(董解元)의 <서상기제궁조(西廂記諸宮調)> 가운데 "슬픔은 장강처럼 길고도 깊다. 그리움이라는 짐을 짊어지고 있다(悶似長江，攬得個相思擔兒)"는 시구가 있다.

## [雙調] 憑欄人：春情

髻擁春雲[秀美的頭髮]鬆玉釵[1]，眉淡秋山羞鏡臺[2]．海棠開未開[3]？粉郞來未來[4]？

풍성한 머리카락 흐트러져 비녀 헐렁하게 꽂혀 있고
두 눈썹 가을 산 같은데 거울 바라보기 부끄럽다.
해당화는 피었는가, 안 피었는가?
그대는 왔는가, 안 왔는가?

[1] 계(髻)：운계(雲髻). 매우 높게 쪽지를 틀어 올린 머리 모양이다. 조식(曹植)의 시 <낙신부(洛神賦)> 가운데에 "풍성한 머리카락 높기도 하고, 아름다운 눈썹은 곱기도 하다(雲髻峨峨，修眉聯娟)"라는 시구가 보이고, 이욱(李煜)이 지은 사(詞) <도련자(擣練子)> 가운데 "풍성한 쪽진 머

리 어지러이 풀려 있고, 지난 밤 화장자국 아직도 남아 있다(雲髻亂, 晩妝殘)"는 사구가 보인다. 이 산곡 속의 곡구는 여인이 잠에서 깨어난 뒤 아름다운 머리카락이 산발하고 머리 쪽지가 한쪽으로 이지러지고 비녀가 헐렁해진 모습을 가리킨다.

[2] 추산(秋山) : 춘산(春山), 원산(遠山)이라 부르기도 한다. 당(唐)의 "열 가지 눈썹 그림(十眉圖)"가운데 "소산미(小山眉)"가 있다. 온정운(溫庭筠)이 지은 사(詞) <보살만(菩薩蠻)> 가운데 "아름다운 두 눈썹 밑에 별빛 눈망울 반짝인다(小山重疊金明滅)"라는 사구가 있다.

[3] 이청조(李淸照)의 사(詞) <여몽령(如夢令)> 가운데에 "발 걷는 사람에게 물어본다. 해당화같은 그녀 여전히 잘 지낸다고 한다(試問卷帘人, 却道海棠依舊)"라는 사구가 있다.

[4] 분랑(粉郞) : 출전은 ≪세설신어(世說新語), 용지(容止)≫편 가운데에 보이는 다음과 같은 기록이다. "하평숙은 자태가 수려하고, 얼굴이 몹시 희다. 위명제는 그가 분바른 것으로 의심했다. 더운 여름날 그에게 열탕병(熱湯餠)을 주어 먹게 했다. 음식을 다 먹자, 땀이 비 오듯 솟아났다. 붉은 비단소매로 스스로 닦자, 그의 흰 얼굴이 더 희게 되었다.(何平叔美姿儀, 面至白. 魏明帝疑其傅粉, 正夏月與熱湯餠. 旣啖, 大汗出. 以朱衣自拭, 色較皎然)."분랑은 미남이었으며 피부가 희던 하안(何晏)을 가리킨다. 그 후 일반적으로 이로서 미남자를 일컫게 되었다.

## [中呂] 陽春曲 : 贈海棠

玉環夢斷風流事[1], 銀燭歌成富貴詞[2], 東風一樹玉胭脂[3]. 雙燕子, 曾見正開時.

아름답던 옥환의 사랑 무참히 깨어졌고
어두운 밤 은촉 밝혀 해당화 시 짓는데
봄바람 속의 꽃나무는 연지처럼 붉구나.
쌍쌍이 나는 제비,
아름답던 해당화를 본 적 있었지.

[1] <태진외전(太眞外傳)> 가운데 당현종(唐玄宗)이 "해당화가 아직 잠을 충분히 자지 않은 것이다(海棠睡未足)"라는 말로 양귀비(楊貴妃)의 술에 취한 아름다운 모습을 형용한 기록이 보다. 여기서는 그 전고를 역으로 사용하여 양귀비로서 해당의 아름다운 자태를 묘사한다.

[2] 은촉가성(銀燭歌成) : 출전은 송(宋)의 혜홍(惠洪)이 지은 ≪냉재야화(冷齋夜話)≫ 가운데에 보이는, "소동파가 해당화라는 시를 지었다. '다만 밤이 깊이 꽃이 잠들었을까 두려울 뿐이다. 다시 은촉을 밝혀 붉게 단장한 모습 바라보고자 한다(東坡作海棠詩曰 : '只恐夜深花睡去, 更燒銀燭照紅妝.)"라는 기록이다. 부귀사(富貴詞) : 해당을 묘사한 시이다. 해당은 국색천향(國色天香), 부귀화(富貴花) 등으로 불리고 있다. 육유(陸游)의 시 <술병을 들고 해당화 아래에서 마시다. 봄날의 꽃보다 역시 아름다움이 쇠잔해 있다(携酒, 飮海棠下, 比春花亦衰美)> 가운데 "이 세상이 부귀공명을 추구하는 사람들이여, 함께 이 세상의 부귀화인 해당을 감상하지 않겠는가?(何妨海內功名士, 共賞人間富貴花)"라는 시구가 있다.

[3] 옥연지(玉胭脂) : ≪군방보(群芳譜)≫에서는 해당화의 색깔을 "짙은 연지 같다(如深胭脂)"고 기록하고 있다. 여기서는 해당화의 붉고 선염하고 아리따움을 가리킨다.

## [中呂] 朝天子 : 西湖

裏湖, 外湖[1], 無處是無春處[總覽西湖春色]. 眞山眞水眞畵圖, 一片玲瓏玉[西湖淸秀空明如玲瓏美玉]. 宜酒宜詩[由寫景轉入議論], 宜晴宜雨[2], 銷金鍋綿綉窟[3]. 老蘇[4], 老逋[5], 楊柳堤梅花墓[6].

이호(裏湖)나
외호(外湖)나
봄기운 돌지 않는 데가 없다.
진정한 산이고 진정한 강이고 진정한 그림이니
한 조각 영롱한 옥으로 깎아놓았다.
바라보며 술 마셔도 좋고 시 지어도 좋으며
맑은 날에 봐도 아름답고 비오는 날에 봐도 아름다우니

황금을 녹이는 솥이자 부귀한 자 찾아가는 곳이다.
소동파여!
임포여!
수양버들 우거진 둑길과 매화 피는 무덤이여!

[1] 서호는 소제(蘇堤)를 경계로 하여 이호(裏湖)와 외호(外湖)로 구분된다. 소제(蘇堤) 동쪽을 이호, 서쪽을 외호라 부른다.

[2] 소식(蘇軾)의 시 <호수 위에서 술을 마시다. 처음에는 개였다가 그 뒤에 다시 비가 내리다(飮湖上, 初晴後雨)> 가운데 있는 "호수 빛이 맑고 아름다우니 개인 날씨도 좋고, 산색이 아련하니 비가 내려도 역시 기이하다(水光瀲灩晴方好, 山色空濛雨亦奇)"라는 시구의 의미를 사용했다.

[3] 소금과(銷金鍋) : 서호를 가리킨다. 송(宋)의 주밀(周密)이 지은 ≪무림구사(武林舊事)≫ 가운데에, "서호는 천하의 절경이다. 아침이든 저녁이든, 맑든 흐리든, 사시사철 언제나 아름답다. 항주 사람들 역시 유람하지 않은 적이 없다. 그래도 봄에 유람하는 경우가 가장 많다. … 날마다 금전을 녹인다. 그 극에 이르지 않은 적이 없다. 그래서 항주 속담 가운데에, '황금을 녹이는 솥(消金鍋兒)'라는 말이 있다. 이 말은 결코 지나치지 않다(西湖天下景, 朝昏晴雨, 四序總宜. 杭人亦無時不游, 而春游特盛焉. … 日糜金錢, 靡有紀極, 故杭諺有 '銷金鍋兒' 之號, 此語不爲過也)"라는 기록이 있다. 금수굴(錦綉窟) : 부귀한 자들이 찾아가는 풍류가 흐르는 곳이다.

[4] 노소(老蘇) : 소식은 전후 두 차례에 걸쳐 항주에서 지방관을 지냈다. 일찍이 서호를 파고, 아울러 호수 중의 봉니(葑泥)를 이용하여 제방을 쌓도록 지휘, 감독했다. 곧 지금의 서호소제(西湖蘇堤)이다.

[5] 노포(老逋) : 임포(林逋)이며, 서호의 고산(孤山)에서 은거했다. 이십년 동안 성(城) 안으로 발을 들여놓지 않았으며, 사람들은 그를 "화정선생(和靖先生)"이라고 불렀다.

[6] 양류제(楊柳堤) : 곧 소동파의 둑길(蘇堤)이다. 남쪽으로 남병산(南屛山)에서부터 시작되며, 북쪽으로 악묘(岳廟)와 이어져 있다. 제방 위에는 여섯 개의 다리(六橋)가 있으며, "노을 속의 여섯 개 다리 부근 버드나무(六橋烟柳)"라는 풍경이 있다. 그리고 항주에는 "항주의 소제에 여섯 개의 구름다리(弔橋)가 있다. 버드나무 한 그루에 복사꽃 한 그루가 심겨져 있다(杭州蘇堤六弔橋, 一株楊柳一株桃)"라는 속담이 있다. 매화묘(梅花

墓) : 고산에 있는 임포(林逋)의 묘를 가리킨다. 임포는 학을 기르고 매화를 가꾸었으며, "매처학자(梅妻鶴子)"라고 불렸다. 이 곡구는 소식(蘇軾), 임포(林逋)는 모두 이미 자취를 찾을 수 없고, 이제 다만 이와 같은 흔적만 남아 있을 뿐이라는 의미이다.

## [商調] 梧葉兒 : 釣臺[1]

龍虎昭陽殿[2], 冰霜函谷關[3], 風月富春山[以富春山的淸風明月喩隱士的生活]. 不受千鍾祿, 重歸七里灘, 贏得一身閑[4]. 高似他雲臺將壇[5].

용호(龍虎)의 소양전(昭陽殿).
빙상(氷霜)의 함곡관(函谷關).
풍월(風月)의 부춘산(富春山).
천종 작록 아니 받고
다시 칠리탄으로 돌아가
한가로운 삶을 차지했다.
운대(雲臺), 장단(將壇)보다 나으리라.

[1] 조대(釣臺) : 동한(東漢) 시대 엄자릉(嚴子陵)이 낚싯대를 드리우던 곳이다.

[2] 용호(龍虎) : 제왕의 기상을 가리킨다. 출전은 ≪사기(史記), 항우본기(項羽本紀)≫ 가운데에 보이는 다음과 같은 기록이다. "범증이 항우에게 말했다. '지금 함곡관으로 들어가실 때에, 백성들의 재물을 취하지 말고, 부녀자들을 건드리지 마십시오.' 그 뜻이 작지 않습니다. 제가 사람을 시켜 그 기세를 바라보게 했더니, 모두 용호 같은 기상이었으며, 오채(五彩)를 이루고 있었습니다. 이는 천자의 기운입니다. 급히 치고 실수가 없어야 합니다.(范增說項羽曰 : '今入關, 財物無所取, 婦女無所幸, 此其志不在小. 吾令人望其氣, 皆爲龍虎, 成五采, 此天子氣也. 急擊勿失!')" 소양전(昭陽殿) : 한(漢)나라의 후비(后妃)들이 거처하던 궁전이다. 이 시구는 제왕가(帝王家)의 용호(龍虎) 같은 기상으로 제왕의 삶에 비유한다.

[3] 함곡관(函谷關) : 진(秦)의 함곡관은 지금 하남성(河南省) 영보현(靈

寶縣) 남쪽에 위치한다. 진(秦)의 동쪽 관문이었다. 동쪽으로 효산(崤山)에서 시작하여 서쪽으로 동관(潼關)에 이르렀다. 골자기의 깊고 은밀하기가 함(函)과 같다고 하여 마침내 함곡이라 부르게 되었다. 한(漢)의 함곡관(函谷關)은 하남성(河南省) 신안현(新安縣) 동북쪽에 위치한다. 진(秦)의 함곡관에서 삼백 리 떨어져 있다. 이 곡구는 함곡관의 눈보라 찬 서리로 인한 장군의 고통스러운 삶을 비유한다.

[4] "불수(不受)"3구 : 천종록(千鐘祿) : 작위가 높음을 가리킨다. 출전은 ≪사기(史記), 위세가(魏世家)≫ 가운데에 보이는 "위성자는 식록이 천종이나 되었다(魏成子以食祿千鐘)"라는 기록이다. 종(鐘) : 양(量)을 헤아리는 기명(器皿)의 이름이다. 일종(一鐘)은 6곡(六斛) 4두(四斗)이지만, 8곡(八斛)이라 하기도 하고, 10곡(十斛)이라 하기도 한다. 이 3구(三句)는 엄자릉이 높은 관직과 많은 봉록을 사양하고 다시금 칠리탄으로 돌아가 소요자적하며 은사로서의 삶을 살아가는 것을 묘사한다.

[5] 운대(雲臺) : 동한(東漢) 시대 낙양(洛陽) 남궁(南宮)에 있는 어느 누대 이름이다 한(漢) 현종(顯宗)이 명제(明帝)를 본받아 장군 28명의 그림을 새롭게 그려 놓은 곳이다. 서한(西漢) 시대의 기린각(麒麟閣)과 비슷하다. 이 곡구는 엄자릉이 낚시터에서 은둔했던 것이 운대(雲臺) 가운데에 화상(畵像)이 그려져 있는 장군들보다 훨씬 더 뛰어나다고 말하고 있다.

## [商調] 梧葉兒 : 革步[1]

山色投[奔向]西去，羈情[羈旅之情]望北游，湍水向東流[勾勒出背景]. 鷄犬三家店[人烟稀少的村店]，陂塘[池塘]五月秋，風雨一帆舟. 聚車馬關津渡口[指革步].

산색은 서쪽으로 달려가고
여수는 북쪽으로 떠돌며
여울은 동쪽으로 흘러간다.
적막한 시골 상점, 닭 우는 소리, 개 짖는 소리 요란하고
지당은 오월에도 서늘한 기운 감돈다.
돛단배 위로 비바람 몰아치니

거마들 모여드는 나루터 정경.

[1] 혁보(革步) : 나루터의 이름이며, 소재지는 미상이다. 보(步)는 "부(埠)"와 같으며, 강가에 배를 정박해두는 곳이다.

## [商調] 梧葉兒 : 春思, 二首

芳草思南浦[1], 行雲夢楚陽[2], 流水恨瀟湘[3]. 花底春鶯燕[花間鶯燕歌聲應答·飛翼齊飛, 襯人孤獨情緒], 釵頭金鳳凰[頭上鳳釵有形影相隨的鳳凰, 襯人形單影隻], 被面綉鴛鴦[被面上所綉鴛鴦交頸依依, 使人觸目生愁], 是幾等兒眠思夢想.

방초(芳草)는 그대와 이별한 나루터 생각나게 하고
행운(行雲)은 초나라 양대의 무산신녀 꿈꾸게 하며
흐르는 강물은 소상의 슬픔 되새기게 한다.
꽃나무 아래서는 봄날의 꾀꼬리, 제비들 쌍쌍이 날고
비녀에는 황금빛 봉황새가 짝을 이루며
비단이불에는 수놓은 원앙이 다정하게 지내노니
자나 깨나 그리워하던 나날 얼마이던가?

[1] 남포(南浦) : 남쪽에 있는 강가. 일반적으로 송별의 장소를 의미한다. 강엄(江淹)의 <별부(別賦)> 가운데 있는 "봄날의 풀잎들은 벽옥 빛으로 푸르고, 봄날의 강물은 파도로 넘실댄다. 그대를 남쪽 포구(浦口)에서 보낸다. 이 슬픔 어이 견디리?(春草碧色, 春水淥波, 送君南浦, 傷之如何)"라는 시구를 변용했다. 여기서는 남포(南浦)라는 말로 떠나간 사람을 그리워하는 심경을 그렸다.

[2] 초양(楚陽) : 곧 초나라의 양대(陽臺)이다. 송옥(宋玉)의 <고당부(高唐賦)> 가운데 묘사되어 있는 초왕이 꿈속에서 만난 무산의 신녀에 대한 전고를 사용했다. 이 곡구는 오직 꿈속에서만 애인과 재회의 기쁨을 나눌 수 있다고 말했다.

[3] 전설에 의하면 요(堯)는 두 딸 아황(娥皇)과 여영(女英)을 순(舜)에

게 시집보내었다. 순(舜)이 남쪽으로 순시하러 나갔다가 창오(蒼梧)의 들판에서 죽었다. 두 왕비는 남쪽으로 달려가 장강과 상수 사이(江湘之間)에서 죽어 상수(湘水)의 정령이 되었다. 이백(李白)이 지은 시 <아득히 멀리 이별하다(遠別離)> 가운데에, "아득히 멀리 이별한다. 옛날 아황(娥皇)과 여영(女英) 두 여인이 있었다. 그들은 동정호 남쪽, 소상강 포구에서 죽었다. 큰 강물 깊이는 만리나 되었다. 그 누가 이 이별의 슬픔 노래하지 않으리?(遠別離, 古有皇英之二女, 乃在洞庭之南, 瀟湘之浦, 海水直下萬里深, 誰人不言此離苦.)"라는 시구들이 보인다. 이 곡구는 이별의 깊은 슬픔을 묘사했다.

鴉鬢[鬢髮烏黑如鴉翎]青雲彈[下垂], 象梳[象牙做的梳子]秋月欹[傾斜], 鸞鏡曉妝遲[1]. 香漬青螺黛[古代女子畫眉的顏料], 盒開紅水犀[用水犀皮制成的紅色修飾盒], 釵點紫玻璃[紫色的水晶]. 只等待風流[情人]畫眉[2].

섬고 풍성한 머리카락 아래로 풀어헤쳐져 있고
상아빗은 가을 달처럼 기울어져 있으며
난경(鸞鏡) 앞에서 봄날 늦게 화장한다.
눈썹 그리는 먹에는 향이 배어 있는데
붉은 물소가죽으로 만든 보석함 열어보며
머리에 자수정 박힌 비녀 꽂는다.
이제 남은 일, 그대 돌아와 눈썹 그려주는 것뿐.

[1] 난경(鸞鏡) : 출전은 남조(南朝) 송(宋)의 인물 유경숙(劉敬叔)이 지은 ≪이원(異苑)≫ 가운데에 보이는 다음과 같은 기록이다. "계빈국의 왕이 봉황 한 마리를 구하여, 울게 해보고 싶었으나 그렇게 할 수 없었다. 황금으로 화려하게 치장을 해주고, 맛있는 먹이를 주어보았으나, 그저 가만히 바라보고 있을 뿐 더욱 쓸쓸한 모습이었다. 삼년 동안 울지 않았다. 부인이 말했다. '제가 듣기에 봉황새는 같은 무리를 보면 운다고 합니다. 어찌 거울을 달아놓아 보지 않으시렵니까?' 왕이 그 말을 따랐다. 봉황새는 거울에 비친 그림자를 보더니 슬피 울고, 하늘로 치솟아 날아오르더니 죽어버리고 말았다.(罽賓國王買得一鸞, 欲其鳴, 不可致, 飾金繁, 餉珍羞, 對之愈戚, 三年不鳴. 夫人曰 : '嘗聞鸞見類則鳴, 何不懸鏡照之?' 王從其言,

鸞睹影悲鳴, 冲宵一奮而絕.)” 옛날 거울을 주조(鑄造)할 때 흔히 거울의 배후에 난(鸞)새의 형상을 주조하였으므로 “난경(鸞鏡)”이라 불렀다.

[2] 화미(畵眉) : 출전은 ≪한서(漢書), 장창전(張敞傳)≫ 가운데 보이는, “또한 부인을 위하여 눈썹을 그려준 경우로서, 장안에는 경조윤 장창이 눈썹을 아름답게 그렸다고 전해진다. 관아에서 이로서 장창을 상주했다. 왕이 묻자, 장창이 대답하여 말했다. ‘신이 듣기에 규방 안에서의 일은 눈썹을 그려주는 것보다 그 정도가 지나친 일들도 얼마든지 있다고 합니다.’ 왕이 그 재능을 사랑하여, 그 일에 대하여 허물을 묻지 않았다. (又爲婦畵眉, 長安中傳張京兆眉憮. 有司以奏敞. 上問之, 對曰 : ‘臣聞閨房之內, 夫婦之事, 有過于畵眉者.’ 上愛其能, 不責非也)”라는 기록이다. 그 후 사람들은 장창이 부인의 눈썹을 그려주었던 일로서, 규중에서의 부부 사랑을 표시하는 전고로 삼았다.

# 50. 고덕윤(顧德潤)(? −?)

자는 군택(君澤)이고, 도호(道號)는 구산(九山)이며, 송강(松江) 사람이다.

일찍이 항주노리(杭州路吏)를 지냈으며, 후에 평강(平江)으로 이주했다. 명의 주권은 ≪태화정음보≫에서 그의 산곡작품을 "눈 속의 거대한 나무 같다(如雪中喬木)"라고 평했다.

그는 일찍이 산곡집 ≪구산악부(九山樂府)≫를 스스로 간행했으나 지금은 산실되었다. ≪전원산곡≫에 그의 소령 8수, 투수 2지가 수록되어 있다.

## [中呂] 醉高歌過攤破喜春來：旅中

長江遠映青山[長江遠望, 青山倒映], 回首難窮望眼[望不到邊際]. 扁舟[小船]來往蒹葭[蘆葦]岸, 烟鎖雲林又晚[交待時間].

籬邊黃菊經霜暗[顏色黯淡], 囊底青蚨[錢]逐日慳[減少]. 破清思[打破清幽的思緒]晚砧鳴[晚上婦女的搗衣聲], 斷愁腸檐馬[鐵馬, 卽檐外掛的風鈴]韻, 驚客夢曉鐘寒. 歸去難[難以回家], 修一緘[寫一封信], 回兩字寄平安[向家人報個平安].

장강에 멀리 청산이 비치고 있고
고개 돌리기 어려워 억지로 멀리 바라보려 한다.
갈대 우거진 강 언덕에 작은 배들 오가고

물안개 피어오르는 숲으로 노을 다시 타오른다.

울타리 곁 국화도 서리 내리자 고운 빛을 잃어갔고
주머니 속의 노자 돈 갈수록 줄어든다.
맑은 상념 깨뜨리는 건 저녁 무렵 여인네 다듬잇돌 소리이고
단장의 슬픔 자아내는 건 처마 밑의 풍경소리이며
나그네 꿈 깨우는 건 차가운 새벽 종소리이다.
귀향하기 심히 어려워
편지 한통 써서
가족들에게 몇 자 안부나 전한다.

# 51. 조덕(曹德)(? -?)

자는 명선(明善)이고, 설앙부(薛昻夫), 임욱(任昱)과 더불어 창화(唱和)한 작품이 있으므로, 응당 그들과 동시대 인물일 듯하다.

일찍이 구주노리(衢州路吏) 등의 관직을 역임하였다. 곧게 지조를 지켜나가는 성격의 소유자였다. 원나라 순제(順帝) 시절에 백안(伯顔)이 권력을 장악하고 무고한 사람들을 함부로 죽였으므로, <청강인(淸江引)> 2수를 지어 풍자하다가 체포당할 지경에 이르게 되자, 오중(吳中)의 절로 도피했다. 수년 후 백안이 실각하자 비로소 다시 북경으로 되돌아왔다.

≪녹귀부≫에서는 그의 산곡을 "화려하면서도 자연스럽다. 장가구보다 못하지 않다(華而自然, 不在小山之下)"라고 평했다.

≪전원산곡≫에 그의 소령 18수가 수록되어 있다.

## [中呂] 喜春來：和則明韻, 二首[1]

春雲巧似山翁帽[2], 古柳橫爲獨木橋, 風微塵軟落紅飄[風和塵軟, 落花紛紛]. 沙岸好, 草色上羅袍[3].

> 봄날 산상의 구름은 산옹의 모자 같고
> 묵은 버드나무는 외나무다리 되었으며
> 바람 화창하고 부드러운 진흙 위로 붉은 꽃잎 흩날린다.
> 모래사장 아름답고
> 푸른 풀빛 도포 위로 기어오른다.

[1] 칙명(則明) : 원곡가 임욱(任昱)의 자이다. 임욱의 원작은 이미 전해지지 않고 있다. 조덕(曹德)에게 화작(和作) 3수가 있으며, 여기서 그중 2수를 선정했다.

[2] 소식(蘇軾)의 시 <신성으로 가는 길에서(新城道中)> 가운데 보이는 “산마루의 흰 구름은 마치 비단 모자를 쓰고 있는 것 같다(嶺上晴雲披羅帽)”라는 시구를 변용했다. 봄날의 구름이 산봉우리를 둘러싸고 있는 것이 마치 산옹(山翁)이 모자를 쓰고 있는 모습과 같다고 말했다.

[3] 당(唐)의 위장(韋莊)이 지은 시 <구비 돌며 흐르는 강가에서 짓다(曲江作)> 가운데 있는 “푸른 도포의 색깔이 마치 봄풀처럼 새롭다(青袍草色新)”는 시구를 변용했다. 유람하는 사람의 비단도포와 푸른 풀밭의 색갈이 같음을 가리킨다.

春來南國花如綉, 雨過西湖水似油[1], 小瀛洲外小紅樓[2]. 人病酒[3], 料自下簾鉤[放下窗帘, 無心賞春景].

봄이 오니 남국의 꽃나무 수놓은 듯 아름답고
봄비가 서호 지나가니 강물은 기름 부은 듯 잔잔하며
소영주(小瀛洲) 밖으로 작은 홍루가 있다.
사람이 술에 곯아
슬그머니 주렴을 내려버린다.

[1] 수사유(水似油) : 호수의 수면이 잔잔하고 고요함을 극도로 과장하여 묘사한 말이다. 백거이의 시 <항주에 대하여 묻는 손님에게 대답하다(答客問杭州)> 가운데 있는 “전당의 호수는 풀빛 기름 부은 듯이 잔잔하다.(湖號錢塘似綠油)”라는 시구의 의미를 사용했다.

[2] 영주(瀛洲) : 전설 중의 해상에 있다는 신선이 사는 섬이다. 여기서는 서호 중의 깊고 그윽하게 멀리 떨어져 있는 곳이다. 소홍루(小紅樓) : 여인의 거처이다.

[3] 풍연사(馮延巳)의 사(詞) <작답지(鵲踏枝)> 가운데 있는 “매일 꽃나무 앞에서 술을 마신다. 거울 속의 홍안이 시드는 것도 상관하지 않는다(日日花前常病酒, 不辭鏡裏朱顏瘦)”라는 사구를 변용했다.

## [失宮調] 三棒鼓聲頻[1]：題淵明醉歸圖

先生[指陶淵明]醉也，童子扶者[隱者的典型形象]．有詩便寫，無酒重賒．山聲野調欲唱些[作詩·醉酒·唱山歌，皆隱者雅事]，俗事休說．問靑天借得松間月，陪伴今夜[眠于松間月下]．長安[京城]此時春夢熱[2]，多少豪傑．明朝鏡中頭似雪[滿頭白髮]，烏帽[官帽]難遮．星般大縣兒[小小的縣官]難棄捨，晩入廬山社[3]．比及[等到]眉未攢，腰已折．遲了也去官陶靖節[4]．

선생이 취하여
동자가 부축한다.
시상이 떠오르면 즉시 시를 짓고
술이 없으면 다시 술 사러 보낸다.
시골사람들 노래 부르려 하니
복잡한 세상사는 꺼내지도 말라.

푸른 하늘에 부탁하여 소나무 사이로 달빛을 빌려내어
오늘밤을 함께 지내게 하리라.
장안은 지금 춘몽(春夢)으로 한창 소란할 것이니
영웅호걸들 얼마나 많았던가?
내일 아침이면 거울 속 머리카락 온통 눈처럼 될 것이니
오모(烏帽)로도 가리기 어려울 것이다.

별처럼 작은 현(縣)의 관직조차 버리기 어려워
저녁에야 비로소 여산 모임에 나갔다.
눈살은 찌푸려져 버렸고
허리도 이미 구부러져 버렸다.
정절선생 도연명도 관직 버린 것 이미 너무 늦었다.

[1] 원(元)의 시령소조(時令小調)이다. 소속 궁조는 미상이다. 원산곡 가운데 오직 조덕(曹德)의 이 한 곡조만 있을 뿐이다. 곡조는 모두 세 부분으로 이루어져 있으며, 급박한 세 번의 북소리로 구성되어 있다.

[2] 춘몽열(春夢熱) : "황량몽(黃粱夢)"의 전고를 암용(暗用)했다. 조정에 있는 백관(百官)들은 벼락출세의 꿈을 꾸고 있을 것이라고 말하고 있다.

[3] 여산사(廬山寺) : 혜원법사(慧遠法師)는 여산(廬山) 동림사(東林寺)에 불교의 백련사(白蓮社)를 조직했다. 주속지(周續之)가 지은 <여산기(廬山記)> 가운데에, "혜원법사는 도연명이 백련사에 가입하라고 권면했다. 그러나 도연명은 눈썹을 찡그리며 떠나갔다(遠師勉令陶潛入蓮社, 淵明攢眉而去)"는 기록이 보인다.

[4] 도연명의 호는 정절선생(靖節先生)이다. 이 곡구는 도연명이 관직을 버리고 귀은했던 것이 실로 너무 늦었다고 말한다. 청렴결백함을 사랑하는 사람이라면 처음부터 관직에 나아가지 않았어야 했다고 묘사한다.

# 52. 고극례(高克禮)(? -?)

자는 경신(敬臣)이고, 호는 추천(秋泉)이며, 하간(河間 : 지금의 하북성河北省 하간시河間市) 지방 사람이다.

일찍이 경원이관(慶元理官)을 역임했다. 인품은 간담(簡淡)하다고 자처했으며, 교길(喬吉)과 친밀했다. 그의 산곡은 그 당시 명성을 떨쳤다. 현존하는 4수의 대과곡(帶過曲)으로부터 본다면, 그의 산곡 풍격은 질박(質樸)하고, 문필(文筆)은 거침없이 자유분방했으며, 문재(文才)는 호탕했던 것 같다.

≪전원산곡≫에 그의 소령 4수가 수록되어 있다.

## [雙調] 雁兒落帶過得勝令

尋致爭[分岐]不致爭[找不到分岐], 旣言定先言定[早盟誓在先]. 論至誠俺至誠[自己對愛情忠貞不渝], 你薄幸[薄情]誰薄幸[對方忘情負義]. 豈不聞擧頭三尺有神明, 忘義多應當罪名[忘義薄情要受懲罰]! 海神廟見[現]有他爲証, 似王魁負桂英, 磣可可[凄慘慘]海誓山盟. 綉帶裏難逃命, 裙刀上更自刑, 活取了個年少書生[1].

어디서부터 틀어졌을까 도저히 찾을 수 없어라.
이미 굳게 맹서를 한 터.
지성(至誠)을 따지자면 내가 더 지성이지.
그대가 배신자 아니면 누가 배신자일까?

머리 석자 위에 신명이 계심을 어찌 듣지 못했는가?
의로움 잊었으면 응당 벌을 받아야지!
해신묘에서 신(神)이 증거를 서주셨으니
왕괴가 계영을 배신했듯이 너도 배신했다고.
해서산맹(海誓山盟)이 참담하고 부끄럽지.
수놓은 띠로부터 살아나기 어렵고
치마 속에 감춘 칼에서 살아남기 더 어려워
생생한 젊은 서생, 염라 앞에 데려가고 말았다.

[1] "해신(海神)"이하 6구(六句) : 왕괴(王魁)와 계영(桂英)에 대한 이야기를 묘사한 것이다. 송(宋)의 장방기(張邦畿)가 지은 ≪시아소명록습유(侍兒小名錄拾遺)≫ 가운데 인용된 <척유(摭遺 : 버려진 것들을 주워 모음)> 가운데에는 다음과 같은 기록이 보인다. "왕괴는 계영을 채주(菜州) 북시(北市)의 깊은 골목길에서 만났다. 계영은 왕괴에게 시를 지어보라고 했다. 왕괴는 그 당시 과거시험에서 떨어진 상태였다. 계영이 말했다. '그대는 다만 공부만 하라. 사시사철 필요한 것은 내가 다 대어주겠다.' 이리하여 왕괴는 공부하러 아침에 나갔다가 저녁에 돌아오곤 했다. 몇 해가 지나 과거시험을 친다는 방문이 붙었다. 계영은 서쪽으로 응시하러 가는데 필요한 비용을 다 준비해주었다. 떠나기 임박하여 주(州)의 북쪽에 있는 해신묘(海神廟)에 가서 맹서했다. '저와 계영은 서로 배신하지 않을 것을 맹세하나이다. 만약 누군가가 배신한다면, 신이 반드시 용서하지 않으리이다!' 왕괴는 그 후 장원급제했다. 왕괴의 부친은 최씨(崔氏) 집안과 혼약을 맺게 하였고, 왕괴는 서주(徐州) 첨판(僉判)의 관직을 제수(除授)받았다. 계영은 아무런 내막을 모르고 기뻐하며 말했다. '서주는 여기서 멀지 않으니 반드시 사람을 보내어 나를 맞이하러 올 것이다.' 계영은 종복을 시켜 서신을 전하게 하였다. 왕괴는 관청에서 업무를 처리하다가 대노하고 질책하며 서신을 받지 않았다. 계영이 말했다. '왕괴가 나를 이와 같이 배신했으니, 반드시 죽음으로 원한을 갚을 것이다!' 그리고는 목을 베어 자결했다. 왕괴가 남부(南部) 시원(試院)에 있을 때, 누군가가 등불 아래에서 나타났는데, 그가 바로 계영이었다. 왕괴가 말했다. '그대는 잘 있었는가?' 계영이 말했다. '그대는 은혜도 모르고 의리도 모르는 자이다. 굳게 맹세한 바를 저버려서, 나로 하여금 이곳에

이르게 만들었다.' 왕괴가 말했다. '나의 죄이다. 그대를 위하여 스님에게 불경을 읽게 하고, 지전(紙錢)을 많이 불사르게 할 터이니, 나를 놓아줄 수 있겠는가?' 계영이 말했다. '그대의 목숨을 얻고 난 다음이면 즉시 그만 둘 것이다. 그 밖의 일은 모른다!' 그 후 왕괴는 마침내 죽고 말았다."

## [越調] 黃薔薇帶過慶元貞：天寶遺事[1]

又不曾看生見長[沒有親生撫養，指楊貴妃認安祿山爲養子事]，便這般割肚牽腸[關心之至]．喚奶奶[母親]酩子裏[暗地裏]賜賞[2]，撮醋醋孩兒也弄璋[3]．
斷送他蕭蕭[馬嘶聲]鞍馬出咸陽[4]．只因他重重[深重]恩愛在昭陽[5]，引惹得紛紛戈戟鬧漁陽[6]．哎，三郎[7]，睡海棠[用≪太眞外傳唐玄宗以睡海棠喻楊妃典≫]，都只爲一曲舞霓裳[8]．

양귀비가 안록산 낳아 기르는 것 본 적 없는데
그가 그녀에게 이처럼 깊은 관심을 보이다니!
어미니라 부르면서 남몰래 음락을 즐겼고
세아례(洗兒禮)를 베풀며 법석을 떨었다.

당현종에게 말 타고 함양궁을 떠나가야 했으니
소양전에서의 사랑이 너무 깊어서
어양에서 창날 번쩍이는 전쟁 났구나.
아아, 삼랑(三郎)이여!
잠자던 해당화여!
이 모두가 다 예상우의곡(霓裳羽衣曲) 때문이었구나!

[1] 천보(天寶) : 당현종(唐玄宗) 이융기(李隆基)의 연호(742-756)이다. 이 작품은 당 현종이 양귀비를 총애하였으며, 양귀비는 안록산(安祿山)을 양자로 삼아 종일 궁중에서 음락(淫樂)을 즐겼으므로 마침내 "안사(安史)의 난(亂)"을 일으키게 하였다고 묘사했다.

[2] ≪자치통감(自治通鑑), 당현종천보육재(唐玄宗天寶六載)≫ 가운데에,

"안록산이 궁중에 드나들 수 있게 되었다. 그래서 양귀비의 아들이 되기를 청했다. 현종이 양귀비와 함께 앉았다. 안록산이 먼저 양귀비에게 절했다. 현종이 그 이유를 묻자, 대답하여 말했다. '호인은 어머니에게 먼저 절하고 아버지는 그 다음에 절합니다.' 현종이 그 말을 듣고 기뻐했다.(祿山得出入禁中, 因請爲楊妃兒. 上與貴妃同坐, 祿山先拜貴妃. 上問其故, 對曰 : '胡人先母而後父.' 上悅)"라는 기록이 있다. 이 곡구는 양귀비가 안록산이 그녀에게 어머니라고 부르는 소리를 듣고 은밀하게 많은 상금을 주었다고 말하고 있다.

[3] 촬초초(撮醋醋) : 아름답게 화장하다. 농장(弄璋) : 출전은 ≪시경(詩經), 소아(小雅), 사간(斯干)≫편(篇)에 보이는, "만약 아들을 낳는다면, 그에게 작은 침대에서 잠들게 한다. 그에게 저고리와 치마를 입히게 하고, 그에게 흰 옥돌을 주어 놀게 한다(乃生男子, 載寢之床, 載衣之裳, 載弄之璋)"라는 시구이다. 그 후 아들을 낳는 것을 "농장(弄璋)"이라고 부르게 되었다. ≪자치통감(自治通鑑), 당현종, 천보십재(唐玄宗, 天寶十載)≫ 가운데에, "甲辰, 祿山生日, 上及貴妃賜衣服, 寶器, 酒饌甚厚. 後三日, 乃祿山入禁中, 貴妃以錦綉爲大襁褓裹祿山, 賜宮人以彩輿舁之. 上聞後宮歡笑, 問其故, 左右以貴妃三日洗祿兒對. 上自往觀之, 喜, 賜貴妃洗兒金銀錢, 復厚賜祿山, 盡歡而罷."라는 기록이 보인다. 이 곡구는양귀비가 안록산 생일 후 삼일 동안 세아례(洗兒禮)를 베풀어 한바탕 법석을 떨었음을 말한다.

[4] 이 시구는 756년 당 현종이 안사의 난을 피하여 장안으로부터 함양으로 갔다가 다시 촉을 향하여 피난했던 일을 가리킨다.

[5] 소양(昭陽) : 소양전(昭陽殿)이다. 한(漢) 궁전의 이름이며, 한성제(漢成帝)가 조비연(趙飛燕) 자매를 총애했던 곳이다. 여기서 실지로는 당(唐)의 궁전을 가리킨다.

[6] 이 곡구는 안록산이 755년 범양(范陽)에서 반란을 일으킨 곳을 가리킨다. 당시 안록산은 범양(范陽), 하동(河東), 평로(平盧)의 삼진(三鎭) 절도사로 책봉되었다. 범양 절도사는 계주(薊州), 유주(幽州), 연주(燕州) 등지를 다스렸다. 어양(漁陽)은 계주 관내(官內)에 속하며, 하북성(河北省) 계현(薊縣) 일대에 위치한다. 백거이(白居易)의 시 <장한가(長恨歌)> 가운데에, "어양에서 울려퍼지는 북소리 천지를 진동시키며 다가왔다. 예상우의곡의 노래 가락을 놀라게 하며 여지없이 깨뜨려버렸다(漁陽鼙鼓動地

來, 驚破霓裳羽衣曲)"는 시구가 보인다.

[7] 삼랑(三郞) : 당 현종 이융기는 예종(睿宗)의 셋째 아들이므로 삼랑이라고 불렸다.

[8] 예상(霓裳) : 곧 예상우의곡(霓裳羽衣曲)이며, 당(唐)의 무곡(舞曲) 이름이다. 전하는 바에 의하면 당 현종이 월궁(月宮)으로 유람을 갔다가 들은 신선세계의 음악을 기억하여 악보에 옮긴 곡이라고 하지만, 사실은 하남(河南) 절도사 양경술(楊敬述)이 바친 서량(西凉國)의 곡조이다. 원명은 바라문곡(婆羅門曲)이다. 양귀비가 <예상우의>라는 곡조에 맞추어 추는 춤을 잘 추었다고 한다.

# 53. 이백첨(李伯瞻)(? -?)

이름은 기(屺)이고, 자는 백첨(伯瞻)이며, 호는 희이(熙怡)이다.

원대 초기의 공신 이항지(李恒之)의 손자이다. 태정(泰定) 연간(1324-1328)에 관직이 한림직학사(翰林直學士), 계중의대부(階中議大夫)에 이르렀다. 서도와 그림에 능하였으며 사곡(詞曲)에 뛰어났다.

≪전원산곡≫에 그의 소령 7수가 수록되어 있다.

## [雙調] 殿前歡：省悟

去來兮["歸去來兮"略語, 棄官隱居吧]! 黃鷄啄黍正秋肥. 尋常老瓦盆邊醉[1], 不記東西[辨不出東西, 醉極]. 教山童替說知[傳話]：權休罪[權且不要責怪], 老弟兄行[輩]都申意[致意]. 今朝溷攏[打擾], 來日回席.

돌아가자!
누런 닭은 수수를 쪼아 지금 한창 살쪄 있을 것이리.
항시 옹기 술독 곁에 취해서 지낼 것이며
동서를 구분 못할 만큼 취해서 지내리라.
산동에게 대신 전하라고 시키리라.
너무 나무라지 말아달라고.
오늘은 폐가 많았다고.
내일 또 찾아뵙겠다고.

[1] 노와분(老瓦盆)：술을 담는 독이며, 값싸고 거친 술독을 상징한다.

두보(杜甫)의 시 <소년행(少年行)> 가운데에, "시골의 낡은 술독 비웃지 말라. 술을 담고 나서부터 아들자손 다 키웠다. 은과 구슬을 쏟아내니 사람들이 놀란다. 함께 취해 대나무 아래에서 같이 눕는다.(莫笑田家老瓦盆, 自從盛酒長兒孫. 傾銀注玉驚人眼, 共醉終同臥竹根)"라는 시구가 있다. 원산곡 가운데에서는 두보의 시의(詩意)를 자주 사용하고 있다. 노와분으로 은사의 술 담는 그릇에 비유했다.

# 54. 여지암(如止庵)(? -?)

생평은 미상이다. 명(明)의 주권은 ≪태화정음보≫에서 그의 산곡을 "맑은 날 노을이 깔리는 것 같다(如晴霞結綺)"라고 평했다.

≪전원산곡≫에 그의 소령 33수, 투수 4지가 수록되어 있다.

## [仙呂] 醉扶歸

頻去教人講[常去情人處則怕惹人閑話], 不去自家忙[不去又心身不定]. 若得相思海上方[1], 不道得害這些閑魔障[2]. 你笑我眠思夢想, 只不打到[碰到]你頭直上[頭上].

너무 자주 찾아가면 남들이 수군댈까 겁나고
찾아가지 않으면 또 내 마음이 불안하고.
상사병 고치는 해상방(海上方)을 구할 수만 있다면,
이런 재앙에서 벗어날 수 있을 텐데.
너는 내가 자나 깨나 그리움에 젖어 있다고 비웃지만
그건 네가 겪어보지 않아서다.

[1] 해상방(海上方) : 상사병을 낳게 하는 선방(仙方)이다. 진시황은 장생불사약을 구하기 위하여 일찍이 방사(方士)를 바다로 보내어 찾게 했으며, 그래서 여기서 "해상방(海上方)"이라 했다.

[2] 한마장(閑魔障) : 상사병을 가리킨다. 마장(魔障) : 불교 용어이며, 마왕이 설치해둔 장애물이다. 재난이나 질병 등을 가리킨다. 이 두 시구는 만약 상사병을 치유할 수 있는 신비로운 약이 있다면, 이토록 상사병으로 인하여 고통을 당하지 않을 수 있을 것이라고 말하고 있다.

# 55. 사덕경(査德卿)(? -?)

생평은 미상이다.

그의 현존 산곡으로부터 볼 때, 여자의 정겨운 모습을 묘사한 작품이 많다. 구성이 교묘하고, 풍격이 자연스러우면서도 맑고 아름답다.

≪전원산곡≫에 그의 소령 22수가 수록되어 있다.

## [仙呂] 寄生草 : 感世

姜太公賤賣了磻溪岸[1], 韓元帥命博得拜將壇[2]. 羡[羨慕]傅說守定岩前版[3], 嘆[惋惜]吃了桑間飯[4], 勸[勸說]豫讓吐出喉中炭[5]. 如今凌烟閣一層一個鬼門關[6], 長安道一步一個連雲棧.

강태공은 반계(磻溪)의 강 언덕을 너무 저렴하게 팔았다.
한신은 목숨 걸어 배장단을 차지했다.
부열이 성벽 쌓는 고된 노동 참아낸 게 부럽고,
영첩이 배고파 대부(大夫)에게 밥 한 그릇 얻어먹은 일 애석해 하며,
예양에게 삼킨 숯 토해내라 권한다.
지금 돌이켜보면 능연각은 층층마다 귀문관이었고
장안으로 가는 길은 걸음마다 모두가 연운잔이었다.

[1] 강태공(姜太公) : 곧 여상(呂尙)이다. 서주(西周) 초기에 태사(太師)에 임명되었으며, 무왕(武王)을 도와 상(商)을 멸하였다. 공훈을 세워 제(齊) 땅을 하사받았고, 태공(太公)이라는 존칭을 받았으며, 그에 대한 속칭은

강태공(姜太公)이다. 반계안(磻溪岸) : 지금의 섬서성(陝西省) 보계현(寶鷄縣) 동남쪽에 위치한다. 계수(溪水)는 북쪽으로 흘러 위수(渭水)로 들어간다. 전하는 바에 의하면 강태공은 늙어가도록 알아주는 사람이 없어 반계의 강가에서 낚시를 하고 있었으며, 그 후 주문왕(周文王)이 그와 수레를 동승하여 돌아가 스승으로 모셨다고 한다. 여기서는 강태공이 은거하던 장소 반계를 떠나 주나라에 출사한 것은 매우 무가치한 일이었다고 말한다.

[2] 한원수(韓元帥) : 한초(漢初)의 명장 한신(韓信)을 가리킨다. 그는 한고조(漢高祖) 유방(劉邦)을 도와 항우(項羽)를 패배하게 하고 한왕조(漢王朝)를 수립하게 도와주었다. 여러 차례 뛰어난 공훈을 세웠던 한 왕조의 개국공신이었으나, 후일 여후(呂后)에게 피살당하고 말았다. 배장단(拜將壇) : 한고조가 소하의 주장에 따라 거대한 단(壇)을 세우고 한신을 대장으로 초빙했다. 이 곡구는 한신이 비록 배장봉왕(拜將封王)이라는 명분은 얻었지만, 그러나 목숨을 그 대가로 지불하였으므로 무가치하다고 말한다.

[3] 부열(傅說) : 은무종(殷文宗) 무정(武丁)의 유능한 재상이다. 원래는 미장이였으며, 부암(傅岩)에서 성벽을 쌓는 일을 하고 있었다. 이 곡구는 부열이 만약 끝까지 축장(築墻)의 일을 하고 출사하지 않았어야 비로소 참으로 사람들의 흠모를 받을만하였을 것임을 의미한다.

[4] 영첩(靈輒) : 춘추시대의 진(晉)나라 사람이다. 진영공(晉靈公)의 대부(大夫) 조순(趙盾)이 사냥을 나갔다가 뽕나무 아래에서 굶주려 죽어가는 영첩을 구해준 적이 있다. 그 후 진영공이 사람을 보내어 조순을 죽이려 하였을 때, 그가 조순을 구하여 위험으로부터 벗어나게 하여 주었다. 이 곡구는 영첩이 조순이 뽕나무 아래에서 음식을 주었던 은혜를 갚기 위하여 목숨을 버렸으나, 이 또한 그럴 필요가 없었던 일이라고 말하고 있다.

[5] 예양(豫讓) : 전국시대 진(晉)나라 사람이다. 원래 지백(智伯)의 가신(家臣)이었으며, 지백으로부터 매우 큰 예우를 받았다. 지백이 조(趙)나라에 멸망당하자 예양은 몸에 옻칠을 하여 문둥이처럼 되게 하고, 숯을 삼켜 목소리를 바꾸었으며, 얼굴을 훼손하여 모습도 바꾸었다. 조양자(趙襄子)를 죽여 지백을 위해 복수하고자 하였으나, 실패로 돌아가고

말았다. 이 곡구는 예양이 지백을 위하여 목숨을 버릴 필요까지는 없었다고 말하고 있다.

[6] 능연각(凌烟閣) : 당(唐)나라 궁중에 있던 전각 중의 하나이다. 당 태종(唐太宗)은 24명의 화상(畵像)을 여기에 걸어두게 하여 그들의 공훈을 표창하였다. 서한(西漢)의 기린각(麒麟閣), 동한(東漢)의 운대(雲臺)와 같은 역할을 하였던 곳인데, 여기서는 고관대작을 가리킨다. 귀문관(鬼門關) : 지옥문을 가리킨다. 이 시구는 관료사회의 험악함을 묘사하고 있다.

[7] 장안도(長安道) : 정계에 투신하는 길을 가리킨다. 한(漢), 당(唐)의 도성은 장안(長安)에 있었으며, 그 후 일반적으로 장안으로 경성을 지칭하게 되었다. 연운잔(連雲殘) : 포사곡(褒斜谷)의 잔도(棧道)를 가리키는데, 지금의 섬서성(陝西省) 포성(褒城) 일대에 위치한다. 섬서로부터 촉으로 가는 길목이며, 지극히 험준하다. 잔도는 절벽에 구멍을 뚫고 기둥을 박고 줄을 매고 판자를 깔아 만든 다리이며, 여기서는 관료사회의 험난함을 비유하고 있다.

## [仙呂] 寄生草 : 間別

姻緣簿剪做鞋樣[1], 比翼鳥搏了[切斷了]翅翰[翅膀]. 火燒棧連理枝成炭[2], 針簽瞎比目魚兒眼[3], 手揉碎幷頭蓮[一個梗上長出兩朶花, 喻夫妻恩愛]花瓣. 擲[扔]金釵攧斷[摔斷]鳳凰頭[鳳釵頭部的鳳凰形裝飾], 繞池塘挼碎鴛鴦彈[鴛鴦蛋].

인연부(姻緣簿)는 가위질해 혜양(鞋樣)으로 만들어버렸고
비익조(比翼鳥)의 날개는 가위질해 잘라버렸다.
연리지(連理枝)의 가지는 태워버렸고
비목어((比目魚)의 두 눈은 바늘로 찔러버렸으며
병두련(幷頭蓮)의 꽃받침은 부벼 으깨어버렸다.
봉황새 모양 금비녀는 내던져서 부러뜨려버렸고
원앙새 알은 연못 돌며 주물러 깨뜨려버렸다.

[1] 인연부(姻緣簿) : 전설에 의하면 월하노인(月下老人)은 남녀 사이의 인연을 결정하는 장부를 가지고 있다고 한다. 혜양(鞋樣) : 신을 만들 때 사용하는 종이로 된 견본.

[2] 연리지(連理枝) : 진(晉)의 간보(干寶)가 지은 ≪수신기(搜神記)≫에 의하면, 한빙(韓憑)의 아내가 송(宋) 강왕(康王)에게 탈취 당했으나 부부가 죽음으로서 반항했다. 송 강왕은 그들을 합장하지 못하게 하였으나, 두 무덤에서 자라난 나무 가지가 서로 얽히면 자라게 되었다고 한다. 백거이가 지은 시 <장한가> 가운데 "하늘에서는 비익조가 되기를 원하고, 땅에서는 연리지가 되기를 원한다(在天願作比翼鳥, 在地願爲連理枝)"는 시구가 보인다.

[3] 첨할(簽瞎) : 눈을 찔러 맹인이 되게 하다. 비목어(比目魚) : 출전은 ≪이아(爾雅), 석지(釋地)≫ 가운데에 보이는, "동방에 비목어라는 물고기가 있다. 서로 나란히 가지 않으면 갈 수 없다. 그 이름을 가자미(鰈)라고 한다(東方有比目魚焉, 不比不行, 其名爲 '鰈')"라는 기록이다. 여기서는 부부 사이의 절실한 사랑을 가리킨다.

## [仙呂] 一半兒 : 擬美人 八咏

### 1. 春 夢

梨花雲繞錦香亭[梨花簇擁如雲環繞錦香亭, 點出夢的環境], 蝴蝶春融軟玉屛[1], 花外鳥啼三四聲[隔着繁茂花枝, 傳來淸脆的鳥啼聲]. 夢初驚[鳥鳴驚夢], 一半兒昏迷一半兒醒[神態生動].

> 이화는 금향정 주위를 구름처럼 감싸고 피어 있고
> 나비는 봄날 연옥으로 장식한 병풍 속으로 녹아들고 있으며
> 새는 우거진 꽃나무 밖에서 맑은 목소리로 지저귀고 있다.
> 새소리에 놀라 꿈에서 깨어난다,
> 반쯤은 몽롱하고 반쯤은 깨인 채로.

[1] 호접(胡蝶) : 장주(莊周)의 호접몽(胡蝶夢) 전고를 사용했다. 연옥병

(軟玉屛) : 연옥(軟玉)으로 장식한 병풍이다. 이 곡구는 미인이 이미 서서히 잠들고 있음을 묘사하고 있다.

## 2. 春 困

瑣窗[鏤刻有連鎖形圖案的窗戶]人靜日初曛[黃昏的落日餘光], 寶鼎[香爐]香消火尙溫, 斜倚綉床[刺綉時用的綉架]深閉門. 眼昏昏, 一半兒微開一半兒盹.

창문으로 정적 속에 석양이 비쳐들기 시작하고
향로의 향 꺼졌으나 열기 아직 남아 있는데
굳게 닫힌 방안 수놓은 침상에 맥없이 기대어 앉아 있다.
두 눈이 몽롱하니
반쯤은 떠졌고 반쯤은 졸고 있다.

## 3. 春 妝

白將楊柳品題[評賞]人[以臨風的楊柳婀娜多姿自比], 笑捻花枝比較春[1], 輸與海棠三四分[人面不如花嬌艶]. 再偸勻[勻脂粉], 一半兒胭脂一半兒粉.

춘풍에 휘날리는 버들가지 여인의 날렵한 모습에 비교되고
웃으며 꺾은 꽃가지 여인의 아름다움에 비교되는데
해당화보다 약간 덜 예쁘다고 여겨지자
연지와 분을 좀 더 살짝 발라본다.
연지도 살짝, 분도 살짝.

[1] 이 곡구는 여인이 화장을 마친 후 웃으며 꽃가지를 꺾어 미인과 꽃 가운데 어느 쪽이 더 아름다운지 비교함을 묘사하고 있다. 송(宋)의 장선(張先)이 지은 사(詞) <보살만(菩薩蠻)> 가운데에, "모란이 이슬 머금은 것이 마치 진주알 머금은 것 같다. 미인이 모란을 꺾어들고 주렴 앞을 지나간다. 웃음을 머금고 사랑하는 사내에게 묻는다. 꽃이 더 예뻐요, 제가 더 예뻐요?(牧丹含露眞珠顆, 美人折向簾前過. 含笑問檀郞, 花强妾貌强?)"

라는 사구가 보인다.

## 4. 春 愁

厭聽野雀語雕檐[雀雙引人形單之愁], 怕見楊花撲綉帘[楊花依依引起人孤獨之愁], 拈起綉針還倒拈[心不在焉]. 兩眉尖, 一半兒微舒一半兒斂.

처마에서 참새들 짝지어 지저귀는 소리 듣기 싫고
버들솜이 수렴(綉帘) 속으로 날아드는 것도 보기 싫은데
수놓는 바늘은 거꾸로 잡혀 있다.
미간이 살짝 찌푸려진다.
반쯤은 풀고 반쯤은 찌푸리고.

## 5. 春 醉

海棠紅暈潤初妍[1], 楊柳纖腰舞自偏[體態婀娜], 笑倚玉奴[梅花的別名]嬌欲眠[由靜而動寫醉態]. 粉郎[情郎]前, 一半兒支吾一半兒軟[站立不穩].

해당화 같이 고운 그녀의 두 볼 살짝 취하여 발그레하고
날렵한 허리 봄날 버들가지처럼 하늘거리는데
매화나무에 기대어 잠이 오려 한다.
사랑하는 사내 앞에서
반쯤은 서있고 반쯤은 비틀거리고.

[1] 이 곡구는 술 취한 후 미인의 두 뺨에 생겨나는 붉은 기운이 마치 해당화처럼 붉고 선염하다고 말하고 있다. 현종이 해당으로 술 취한 양귀비에 비유한 <태진외전(太眞外傳)>의 전고를 이용했다.

## 6. 春 綉

綠窗時有唾茸粘[1], 銀甲[白淨的指甲]頻將[連續不斷]彩線㨶[牽引] [纖纖玉指牽引着綉花的彩線], 綉到鳳凰心自嫌[不高興]. 按春纖[纖細的手], 一半兒端相[仔細地看]一半兒掩.

녹창(綠窓)에 이따끔 붉은 색실 배앝다가
섬섬옥수는 부단히 색실을 잡아당기는데
봉황을 수놓을 무렵이면 마음 절로 어두워진다.
섬섬옥수를 어루만진다.
반쯤은 자세히 보고 반쯤은 살짝 가린다.

[1] 녹창(綠窗) : 여인의 거실이다. 타용(唾茸) : 출전은 남당(南唐) 이욱(李煜)의 사(詞) <일곡주(一斛珠)> 가운데 보이는, "수틀을 비스듬이 놓고 있는 그녀는 참으로 아름답다. 붉은 색실을 자근자근 씹다가, 사랑하는 사내에게 푸우 하고 뱉는다(綉床斜憑嬌無那, 爛嚼紅茸, 笑向檀郎唾)"는 사구이다. 수를 놓을 때 실 끝의 튀어나온 부분을 이빨로 물어 끊는다. 이 곡구는 녹사창(綠紗窗) 위에 입에서 뱉어낸 실이 붙어 있음을 말한다.

## 7. 春 夜

柳綿撲檻[欄杆]晚風輕, 花影橫窗淡月明, 翠被麝蘭[麝香·蘭草, 熏籠所用的香料]熏夢醒. 最關情, 一半兒溫馨一半兒冷.

버들솜 저녁 바람 타고 난간 향해 날려 오고
꽃 그림자 밝은 달빛 아래 창가에 비치며
비취빛 이불의 사란(麝蘭) 내음 단잠을 일깨운다.
가장 안타깝게 한다.
반쯤은 따사롭고 반쯤은 싸늘하다.

## 8. 春 情

自調花露[花上的露水]染[蘸]霜毫[毛筆], 一種春心無處[1]托, 欲寫又停三四遭[足見心煩意亂]. 絮叨叨[話語羅嗦], 一半兒連眞一半兒草[2].

꽃잎의 이슬방울로 붓을 적셔도
이 내 그리움 깃들일 곳이 없어
쓰려다가 그만두기 서너 차례나 한다.
처절하게 토로한다.
반쯤은 정서로 반쯤은 휘갈겨서.

[1] 춘심(春心) : 이성을 그리워하는 마음이다. 이백(李白)의 시 <강하행(江夏行)> 가운데 “그 옛날 그녀의 어리고 아름답던 모습 그리워한다. 그녀 역시 연정을 품고 있었다(憶昔嬌小姿, 春心亦自持)”라는 시구가 보인다. 탁(托) : 깃들이다. 이 곡구는 다 같은 춘심인데 기탁할 바가 없다고 말하고 있다.

[2] 진(眞) : 진서(眞書)이다. 한자의 정해체(正楷體 : 해서체楷書體)이다. 초(草) : 초서(草書)이다. 정서가 안정되지 못하여 써놓은 글자가 어떤 것은 단정한 모습이고, 어떤 것은 삐뚤삐뚤한 모습이라고 묘사하고 있다.

# 56. 조현굉(趙顯宏)(? -?)

호는 학촌(學村)이고, 생평은 미상이다.

≪전원산곡≫에 그의 소령 21수, 투수 2지가 수록되어 있다.

## [黃鐘] 晝夜樂 : 冬

風送梅花過小橋, 飄飄, 飄飄地亂舞瓊瑤[喩梅花]. 水面上流將去了, 覷絶[看不見時]落英無消耗[消息]. 似那人水遠山遙, 怎不焦[煩躁]? 今日明朝, 今日明朝, 又不見他來到. 佳人, 佳人多命薄[感嘆紅顔薄命]. 今遭, 難逃, 難逃他粉悴胭憔[容顔憔悴], 直恁般[竟這般]魚沉雁杳[沒有音信]. 誰承望拆散了鸞凰交[喩夫妻], 空教人夢斷魂勞. 心痒難揉, 心痒難揉, 盼不得鷄兒叫.

바람이 매화 꽃잎 흩날려 소교(小橋)를 지나가게 한다.
표표히,
옥 같은 잎들을 표표히 난무하게 한다.
강물 따라 흘러가다
마침내 자취를 감추고 만다.
그 님처럼 산 너머 강 건너 저 멀리 사라지니
어찌 애타지 않을 수 있으리?
오늘일까, 내일일까?
오늘일까, 내일일까?
그래도 그 님 오지 않는다.

[요(么)]

가인,
아아, 가인이란 팔자가 얼마나 기박한고?
이승에서는
벗어날 길 없다.
초췌한 얼굴, 벗어날 길 없다.
결국 이처럼 소식도 없다니!
누가 봉황을 흩어지게 했던가?
부질없이 꿈 깨고 혼백 시달리게 했던가?
마음은 가려워도 긁을 수가 없네.
마음은 가려워도 긁을 수가 없네.
새벽닭 우는 소리만 애처롭게 기다리네.

## [雙調] 殿前歡：閑居, 二首

去來兮, 東林春盡蕨芽[蕨菜的嫩芽]肥. 回頭那顧名和利, 付與希夷[宋初隱士陳摶, 相傳他一睡百餘日不醒]. 下長生不死棋[1], 養三寸元陽氣[2], 落一覺渾淪睡[3]. 鶯花[鶯啼花開, 指大好春光]過眼, 鷗鷺忘機[典出≪列子·皇帝≫, 謂去掉機心].

돌아가리라!
동림(東林)에는 미나리 싹 무성하게 자라고 있다.
어찌 고개 돌려 명성과 이익을 돌아볼 것인가?
희이선생(希夷先生)에게 다가간다.
장생불사 바둑 두고
삼촌원양기(三寸元陽氣) 기르며
드르릉 드르릉 코 골며 단잠 잔다.
앵화(鶯花), 과안(過眼)하고
구로(鷗鷺), 망기(忘機)한다.

[1] 출전은 임방(任昉)의 ≪술이기(述異記)≫ 가운데에 보이는 다음과 같은 기록이다. "신안군에 한 동굴이 있었다. 진나라 때 왕질이 나무를 하다가 그곳에 이르렀다. 동자 몇 명이 바둑을 두거나 노래를 부르고

있었다. 왕질은 그래서 그 노래를 듣고 있었다. 동자가 그에게 어떤 것을 주었는데, 마치 대추씨 같았다. 왕질이 그것을 입에 머금자 배고프다는 생각이 들지 않게 되었다. 잠시 후에, 동자가 말했다. '왜 집으로 돌아가지 않는가?' 왕질이 자리에서 일어나서 도끼를 보니 자루가 이미 썩어 있었다. 집으로 돌아와 보니, 예전에 함께 살던 사람은 아무도 없었다.(信安郡有石室山, 晉時王質伐木至, 見童子數人棋而歌, 質因聽之. 童子以一物與質, 如棗核, 質含之不覺飢餓. 俄頃, 童子謂曰 : '何不去?' 質起, 視斧柯爛盡. 旣歸, 無復時人.)"

[2] 삼촌원양기(三寸元陽氣) : 곧 원기(元氣)이다. 도가(道家)에서는 사람의 원기는 쓸개(신腎)에서 발원하여 단전(丹田)에 감추어지게 된다고 생각했다. 단전은 배꼽 아래 세치 쯤 되는 곳에 있으므로, 삼촌원양기라고 한다.

[3] 혼륜수(渾淪睡) : 달콤하고 평안한 잠을 자고 있다. 전하는 바에 의하면 진단(陳摶)의 제자 구조일(寇朝一)은 진단의 단잠 자는 비결을 체득하고 있었다. 한번은 유중범(劉重范)이 그를 만나러 갔는데, 그는 단잠에 빠져 있었다. 유중범은 "코고는 소리가 웅장하고 아름답고 들을만하여" 곧 악보로 만들었으며, 이를 "혼돈보(混沌譜)"라고 불렀다고 한다.

去來兮, 桃花流水鱖魚肥[用唐張志和≪漁歌子≫詞成句]. 山蔬野菜偏滋味[最有滋味], 旋潑新醅[1]. 胡尋些東與西[盛酒的器具], 拚了個醒而醉, 不管他天和地. 盆乾甕竭, 方許逃席.

돌아가자!
복사꽃잎 떠가는 강물에 쏘가리가 살쪄 있다.
산나물 들나물 맛 그윽하니
새로 익은 술 휘젓는다.
술 담는 그릇을 찾을 게 무어냐?
죽기 살기로 마시기나 하자.
천지에 상관할게 아무것도 없다.
술독이 다 비어야
비로소 떠나게 할 터.

[1] 발(潑) : "식초(食醋)"와 같으며, 술을 빚는 것이다. 배(醅) : 거르지 않은 술이다. 백거이의 시 <초겨울 밤에 긴 시를 짓다(初冬日夜, 得長句)> 가운데 "가장 한스러운 건 술이 새로 익었어도, 겨울에 그대와 같이 술 마시지 못한다는 것이다(最恨潑醅新酒熟, 迎冬不得共君嘗)"라는 시구가 있다.

## [雙調] 殿前歡 : 題歌者楚雲[1]

楚雲閑, 任他孤雁叫蒼寒[2]. 去留舒卷無心慣, 聚散之間[3]. 趁西風出遠山, 隨急水流深澗, 爲暮雨迷霄漢[以浮雲行踪不定喩楚雲淪落風塵, 俯仰由人]. 陽臺[用宋玉≪高唐賦≫楚王遇神女典]事已, 秦嶺飛還[4].

한가로운 초운(楚雲)은
길 잃은 기러기 창공의 추위 속에서 마음껏 울도록 내버려둔다.
구름은 무심히 오가고 펴고 만다,
취산지간(聚散之間)에.
서풍이 부는 사이 먼 산에서 나와서
급히 흐르는 개울물 따라 깊은 냇물로 내려가고
저녁 비 때문에 은하수에서 길 잃고 만다.
양대(陽臺)의 사랑 끝나서
진령(秦嶺)에서 되돌아온다.

[1] 초운(楚雲) : 원나라의 가기(歌妓) 이름이며, 생평은 미상이다. 이 작품은 초운의 이름으로 시상을 떠올렸으며, 구름으로 인물을 묘사이다.

[2] 고안규창한(孤雁叫蒼寒) : 출전은 송(宋)의 장염(張炎)이 지은 사(詞) <해연환(解連環)·외로운 기러기(孤雁)>이다. "쓸쓸한 초강의 저녁 하늘, 길 잃은 기러기가 슬프다. 놀라 흩어져서 쓸쓸하다.(楚江空晩, 悵離群萬里, 憂然驚散)."이는 초나라 하늘의 구름은 길을 잃어버린 외로운 기러기를 마음껏 울게 해준다고 말한다. 여기서는 초운(楚雲)의 자적(自適)하고 자락(自樂)하는 모습을 가리킨다.

[3] "거류(去留)"2구(二句) : 무심(無心) : 도연명의 <돌아가자(歸去來兮辭)> 가운데 있는 "구름은 무심히 산봉우리에서 피어오른다(雲無心以出

岫)"라는 시구를 변용했다. 구름의 가고 머물고 펼치고 접고 모여들고 흩어지는 것이 모두 무심으로부터 나오는 자연의 모습이라고 한다. 여기서는 구름으로 초운의 마음이나 자태가 유유자적함을 비유한다.

[4] 진령(秦嶺) : 종남산(終南山)을 가리킨다. 섬서성(陝西省) 서산시(西安市) 남쪽에 위치한다. 여기서는 한유(韓愈)의 시 <좌천하여 남관에 이르다. 조카 손상에게 지어주다(左遷至藍關, 示侄孫湘)> 가운데 있는 "구름은 진령에서 머물고 있는데, 내 고향은 어느 쪽인가?(雲橫秦嶺家何在)"라는 시구의 의미를 암용(暗用)했다. 의지할 가정이 없는 초운의 가기(歌妓) 생애를 비유한다.

# 57. 경원계(景元啓)(? -?)

생평은 미상이다.

≪전원산곡≫에 그의 소령 15수, 투수 1지가 수록되어 있다.

## [雙調] 殿前歡：梅花

月如牙[新月]，早庭前疏影印窗紗[疏淡梅影投在窗紗上]. 逃禪老筆應難畫[1]，別樣[特別]淸佳. 据胡床[交椅]再看咱，山妻罵，爲甚情牽掛[妻子嗔怪他爲何對梅花這般癡情]? 大都來梅花是我，我是梅花[與梅花合而爲一，渾然不分].

치아 같은 초생달
일찍부터 앞마당의 소영(疎影), 창사(窗紗)에 비쳐진다.
도선(逃禪)의 노필(老筆)도 그려내지 못하리니
몹시도 맑고 아름답다.
호상(胡床)에 기대어 또 다시 바라보자
아내가 질투한다,
왜 매화에게 그처럼 정 쏟느냐고?
아마도 내가 매화이고,
매화가 나이기 때문이리.

[1] 도선(逃禪) : 불문(佛門)으로 도피한 사람이며, 여기서는 화광장로를 가리킨다. 송(宋)의 승려 중인(仲仁)은 형주(衡州) 화광산에서 머물렀으

며, 사람들은 그를 "화광장로"라고 불렀다. 그는 매화를 잘 그렸으며, 매화가 피는 달밤이면 언제나 창가에 비친 매화의 성긴 그림자 앞으로 나아가 수묵으로 어지러이 그렸다. 묵매화(墨梅花)의 창시자이다. 이 곡구는 매화 그림자가 지니는 신운은 설사 화광장로라 할지라도 잘 그려낼 수 없을 것이라고 말하고 있다.

# 58. 이승(李乘)(? -?)

바로 이덕재(李德載)와 동일 인물이다. 생평은 미상이다.

그의 현존작품으로부터 볼 때, 산곡 풍격은 명쾌하고 언어는 전아하고 아름다우며 자연스럽다.

## [中呂] 喜春來：贈茶肆, 二首

茶烟一縷輕輕颺[茶中注入沸水後, 水氣如烟縷縷飄飛], 攪動蘭膏四座香[1], 烹煎妙手賽維揚[2]. 非是謊, 下馬試來嘗.

한 오리의 다연(茶烟) 가볍게 날아오르는데
다선(茶筅)으로 저으니 향기 사방으로 퍼지니
다박사 차 끓이는 솜씨 유양(維揚)의 고수보다 낫다.
거짓말 아니니
말에서 내려 직접 맛보면 알 터.

[1] 이 곡구는 차 끓이는 법을 묘사하고 있다. 차를 끓일 때 사용하는 다말(茶末 : 가루차)는 상등품의 부드러운 차 잎을 골라, 건조시킨 후 잘게 갈아 비단주머니에 넣고, 뇌자(腦子)등의 여러 가지 향고유(香膏油)를 섞어 넣다. 끓일 때는 먼저 잔에 가루차를 넣고, 끓는 물을 조금 부어 가루차를 잘 섞은 다음, 다시 끓는 물을 더 붓는다. 그리고 전문적인 차(茶) 도구인 차선(茶筅 : 대나무로 만든 제품)으로 저어야 한다. 이 곡구는 차선으로 차를 젓게 함으로서, 차의 향기가 사방으로 넘쳐 만좌에

향기가 가득하게 한다는 의미이다.

[2] 유양(維揚) : 양주(揚州)의 별칭이다. 송(宋), 원(元) 시대에 이 지역에서 팽차(烹茶)의 고수들이 많이 나왔다. 이 곡구는 차관(茶館)에서 일하는 차박사(茶博士)의 차 끓이는 솜씨가 뛰어나 유양의 고수들보다 낫다고 말하고 있다.

金樽[酒杯的美稱]滿勸羊羔酒[1], 不似靈芽泛玉甌[2], 聲名喧滿岳陽樓[3]. 夸妙手, 博士更風流[4].

금준(金樽)에 양고주(羊羔酒) 가득 부어 권하기보다
옥구(玉甌)의 최고품 차 마시는 게 좋으리니
다향(茶香)의 명성 악양루(岳陽樓)에 자자하다.
자랑할 만한 솜씨,
다박사(茶博士)는 더욱 풍류롭구나.

[1] 양고주(羊羔酒) : 찹쌀, 살찐 양고기와 밀가루를 사용하여 빚은 술이다. 여기서는 좋은 술을 가리킨다.

[2] 영아(靈芽) : 차는 싹을 일등품으로 친다. 최고품의 차를 가리킨다. 옥구(玉甌) : 찻잔, 차 그릇 등의 차 끓이는데 사용하는 그릇이다. 이 곡구는 사람에게 술 마시기를 권하는 것보다는 차라리 옥병(玉甁) 중에서 향기를 뿜는 일등품의 명차를 마시게 하는 편이 나을 것이라고 말한다.

[3] 악양루(岳陽樓) : 호남성(湖南省) 악양(岳陽)에 위치하며, 강남의 유명한 3대 누각 중의 하나이다. 동정호(洞庭湖)의 군산(君山)에는 명차(名茶)가 많이 난다.

[4] 박사(博士) : 본래는 관직명이었으나 당대(唐代) 이후 모종의 특별한 기능을 지닌 사람에 대한 명칭으로도 사용되었다. 차박사(茶博士), 주박사(酒博士) 등을 그 예로 들 수 있다. 여기서 말하는 차박사(茶博士)는 차관(茶館) 중에서 일하는 팽차(烹茶) 고수를 가리킨다.

# 59. 양조영(楊朝英)(? -?)

호는 담재(澹齋)이며, 청성(青城 : 지금의 산동성山東省 고청현高青縣) 사람이다.

그는 관운석(貫雲石)과 교분이 두터웠으며, 일찍이 당시 문인들이 지은 산곡작품들을 모아 ≪양춘백설(陽春白雪)≫≪태평악부(太平樂府)≫를 편성했다. 산곡은 은거낙도(隱居樂道)와 규각정사(閨閣情思 : 규정閨情)의 내용을 많이 묘사했다. 산곡의 풍격은 청준(淸雋)·호방(豪放)하다. 명의 주권은 ≪태화정음보≫에서 그의 산곡을 "푸른 바다 속의 산호처럼 아름답다(如碧海珊瑚)"라고 평했다.

≪전원산곡≫에 그의 소령 27수가 수록되어 있다.

## [雙調] 水仙子 : 自足

杏花村裏舊生涯[沉湎詩酒][1], 瘦竹疏梅處士[不做官的人, 指隱士]家, 深耕淺種收成罷[躬耕]. 酒新篘魚旋[剛剛]打[2], 有鷄豚竹筍藤花. 客到家常飯, 僧來谷雨茶[谷雨時節採的嫩茶], 閑時節自煉丹砂[3].

행화촌에서 시주(詩酒)로 살아가고
수죽(瘦竹), 소매(疏梅)와 더불어 처사로 살아가며
밭 갈고 씨 뿌리는 빈농으로 살아간다.
방금 저은 술 따르고 방금 잡은 물고기 안주 삼으며
닭과 돼지 기르고 대나무와 등나무 기른다.

손님 찾아오면 늘 먹는 반찬 대접하고
스님 찾아오면 곡우차(谷雨茶) 대접하며
한가해지면 스스로 단사(丹砂)를 빚어낸다.

[1] 행화촌(杏花村) : 두목(杜牧)의 시 <청명(淸明)> 가운데 있는 "술집이 어디 있느냐고 물어본다. 목동은 저 멀리 행화촌을 가리켜보인다(借問酒家何處有, 牧童遙指杏花村)"라는 시의(詩意)를 사용했다. "지나온 생애(舊生涯)"가 시주생애(詩酒生涯)였음을 암시한다.

[2] 주신추(酒新篘) : 집에서 빚은 술을 방금 막 걸러낸다. 추(篘)는 대나무 껍질로 엮어 만든 술 거르는 도구인데, 여기서는 술을 거른다는 의미로 사용되고 있다.

[3] 단사(丹砂) : 곧 "신사(辰砂)"이며, 속칭 "주사(朱砂)인데, 단약(丹藥)을 만드는데 사용된다.

## [雙調] 淸江引

秋深最好是楓樹葉, 染透猩猩血[1]. 風釀楚天秋[西風釀造出江南秋意], 霜浸吳江月[2]. 明日落紅多去也[楓葉凋落被江水卷走].

가을 깊어지면 단풍잎 가장 아름다워지는데
성성(猩猩)이 피처럼 붉어진다.
서풍은 강남 하늘에 추의(秋意)를 빚어내고
서리는 오강(吳江)의 달빛 속으로 하얗게 파고든다.
내일이면 단풍잎들이 대부분 사라져버릴 것이다.

[1] 옛사람들은 성성이 피(猩血)로 꽃 색깔의 붉음을 묘사하였다. 육유(陸游)의 시 <봄비(春雨), 절구(絶句)> 가운데에, "천점의 성성이 핏빛 촉해당이여, 그 누가 빗속에서 울고 있는 그 모습을 가련히 여기리?(千點猩紅蜀海棠, 誰憐雨裏作啼狀?)"라는 시구가 있으며, <비가 개이고, 봄빛이 찬란하다. 기뻐서 이 시를 짓다(雨霽, 春色粲然, 喜而有賦)> 가운데에, "수천수만의 하늘거리는 버드나무 가지들, 수천수만 가지 위에 피어 있는

성성이 핏빛 해당화.(千樓曲盡楊柳綠, 萬枝猩血海棠紅)"라는 시구가 있다. 이 시구는 성성이 피(猩血)로서 단풍 색깔의 선홍색을 비유한다.

[2] 오강(吳江) : 곧 오송강(吳淞江)이다. 태호(太湖) 지류 가운데의 하나이다. 이 곡구는 달빛이 강남에 비치고 있으며, 그 색깔은 서리와 같다고 말하고 있다.

## [雙調] 梧葉兒 : 客中聞雨

檐頭溜[房檐往下流淌雨水], 窗外聲, 直響到天明. 滴得人心碎, 聒[喧擾]得人夢怎成. 夜雨好無情, 不道[不顧]我愁人怕聽.

비는 처마를 적시며 아래로 흘러내리는데
창밖의 빗소리
날 밝을 때까지 또닥또닥 소리를 낸다.
사람의 가슴을 후벼 파니
그 소리 들으며 어찌 잠들라는 건가?
밤비는 참으로 무정하여
이 쓸쓸한 자의 심정쯤은 아랑곳하지 않는다.

# 60. 주덕청(周德淸)(? -?)

자는 일담(日湛)이고, 호는 정재(挺齋)이며, 고안(高安) 가당(暇堂 : 지금의 강서성江西省 고안현高安縣) 지방 사람이다.

원나라의 유명한 음운학자, 곡론가, 산곡작가이며, 송(宋)의 사인(詞人) 주방언(周邦彦)의 후예이다. 그는 악부에 뛰어났고 음율에 정통했다. 당시 북곡(北曲) 격률의 혼란한 현실상황에 느끼는 바가 있어 ≪중원음운(中原音韻)≫을 저술했다. 그는 가정이 빈한하였으며, 일생 동안 관직에 나아간 적이 없었다.

그의 산곡 곡풍은 청준(淸雋)하고 아치(雅致)롭다. 그 당시 사람들은 그의 산곡작품을 두고 "주덕청의 음운은 비단 중원지방 뿐만 아니라, 온 천하의 바른 음이다. 주덕청의 산곡작품은 비단 강남지방에서 뿐만 아니라, 실로 온 천하의 독보적 존재이다(德淸之韻, 不獨中原, 乃天下之正音也. 德淸之詞, 不惟江南, 實天下之獨步也)"라고 말했다. 주권은 ≪태화정음보≫에서 그의 산곡작품을 "가을바람 속의 피리소리 같다(如玉笛橫秋)"라고 평했다.

≪전원산곡≫에 그의 소령 31수, 투수 3지, 잔구(殘句) 6개가 수록되어 있다.

## [中呂] 喜春來 : 春晚

鐙挑斜月明金韂[寫月][1], 花壓春風短帽檐[寫花][2]. 誰家簾影玉纖纖[女子的細手][寫人, 妙在似問非問]. 粘翠靨[古代女子頰上所貼綠色裝飾物], 消息[春意]露眉尖.

둥근 달 창공에서 등(鐙)과 첨(韂)을 비추고
춘풍 속에 꽃가지 모자창 찌그러지도록 꽂았다.
여인의 그림자 비치는 저 집은 누구네 집인가?
취엽(翠靨) 붙이고 있는데
봄기운이 두 눈썹 사이에 드러난다.

[1] 등(鐙) : 말안장 양쪽의 발 놓는 부분이다. 첨(韂) : 마천(馬韉). 말안장 밑에 대고, 말 등 양쪽에서 수직으로 내려 흙탕물이 튀는 것을 막아주는 것이다. 여기서는 둥근 달이 하늘 높이 걸려서 비추어 주고 있음을 형용했다.

[2] 출전은 구제(舊題) 당(唐)나라 풍지(馮贄)의 ≪운산잡기(雲山雜記)≫ 가운데에 보이는, "양저(梁渚)는 배꽃이 필 때 꽃가지들을 꺾어 모자에 꽂았다. 너무 무거워 모자 창이 찌그러지곤 했다. 머리를 들 수 없을 정도가 될 때까지 꽂았다(梁渚梨花時折花簪之, 壓損帽檐, 至頭不能擧)"라는 기록이다. 송(宋)의 구양수(歐陽修)도, "술이 달라붙어 저고리 소매가 무거워지고, 꽃가지가 눌러 모자 창이 찌그러진다(酒粘衫袖重, 花壓帽檐偏)"라는 시구를 지은 적이 있다. 이 곡구는 꽃가지가 무성함을 묘사했다.

## [中呂] 喜春來 : 別情

月兒初上鵝黃柳[1], 燕子先歸[應時應節]翡翠樓[裝飾華美的樓閣][燕子已歸, 游子未還], 梅魂休暖鳳香篝[2]. 人去後, 鴛被[綉有交頸鴛鴦圖案的錦被]冷堆愁.

달님이 연노랑 버들가지 위로 떠오르기 시작하자
제비 먼저 비취루(翡翠樓)로 돌아왔다.
매혼(梅魂)이여, 봉향구(鳳香篝)를 덥히지 말라.
그대 떠나간 뒤로
원앙 이불 차갑고 수심만 쌓여간다.

[1] 아황색(鵝黃柳) : 어린 거위는 털빛이 연노랑색이다. 그러므로 옛

사람들은 흔히 이로서 초봄의 버들가지 색깔을 비유했다. 왕안석(王安石)의 시 <남쪽의 포구(南浦)> 가운데에 “바람 맞아 오리털 빛 푸른 물은 잔물결 일으키고, 달빛 받은 버들가지들 하늘거리며 드리워져 있다(含風鴨綠粼粼起, 弄月鵝黃裊裊垂)”라는 시구가 있다. 이 곡구(曲句)는 달이 처음 떠올라 있는 모습을 묘사하고 있다. 주숙진(朱淑眞)이 지은 “달님이 버드나무 가지 위로 떠오르고 있다(月上柳梢頭)”라는 시구의 의미와 같다.

[2] 봉향구(鳳香篝) : 규중(閨中)에서 추울 때 따뜻하게 하기 위하여 사용하는 봉황새 모습을 한 훈롱(熏籠)이다. 이 시 전체의 의미는 봉향구 속에서 매화 향기가 스며 나오는데, 연기가 마치 매화의 혼백과도 같다고 묘사했다.

# 61. 종사성(鍾嗣成)(? －?)

자는 계선(繼先)이고, 호는 축재(丑齋)이다. 원적(原籍)은 대량(大梁 : 지금의 하남성河南省 개봉開封) 사람이며, 항주(杭州)에서 거주했다.

그는 청년시절에 등문원(鄧文原), 조감(曹監)으로부터 시문을 배웠다. 여러 차례 과거에 응시하였으나 급제하지 못하여 "문을 닫아걸고 호연지기를 길렀다(杜門, 養浩然之志)." 잡극, 산곡의 창작에 종사했다. 그의 저술 ≪녹귀부(錄鬼簿)≫는 원대(元代) 산곡 작가들의 생평사적(生平事跡) 및 창작사적(創作事跡) 등을 기록하고 있어서, 원곡 연구에 있어 매우 중요한 문헌이다.

그의 산곡은 기세가 분방하고, 맑고 아름다우며 우아하다. 명의 주권은 ≪태화정음보≫에서 그의 산곡작품을 "하늘로 치솟아 오르는 아름다운 기운과 같다(如騰空寶氣)"고 평했다.

≪전원산곡≫에 그의 소령 59수, 투수 1지가 수록되어 있다.

## [南呂] 罵玉郎帶過感皇恩採茶歌：恨別[1]

風流得遇鸞鳳配，恰比翼便分飛[剛得相依相伴就要分離]，彩雲易散琉璃脆[2]. 沒揣地[猛然間]釵股折[3]，厮琅地[物體破碎聲]寶鏡虧[4]，撲通地銀瓶墜. 香冷金猊[5]，燭暗羅幃[居室寂寞凄淸]. 支剌地[斷裂聲]攪斷離腸，撲速地[落淚聲]淹殘淚眼，吃答地[落鎖聲]鎖定愁眉. 天高雁杳[因路遠消息難到]，月皎烏飛[6]. 暫別離，且寧耐[忍耐]，好將息[保養]. 你心知，我誠實，有情誰怕隔年期[7]. 去後須凭燈報喜[8]，來時長聽馬頻嘶[9].

풍류 아는 자 봉황 같은 짝 얻었으나
이제 막 사이좋게 지내려는데 또 헤어지려 하니
노을 속 구름은 흩어지기 쉽고 유리잔은 깨어지기 쉽구나.
홀연히 옥비녀 부러지고
퍽하고 유리거울 깨어지며
퉁하고 은병이 떨어진다.

사자모양 금속향로 싸늘하고
비단 휘장 안 촛불은 어두침침하다.
쨍그렁 깨지는 소리 이별의 슬픔 자아내고
후드득 구르는 눈물 눈시울 적시며
철커덕 하며 수심 가득한 두 눈썹을 잠근다.

하늘은 높고 기러기는 멀리 있으며
달빛은 환하고 밤하늘에 새들이 날아간다.
잠시 이별할 뿐이니
잘 참고 견뎌내고
몸을 잘 돌보아야지.
그대는 갈 이니니
내 마음은 오직 그대뿐.
사랑만 진실하다면 일 년 뒤에 만난들 무슨 걱정 있으리?
그대 떠난 뒤 반드시 등불 심지 폭발하여 등화(燈花) 모습 만들게 되리.
그대 오실 때 오래오래 말 우는 소리 듣게 되리.

[1] 시인은 이 곡패(曲牌)를 서별(敍別), 한별(恨別), 기별(寄別), 억별(憶別)의 네 가지로 나누어 묘사했다.

[2] 백거이(白居易)의 시 <간간음(簡簡吟)> 가운데에 보이는 "대개 좋은 것은 견고하지 못하나니, 노을 속의 구름은 흩어지기 싶고 유리잔은 깨어지기 싶다(大都好物不堅牢, 彩雲易散琉璃脆)"라는 시구를 사용하여 곡구를 이루었으며, 이별을 묘사했다.

[3] "옥비녀가 부러지다(釵股折)"과 다음 구의 "은병이 떨어지다(銀瓶墜)"는 백거이(白居易)의 시 <우물 아래에서 은병을 이끌어내다(井底引銀

瓶)> 가운데 보이는 “우물에서 은병을 끌어올리려 하나, 은병은 올라오다 말고 끈이 끊어지고 만다. 숫돌에다 옥을 갈아 비녀 만들려 하나, 만들어지려다 중간이 부러지고 만다. 은병 도로 떨어지고 비녀 부러지는 것을 어이 해야 하나? 마치 첩이 오늘 그대와 이별하는 것 같다(井底引銀瓶, 銀瓶欲上絲繩絕. 石上磨玉簪, 玉簪欲成中央折. 瓶沉簪折知奈何, 似妾今朝與君別)”라는 시구의 의미를 사용했다.

[4] 보경휴(寶鏡虧) : 출전은 남조(南朝) 서덕언(徐德言)과 낙창공주(樂昌公主) 사이의 일이다. 서덕언은 낙창공주를 아내로 맞이하였는데, 진(陳)나라에 장차 전란이 발생할 것을 예감하고 거울을 둘로 나누어 부부가 반씩 나누어 가졌다. 다른 해 정월 십오일에 도시에서 팔아, 부부가 서로 만나 나누어진 거울이 다시 하나로 합치게 하자고 약속했다. 여기서는 부부 사이의 이별을 비유하고 있다. 휴(虧)는 ‘일그러지다(결缺), 둥글지 않다(불원不圓)’의 의미이다.

[5] 금예(金猊) : 금속으로 만든 사자 모양의 향로이다. 이청조(李淸照)의 사(詞) <봉황대 위에서 피리불던 시절을 그리워하다(鳳凰臺上憶吹簫)> 가운데 “사자모양의 금속향로에 불이 꺼졌고, 홍색 이불은 뒤척여져서 물결치는 것 같다. 일어나 스스로 머리 빗기 귀찮아진다(香冷金猊, 被翻紅浪, 起來慵自梳頭)”라는 사구(詞句)가 있다.

[6] 주방언(周邦彦)의 사(詞) <나비가 꽃을 사랑하다(蝶戀花), 새벽길을 떠나다(早行)> 가운데 있는 “달빛이 너무 밝아 새가 날아다니며 잠 못 들어 한다(月皎鳥飛栖不定)”라는 시구의 의미를 사용하고 있으며, 나그네의 잠 못 이룸을 묘사했다.

[7] 남조(南朝)의 악부(樂府) <청상곡사(淸商曲辭), 칠일 밤 여인의 노래(七日夜女郞歌)> 가운데 있는 “아름다운 여인이 하룻밤도 같이 보내지 못한다. 한번 이별하면 다음 해를 기약해야만 한다.(婉妾不終夕, 一別周年期)”라는 사구의 의미를 사용했다. 여기서는 사랑에 대한 충정(忠貞)이 깊어 여러 해 만나지 못할지라도 두렵지 않으며, 세월의 시련을 이겨낼 수 있다고 하는 의미이다.

[8] 등보희(燈報喜) : 전하는 바에 의하면 등초(燈燭)의 심지가 폭발하여 등화(燈花)의 모습을 만들게 되면, 먼 길을 떠난 가족이나 친지가 돌아오는 등의 기쁜 일이 일어날 조짐이라고 한다. 이 곡구는 먼 길을 떠

나간 사람이 돌아와 줄 것을 간절히 기다리고 있다고 말하고 있다.

[9] 온정운(溫庭筠)의 시 <절친한 벗에게 지어 주다(贈知音)> 가운데 있는 "창 앞에서 사녀(謝女)가 청아(靑娥)를 멈추게 한다. 문밖에는 소랑(蕭郎)의 백마 울음소리가 들려온다(窗前謝女靑娥斂, 門外蕭郎白馬嘶)"라는 시구의 의미를 사용했다.

## [雙調] 凌波仙：弔陳以仁[1]

錢塘人物盡飄零[2], 賴[一作"行", 較勝]有斯人[指陳以仁]尙老成[年高有德]. 爲朝元恐負虛皇命[3]. 鳳簫寒鶴夢驚[4], 駕天風直上蓬瀛[蓬萊·瀛洲, 傳說中的海上仙山]. 芝堂靜, 蕙帳淸[人去室空][5], 照虛梁落月空明[6].

> 무수한 전당의 인물들 표표히 사라져갔는데
> 그중에서 진이인은 가장 덕망 높았다.
> 천신에게 예배드리다 그대로 머물러 있으라는 만류 차마 거절 못했다.
> 피리 불고 학 탄 채로 신선세계로 날아갔고
> 바람 타고 봉래산, 영주산으로 올라갔다.
> 지당(芝堂)은 고요하고 장막(帳幕)은 청결한데
> 텅 빈 대들보 비추며 지는 달 휘영청 밝기만 하다.

[1] 진이인(陳以仁) : 자는 존보(存甫 : 존보存父라고도 함)이며, 항주(杭州) 사람이다. 원곡(元曲) 작가이다. ≪녹귀부≫에서는 그에 대하여 "고사(古事)에 널리 통했으며, 노래를 잘 불렀다. 그 악장 가운데 한두 개는, 아름다운 구절이 있었다(能博古, 善謳歌, 其樂章間出一二, 俱有駢麗之句")라고 기록하고 있다.

[2] 전당(錢塘) : 항주를 가리킨다. 진(秦)나라 때 전당현(錢唐縣)을 설치했고, 남북조(南北朝) 때는 전당군(錢唐郡)으로 고쳤으며, 당(唐)나라 때에는 당(唐)이라는 글자를 피하여 전당(錢塘)이라고 다시 고쳤다. 이 곡구의 의미는 항주의 풍류인물들이 분분히 사라져간다는 의미이다.

[3] 조원(朝元) : 도교(道教)의 신도가 신선을 예배하다. 허황(虛皇) : 도교의 천허지신(天虛之神)이다. 이 곡구는 진이인이 천신(天神)에게 예배를 드리다가 천신의 머물러 있으라는 만류를 듣고, 천신의 뜻을 차마 어기지 못하여, 다시 인간세상으로 돌아오지 못하였다는 의미이다. 진이인의 죽음을 완곡히 표현했다.

[4] 왕자교(王子喬)가 피리를 불며 학을 타고 신선의 나라로 날아간 고사를 차용했으며, 여기서는 진이인의 죽음을 비유했다.

[5] "지당(芝堂)"2구 : 당(唐)의 허경종(許敬宗)이 지은 시 <현도관에 돌러가 심도사를 방문하다. 맑을 청(淸)자를 얻다(游玄都觀尋沈道士得淸字)> 가운데 보이는 "장막은 새벽바람이 불어 움직이고, 향기 도는 방 주위에는 맑은 저녁 이슬 내린다(蕙帳晨飈動, 芝房夕露淸)"라는 시구를 변용했다. 지당(芝堂), 혜장(蕙帳)은 흔히 도사가 사는 청정한 곳을 가리키는데 많이 사용한다. 여기서는 진이인의 거실를 가리킨다.

[6] 두보의 시 <이백을 꿈꾸다(夢李白)> 가운데 보이는 "지는 달 달빛이 집안 가득히 비치고 있어서, 이백의 안색 아닌가 하는 생각이 들었다(落月滿屋梁, 猶疑照顔色)"라는 시구를 변용했다.

# 62. 왕원형(汪元亨)(? -?)

자는 협정(協貞)이고, 호는 운림(雲林)이며, 또 다른 호는 임천일로(臨川佚老)이다. 요주(饒州 : 지금의 강서성江西省 파양현波陽縣) 사람이다.

일찍이 절강성연(浙江省掾)을 지냈으며, 그 후 상숙(常熟) 지방으로 이주했다. ≪녹귀부의 속편(錄鬼簿續編)≫에 "지정 연간에 나와 오문에서 사귀었다(至正間, 與余交于吳門)"라는 기록이 있으므로, 그가 종사성(鍾嗣成)과 동시대의 인물임을 알 수 있다.

은일, 전원생활에 대하여 많이 묘사했다. 산곡 풍격은 청준(淸雋), 소방(疏放)하다. ≪귀전록(歸田錄)≫100편이 당시에 유행하고 있었다.

≪전원산곡≫에 그의 소령 100수, 투수 1지가 수록되어 있다.

## [正宮] 醉太平 : 歸隱, 四首[1]

辭龍樓鳳闕[2], 納象簡烏靴[黑緞官靴]. 棟梁材取次[任意]盡摧折[傑出人才都遭到隨便摧殘], 况竹頭木屑[3]. 結知心朋友着疼熱[關心痛痒冷熱], 遇忘懷詩酒追歡悅, 見傷情光景敵癡呆[裝做痴呆, 漠不關心]. 老先生[作者自稱]醉也.

제왕 궁전에 작별 고했고
상아홀과 검은 비단신발 반납했다.
동량들도 마구 도륙당하는 시대에
하물며 대나무 조각이나 나무 조각 같은 존재이랴?

지심붕우(知心朋友) 사귀어 보살펴주며 살아가고
망회(忘懷) 경지 만나면 시주(詩酒)로 기쁨 쫓으며
쓸쓸한 장면 보게 되면 바보인 척 지낸다.
늙은 이 몸 취했구나.

[1] ≪옹희악부(雍熙樂府)≫에서는 "경세(警世)"라는 제목이 붙어 있다. 모두 20수이다.

[2] 용루봉궐(龍樓鳳闕) : 제왕의 궁전을 가리킨다. 당(唐)의 양형(楊炯)이 지은 시 <종군행(從軍行)> 가운데 "병부를 반납하고 궁궐을 떠나가려 하지만, 무장한 군마는 자꾸만 궁궐 주변을 맴돌고 있다.(牙璋辭鳳闕, 鐵騎繞龍城)"이라는 시구가 있다. 이 곡구는 관직을 버리고 경사(京師)를 떠나 귀은함을 말하고 있다.

[3] 출전은 ≪세설신어(世說新語), 정사(政事)≫편이다. 진(晉)의 도간(陶侃)은형주(荊州)자사를 지낼 때 대나무 조각이나 나무 조각을 주어모아 만일의 경우를 대비했다. 송(宋)의 정초(鄭樵)가 지은 <상재상서(上宰相書)>라는 글 가운데 "대나무 조각과 나무 조각들을 모은 것이 또한 많이 쌓여졌습니다. 어느 날 가히 쓸 수 있을 것입니다(竹頭木屑之積, 亦云多矣, 將欲一旦而用之可也)"라는 문구가 있다. 별로 쓸모가 없음을 비유하는데, 여기서는 평범한 인재를 가리키는데 사용하고 있다.

憎蒼蠅競血[蒼蠅爭着吸血], 惡黑蟻爭穴[黑蟻爭占巢穴][1]. 急流中勇退是豪傑, 不因循苟且[不隨波逐流, 苟且偸安]. 嘆烏衣一旦非王謝[2], 怕青山兩岸分吳越[3], 厭紅塵[世俗]萬丈混龍蛇[4]. 老先生去也[毫不留情].

다투어 피 빨려는 파리들이 싫고
자리 차지하려 싸워대는 검은 개미들 싫다.
급류로부터 과감히 물러서는 자 영웅일지니
구차히 평안을 도모하지는 않을 터.
오의항(烏衣巷)도 이미 왕, 사(王, 謝)의 거리 아니니
청산양안(青山兩岸)에서 서로 싸워대는 오월(吳越)이 싫고
홍진만장(紅塵萬丈)하고 용사(龍蛇) 뒤섞여 있는 세상이 싫다.
늙은 이 몸, 사라져가리.

[1] "파리를 증오하다(憎蒼蠅)"2구 : 마치원(馬致遠)의 산곡 <쌍조(雙調) : 밤길을 가는 배(夜行船), 가을의 상념(秋思)> 가운데 있는 "빽빽하게 개미들이 줄을 서서 다닌다. 어지러이 꿀벌들이 꿀을 모은다. 파리들이 다투어 급히 피를 빨려고 한다(密匝匝蟻排兵, 亂紛紛蜂釀蜜, 急攘攘蠅爭血)"라는 곡구의 의미를 변용했다.

[2] 유우석(劉禹錫)의 시 <검은 옷의 거리[烏衣巷]> : "주작교 주변에는 들풀들이 자라고, 오의항의 거리에는 석양이 비치고 있다. 지난 날 귀족 왕씨와 사씨의 저택에서 살던 제비들이, 이제는 평범한 백성들의 집으로 되어버린 그 저택에서 살아간다.(朱雀橋邊野草花, 烏衣巷口夕陽斜. 舊時王謝堂前燕, 飛入尋常百姓家.)" 여기서는 이 시의(詩意)를 변용했으며, 부귀가 순식간에 사라짐을 가리킨다.

[3] 춘추시대(春秋時代)에 오(吳), 월(越) 두 나라가 산과 강을 사이에 두고 서로 싸웠다. 당(唐)의 석처묵(釋處默)은 "강에 이르니 오(吳)나라 땅이 다 시나갔고, 강 언덕 저 건너편에 월(越)나라 산들이 많이 보인다(到江吳地盡, 隔岸越山多)"라는 시구를 지었다. 여기서는 인간 사이에 부단히 전개되는 갈등과 투쟁을 의미한다.

[4] 혼용사(混龍蛇) : ≪불인어록(佛印語錄)≫ 가운데에 "범인과 성인이 함께 살아가고, 용과 뱀이 뒤섞여 살아간다(凡聖同居, 龍蛇混雜)"라는 문구가 보인다. 여기서는 세상에서 현우(賢愚)가 뒤바뀌어 있고 선악이 분명하게 구분되지 아니하는 것을 가리킨다.

源流頭俊杰[開頭還不失爲俊傑], 骨髓裏驕奢. 折垂楊幾度贈離別[1], 少年心未歇[風流艷冶之心]. 呑綉鞋撑的咽喉裂[2], 擲金錢踅的身軀趄[3], 騙粉墻掂的腿脡折[4]. 老先生害也.

원래 준걸풍모 지니고 태어났고
골수 속은 교만과 사치로 가득 차 있었다.
몇 차례나 버들가지 꺾어주며 이별 슬퍼했건만
그래도 풍류의 심경 시들지 않는다.
기녀 신발에 넣어 권하는 술잔에 목구멍 타들어가기도 했고
기녀와 척금전 놀이 하다 서로 부딪쳐 비틀거리기도 했으며

여인의 담장 몸 비틀어 넘어가다 다리뼈 부러지기도 했다.
늙은이는 크게 상처를 입었다.

[1] 옛 풍속 가운데 나그네가 먼 길을 떠나면 친구가 장정(長亭)까지 전송하고, 수양버들 가지를 꺾어 주었다.

[2] 탄수혜(呑綉鞋) : 술잔을 기녀의 신발 속에 넣어 술을 권하였으므로 '수놓은 신발에 담긴 술을 마시다(呑綉鞋)'라고 불렀다.

[3] 척금전(擲金錢) : 당(唐)의 개원(開元) 원년(元年) 9월, 현종(玄宗)은 왕공백료(王公百僚)들을 승천문(承天門)에 불러 연회를 베풀고, 누대 아래에 금전을 뿌려 중서(中書) 이상 오품관(五品官) 및 제사(諸司)의 삼품 이상의 관직에 있는 사람들이 주울 수 있도록 허가했으며, 이를 금전회(金錢會)라고 불렀다. 그 후 민간에까지 이 풍습이 전해졌으며, 기원(妓院) 가운데 특히 성행하였다. 예(踅) : 빙 돌다. 저(趄) : 절뚝거리다. 걸음이 불안정하다. 이 곡구는 기녀와 더불어 척금전 놀이를 하는데, 돈을 서로 다투어 줍고자 하여 몸이 어지러이 돌고 비틀거리며 또 부딪치기도 함을 말하고 있다.

[4] 편분장(騙粉墻) : 은밀한 만남을 위하여 담장을 기어 올라가다. 편(騙) : 몸을 옆으로 틀어 무언가를 발로 밟고 올라가다. 점(掂) : 점(踮)과 같다. 발끝으로 서거나 발돋음 하거나 발끝으로 걷다. 정(脡) : 대퇴부(大腿部)의 직골(直骨). 이 곡구는 담을 기어올라 애인을 만나러 가다가 다리가 부러지는 것을 말한다.

度流光電掣[時光如閃電般飛逝], 轉浮世風車[世事無常]. 不歸來到大[十分]是癡呆, 添鏡中白雪[1]. 天時凉捻指天時熱[2], 花枝開回首花枝謝, 日頭高眨眼日頭斜. 老先生悟也.

세월의 흐름 번개처럼 빠르고
세상사 풍차처럼 허망하다.
고향으로 돌아가지 않는 것 참으로 어리석고
거울 속의 머리카락 흰 눈처럼 세었다.
춥던 날씨 손가락 튕길 사이에 더워지고
꽃 피던 계절 고개 돌리는 사이에 꽃 지는 계절로 바뀌며

중천에 높이 떠 있던 태양 눈 깜짝할 사이에 석양이 된다.
늙은 이 몸, 무언가 깨달은 바 있다.

[1] 이백(李白)의 시 <장진주(將進酒)> 가운데 “고당의 밝은 거울에 비친 서글픈 백발의 모습을 그대는 보지 못했는가? 아침에는 검은 실 같더니 저녁이 되자 흰 눈처럼 변하고 말았다!(君不見高堂明鏡悲白髮, 朝如靑絲暮成雪)”라는 시구가 있다.

[2] 념지(捻指) : 탄지(彈指)이다. 손가락을 튕길 동안의 시간이며, 세월이 매우 빠르게 흘러감을 말한다. 송(宋)의 장효상(張孝祥)이 지은 사(詞) <나비가 꽃을 사랑하다(蝶戀花), 호수에서 품은 상념(懷于湖)> 가운데 “바야흐로 살구꽃 강가에 흐드러지게 피는 것 같았더니, 어느 사이엔가, 무수히 푸른 열매 맺고 있다(恰則杏花江一時, 捻指來時, 結子靑無數)”라는 사구가 있다.

## [雙調] 沉醉東風 : 歸田

糴[買進]陳稻新舂細米, 採生蔬熟做酸虀[腌制酸菜]. 鳳栖殺凰莫飛, 龍臥死虎休起[老死田園]. 不爲官那場伶俐[自由爽快], 槿樹花攢紡短籬[1], 到[倒, 反而]勝似門排畫戟[2].

묵은 쌀 사서 곱게 찧고
채소 따서 익혀 신 김치 만든다.
봉황새는 가지에 머물며 날지 않고
용호(龍虎)는 숨어서 움직이지 않는다.
영악한 자 모여 있는 관직으로 안 나가고
시골에서 무궁화 심어 울타리 삼으니
오히려 문극(門戟) 세워두는 권문세가보다 낫다.

[1] 근수화(槿樹花) : 무궁화 꽃이다. 낙엽관목(落葉灌木)이거나 혹은 작은 교목(喬木)이다. 여름과 가을에 꽃이 피고, 일반적으로 흰색, 붉은색, 자주색 등의 색깔이 있다. 농가에서는 무궁화를 심어 흔히 울타리로 만들며, 이를 근리(槿籬)라고 부른다.

[2] 문배화극(門排畫戟) : 지위가 매우 높음을 비유한다. 문극(門戟) : 일종의 의장(儀仗)이며, 궁전 혹은 관아의 대문 입구에 세워둔다. 그 수는 법제에 의하여 정해져 있었다. 개인의 집에는 반드시 은사(恩賜)가 있어야만 세워둘 수 있었다. 당대(唐代)에는 삼품 이상의 고관이어야만 대문에 극(戟)을 세워둘 수 있었다.

## [雙調] 折桂令

二十年塵土征衫, 鐵馬金戈[戰爭生活], 火鼠冰蠶[1]. 心不狂謀, 言無妄發, 事已多諳[熟悉]. 黑似漆前程黯黯, 白如霜衰鬢斑斑[人已老]. 氣化相參[陰陽之氣參乎變化], 譎詐[難以忍受爾虞我詐的現實]難甘. 冷笑淵明, 高訪圖南[陳摶字圖南].

이십년 동안의
진토정삼(塵土征衫)
철마금과(鐵馬金戈)
화서빙잠(火鼠冰蠶).
마음속으로 무모한 생각 하지 않았고
입으로 망령된 말 하지 않았으며
세상사 이미 익히 꿰뚫어보고 있다.
칠흑처럼 캄캄한 앞날 헤쳐 오는 동안
귀밑머리 서리처럼 세고 말았다.
음양의 기운 뒤엉키어 온갖 변화들 이루어내고
속고 속이는 세상 참고 견뎌내기 어렵다.
냉소연명(冷笑淵明),
고방도남(高訪圖南).

[1] 화서(火鼠) : 출전은 구제(舊題) 한(漢)의 동방삭(東方朔)이 지은 ≪십주기(十洲記)≫ 가운데 보이는 다음과 같은 기록이다. "염주에는……또 화림산이 있다. 산중에는 화광수가 있다. 크기가 쥐만 하다. 털의 길이는 3, 4촌(寸)이 된다. 붉은 것도 있고 흰 것도 있다. ……그 짐승의 털을 취하여 포를 짜는데, 이것이 바로 그것이다.(炎洲……又有火林山, 山中

有火光獸, 大如鼠, 毛長三・四寸, 或赤或白. … 取其獸毛以緝爲布, 此是也.)”

빙잠(冰蠶) : 구제(舊題) 진(晉)의 왕가(王嘉) ≪습유기(拾遺記)≫ 가운데에, 다음과 같은 기록이 보인다. “어름처럼 흰 누에인 빙잠이 있는데, 길이는 7촌이다. 검은 색이며, 뿔도 있고 빛이 나기도 한다. 서리와 눈으로 덮어두었다가 비단을 짠다. 길이가 한자이며, 그 색깔은 오색찬란하다. 무늬가 있는 비단으로 짠다. 물에 넣어도 젖지 않는다. 불에 던져 넣으면, 하룻밤이 지나가도 타지 않는다.(冰蠶長七寸, 黑色有角有鱗. 以霜雪覆之然後作蠶. 長一尺, 其色五彩, 織爲文錦, 入水不濡, 以之投火, 經宿不燎.)”화서(火鼠)와 빙잠(冰蠶)은 모두 전설 중의 진기한 동물이며, 그 털과 실은 물에 들어가도 젖지 않고 불에 들어가도 타지 않는 방직품을 짤 수 있다고 한다. 여기서는 군마의 생애를 통하여 추위와 더위로 상징되는 험난한 삶을 오래 동안 살아왔음을 가리킨다. 소식(蘇軾)의 시 <서대정의 한가한 집(徐大正閑軒)> 가운데 보이는, “빙잠은 추위를 모르고, 화서는 더위를 모른다(冰蠶不知寒, 火鼠不知暑)”라는 시구의 의미와 같다.

## [中呂] 朝天子 : 歸隱

榮華夢一場, 功名紙半張, 是非海波千丈. 馬蹄踏碎禁街[宮城裏的街道]霜, 聽幾度頭鷄唱[1]. 塵土衣冠[2], 江湖心量[懷有退隱江湖之志]. 出皇家鳳網[朝廷名位, 如誘人羅網], 慕夷齊首陽[3], 嘆韓彭未央[4]. 早納紙風魔狀[及早裝瘋賣傻, 遞上一分辭職書].

영화는 일장춘몽 같고
공명은 종이 반 장 같은데
시비해의 파도, 드높이 치솟는다.
새벽서리 밟으며 궁성 거리 걸어야 했고
첫닭 소리를 여러 차례 들어야 했다.
옷은 먼지로 뒤덮여 있었고
마음은 언제나 고향으로 달려간다.
황가(皇家)의 봉망(鳳網)에서 벗어나고
이제(夷齊)의 수양산(首陽山)을 그리워하며

한팽(韓彭)의 미앙궁(未央宮)을 탄식한다.
서둘러 미친척하며 사직서를 제출한다.

[1] "마제(馬蹄)"2구(二句) : 관직생활의 고달픔을 서술하고 있다. 첫닭이 울면 곧 말을 타고 조정으로 출근해야 한다고 묘사한다.

[2] 육기(陸機)의 시 <爲顧彦先贈婦> 가운데 보이는 "수도 낙양에는 먼지가 많다. 흰옷이 검은 옷으로 바뀌고 만다(京洛多風塵, 素衣化爲緇)"라는 시구의 의미를 변용했다. 여기서는 의관(衣冠)이 관료사회의 먼지로 더러워졌음을 말한다.

[3] 이제수양(夷齊首陽) : 은(殷)나라 사람 백이, 숙제(伯夷·叔齊) 형제이며, 이 두 사람은 은나라가 멸망한 뒤 주(周)나라 곡식을 먹는다는 것이 부끄러운 일이라고 생각하고 수양산(首陽山)으로 들어가 은거하며 고사리를 캐어먹다가 아사했다. 이 곡구는 백이, 숙제의 고상한 덕망을 앙모한다고 말하고 있다.

[4] 한팽(韓彭) : 한신(韓信)과 팽월(彭越)이다. 모두 한초(漢初)의 대장들인데, 한고조(漢高祖)를 도와 천하를 통일했다. 공훈이 너무 커서 고조(高祖)의 시기를 받고 여후(呂后)에게 살해당하였다. 미앙(未央) : 미앙궁(未央宮)이며, 여후가 거처하던 궁전이다. 여기서는 한신과 팽월이 공성신퇴(功成身退 : 공훈을 이루고 물러남)를 실천하지 못하여 목숨을 잃어버리게 되었다고 한탄하고 있다.

# 63. 장명선(張鳴善)(? -?)

이름은 택(擇)이고, 호는 완노자(頑老子)이다. 조적(祖籍)은 평양(平陽 : 지금의 산서성山西省 임분臨汾)이며, 호남(湖南)에서 살다가 지정(至正) 연간에 양주(揚州)로 이사했다.

일찍이 선위사령사(宣慰司令史)를 지냈다. 명(明)의 주권(朱權)은 ≪태화정음보(太和正音譜)≫에서 그의 산곡작품을 상품(上品)으로 배열하고, 그를 "일대의 문호(一代之作手)"라고 불렀으며, 그의 산곡작품을 "채봉이 날개를 치며 날아가는 것과 같다(如彩鳳刷羽)" "시어와 사상이 모두 풍부하며, 그 무르익은 것이 마치 봄날에 피어나는 꽃잎들과 같다.(藻思富贍, 爛若春葩)"라고 평했다.

≪녹귀부 속편(錄鬼簿續編)≫에는 그에 관하여 "≪영화집(英華集)≫이 세상에 간행되었다(有英華集行于世)"라는 기록이 있으나, 지금 전해지지 않고 있다. ≪전원산곡≫에 그의 소령 13수, 투수 2지가 수록되어 있다.

## [雙調] 水仙子：譏時

鋪眉苫眼早三公[1], 裸袖揎拳享萬鍾[2], 胡言亂語成時用[吃得開]. 大綱來[總的來說]都是哄[欺騙, 胡鬧. 概括上文]. 說英雄誰是英雄[引起下文]? 五眼鷄岐山鳴鳳[3], 兩頭蛇南陽臥龍[4], 三脚猫渭水飛熊[5].

허세나 거드름을 부리던 사람들이 이미 삼공(三公) 위치 올랐다.
소매 걷고 주먹 휘두르며 싸움 일삼던 사람들이 높은 봉록을 받는다.

함부로 말하던 자들이 이 시대에 귀히 쓰인다.
모두가 돼먹지 않았다.
영웅이라고들 하지만 누가 참된 영웅인가?
싸움닭(五眼鷄) 같은 자가 기산(岐山)의 봉황노릇을 한다.
머리 둘 달린 뱀(兩頭蛇)처럼 사악한 자가 제갈량 노릇을 한다.
다리가 셋 뿐인 고양이(三脚猫)처럼 무능한 자가 강태공 노릇을 한다.

[1] 포미(鋪眉) : 찌푸렸던 눈살을 펴다. 점(苫) : 움직이다. 눈썹을 치켜세우고 눈을 굴리며 짐짓 그렇지 않은 척 하는 시늉을 하다. 삼공(三公) : 대사도(大司徒), 대사마(大司馬), 대사공(大司公)을 가리키기도 하고, 혹은 태부(太傅), 태사(太師), 태보(太保)를 가리키기도 한다. 여기서는 고관을 말한다. 이 곡구는 허세나 거드름을 부리던 사람이 이미 삼공의 위치에 오르게 되었다고 말하고 있다.

[2] 나수선권(裸袖揎拳) : 소매를 걷고 주먹을 뻗어 싸울 준비를 하다. 이 곡구는 야만스럽게 싸움이나 일삼는 사람이 높은 봉록을 받고 있다고 말하고 있다.

[3] 오안계(五眼鷄) : 오안계(烏眼鷄)라고도 한다. 싸움닭이며, 사납고 용감하여 잘 싸우는 사람을 가리킨다. 기산명봉(岐山鳴鳳) : 기산은 지금의 섬서성(陝西省) 기산현(岐山縣)에 있는 동산(東山)이다. 전설에 의하면 주나라가 일어날 무렵 봉황이 기산의 산위에서 울었다고 한다. 이 곡구는 사납고 용감하여 잘 싸우는 사람이 기어코 기산의 봉황으로 되고 말았다고 말하고 있다.

[4] 양두사(兩頭蛇) : 머리 둘이 달린 사납고 흉악한 괴물이며, 마음이 악랄한 사람을 가리킨다. 전설에 의하면 양두사를 보면 불길하다고 한다. 남양와룡(南陽臥龍) : 제갈량(諸葛亮)을 가리킨다. 그는 일찍이 남양 땅에서 은거했으며, 사람들이 그를 "와룡선생(臥龍先生)"이라고 불렀다. 그 후 그는 유비(劉備)를 보좌하여 삼국시대 촉한(蜀漢)의 기틀을 마련했다. 이 곡구 전체의 의미는 마음이 악독한 사람이 현자 노릇을 하고 있다고 말하고 있다.

[5] 삼각묘(三脚猫) : 무능한 무리를 가리킨다. 위수비웅(渭水非雄) : 주문왕(周文王)이 사냥을 떠나기 전에 점을 치자, "용도 아니고 검은 준마도 아니다. 곰도 아니고 큰 곰도 아니다. 그대가 얻을 것은 패왕을 보좌

할 인재일 것이다.(非龍非驪, 非熊非羆, 所獲霸王之輔)"라는 점괘가 나왔다. 그 후 위수 북쪽에서 강태공(姜太公)을 만나게 되었으며, 그는 주문왕을 도와 천하를 평정하였다. 후일 전해 내려오는 과정에서 "비웅(非熊)"이 "비웅(飛熊)"으로 와전되고, 또 주문왕이 비웅(飛熊)의 꿈을 꾼 다음 강자아(姜子牙)를 얻게 되었다고 하여 "비웅입몽(飛熊入夢)"이라는 설이 나타나게 되었다. 이 곡구는 무능한 무리가 국가의 동량 노릇을 하고 있다는 의미이다.

# 64. 맹방(孟昉)(? -?)

자는 천위(天暐)이며, 선세(先世)는 서역(西域) 사람이었으나, 북경(北京)에서 거주했다.

지정(至正) 12년(1352) 한림대제(翰林待制)를 지냈으며, 관직은 강남행대감찰어사(江南行臺監察御使)에까지 이르렀다. "박학다식하고 이해에 빨랐으며, 성품이 맑고 문장이 뛰어났다(博學而識敏, 氣淸而文奇)"고 하여, 그 당시 세상 사람들로부터 존경을 받았다. 명(明)이 들어선 이후 종적을 알 수 없게 되었다.

≪전원산곡≫에 그의 소령 13수가 수록되어 있다.

## [越調] 天淨沙：七月[1]

星[牽牛, 織女星]依雲渚[銀河]濺濺[流水聲], 露零[落下]玉液涓涓[晶瑩的樣子][2], 寶砌[玉石砌成的台階]衰蘭剪剪[整齊的樣子]. 碧天如練, 光搖北斗欄干[3].

> 견우직녀는 흐르는 은하수 따라 만나고,
> 가을이슬은 해맑기 그지없으며
> 난초는 옥돌 계단 곁에서 가지런히 자란다.
> 푸른 하늘은 비단결처럼 곱고
> 북두칠성은 찬연히 빛난다.

[1] 당(唐)의 시인 이하(李賀)에게 <하남부에서 열두 달의 악사를 지어보다(河南府, 試十二月樂詞)>라는 작품이 있다. 맹방(孟昉)의 서문에 의하면, 이하가 지은 시의 이미지에 따라 지은 것이라고 한다.

[2] 이하(李賀)의 시 <하남부에서 열두 달의 악사를 지어보다(河南府, 試十二月樂詞), 칠월(七月)> 가운데에 있는, "별은 구름강 곁에서 차게 빛나고, 이슬은 쟁반에 둥근 모습으로 떨어진다(星依雲渚冷, 露滴盤中圓)"라는 시구의 의미를 변용했다.

[3] 북두난간(北斗欄杆) : 출전은 당(唐)의 유방평(劉方平)이 지은 시 <달밤(月夜)> 가운데 있는 "북두성은 종횡으로 펼쳐져 있고 남두성은 기울어져 있다(北斗欄干南斗斜)"라는 시구이다. 난간(欄杆) : 종횡으로 펼쳐져 있는 모습이다.

# 65. 예찬(倪瓚)(1301－1374)

자는 원진(元鎭)이고, 자호(自號)는 풍월주인(風月主人)이며, 또 다른 호는 운림자(雲林子), 창랑만사(滄浪漫士) 등이다. 무석(無錫) 사람이다.

원말(元末)의 유명한 화가이며 시인이었다. ≪녹귀부 속편(錄鬼簿續編)≫에는 그에 대하여, "많은 서적들을 끝없이 읽었으며, 시 짓기를 즐겨 했다. 조탁을 좋아하지 아니했고, 산수소경을 묘사하는데 뛰어났다. 스스로 일가의 경지를 이루었으며, 명성이 천하에 떨쳐졌다(群書博極, 愛作詩, 不事彫琢, 善寫山水小景, 自成家, 名重海內)"라고 기록하고 있다. 집안에 서화(書畵)들이 많이 있었으며, 일생을 관직에 나아가지 않았다. 지정(至正) 원년, 그의 나이 40세가 되었을 때, 갑자기 그의 가재를 친우들에게 나누어주고 집을 떠나 태호(太湖) 일대에서 은거했다. 명초(明初)에 타계했으며, 향년 74세였다.

그의 산곡 기풍은 자연스럽고 거침없이 시원하였으며 꾸밈이 없었다. 경치를 묘사할 때 담묵산수화(淡墨山水畵) 기법을 많이 사용했으며, 곡중유화(曲中有畵)의 경지를 이루었다. 언어는 전아하고 정교하며 아름다웠으며, 함축적이고 완곡했다.

≪전원산곡≫에 그의 소령 12수가 수록되어 있다.

## [黃鐘] 人月圓

傷心莫問前朝事[下筆入題, 滿腹憂思], 重上越王臺[1]. 鷓鴣啼處[2], 東風草綠[季節是春天], 殘照花開[時間是黃昏]. 悵然孤嘯[3], 青山故國, 喬木蒼苔. 當時明月[月是前朝舊物], 依依[戀戀不捨]素影, 何處飛來[問得絶妙]?

슬픔 속에서 지난 왕조 거론하지 말지니
이제 다시 월(越) 왕궁 누대에 오른다.
자고새 우는 곳에
봄바람 불어오니 풀이 푸르게 자라고
석양 속에서 꽃이 아름답게 핀다.

홀로 창연히 휘파람을 부노라.
청산고국(靑山故國)에는
고목과 푸른 이끼가 자라고 있을 것이다.
달만은 옛 왕조시절 그대로이니
수줍어 머뭇거리는 달이여!
어디서 날아왔는가?

[1] 월왕대(越王臺) : 지금의 소흥부산(紹興府山) 남쪽 산기슭(南麓)이다. ≪소흥부지(紹興府志)≫ 가운데 "소산의 서쪽 언덕에 월왕대가 있다.(蕭山西陵有越王臺)"라는 기록이 있다. 일설에는 남월왕(南越王) 조타(趙佗)가 축조한 광주(廣州) 월수산(越秀山) 월왕대를 가리킨다고 한다 "중상(重上)"은 시인이 예전에도 이곳에 온 적이 있었음을 말해준다.

[2] 자고(鷓鴣) : 새의 이름. 우는 소리가 처절하며, 마치 "가면 안돼요, 오빠(行不得也哥哥)"라고 우는 것 같다고 한다. 신기질(辛棄疾)이 지은 사(詞) <보살만(菩薩蠻), 강물의 서 쪽에 있는 조구벽에서 짓다(書江西造口壁)> 가운데에, "저녁 강가, 바야흐로 쓸쓸함으로 가득 차 있다. 산은 깊어 자고새 울음소리 들려온다(江晩正愁余, 山深聞鷓鴣)"라는 사구(詞句)가 있다.

[3] 소(嘯) : 혀끝에 기를 모으고 입을 오므려 휘파람소리를 내는 것인데, 소리가 맑고 편안하고 길게 울려 퍼진다. 옛사람들이 자신의 감정을 펼칠 때 사용하였던 방식 중의 하나이다. 여기서는 홀로 쓸쓸한 심정을 품은 채 한껏 길게 휘파람소리를 내는 것을 가리킨다.

## [雙調] 折桂令：擬張鳴善[1]

草茫茫[形容荒蕪景象]秦漢陵闕[2], 世代興亡, 却便似月影圓缺[江山易主, 如月亮圓缺, 司空見慣]. 山人[隱士, 作者自稱]家堆案圖書[卓上堆滿圖書], 當窗松桂, 滿地薇蕨[3]. 侯門[官宦顯貴之家]深何須刺謁[4], 白雲自可怡悅[5]. 到如今世事難說, 天地間不見一個英雄, 不見一個豪傑.

진(秦), 한(漢)의 궁궐은 잡초들만 무성하고
세상의 흥망은
달의 둥글어지고 이지러지는 것과 같다.
산속 은사 집은 책으로 가득 하고
창가에는 소나무, 계수나무가 자라며
마당에는 장미꽃이 가득 자란다.
고관대작 찾아갈 게 무언가?
산마루의 흰 구름 홀로 즐길만하다.
요즈음 들어와 세상사는 무어라고 말하기 어려우니
천지에 바른 영웅 하나 찾아볼 수 없고
바른 호걸 하나 찾아볼 수 없다.

[1] 장명선(張鳴善) : 원나라 말기의 산곡작가이다. 생평과 사적은 앞에서 언급한 바 있다. 이 작품은 필시 장명선 작품의 운에 따라 지은 것일 듯 하며, 안타깝게도 장명선의 원곡은 이미 상실되었다.

[2] 릉(陵) : 제왕의 능묘이다. 궐(闕) : 궁전의 능묘 앞에 있는 누대이다. 이 곡구는 진(秦), 한(漢) 제왕들의 능묘들도 이미 무성한 잡초들 사이에 파묻혀 있으며, 위대한 공훈도 이미 역사의 한 페이지로 되어 세인들로부터 잊혀져가고 있다고 말하고 있다.

[3] 미(薇), 궐(蕨) : 두 가지 초본식물이다. 상(商)의 백이숙제(伯夷叔齊)는 주(周)의 곡식 먹기를 부끄러이 여겨 고사리를 캐어 먹다가 수양산(首陽山)에서 아사했다. 후대에 이르러 "고비와 고사리(薇蕨)"로서 은자의 양식을 가리키게 되었다.

[4] 자(刺) : 방문할 때 사용하던 명함이며, 옛 풍속에 관료를 만나러

갈 때 이것을 건넨다. 자알(刺謁) : 뵙기를 청하다. 배알하다.

[5] 출전은 남조(南朝) 양(梁)의 도홍경(陶弘景)이 지은 시 <왕이 산중에 무엇이 있느냐고 물었다. 시를 지어 답한다(詔問山中何所有, 賦詩以答)> 가운데에 보이는 "산중에 무엇이 있는가? 산마루 위에 흰 구름이 졸고 있다. 다만 홀로 즐길 수 있을 뿐, 가져가서 그대에게 드릴 수 없다(山中何所有, 嶺上多白雲. 只可自怡悅, 不堪持贈君)"라는 시구들이다.

## [越調] 憑欄人 : 贈吳國良

客有吳郎吹洞簫[1], 明月沉江春霧曉[明月倒映水中, 曉霧迷蒙, 以自然景物形容簫聲所表達的意境]. 湘靈不可招[2], 水雲中環珮搖[彷彿于雲水交織中聽見環珮搖動·石並擊的聲音].

손님 중에 퉁소 잘 부는 오국량이 있다.
밝은 달 강물 속에 지자 봄 안개 피는 새벽녘이다.
상수의 정령들 부를 수 없되
강물과 안개 섞인 가운데 패옥소리 들리는 듯하다.

[1] 오랑(吳郎) : 곧 오국량이며, 예찬(倪瓚)의 친구이다. 의흥(宜興) 형계(荊溪) 사람이고, 피리를 잘 불었다. 예찬에게는 그에게 지어준 두 수의 시가 있다.

[2] 상령(湘靈) : 전설 중의 순(舜)의 왕비이다. 사후(死後)에 상수(湘水)의 여신이 되었으며, 상부인(湘夫人)이라고 불리고 있다. 굴원(屈原)의 <구가(九歌)> 가운데 보이는 <상군(湘君)>과 <상부인(湘夫人)>은 상부인이 돌아오기를 상군이 소망하나 돌아오지 않아 피리를 불어 슬픔을 기탁한다고 묘사한다. 여기서는 비록 상령을 불러오지 못해도, 피리소리는 매우 아름답게 들린다고 말하고 있다.

# 66. 유정신(劉庭信)(? -?)

이름은 정옥(廷玉)이고, 항열이 다섯 번째이며 키가 크고 피부색이 검어서 세인들이 그를 검은 흑유오(黑劉五 : 유씨 집안의 다섯째)라고 불렀다. 익도(益都 : 지금의 산동성山東省 익도현益都縣) 사람이다.

≪녹귀부 속편(錄鬼簿續編)≫에는 그에 대하여 "풍류와 함축성과 여유가 있었으며, 무리에서 탁월하게 뛰어났다. 바람이 불거나 달이 뜨거나 밤이나 낮이나 가리지 않고, 오로지 시작에 골몰했다. 아무렇게나 지어도 아름다운 시구를 이룰 수 있었으며, 남들이 묘사해낼 수 없는 것을 묘사해낼 수 있었다(風流蘊藉, 超出倫輩, 風晨月夕, 惟以顚詞爲事. 信口成句, 能道人所不能道者)"고 기록하고 있다. 그리움이나 이별의 슬픔을 묘사하는데 뛰어났다. 산곡의 풍격은 천연스럽고 자연스러웠다. 표현방법이 참신했고, 시어가 생기발랄했다. 명나라의 주권은 ≪태화정음보≫에서, 그의 산곡작품을 "구름 속을 날아가는 송골매 같다(如摩雲老鶻)"라고 평했다.

≪전원산곡≫에 그의 소령 39수, 투수 7지가 수록되어 있다.

## [正宮] 醉太平 : 憶舊

泥金[金屑]小簡[用金屑塗飾的信箋], 白玉連環[用白玉制成的串連不可解的環套]. 牽情惹恨兩三番[睹物傷情], 好光陰等閑. 景闌珊[好景將盡]綉簾風軟楊花散, 淚欄杆[淚水縱橫]綠窗雨洒梨花綻, 錦斕斑[喩繽紛的落花]香閨春老杏花殘. 奈薄情[薄情人]未還.

금가루가 뿌려진 편지지와
백옥으로 만든 가락지는
몇 번인가 슬픔을 자아내곤 했다.
이 아름다운 세월 허랑하게 보내고 있네!
봄은 무르익어 수렴(綉帘)으로 불어오는 바람 잔잔하고 버들솜 흩어지며
눈물이 줄줄 흐르는데 녹창(綠窗)에 비 뿌리고 이화 흩날린다.
꽃잎 찬연히 지고 향규(香閨)에 봄 늙어가고 살구꽃 시들어간다.
님은 아직 오지 않고 있는데…….

## [正宮] 塞鴻秋：悔悟

蘇卿寫下金山恨, 雙生得個風流信[1]. 亞仙不是夫人分, 元和終受十年困[2]. 馮魁到底村[粗俗], 雙漸從來嫩, 思量惟有王魁俊[3].

소경은 금산사 벽에 슬픈 사연을 시로 남겼고
쌍생은 사랑의 소문을 발견하게 되었다.
기녀 이왜는 정실부인 될 팔자 아니었고
정원화 역시 필경 십년 고난 겪지 않을 수 없었다.
풍괴는 결국 촌놈이었고
쌍점은 시종 애숭이였으니
생각하면 왕괴만이 난놈이었다.

[1] 쌍점(雙漸)과 소소경(蘇小卿) 사이의 사랑을 묘사한 고사이다. 송(宋), 원(元) 시대에 매우 널리 유행하였다. 여주(廬州)의 기녀 소소경과 서생 쌍점은 서로 사랑하였는데, 쌍점이 벼슬을 구하러 갔으나 오래도록 돌아오지 않았다. 기생어미(鴇母)는 강서(江西)지역의 차상(茶商)인 풍괴(馮魁)에게서 은자(銀子)를 받고 소경을 풍괴에게 팔아 넘겨버렸다. 쌍점은 장원급제를 한 후 소경을 두루 찾아 헤매다가, 그녀가 풍괴의 속임수에 넘어가 집을 떠나간 것을 알았다. 그는 배를 타고 그 뒤를 쫓아가다가 금산(金山)에 이르렀는데, 소경은 금산사(金山寺)의 절 안 벽 위에 쌍점과 오래 동안 이별하고 있는 데다 자신이 팔리고 속임수에 빠져

이리저리 떠도는 서글픈 신세가 된 사연을 시로 지어 걸어두었다. 쌍점은 시를 읽은 후에 서둘러 임안(臨安)에 가서 마침내 소경을 빼앗아 와서 부부의 가약을 맺었다고 하는 이야기이다.

[2] 출전은 당(唐)의 백행간(白行簡)이 지은 전기소설(傳奇小說) <이왜전(李娃傳)>이다. 정원화(鄭元和)는 장안의 창녀 이왜(李娃 : 아선亞仙)에게 반하여 여비를 탕진했으며, 부친으로부터 심한 질책을 받고 내쫓기어 거지 신세로 십년 동안 거리를 떠돌게 되었다. 이왜는 정원화가 고통스러운 처지에 떨어진 것을 알고 그를 거두어 들였으며, 그를 도와 공명을 얻게 하고 마침내 부자·부부의 사이를 의좋게 만들었다고 하는 이야기이다. 여기서는 이왜는 기녀이기 때문에 봉건 계급사회에서 정실부인이 될 수 없었을 것이라고 말하고 있다.

[3] 왕괴(王魁)와 계영(桂英) 사이의 사랑의 이야기는 원나라 사회에서 널리 유행하고 있었다. 왕괴는 과거시험에 낙방한 서생이었는데 계영의 도움을 받아 여러 해 동안 공부하였다. 과거시험을 치러 경성(京城)으로 가기 전에 해신묘(海神廟)에서 계영과 서로 배신하지 않을 것을 맹세하였다. 장원급제한 후에 왕괴는 계영을 배신하게 되고, 계영은 자살하였으며, 왕괴 역시 계영의 혼귀에게 끌려가게 되었다는 이야기이다. 왕괴는 줄곧 비난을 받는 배신자의 형상으로 묘사되었으나, 이 곡구에서는 그가 준수하고 훌륭한 인물로 묘사되고 있다. 이는 반어법을 써서 풍자한 것이다.

## [越調] 寨兒令 : 戒嫖蕩, 二首

沒算當[計算], 不斟量[思量], 舒着樂心鉆套項[向繩套裏鉆]. 今日東墻[1], 明日西廂[2], 着你當不過連珠箭急三槍[不斷地發出飛箭, 快速地連刺三槍, 喩妓女拉攏降服嫖客的手段]. 鼻凹裏抹上些砂糖[弄點甛頭引誘嫖客], 舌尖上送與些丁香[3]. 假若你便[卽使是]銅脊梁, 者莫[任憑]你是鐵肩膀, 也擦磨成風月擔兒瘡.

아무런 생각도 없고
아무런 숙고도 없이
그저 탐람하는 마음으로 올가미 속에 머리를 들여 민다.
오늘은 동쪽 담을 넘어가고
내일은 서쪽 방에 들어가니
그대 향해 연주전(連珠箭) 쏘고 급삼창(急三槍) 던지리라.
입속에 꿀 발라주고
혀끝에 여인의 혀를 들여 밀어주리라.
그대가 구리 척추 가졌고
쇠 어깨 가졌어도
척추, 어깨 터지고 종기 나게 될 것이다.

[1] 동장(東墻) : 동장기(東墻記)라는 고사를 사용했다. 마문보(馬文輔)와 동수영(董秀英)은 어려서 혼약을 맺은 사이였다. 마문보의 부친이 사망하자 마문보는 송강(松江)으로 가서 동씨(董氏) 집을 찾아갔다. 가관산(假館山) 수가(壽家) 화목당(花木堂)은 동수영의 후원과 겨우 동쪽으로 담 하나를 격하고 있을 뿐이었다. 두 사람은 서로 만나보고 사랑을 느끼게 되었으며, 시녀 매향(梅香)의 도움으로 서신을 서로 교환하여 해당정(海棠亭)에서 만나기로 약속하였다. 공교롭게도 만나는 순간에 동수영의 모친에게 들켜버렸으며, 이야기 끝에 두 사람이 옛날에 이미 혼약한 사실이 있음을 알게 되었다. 동수영의 모친은 마침내 혼인을 허락하고, 마문보에게 경성으로 가서 과거에 응시할 것을 명했다. 그 후 마문보는 장원에 급제하고 돌아와 두 사람이 혼인하게 되었다는 이야기이다.

[2] 서상(西廂) : 원진(元稹)의 <앵앵전(鶯鶯傳)> 가운데에는 다음과 같은 기록이 보인다. "이날 저녁 홍낭(紅娘)이 다시 와서 장생(張生)에게 서신을 건네주며 말했다. '아가씨의 말씀이세요.' 그 시의 제목은 <보름날 뜨는 보름날 밤(明月三五夜)>이었으며, 그 내용은 '서상 아래에서 달 뜨기를 기다린다. 바람이 불자 문이 반쯤 열려진다. 담장 위에 꽃 그림자 흔들린다. 님이 혹시 오지 않았을까 생각해본다.(待月西廂下, 迎風戶半開. 拂墻花影動, 疑是玉人來)'였다. ……최앵앵의 집 동쪽에는 살구꽃 나무 한 그루가 있었으며, 그것을 붙잡고 담장을 넘어갈 수 있었다. 보름이 지난 다음 날, 장생은 그 나무를 타고 담장을 넘어갔다. 서상에 도달하

니 문이 반쯤 열려져 있었다."이와 같은 이야기는 동해원(董解元)의 <서상기(西廂記)>나 왕실보(王實甫)의 <서상기>에도 나타나 있다. 서상은 장생과 앵앵이 밀회하던 곳이었는데, 여기서 서상은 옛날 여자의 처소를 의미한다.

[3] 정향(丁香) : 상록교목이다. 그 씨의 두 조각 모양이 닭 혀 모양의 자엽(子葉)을 합쳐서 이루어 놓은 것 같으므로, "계설향(鷄舌香)"이라고 부르기도 한다. 시사 가운데서는 흔히 이로서 여자의 혀에 비유한다. 남당(南唐) 이욱(李煜)이 지은 사(詞) <1곡의 술(一斛酒)> 가운데, "침향(沉香), 단향(檀香)을 입 속에 살짝 흘려준다. 사내에게 정향(丁香)의 씨 같은 혀를 살짝 보여준다(沉檀輕注些兒個, 向人微露丁香顆)"라는 사구가 있다. 이 곡구는 기녀가 접문(接吻) 등의 친밀하고 다정한 방법으로 엽색객을 유혹하는 모습을 가리킨다.

搭扶定, 推磨杆[嫖客進了妓院, 身不由己, 好像騾馬被迫推磨一樣], 尋思了兩三番, 把郎君[指嫖客]幾曾是人也似看. 只爭不背上馱鞍[只差沒有背上裝鞍具], 口內含環[在嘴裏放嚼子], 脖項上把套頭拴[在脖子上拴籠罩]. 咫尺的月缺花殘[喻歡情消散], 滴溜着[剩下]枕冷衾寒. 早回頭尋個破綻, 沒忽的得些空閑, 荒撇下[抛棄]風月擔兒赸[離去].

그대 일단 기루(妓樓)의 문에 들어서기만 하면
방아 돌리는 노새 꼴이 되고 만다.
몇 번이든 생각해봐야 할지니
언제 사람으로 본 적 있었던가?
단지 등에 안장 채우지 않았을 뿐
입안에는 재갈 물리고
목에는 고삐 채운다.
바로 곁에 있는 여인의 육신도 탐하지 못하고
쓸쓸히 외로운 밤 보내야 한다.
속히 눈치 채고 고개 돌리고
한 순간도 꾸물대지 말고
풍월의 삶 벗고 서둘러 달아나라.

## [雙調]折桂令, 三首

想人生最苦離別. 三個字[別·離·苦三字]細細分開[分拆開來, 含義雙關], 凄凄凉凉無了無歇[無休止]. 別字兒半晌[好一會兒]癡呆[別字之半爲另, 形近于呆, 雙關情人相別使人痛苦發呆], 離字兒一時拆散[离字繁體爲“離”, 左右兩體可分拆, 雙關相愛的人一時被拆散], 苦字兒兩下裏堆疊[苦字上下結構, 雙關雙方都受相思之苦]. 他那裏鞍兒馬兒身子兒劣怯[趔趄, 立脚不穩], 我這裏眉兒眼兒臉腦兒乜斜[目光斜視呆滯]. 側着頭叫一聲行者[着], 擱着淚[强忍悲痛]說一句聽者：得官時先報期程[先報歸來日期], 丢丢抹抹[梳妝打扮]遠遠的迎接.

생각하건대 인생에서 가장 괴로운 것은 이별이리라.
별(別), 이(離), 고(苦)라는 세 글자 곰곰이 뜯어본다.
별(別)의 영(另)은 매(呆)와 비슷하니 오래노독 사람을 멍하게 한다.
이(離)는 이(离)와 추(隹)의 좌우합자(左右合字)이니 연인들이 일시 흩어지고
고(苦)는 초(艹)와 고(古)의 상하합자(上下合字)이니 남녀 모두 고달프다.
그대는 거기서 안장과 말과 육신 모두 흔들릴 것이고
나는 여기서 눈썹과 눈매와 머리가 모두 삐뚤어져 있다.
헝클어진 머리모습으로 떠나간 그대를 부르짖는다.
눈물을 뿌리며 내 말을 들으리라 믿고 말한다.
관직 얻는 대로 미리 돌아올 날 알려주면
곱게 단장하고 멀리멀리 마중 나가리라.

想人生最苦離別. 雁杳魚沉[1], 信斷音絶. 嬌模樣其實丢抹[修飾打扮]. 好時光誰曾受用[享受], 窮家活逐日繃曳[勉强撑持]. 才過了一百五日上墳的日月[指淸明節][2], 早來到二十四夜祭灶的時節[指祭灶節][3]. 篤篤寞寞[宋元俗語, 周旋]終歲巴結[辛苦], 孤孤零零徹夜咨嗟[感慨嘆息]. 歡歡喜喜盼的他回來, 凄凄凉凉老了人也.

생각하건대 인생에서 가장 괴로운 것은 이별이리라.
어안(魚雁)은 묘연하고
음신(音信)은 단절되어 있다.
아리따운 모습은 사실 화장 때문이다.
이 아름다운 시절을 그 누가 누렸을까?
정초부터 105일째 되어 성묘 가는 청명절 방금 지난 것 같은데
벌써 섣달 24일 밤 부엌신에게 제사지내는 날 되고 말았다.
일 년 내내 고생하며 살아왔고
고독하고 외롭게 밤새우며 살아왔다.
그대 돌아오기를 기쁜 마음으로 기다리지만,
서글프게도 자꾸만 늙어가고 있다.

[1] 안묘어침(雁杳魚沉) : 소식이나 서신이 전무함을 가리킨다. 옛날에는 "물고기나 기러기가 서신을 전달한다(魚雁傳書)"라는 사상이 있었다. 고악부(古樂府) <장성굴의 강가에서 말에게 물을 먹이다(飮馬長城窟行)> 가운데 "아이를 불러 잉어 모양의 편지 봉투를 뜯게 한다. 그 가운데에는 한 자 길이나 되는 편지가 있었다(呼兒烹鯉魚, 中有尺素書)"라는 시구가 있다.

[2] 동지(冬至)로부터 청명절(淸明節)에 이르기까지의 약 105일 동안의 기간이다. 청명절은 푸른 풀을 밟으며 조상의 묘를 성묘하는 날이다.

[3] 제조(祭灶) : 음력 십이월 이십사일 밤, 민간에서는 부엌의 신(神)에게 제사를 드리는 풍속이 있었다. 곧 부엌의 신을 하늘로 보내드린다고 하는 풍속이다.

想人生最苦離別. 不甫能[才能够]喜喜歡歡, 翻做了[反變成了]哭哭啼啼. 事到今朝, 休言去後, 且問歸期. 看時節勤勤的飮食, 沿路上好好的將息[休息][頻頻叮囑]. 嬌滴滴一捻兒[很小]年紀, 磣磕磕[形容凄慘]兩下裏分飛. 急煎煎[焦急貌]盼不見離鞍[1], 呆答孩[痴呆地]軟弱自己[身體].

생각하건대 인생에서 가장 괴로운 것은 이별이리라.
이제 겨우 기쁘게 살아가려 했건만
슬피 울고 흐느끼며 이별하게 되고 만다.

이렇게 된 이상
그대 떠나고 난 뒤의 일은 생각하지 말고
그대 돌아올 때만을 기약하자.
시절마다 좋은 음식 잘 골라 드시고
길 가는 동안 수시로 쉬어가며 떠나시라.
이 아리땁고 젊은 시절
눈 깜짝할 사이에 이별하고 마는구나.
어느 샌가 말 타고 가는 모습 보이지 않게 되고
이 내 육신은 그만 멍하니 허물어져버린다.

[1] 조안(雕鞍) : 화려하고 아름답게 장식한 안장이다. 이로서 객지에서 나그네 생활을 하는 가족이나 친지를 가리킨다. 유영(柳永)의 사(詞) <풍파가 잔잔해지다(定風波)> 가운데에, "미리 이럴 줄 알았더라면, 당초에 말을 묶어두지 않았음을 후회한다(早知恁麽, 悔當初不把雕鞍鎖)"라는 사구가 있다.

# 67. 탕식(湯式)(? -?)

자는 순민(舜民)이고, 호는 국장(菊莊)이며, 상산(象山 : 지금의 절강성浙江省 상산현象山縣) 사람이다.

원나라 말엽에 일찍이 상산현 현리(縣吏)를 지낸 적이 있었으나 울울불락(鬱鬱不樂)하여 뜻을 얻지 못하였다. 그 후 강호에서 좌절하며 살아갔다. 명(明)이 수립된 후 성조(成祖) 주태(朱棣)의 상찬(賞讚)을 받았다.

산곡집(散曲集)≪필화집(筆花集)≫이 있다. ≪전원산곡≫에 그의 소령 170수, 투수 68지, 잔투수(殘套數) 1지가 수록되어 있다.

## [雙調] 沉醉東風[1]：維揚懷古

錦帆落天涯那搭[那邊][2]，玉簫寒江上誰家．空樓月慘凄，古殿風瀟洒[人去樓空，一片凄涼]．夢兒中一度繁華[3]，滿耳邊聲起暮笳[4]，再不見看花駐馬[5]．

돛단배는 천애 멀리 머물러 있는데
차가운 강가에서 누가 피리를 불고 있는가?
인적 없는 누각의 달빛이 쓸쓸하고
옛 궁궐로 바람이 쓸쓸히 불고 있다.
꿈결 같은 세상에서 양주는 전쟁 전에는 번화로웠지.
이 저녁 귓가에 갈대피리 소리 들려오는데
이제 양주에서 경화(瓊花) 보려고 말을 멈추는 사람 없다.

[1] 이 작품은 원선본(原選本)에서는 무명씨(無名氏)의 작품으로 되어 있었다. 탕식(湯式)의 ≪필화집(筆花集)≫ 가운데 이 작품이 수록되어 있으므로, 지금 탕식의 작품으로 정정한다.

[2] 당(唐)의 시인 이상은(李商隱)이 지은 시 <수궁(隋宮)> 가운데 있는 "옥쇄는 돌아오는 피리소리와 상관없는 모양이다. 비단 돛은 필시 천애 저 멀리까지 바라볼 것이다(玉璽不緣歸日角, 錦帆應見到天涯)"라는 시구를 변용했다. 송(宋)의 무명씨가 지은 <개하기(開河記)> 가운데에 수양제(隋煬帝)가 강도(江都)로 남순(南巡)하였을 때의 정경을 기록한 다음과 같은 글이 있다. "時舳艫相繼, 連接千里, 自大梁珐渡口, 聯綿不絶, 錦帆過處, 香聞千里."수양제는 사치를 극하여 용주(龍舟)의 돛을 비단으로 만들게 하였다. 여기서는 수나라 양제가 용주를 타고 양주(揚州)를 유람하던 정경을 그림으로서, 지난 날 양주의 번화스러운 풍경을 회상하고 있다.

[3] 이 시구는 지난 날 양주의 번화함이 전란을 겪고 나서 이미 다 사라져버리고 없어, 마치 일장춘몽 같이 되어버렸다고 말하고 있다. 당(唐)의 시인 두목(杜牧)의 시 <회포를 풀다(遣懷)> 가운데, "양주에서의 십년 세월이 하룻밤의 꿈과 같다(十年一覺揚州夢)"는 시구가 있다.

[4] 변성(邊聲) : 변경에서 들려오는 강관(羌管), 호가(胡笳), 화각(畵角) 등의 소리들이다. 모가(暮笳) : 저녁 무렵에 들려오는 호가(胡笳) 소리이다. 가(笳)는 서역의 소수 민족들이 사용하는 일종의 관악기이다. 이 시구는 전란 후의 양주가 황량하기 마치 변방의 마을 같다고 말하고 있다. 송(宋)의 강기(姜夔)가 지은 사(詞) <양주의 노래(揚州慢)> 가운데 있는 "오랑캐 기병이 강을 엿보고 간 뒤에, 지당도 거대한 나무도 다 황폐해지게 되고 말았다. 그래도 사람들은 전쟁을 거론하기 싫어한다. 점점 황혼이 다가온다. 맑은 피리소리 찬 공기 속을 흐른다. 모두 텅 빈 성안에서 일어난다(自胡馬窺江去後, 廢池喬木, 猶厭言兵, 漸黃昏, 淸角吹寒, 都在空城)"라는 사구의 의미를 변용했다.

[5] 간화(看花) : 양주 후토사(后土祠) 뒤에 한 그루의 유명한 경화(瓊花)가 자라고 있다. 전설에 의하면 수양제가 양주로 내려간 것은 이 경화를 감상하기 위해서였다고 한다. 이 곡구는 전란이 일어난 후 황량해진 양주에서 더 이상 풍류를 즐기는 사람을 찾아볼 수 없게 되었다고 말한다.

## [中呂] 山坡羊 : 書懷示友人[1]

馳驅[奔波]何甚, 乖離[事與願違]忒恁[竟這樣], 風波猶自連頭浸[遭到意外打擊, 幾乎陷于沒頂之災]. 自沉吟, 莫追尋, 田文近日多門禁[2]. 炎凉本來一寸心. 親, 也在您 ; 疏, 也在您[親近, 疏遠都由您興致而定].

그 얼마나 열심히 달려 왔던가?
그러나 일은 뜻대로 되지 않았고
풍파로 자칫하면 빠져죽을 번 했다.
가만히 홀로 생각해본즉
이제 더 이상 추구하지 말지니
맹상군(孟嘗君) 같은 부호도 문 닫는 날 많아졌다.
염량본래일촌심(炎凉本來一寸心).
친밀해짐도 그대의 몫.
소원해짐도 그대의 몫.

[1] 이 작품은 원선본(原選本)에서는 무명씨의 작품으로 되어 있었다. 탕식(湯式)의 ≪필화집(筆花集)≫ 가운데 이 작품이 수록되어 있으므로, 지금 탕식의 작품으로 정정한다.

[2] 전문(田文) : 곧 전국시대(戰國時代) 제(齊)나라의 공자(公子) 맹상군(孟嘗君)이며, 손님 접대를 좋아하고 인재를 사랑하기로 유명한 인물이었다. 다문금(多門禁 : 문을 닫아 걸어두는 날이 많다) : 들어가 알현할만한 문벌이 없음을 가리킨다. 여기서는 지금 이 시대에는 인재를 중시하는 사람이 아무도 없다고 말하고 있다.

# 68. 유연가(劉燕歌)(? -?)

유연가(劉燕哥)라고 부르기도 한다. 원나라의 가기(歌妓)이며, 가무와 사곡에 뛰어났다. 생평은 미상이다.

현존 소령 1수가 하정지(夏庭芝)의 ≪청루집(靑樓集)≫에 수록되어 있다.

## [仙呂] 太常引[1]

故人別我出陽關[2], 無計鎖雕鞍[3]. 今古別離難, 蹙損了蛾眉遠山[4]. 一樽別酒, 一聲杜宇, 寂寞又春殘. 明月小樓間, 第一夜相思淚彈[想別後情形].

> 님이 나와 헤어져 돈황 서남쪽 양관을 떠나가고 있지만
> 그대 가는 길 멈추게 할 수 없다.
> 옛부터 이별은 가장 슬픈 것이었으니
> 두 눈썹 잔뜩 찌푸려진다.
> 한 단지의 이별주와
> 한 마리 두견새 울음소리 속에
> 또 봄날이 쓸쓸히 사라지고 있다.
> 작은 누각 사이로 밝은 달 떠오르고
> 이별한 첫 밤부터 눈물 펑펑 쏟아진다.

[1] ≪청루집(靑樓集)≫ 가운데에, "제나라 참의가 산동으로 돌아왔다. 유모가 지은 태상인은 전모가 말한 바에 의하면 … 지금까지 널리 인구

에 회자되고 있다(齊參議還山東, 劉賦[太常引]以餞云 … 至今膾炙人口)"라는 기록이 보인다.

[2] 양관(陽關) : 지금의 감숙성(甘肅省) 돈황현(敦煌縣) 서남쪽에 위치하고 있다. 옛날 서역으로 통하던 요로이다. 왕유(王維)의 시 <원씨 집 둘째가 안서지역 사신으로 가는 것을 전송하다(送元二使安西)> 가운데에, "그대에게 권하노니 술 한 잔을 더 들라. 양관을 벗어나 서쪽으로 가면 더 이상 친구를 찾기 어렵게 될 것이다(勸君更進一杯酒, 西出陽關無故人)"이라는 시구가 보인다. 여기서는 친구와의 이별을 가리킨다.

[3] 유영(柳永)의 사(詞) <정풍파(定風波)> 가운데 있는 "아아, 진작 이럴 줄 알았더라면! 그랬다면 그때 그대 떠나는 것 기어코 말렸을 텐데(早知恁麼, 悔當初不把雕鞍鎖)"라는 사구(詞句)의 의미를 변용했다. 여기서는 친구를 머무르게 할 방도가 없다고 말하고 있다.

[4] 아미원산(蛾眉遠山) : 구제(舊題) 유흠(劉歆)의 ≪서경잡기(西京雜記)≫ 가운데 "문군은 아름다웠다. 눈썹이 마치 멀리 보이는 아름다운 산봉우리 같은 모습이었다(文君姣好, 眉色如望遠山)"라는 기록이 보인다. 이 곡구는 이별이 고통스러워 사람으로 하여금 눈썹을 찌푸리게 한다고 말한다.

# 69. 무명씨(無名氏)

[雙調] 水仙子

百年三萬六千場[人生不過百年], 風雨憂愁一半妨[一半爲風雨憂愁所耽誤]. 眼兒裏覷[看], 心兒上想, 教我鬢邊絲怎地當[鬢髮擋不住憂愁的侵襲而變白]? 把流年[時光]子[仔]細推詳[推究審察]: 一日一個淺酌低唱[1], 一夜一個花燭洞房, 能有得多少時光?

백년인생이라 해도 삼만 육천 일에 불과한데
풍우와 우수가 반은 망쳐버린다.
눈으로 보고
속으로 생각하지만
귀밑머리 허옇게 세어가는 것 무엇으로 막으랴?
흐르는 세월을 자세히 살펴본다
하루에 한번 술 마시며 노래하고
하룻밤에 한번 화촉동방(華燭洞房) 누린다 해도
이 아름다운 시간 얼마나 될 것인가?

[1] 천작저창(淺酌低唱): 출전은 송(宋)의 유영(柳永)이 지은 사(詞) <학이 하늘을 향해 치솟아 날아간다(鶴冲天)> 가운데 보이는, “헛된 명성 떨치는 것 힘써 참고, 차라리 술 마시고 노래하며 살아가리라(忍把浮名, 換了淺酌低唱)”라는 사구(詞句)이다.

## [仙呂] 寄生草：閑評

問甚麽虛名利, 管甚麽閑是非, 想着他擊珊瑚列錦帳石崇勢[1], 只不如御羅襴納象簡張良退[2], 學取他枕淸風鋪明月陳摶睡. 看了那吳山靑似越山靑[3], 不如今朝醉了明朝醉.

> 헛된 명성 구해 무엇하며
> 헛된 시비 가려 무엇하리?
> 산호 가지 깨뜨리고 비단을 길에 깔던 석숭의 기세 생각해보니
> 차라리 관복 벗고 상아홀 반납한 뒤 은둔한 장량이 낫고
> 청풍명월 아래 베개 놓고 이불 펴서 잠든 진단 배우리라.
> 저 오(吳)나라 산이 월(越)나라 산처럼 푸른 것을 보니
> 오늘 아침도 취하고 내일 아침도 취해 살아감이 나으리라.

[1] 석숭(石崇)과 왕개(王愷)가 서로 부유함을 겨루던 고사를 사용했다. ≪진서(晉書), 석숭전(石崇傳)≫ 가운데에는 다음과 같은 기록이 보인다. “무제는 매번 왕개를 도와주었는데, 한번은 산호수를 하사했다. 높이가 두 자나 되었고, 가지가 무성했다. 세상에 능히 비할만한 것이 드물었다. 왕개가 이를 (자랑삼아)석숭에게 보여주었다. 석숭은 쇠망치로 이를 내리쳤고, 산호수는 당장 깨어졌다. 왕개는 심히 아깝다는 생각이 들었을 뿐만 아니라, 또한 그가 그의 보물을 질투하는 마음이 생겨 그런 줄로 생각했다. 왕개의 표정과 음성이 사나워졌다. 그러자 석숭이 말했다. ‘그리 섭섭해 할 것이 없다. 지금 당장 그대에게 보상해주겠다.’ 그리고는 곧 좌우의 하인들에게 산호수들을 모두 가져오게 했다. 높이 서너 자 되는 것이 여섯, 일곱 그루나 있었다. 줄기들이 절묘했고, 광채가 눈부셨다. 왕개의 것과 비슷한 것은 매우 흔했다. 왕개는 망연자실해졌다. (武帝每助愷, 嘗以珊瑚樹賜之, 高二尺許, 枝柯扶疏, 世所罕比. 愷以示崇, 崇便以鐵如意擊之, 應手而碎. 愷旣惋惜, 又以爲嫉其之寶, 聲色方厲. 崇曰：‘不足多恨, 今還卿.’ 乃命左右悉取珊瑚樹, 有高三, 四尺者六, 七株, 條杆絶俗, 光彩曜日, 如愷比者甚衆. 愷怳然自失矣.)”후일 이로서 부호의 사치에 비유한다.

[2] 어나란(御羅襴)：고위 관원의 의복을 벗다. 납상간(納象簡)：상아로

만든 조홀(朝笏)을 되돌려 주다. 장량(張良) : 한고조(漢高祖)의 개국공신이며, 지모가 출중하였다. 공을 이룬 다음 한나라 왕실을 떠나 귀은했다. ≪사기(史記), 유후세가(留侯世家)≫ 가운데에 다음과 같은 기록이 보인다. "유후留侯) 장량이 이에 말했다. '집안이 대대로 한(韓)나라를 섬겨 왔다. 한나라가 멸망하자, 만금의 재물을 아끼지 않고, 한나라를 위하여 강한 진(秦)나라에 복수하고자 했다. 천하가 진동했다. 지금 세치의 혀를 놀려 제왕의 스승이 되었다. 만호의 봉록을 받고, 열후(列侯)의 지위에 오르게 되었다. 이는 포의의 몸으로 가장 성공한 경지이며, 저 장량에게 족하다. 인간사(人間事)를 버리기를 원하고, 적송자(赤松子)를 따라 노닐기를 바란다. 이에 벽곡(辟穀)을 배우고, 도술을 닦아 몸을 가볍게 했다. 及韓滅, 不愛萬金之資, 爲韓報仇强秦, 天下振動. 今以三寸舌爲帝者師, 封萬戶, 爲列侯, 此布衣之極, 于良足矣. 願棄人間事, 欲從赤松子游耳.' 乃學辟穀, 道引輕身.)"

[3] 송(宋)의 임포(林逋)가 지은 사(詞) <그리움의 노래(相思令)> 가운데 보이는, "오나라의 산들이 푸르렀다. 월나라의 산들도 푸르렀다. 강 언덕의 양쪽 푸른 산들이 서로 마중하고 전송하고 있었다(吳山青, 越山青, 兩岸青山相送迎)"라는 사구를 변용했다.

## [商調] 梧葉兒

秋來到, 漸漸凉, 塞[一作 "寒"]雁兒[北方邊塞之雁]往南翔. 梧桐樹, 葉又黃. 好凄凉, 綉被兒空閑了半張.

가을이 다가오니
날씨가 서서히 서늘해져가고
북방 변경의 기러기들 남쪽으로 날아온다.
오동나무 잎들은
벌써 또 누렇게 시들어가고 있다.
참으로 외롭고 쓸쓸하다.
수놓은 비단이불 반쪽, 텅 비어 있다.

## [中呂] 喜春來

窄裁衣褙安排瘦[有意將衣服裁窄些, 以備因相思而消瘦時穿], 淡掃蛾眉準備愁[淡淡地描畫眉毛, 好準備愁時節蹙起], 思君一度一登樓[思一次情人便登樓望一次]. 凝望久, 雁過楚天秋[雁歸人未歸].

그리움으로 몸이 마를 것 짐작하여 작게 재단하고
쓸쓸하여 두 눈썹 찡그려질까 하여 연하게 칠하며
그대 생각날 때마다 누각에 올라가 먼 곳을 바라본다.
오랫동안 하염없이 바라보지만
강남의 하늘로 기러기 떼만 돌아온다.

## [正宮] 叨叨令, 三首

黃塵萬古長安路[1], 折碑三尺邙山墓[2]. 西風一葉烏江渡[3], 夕陽十里邯鄲樹[4]. 老了人也麽哥, 老了人也麽哥! 英雄盡是傷心處.

장안의 거리는 붉은 먼지로 자욱하고
북망산에는 석자 되는 잔비(殘碑)들만 즐비하다.
서풍이 낙엽 하나 오강(吳江)으로 날리게 하고
석양이 십리 한단(邯鄲) 길 숲을 붉게 물들이고 있다.
세월이 사람을 늙게 하누나!
세월이 사람을 늙게 하누나.
영웅이란 참으로 슬픔의 근원이구나.

[1] 장안로(長安路) : 한(漢), 당(唐)의 도성이 장안에 있었다. 여기서는 사도를 가리킨다. 이 곡구는 옛부터 사람들은 모두 세파의 풍진이 자욱하게 일어나는 장안의 거리에서 공명이록을 다투어 오고 있다는 의미이다.

[2] 망산(邙山) : 북망산(北邙山)이다. 지금의 하남성(河南省) 낙양시(洛陽市) 동북쪽에 위치하고 있다. 한(漢), 위(魏) 이래로 왕후(王侯), 공경(公

卿)들이 이곳에 많이 묻히게 되었다.

[3] 오강도(烏江渡 : 오강의 나루터) : 지금의 안휘성(安徽省) 화현(和縣) 동북쪽에 위치하고 있다. 일명 오강포(烏江浦)라고 부르기도 한다. 항우가 전쟁에 지고 자결하였던 곳이다.

[4] 한단지몽(邯鄲之夢)의 고사를 사용했다. 출전은 당(唐)의 심기제(沈旣濟)가 지은 소설 <침중기(枕中記)>이다. 노생(盧生)이 한단으로 가는 길에 있는 객사에서 도사 여옹(呂翁)을 만났는데, 여옹은 그에게 청자(靑瓷)로 된 베개를 주며 이것을 베고 누워 잠들라고 하였다. 노생은 꿈속에서 부귀영화를 실컷 누리다가 깨어보니 한바탕의 꿈이었음을 비로소 알게 되었다.

綠楊堤畔長亭路[1], 一樽酒罷靑山暮. 馬兒離了車兒去, 低頭哭罷抬頭覷. 一步步遠了也麽哥, 一步步遠了也麽哥! 夢回酒醒人何處[2].

> 버드나무 우거진 강가의 나루터 가는 길
> 술 한 통 다 마시자 어둠이 청산에 깃들기 시작한다.
> 말은 떠나고 수레 역시 따라가는데
> 고개 숙여 울다가 고개 들고 바라본다.
> 한 걸음 한 걸음 멀어져 가는구나.
> 한 걸음 한 걸음 멀어져 가는구나.
> 꿈 깨고 술 깨니 그대 어디 가있는가?

[1] 녹양제(綠楊堤) : 옛 사람들은 송별할 때 버드나무를 꺾어 주었다. 장정(長亭) : 진한(秦漢)시대에는 십리 마다 정(亭)을 설치하여 행인이 쉬거나 행인을 전별하는 곳으로 사용하게 했다. 이 곡구는 송별 장소를 가리킨다.

[2] 유영(柳永)의 <우림령(雨淋鈴), 가을날의 이별(秋別)> 가운데에 보이는, "오늘밤 그 어디에서 술이 깰까? 버드나무 우거진 강 언덕, 그 가지 사이로 새벽의 찬바람 불어가고 달이 외로이 걸려 있는 곳(今宵酒醒何處? 楊柳岸, 曉風殘月)"이라는 사구의 의미를 사용했다.

溪邊小徑舟橫渡[小船橫渡溪水, 小徑蜿蜒], 門前流水清如玉[淸雅所在]. 青山隔斷紅塵路[1], 白雲滿地無尋處[2]. 說與你尋不得也麼哥[不要去尋找了], 尋不得也麼哥, 却原來儂家鸚鵡洲邊住[3].

강가의 오솔길 저편으로 나룻배 한 척 건너가고
대문 앞의 강물은 옥돌처럼 맑다.
청산은 홍진세상 가는 길 끊어버리고
뭉게뭉게 피는 구름 인적을 찾지 못하게 한다.
그대여, 찾으러 오지 말라.
그대여, 찾으러 오지 말라.
나는 원래 앵무주 강변에서 살고 있다.

[1] 홍진(紅塵) : 곧 세속사회이다. 이 곡구는 홍진세상의 요란한 삶이 청산으로 가로 막혀 있다고 말한다.

[2] 당(唐)의 시인 가도(賈島)가 지은 시 <은자를 찾아갔으나 만나지 못하다(尋隱者, 不遇)> 가운데 보이는, "다만 이 산중 어느 곳에 계시다는 것만 알 뿐, 구름 깊어 어디인줄은 알지 못합니다(只在此山中, 雲深不知處)"라는 시구를 변용했다.

[3] 앵무주(鸚鵡洲) : 무한(武漢) 황학루(黃鶴樓) 동북쪽 장강(長江) 가운데에 위치하고 있다. 여기서는 백분(白賁)의 산곡 <정궁(正宮), 흑칠노(黑漆弩)> 가운데 보이는, "나는 앵무주 부근에서 살아가고 있다(儂家鸚鵡洲邊住)"라는 유명한 곡구를 변용했다. 은자의 은거지를 가리킨다.

## [中呂] 紅綉鞋

又不是天魔鬼祟[1], 又不是觸犯神祇[神靈], 又不曾坐筵席傷酒共[和]傷食. 師婆每[巫婆們]醫的邪病, 大夫每治的沉疾[重病], 可教我羞答答說甚的?

마귀가 심술부리는 것도 아니고
신령의 뜻을 거스른 것도 아니며
잔치에서 술과 음식을 잘 못 먹은 것도 아니다.

무녀(巫女)는 사귀(邪鬼)의 병을 치유하고
의사는 중병을 치유하지만
부끄럽게도 어떻게 마음속을 털어놓으라는 것인가?

[1] 천마(天魔) : 천자마(天子魔)의 약칭이다. 불교에서 말하는 욕계(欲界)를 관장하는 마귀 두목이다. 여러 가지 욕망, 향락으로 불도(佛道)를 어지럽힌다. 이 곡구는 자신의 병이 마귀의 장난으로 생겨난 것이 아니라고 말하고 있다.

## [越調] 寨兒令

鴛帳裏, 夢初回. 見獰神[面目凶惡之神]幾尊惡像儀[形象]. 手執金槌, 鬼使[鬼差役]跟隨. 打着面獨脚皀纛旗[畫着獨脚山魈的黑色大旗], 犯由牌[宣告罪狀的牌子]寫得精細[詳細]. 劈先裏[首先]拿下王魁[1], 省會了陳殿直[2], 李勉那厮也聽者[3], 奉帝勅[玉皇大帝的命令]來斬你伙負心賊!

원앙의 휘장 속에서
잠에서 깨어난다.
흉악한 모습을 한 귀신 형상을 보았다.
쇠망치를 손에 든 채로
귀신들이 뒤따라왔다.
외다리 산귀(山鬼) 모습이 그려진 검은 깃발을 들고 있었고
팻말에는 죄상이 매우 자세히 기록되어 있었다.
먼저 왕괴를 잡아들이고
그 뒤를 이어 이면이 대기하고 있는데
옥황상제 명 받들어 사랑을 배신한 네놈들 목을 베리라.

[1] 왕괴(王魁) : 출전은 송(宋)의 장방기(張邦畿)가 지은 ≪시아소명록습유(侍兒小名錄拾遺)≫에서 인용한 <척유(摭遺 : 버린 것을 주어 모아 둠)>이다. 앞에서 인용한 주(注)를 참조할 것. 왕괴는 사랑을 배신한 자의 전형적인 형상으로 나타나고 있다.

[2] 진전직(陳殿直) : 진숙문(陳叔文)을 가리킨다. 송(宋), 원(元) 남희(南

戱) 가운데 <삼부심진숙문(三負心陳叔文)>이라는 작품이 있다. 진숙문이 실의에 빠져 있을 때 난영(蘭英)의 도움을 받았으나, 관직에 오른 다음에는 난영을 오히려 강물 속으로 빠뜨려 익사하게 하였다. 난영의 혼귀는 복수를 하기 위하여 진숙문의 목숨을 뺏었다. 진숙문 역시 사랑을 배신한 자의 전형적인 형상이다.

[3] 이면(李勉) : 송(宋)의 주밀(周密)이 지은 ≪무림구사(武林舊事)≫ 가운데 송관잡극(宋官雜劇) <이면의 배신(李勉負心)>이 수록되어 있다. 이면이 봄날 유람 나갔을 때 한 여인을 만나, 그녀와 둘이서 멀리 달아났다. 후일 그는 또 아내 한씨(韓氏)를 채찍으로 때려 죽게 했다. 이면 역시 송, 원시대의 민간문예 가운데 나타나는 사랑을 배신한 남자의 전형적인 형상이다.

## [中呂] 喜春來

江山不老天如醉, 桃李無言春又歸[歲月默默流逝][1], 人生七十古來稀[2]. 圖甚的, 樽[酒杯]有酒且開懷.

> 강산은 늙는 법 없고 하늘은 술 취한 듯 붉게 타오르며
> 복사꽃 배꽃은 아무 말 없는데 봄은 벌써 또 사라져 가누나.
> 칠십 세를 사는 것 옛부터 드물었다.
> 그 무얼 꿈꿀 건가?
> 술잔에 술 있으니 즐겁게 마시리라.

[1] ≪사기(史記), 이장군열전(李將軍列傳)≫ 가운데 "복사꽃과 오얏꽃은 아무 말이 없어도, 그 아래에 절로 길이 생겨나게 된다(桃李無言, 下自成蹊)"라는 기록이 보인다. 여기서는 복사꽃과 오얏꽃이 묵묵히 봄이 오는 것을 맞이하고 가는 것을 전송한다고 말한다.

[2] 두보(杜甫)의 시 <구비 돌며 흐르는 강(曲江), 2수> 가운데 있는 "술집 빚은 항시 가는 곳마다 깔려있고, 인생 칠십은 예로부터 드물었다(酒債尋常行處有, 人生七十古來稀)"라는 시구를 변용했다.

## [中呂] 普天樂

木犀風[1], 梧桐月. 珠簾鸚鵡[飾有珠綴的帘子外掛着鸚鵡籠子], 綉枕蝴蝶[枕上綉着蝴蝶, 暗用莊周夢蝶典]. 玉人[對女子的美稱]嬌一晌歡[片刻歡樂], 碧醞釀[綠色的酒]十分悅. 斷角疏鐘淮南夜[2], 撼西風喚起離別. 知他是團圓也夢也, 歡娛也醉也, 煩惱也醒也.

계수나무 잎 사이로 바람 불어가고
오동나무를 달빛이 비춘다.
주렴 바깥에 앵무새 조롱이 걸려 있고
베개에 호접이 수놓아져 있다.
젊은 여인의 아름다움은 순간의 기쁨이고
벽옥빛 술은 매우 큰 즐거움이다.
호각 소리, 종소리 은은하게 들려오는 회수 남녘의 밤에
이별의 슬픔을 서풍이 일깨운다.
나는 알고 있다,
함께 행복한 삶이 꿈인 것을.
술 취해야 즐겁고 기쁘다는 것을.
술 깨면 괴롭고 서글프다는 것을.

[1] 목서(木犀) : 계수나무 꽃(桂花)이다. 상록의 작은 교목 혹은 관목이며, 잎은 타원형이다. 꽃은 크기가 작은데, 백색 또는 황색이며, 특수한 향기가 있다.

[2] 단각소종(斷角疏鐘) : 야간에 순라를 도는 호각 소리와 종소리가 단속적으로 희미하게 들려오다. 회남(淮南) : 회수(淮水)의 남쪽이다.

## [正宮] 塞鴻秋 : 春怨

腕冰[雪白的手腕]消鬆却黃金釧[金手鐲], 粉脂殘淡了芙蓉面[1]. 紫霜毫點遍端溪硯[2], 斷腸詞寫在桃花扇[3]. 風輕柳絮天, 月冷梨花院, 恨鴛鴦不鎖黃金殿[4].

눈처럼 흰 손목에 황금 팔찌 느슨히 걸고 있고
분(粉)은 부용 같은 그녀의 얼굴 맑게 단장해준다.
자주빛 털로 만든 붓을 단계연에 듬뿍 적셔
절절한 슬픔 담은 시를 도화선(桃花扇) 위에 쓴다.
바람은 산들산들 불어와 버들솜 흩날리게 하고
차가운 달빛은 이화 피어있는 정원을 비추고 있으며
원앙 같은 부부는 금옥(金屋)에 함께 살지 못함을 서러워한다.

[1] 부용면(芙蓉面) : 얼굴이 아름답다. 백거이(白居易)의 시 <장한가(長恨歌)> 가운데 "얼굴은 부용처럼 아름답고 눈썹은 버들잎처럼 곱다(芙蓉如面柳如眉)"라는 시구가 있다.

[2] 자상호(紫霜毫) : 자호(紫毫)로 만든 붓이다. 가을이 지나 서리가 내린 뒤의 토끼털을 뽑아 만든다. 단계연(端溪硯) : 광동성(廣東省) 덕경현(德慶縣) 단계(端溪)에서 나는 돌로 만든 벼루이며, 명성이 자자하다. 당(唐)의 유우석(劉禹錫)이 지은 시 <당수재가 단계연을 선물하다(唐秀才贈端溪紫石硯)> 가운데 "단계에서 나는 벼루는 인간세상 보배이다(端州石硯人間重)"라는 시구가 보인다.

[3] 단장사(斷腸詞) : 그리움으로 가슴아파하는 심경을 묘사한 시사(詩詞)이다. 도화선(桃花扇) : 가선(歌扇). 가기(歌妓)가 노래할 때 입을 가리거나 부채질하는데 사용한다. 송(宋)의 사인(詞人) 안기도(安幾道)가 지은 사(詞) <자고천(鷓鴣天)> 가운데 "채색의 비단 옷소매 은근히 술을 권한다. 그 당시의 취한 홍안 서슴없이 버렸다. 춤 다 추면 버드나무 우거진 누각에 달이 떠오른다. 노래 끝나자 도화선 아래에 바람이 분다(彩袖慇懃奉玉鐘, 當年拚却醉顏紅. 舞低楊柳樓心月, 歌盡桃花扇底風)"라는 사구들이 있다.

[4] 황금전(黃金殿) : 금옥(金屋). '황금의 집에 머물게 하다(金屋藏嬌)'라는 고사를 사용했다. 구제(舊題) 한(漢) 반고(班固)의 <한무제의 이야기(漢武故事)> 가운데 다음과 같은 기록이 있다. "그 후 장공주(長公主)는 환궁했다. 교동왕이 몇 살이 되자, 공주는 무릎 위에 안아 앉히고, 물었다. 너는 아내를 얻고 싶으냐? 장공주는 좌우에 늘어서 있는 장어(長御) 백여 명를 가리켰으나, 모두 필요 없다고 했다. '아교는 좋으니?' '좋아요. 만약 아교를 아내로 맞을 수 있다면, 반드시 황금의 집에 머물게 하겠습니다.' (后長公主還宮, 膠東王數歲, 公主抱置膝上, 問曰 : '兒欲得婦否?'

長公主指左右長御百餘人, 皆云不用. 指其女 : '阿嬌好否?' 對曰 : '好. 若得阿嬌作婦, 當作金屋貯之.')"

## [雙調] 雁兒落帶過得勝令 : 指甲

宜將鬭草尋[1], 宜把花枝浸[把滴下的花枝浸在水中保鮮], 宜將綉線挦[拔], 宜把金針紉[引線穿針]. 宜操七弦琴, 宜結兩同心[同心結], 宜托腮邊玉[玉制耳墜], 宜圈鞋上金[在鞋上飾以金邊]. 難禁, 得一掐通身沁[快感滲透全身]. 知音, 治相思十個針[喩纖纖十指的指甲].

투초(鬭草) 놀이 해야 하고
꽃가지 물속에 담궈 두어야 하고
색실을 뽑아내야 하고
바늘에 실 꿰어 수놓아야 한다.

칠현금 타야 하고
동심결 맺어야 하고
두 뺨에 매어달린 옥 귀걸이 매만져야 하고
신발에 장식한 금빛 테두리 어루만져야 한다.
금할 수 없으니
한번 꼬집히면 온몸이 짜릿짜릿해질 듯하다.
지음(知音)은
상사병 고치는 열개의 침(針)이다.

[1] 투초(鬭草) : 일명 투백초(鬭百草)이며, 옛날 젊은 부녀자들과 아이들이 놀던 일종의 유희이다. 남조(南朝)시대에 일어나 당송(唐宋)시대에 성행하였으며, 명청(明淸)시대에 이르러서도 쇠퇴해지지 않았다. 투법(鬭法)은 봄과 여름 사이에 몇 사람이 동반하여, 풀색 가운데 길상(吉祥)스럽고 보기 드문 것을 많이 심고, 그 이름을 붙여 승부를 가리는 것이다.

## [黃鐘] 紅衲襖

那老子彭澤縣[指陶淵明]懶坐衙，倦將文卷押[1]．數十日不上馬，柴門掩上咱[閉門閑居][2]，籬下看黃花[3]．愛的是綠水靑山[4]，見一個白衣人來報[用白衣送酒故事]， 來報五柳莊[陶淵明的住宅， 因宅邊有五棵柳樹而得名]幽靜煞.

팽택현(彭澤縣)의 그 노인 관아에 있는 것 못마땅하고
문서 살피고 결재하기 귀찮다.
수십일 동안이나 말 타려하지 않으며
사립문은 언제나 걸려 있고
울타리 아래에서 국화를 본다.
그가 사랑한 것은 오로지 녹수청산뿐이다.
흰옷 입은 심부름꾼 찾아오는 것을 바라보는데
오류장(五柳莊)은 고요하기 그지없다.

[1] 문권압(文卷押) : 문서 가운데서 서명하거나 기호를 그려 넣다. 이 두 곡구는 도연명(陶淵明)이 팽택현령(彭澤縣令)을 지낼 때에 정사에 소홀했다고 말한다.

[2] 도연명의 시 <전원으로 돌아와서(歸園田居)>제2수 가운데에 있는 "대낮에도 사립문 닫혀 있고, 빈 방에는 세속의 생각이 끊기었다(白日掩荊扉, 虛空絶塵想)"라는 시구의 의미를 사용했다.

[3] 도연명의 시 <음주(飮酒)>제5수 가운데에 있는 "동쪽 울타리 밑에서 국화를 따노라니, 유연히 남산이 눈에 들어온다(彩菊東籬下, 悠然見南山)"라는 시구의 의미를 사용했다.

[4] 도연명의 시 <전원으로 돌아와서(歸園田居)> 제1수 가운데에 있는 "어려서부터 세속에 영합하는 기질 없고, 천성은 본시 언덕과 산을 사랑했다(少無適俗韻, 性本看丘山)"라는 시구의 의미를 사용했다.

## [黃鐘] 賀聖朝

春夏間遍郊原桃杏繁, 用盡丹青圖畫難[美景難畫]. 道童[童僕]將驢韝上鞍, 忍不住只恁般[這樣]頑, 將一個酒葫蘆楊柳上拴.

봄여름 사이 교외에는 복사꽃, 살구꽃이 활짝 피어 있는데
단청을 다 써도 그려지지 않는다.
동복이 노새에 안장을 채우는데
이렇게 노닐지 않을 수 없으니
술 한 병은 버드나무 가지에 매달아둔다.

## [南呂] 玉交枝

休爭閑氣, 都只是南柯夢裏. 想功名到底成何濟[有什麽用處]? 總虛脾[虛情假意], 幾人知? 百般乖不如一就[一味]痴, 十分醒爭似[怎似]三分醉. 只這的是[確實是]人生落得, 不受用圖個甚的!

무언가 얻으려고 싸우지 말지니
모두가 남가일몽일 뿐이다.
공명을 그리워하지만 도대체 어디에 쓸 것인가?
모두가 다 거짓말이니
몇이나 이를 알까?
매사에 어리석게 살아가는 것이 더 나으리니
맨 정신으로 사는 게 어찌 술 얼근히 취해 사는 것만 하리?
이것만이 인생의 참된 길이니
이 길을 받아들이지 않고 그 무엇을 탐하려는가?

## [雙調] 殿前歡

謫仙醉眼何曾開[1], 春眠花市側[2]. 伯倫笑口尋常開, 荷鍤埋[3]. 曾何碍, 糟丘高壘葬殘骸[埋尸于糟丘中]. 先生[李, 劉]也快哉!

적선(謫仙)의 취안(醉眼)이 언제 떠진 적 있었으리.
봄날 화시(花市) 곁에서 잠들고 있었다.
백륜(白倫)은 언제나 농담하고 다녔으니
죽거든 언제든 파묻어버리라 했다.
그 무슨 거리낄 것이 있겠는가?
술지개미 언덕에 시신을 묻으리라.
두 선생도 참으로 즐겁게 살아갔네.

[1] 적선(謫仙) : ≪신당서(新唐書), 이백전(李白傳)≫ 가운데에 다음과 같은 기록이 있다. "天寶初, [白]南入會稽, 與吳筠善, 筠被召, 故白亦至長安. 往見賀知章, 知章見其文, 嘆曰 '子' 謫仙人也. 言于玄宗, 召見金鑾殿, 論當世事, 奏頌一篇. 帝賜食, 親爲調羹, 有詔供奉翰林."[2] ≪신당서(新唐書), 이백전(李白傳)≫ 가운데에, 당현종(唐玄宗)이 그를 불렀을 때, 이백은 "그때까지도 술꾼들과 시중에서 취해 있었다(猶與飮徒醉于市)"라는 기록이 보인다. 여기서는 두보(杜甫)의 시 <술에 취한 여덟 신선의 노래(飮中八仙歌)> 가운데 보이는, "이백은 술 한말 마시면 시 백수가 나왔다. 장안의 시내 술집에서 취해 잠들고 있었다. 천자가 오라고 불러도 배에 오르지 않았다. 스스로 말하길 술에 취한 신선이라 했다(李白一斗詩百篇, 長安市上酒家眠. 天子呼來不上船, 自稱臣是酒中仙)"라는 시구의 의미를 변용했다.

[3] 백륜(白倫) : 진(晉)의 유령(劉伶)이다. ≪진서(晉書), 유령전(劉伶傳)≫ 가운데에, "항상 술 한 독을 지니고 다녔다. 하인들에게 가래를 메고 다니게 하며, '나 죽거든 그대로 파묻어버려라'고 했다. 그의 육신을 저버림이 이러했다(常乘鹿車, 携一壺酒, 使人荷鍤而隨之, 謂曰 : '死便埋我' 其遺形骸如此)"라는 기록이 보인다.

## [雙調] 駐馬聽

月小潮平, 紅蓼[水生植物, 花淡紅色]灘頭秋水冷. 天空雲淨, 夕陽江上亂峰靑[1]. 一蓑全却子陵名[2], 五湖救了鴟夷命[3]. 塵勞事不聽[4], 龍蛇[喩各種政治勢力]一任[聽憑]相呑幷.

달이 작아지자 물결이 잔잔해지고
붉은 여뀌 자라는 여울 가에 가을 강물이 차다.
하늘은 높고 구름은 맑은데
강가 산봉우리에 석양이 붉게 타오른다.
도롱이 한 벌이 엄자릉(嚴子陵) 목숨 구했고
오호(五湖)가 치이(鴟夷) 생명을 구했다.
세상사 상관하지 않고
용사가 서로 삼키는 형국도 상관하지 않는다.

[1] 당(唐)의 전기(錢起)가 지은 시 <성(省)의 시험. 상수의 정령이 비파를 타다(省試, 湘靈鼓瑟)> 가운데 보이는, "노래가 끝나자 사람은 보이지 않고, 강물 위에는 몇몇 푸른 산봉우리만 보였다(曲終人不見, 江上數峰靑)"는 시구를 변용했다.

[2] 자릉(子陵) : 한(漢)의 엄광(嚴光)이다. 부추산(富春山) 칠리탄(七里灘)에서 은거했으며, 도롱이를 입은 채 낚시하고 있었다. 이 곡구는 도롱이를 걸치고 낚싯대를 드리웠던 것(披蓑垂釣)이 엄자릉에게 은사의 고결한 명성을 지켜주게 했다고 말한다.

[3] 치이(鴟夷) : 곧 춘추시대 초(楚)의 범려(范蠡)이다. 그는 월왕(越王) 구천(勾踐)을 보좌하여 오(吳)를 멸한 후 공성신퇴(功成身退)를 실천했으며, 서시(西施)와 함께 오호(五湖)로 달아나 살았다. 치이자피(鴟夷子皮)라는 이름으로 변성명하여 생명을 온전히 지켜나갔다. 이 곡구는 오호로 물러가 노닐었던 것이 범려의 생명을 온전히 지켜주게 했다고 말한다.

[4] 진로사(塵勞事) : 송(宋)의 범성대(范成大)가 지은 시 <병오년 새해에 감회를 시로 짓다(丙午, 新正, 書懷)> 가운데에 보이는, "세속의 일에 시달리는 괴로움을 겪고 난 뒤에 마이동풍의 경지로 들어간다. 인적이 고요한 한밤중에 닭 우는 소리가 들려온다(東風馬耳塵勞後, 半夜鷄聲睡熟時)"라는 시구를 변용했다.

## [雙調] 淸江引

春夢覺來心自驚, 往事般般應[一一應驗]. 愛煞陶淵明, 笑煞胡安定[1], 下梢頭[最終]大都來[多半]不見影.

봄날 백일몽에서 깨어나니 마음이 절로 놀라고
지난날의 일들이 하나하나 맞아 떨어진다.
탁 트인 도연명을 사랑하고
꽉 막힌 호안정을 조소한다.
끝내는 모두 그림자조차 사라졌구나.

[1] 호안정(胡安定) : 곧 송(宋)의 호원(胡瑗)이며, 자는 익지(翼之)이다. 선조(先祖)는 안정(安定)에서 살았으나, 능주(陵州)로 옮겨와 살게 되었다. 세인들이 그를 안정선생(安定先生)이라 불렀다. 송대(宋代) 이학(理學)의 선구자이다. 주로 군신지분(君臣之分), 예의지학(禮義之學)을 강의했으며, 예속에 구애받아 "비록 한여름이라 할지라도 반드시 공복을 입고 당상에 앉았으며, 사제지간의 예의를 엄격히 지켰다(雖盛暑, 必公服坐堂上, 嚴師弟子之禮)"고 한다. 시인은 호안정의 사상을 가소롭게 여기고 있다.

## [正宮] 醉太平

堂堂大元[含嘲風意味], 奸佞[心地詭詐又善于花言巧語的獻媚者]專權. 開河變鈔禍根源[1], 惹紅巾萬千[2]. 官法濫刑法重黎民[老百姓]怨, 人吃人鈔買鈔何[一本 "何"字無]曾見[3], 賊做官官做賊混愚賢. 哀哉可憐[深沉地慨嘆]!

위풍당당한 원(元)제국은
간사하고 아첨하는 놈이 권력 잡고 있구나.
제방보수와 화폐개혁이 화근이었는데
수천수만 헤아리는 홍건적이 일어났다.
남용된 관법과 가혹한 형법은 백성의 원망 샀고
사람 잡는 초매초 법 그 언제 본 적 있나?
도적이 관군 되고 관군이 도적되어 현우가 섞여 있다.
슬프도다, 불쌍한 백성들이여!

[1] 개하(開河) : 원나라 말기에 정치가 부패하여 제방을 제때에 보수하지 않아 홍수와 가뭄의 피해가 빈발하였다. 원나라 순제(順帝) 지정(至

正) 11년(1351), 가로(賈魯)를 하방사(河防使)로 삼아 하남(河南), 하북(河北)의 백성 17만 명을 뽑아 황하의 옛길을 개척했으며, 백성의 부담을 가중시켜 홍건적(紅巾賊)의 난이 일어나게 했다. 변초(變鈔) : 화폐 개혁이 백성에게 가져다 준 재앙을 가리킨다. 이 곡구는 황하의 옛길을 개척하고 화폐를 개혁한 것이 홍건적의 난을 일어나게 만든 원인으로 되었다고 말하고 있다.

[2] 홍건만천(紅巾萬千) : 원나라 말기에 유복통(劉福通), 한산동(韓山童)이 영도한 농민군이다. 그들은 붉은 수건으로 머리를 묶었으므로 홍건적이라고 불리워졌다.

[3] 초매초(鈔買鈔) : 원나라의 지폐를 교체할 때, 헌 지폐를 새 지폐로 바꾸는데 인쇄비를 부가했으므로 초매초라고 불렀다.

역 자 : 윤수영 (尹壽榮)
성균관대학교 중어중문학과 졸업
中華民國(臺灣) 國立政治大學 大學院 中文科에서 文學碩士와 文學博士 받음.

현재 : 강원대 인문대학 중문과 교수
논문 : 元代散曲에 나타난 亂世文人의 生命意識
저서 : 元散曲所反映之文人思想

# 원대 시인의 노래

1판 1쇄 찍음 • 2006년 10월 20일
1판 1쇄 펴냄 • 2006년 10월 30일

역 자 · 윤 수 영
발행인 · 정 현 걸
발 행 · 신 아 사
인 쇄 · 예지인쇄

출판등록 · 1956년 1월 5일 (제9-52호)
서울특별시 은평구 녹번동 28-36 2F
전화 (02)382-6411 · 팩스 (02)382-6401
홈페이지 · www. shinasa.co.kr
E-mail · shinasa@chol.com



ISBN 89-8396-552-5

정가 ***13,000*** 원